2020 中国物业管理行业年鉴
China Property Management Industry Yearbook
（下）

中国物业管理协会 编

中国建筑工业出版社

图书在版编目（CIP）数据

2020中国物业管理行业年鉴 = China Property Management Industry Yearbook. 下 / 中国物业管理协会编. —北京：中国建筑工业出版社，2021.2
ISBN 978-7-112-25810-9

Ⅰ. ①2⋯ Ⅱ. ①中⋯ Ⅲ. ①物业管理-服务业-中国-2020-年鉴 Ⅳ. ①F299.233.3-54

中国版本图书馆CIP数据核字（2020）第267648号

总目录

上册目录

主题报告

物业管理行业发展指数报告 ······ 2

专题报告

物业管理媒体影响力报告 ······ 22
物业管理行业舆情监测报告 ······ 31
物业管理行业劳动力市场价格监测报告 ······ 37
物业服务企业综合实力报告 ······ 68
物业服务企业上市公司报告 ······ 110
物业服务企业品牌价值报告 ······ 163
智慧物业管理调研报告 ······ 183
住宅物业管理发展报告 ······ 191
写字楼物业管理发展报告 ······ 206
产业园区物业管理发展报告 ······ 219
学校物业管理发展报告 ······ 230
医院物业管理发展报告 ······ 248
公众场馆物业管理发展报告 ······ 260
商业物业管理发展报告 ······ 271
社区养老服务发展报告 ······ 288
电梯行业发展报告 ······ 296
物业管理并购市场发展报告 ······ 306
全国白蚁防治行业发展专题报告 ······ 327
全国住宅专项维修资金管理专题报告 ······ 334

物业设施设备管理发展专题报告 ………………………………………… 351
物业管理行业人力资源发展专题报告 …………………………………… 356
物业管理行业标准化发展专题报告 ……………………………………… 362
物业管理行业法治化建设发展专题报告 ………………………………… 367
物业管理行业产学研发展专题报告 ……………………………………… 373

\ 地方报告 /

北京市物业管理行业发展报告 …………………………………………… 380
天津市物业管理行业发展报告 …………………………………………… 385
上海市物业管理行业发展报告 …………………………………………… 389
重庆市物业管理行业发展报告 …………………………………………… 396
石家庄市物业管理行业发展报告 ………………………………………… 400
内蒙古自治区物业管理行业发展报告 …………………………………… 409
沈阳市物业管理行业发展报告 …………………………………………… 413
吉林省物业管理行业发展报告 …………………………………………… 416
黑龙江省物业管理行业发展报告 ………………………………………… 426
杭州市物业管理行业发展报告 …………………………………………… 430
安徽省物业管理行业发展报告 …………………………………………… 433
合肥市物业管理行业发展报告 …………………………………………… 439
福建省物业管理行业发展报告 …………………………………………… 444
江西省物业管理行业发展报告 …………………………………………… 447
山东省物业管理行业发展报告 …………………………………………… 453
武汉市物业管理行业发展报告 …………………………………………… 456
湖南省物业管理行业发展报告 …………………………………………… 460
长沙市物业管理行业发展报告 …………………………………………… 472
广东省物业管理行业发展报告 …………………………………………… 475
深圳市物业管理行业发展报告 …………………………………………… 487
成都市物业管理行业发展报告 …………………………………………… 491
甘肃省物业管理行业发展报告 …………………………………………… 495
青海省物业管理行业发展报告 …………………………………………… 499
银川市物业管理行业发展报告 …………………………………………… 503
新疆维吾尔自治区物业管理行业发展报告 ……………………………… 508

中册目录

企业案例

党建引领社区治理 打通服务业主"最后一公里"	北京首开鸿城实业有限公司	2
疫情面前，选择无畏	北京天鸿宝地物业管理经营有限公司	6
链接业主需求——龙湖智慧服务推出九大业主增值服务	龙湖物业服务集团有限公司	10
坚持人才强企 铸就企业未来	北京国基伟业物业管理有限公司	15
在战疫大考中展现国企物业担当作为	北京首华物业管理有限公司	20
体系防控 "北控做法"守护居民安全——北控抗击疫情战"役"纪实	北京北控物业管理有限责任公司	23
战疫情彰国企担当 铸品质显物业价值	新中物业管理（中国）有限公司	25
酬金制模式，开启枫丹丽舍幸福社区之门	北京瑞赢酒店物业管理有限公司	29
盛世花开 美丽国门——首都机场T3航站楼GTC屋顶景观改造工程	北京首都机场物业管理有限公司	33
疫情下医院物业的使命担当——国天物业战"疫"风雨路	北京国天健宇物业管理发展有限公司	39
微光亦亮，医疗后勤的抗疫创新与启示	爱玛客服务产业（中国）有限公司	43
成为客户首选的智慧城市服务品牌	上海永升物业管理有限公司	47
逆行＋坚守：疫情之下"医管家"的初心与担当	上海益中亘泰（集团）股份有限公司	51
应急管理战疫情，卓越绩效贵实践	上海上实物业管理有限公司	55
心向客户，初心坚守	上海景瑞物业管理有限公司	58
世茂OCEAN X深蓝服务系统——构筑中国0～2公里社区美好生活新方式	世茂服务控股有限公司	62
正荣服务社区治理行动	正荣服务集团有限公司	65
湖北区域物业服务企业疫情防控服务案例	上海保利物业酒店管理集团有限公司	69
上海市委书记点赞 海外瑞管家逆风防控——科瑞战"疫"彰显物业使命担当	上海科瑞物业管理发展有限公司	73
二十载美好深耕，稳健发展美好向上	上海盛高物业服务有限公司	77
物联网技术对于物业运营管理的支撑和未来趋势	上海浦江物业有限公司	82
多管齐下抗新冠，众志成城护家园	上海锐翔上房物业管理有限公司	86
新冠疫情中智慧平台在医院后勤物业服务中的高效运用	上海复医天健医疗服务产业股份有限公司	90
永绿管理体系改革中的人才战略	上海永绿置业有限公司	95
浅谈细节管理在德律风安全文化建设中的作用	上海德律风置业有限公司	98
上海公众物业服务企业党建创新的先行者	上海明华物业服务有限公司	103
"内外"兼修——遍地开花的"定制服务"	上海漕河泾开发区物业管理有限公司	109

历久弥新，守护经典	上海复欣物业管理发展有限公司	112
卓悦成就幸福社区	新城悦服务集团有限公司	115
立足公建优势，创造城市服务新价值	重庆新大正物业集团股份有限公司	119
科技赋能，天骄爱生活智慧社区初探	重庆天骄爱生活服务股份有限公司	122
让红色基因注入社区经营	亿达物业服务集团有限公司	126
"疫"路向前，专注好服务——20条防疫战线场景互联，共筑平安家园	江苏银河物业管理有限公司	130
深耕大江苏，打造区域品质服务标杆——弘阳服务与南京江北新区共成长	弘阳服务集团有限公司	134
诚实守信，多元经营，超越价值	江苏恒通不动产物业服务有限公司	137
共建美丽家园，荣创文明城市	江苏金枫物业服务有限责任公司	140
云享时代，共见未来——绿城云享商写品牌升级焕新	绿城服务集团有限公司	143
南都管家2.0，传递幸福传递爱	南都物业服务集团股份有限公司	146
让品牌加速资产增值	浙江开元物业管理股份有限公司	149
做好能效管理的"加减乘除"打造绿色节能校园	浙江浙大求是物业管理有限公司	153
城市好服务，幸福正升级	浙江绿升物业服务有限公司	156
让物业管理成为良好社区治理的助推器——浅谈安徽长城物业参与社区治理经验	安徽省长城物业管理有限公司	160
打通扶贫最后一公里，创源物业扶贫新模式	安徽创源物业管理有限公司	164
打造校园服务品牌 激发企业的发展活力	安徽新亚物业管理发展有限公司	168
美而特集团：让医院后勤高效又"聪明"	合肥美而特物业服务有限公司	171
永安物业：云海荡朝日，春色任天涯	福建永安物业管理有限公司	175
疫情防控第一线，联发物业在行动	厦门联发（集团）物业服务有限公司	180
同心战"疫"，新力物业全力以赴	新力物业集团有限公司	183
标准领航 铸就卓越——山东明德物业管理集团标准化建设实践	山东明德物业管理集团有限公司	187
筑牢社区防疫生命线 使命彰显品牌价值	山东省诚信行物业管理有限公司	190
健全培养体系，不断夯实"技术润华"基础	山东润华物业管理有限公司	195
匠心品质，创新科技，做领先的泛物业产业运营商	鑫苑科技服务集团	199
建业物业四大服务生态体系，持续构建企业竞争优势	河南建业物业管理有限公司	204
让标准可复制，让人才可持续	河南楷林物业管理有限公司	208
康桥邻礼汇，品质心生活	康桥悦生活服务集团有限公司	212
对话薛荣：一个受习近平总书记表扬的物业抗疫英雄	河南圆方物业服务有限公司	216
敢为人先，勇挑重担——伟大出自平凡 英雄来自人民	武汉丽岛物业管理有限公司	226
三个"三"模式筑牢安全管理基础——长江三峡实业有限公司安全管控案例	长江三峡实业有限公司	230
匠心永恒 铸造精品服务	湖北中楚物业股份有限公司	233
打造国际交流平台，强化社区人文建设	阳光壹佰物业发展有限公司	237
建筑修缮助力城市新升级	湖南建工七星物业管理有限公司	241
同心战"疫"，共克时艰	湖南保利天创物业发展有限公司	244
万科物业：精工住宅物业服务	深圳市万科物业控股有限公司	248

标题	单位	页码
建设智慧物业，推动数字化转型升级	招商局积余产业运营服务股份有限公司	251
三大保障＋三大利器——中航物业的战"疫"法宝	中航物业管理有限公司	255
精筑幸福，创领潮流	中海物业集团有限公司	258
科技化＋人性化构建社区新商业文明	长城物业集团股份有限公司	263
红色领航，同心同行	广州粤华物业有限公司	267
落地有章法，服务很走心——碧桂园服务打造社区抗疫范本	碧桂园服务控股有限公司	271
疫情面前，恒大物业的担当与坚守	金碧物业有限公司	275
打造"三横九纵"服务矩阵，与城市共生长	深圳市金地物业管理有限公司	278
深圳市第三人民医院明喆物业团队抗疫案例	深圳市明喆物业管理有限公司	281
竞逐智慧城市服务万亿蓝海	雅生活智慧城市服务股份有限公司	285
美好的一切正在发生	佳兆业美好集团有限公司	289
以党建带动团建，打造独具"广电"特色的企业文化	广州广电城市服务集团股份有限公司	292
用心防护 智慧抗疫 越见美好	广州越秀物业发展有限公司	296
"商办服务"领域创新探索，为美好注入人文动力	保利物业服务股份有限公司	301
合伙人制下的人才激励机制——宏德科技物业的发展利器	广东宏德科技物业有限公司	305
"跨界"探索城市治理"新生态"——深业物业进阶城市服务蓝海拥抱"大航海时代"	深业集团（深圳）物业管理有限公司	309
一颗诚心，所有关爱	深圳市莲花物业管理有限公司	314
深耕物业品质提升，为业主打造"有温度的社区"	龙光服务控股有限公司	317
科技赋能美好生活	广州海伦堡物业管理有限公司	320
科技赋能助力品质提升	路劲物业服务集团有限公司	323
品牌管理探索与实践	众安康后勤集团有限公司	326
筑牢疫情防线 护航春季复学	广东华信服务集团有限公司	331
传承创新基因 智造品质服务	深圳市保利物业管理集团有限公司	334
大湾区核心商务示范标杆项目管理分享	深圳市卓越物业管理有限责任公司	337
联防联动全力抗疫 守望相助共渡难关	广州市庆德物业管理有限公司	343
以智慧化服务凸显核心竞争力	深圳市绿清集团有限公司	347
以温度浸润服务 让生活更美好	四川蓝光嘉宝服务集团股份有限公司	350
四海皆兄弟，谁为行路人——疫情防控，彰显物业服务企业责任与担当	成都金房物业集团有限责任公司	353
努力服务社会，践行社会责任	成都嘉诚新悦物业管理集团有限公司	357
标准化建设，助推产业园区高质量发展	成都嘉善商务服务管理有限公司	361
以标准建设作支撑，促服务品质稳提升	四川悦华置地物业管理有限公司	364
创新人才培养，中天城投物业"有一套"	中天城投集团物业管理有限公司	368
城关物业，西北物业服务的璀璨明珠	兰州城关物业服务集团有限公司	371

下册目录

政策法规

中华人民共和国民法典（摘录）
（2020年5月28日第十三届全国人民代表大会第三次会议通过）……2

中共中央关于坚持和完善中国特色社会主义制度推进国家治理体系和治理能力现代化若干重大问题的决定
（2019年10月31日中国共产党第十九届中央委员会第四次全体会议通过）……57

中共中央办公厅 国务院办公厅印发《关于构建现代环境治理体系的指导意见》……70

国务院关于印发国家职业教育改革实施方案的通知
（国发〔2019〕4号）……74

国务院办公厅关于应对新冠肺炎疫情影响强化稳就业举措的实施意见
（国办发〔2020〕6号）……82

中共中央 国务院关于构建更加完善的要素市场化配置体制机制的意见
（2020年3月30日）……86

国务院应对新型冠状病毒感染肺炎疫情联防联控机制关于做好新冠肺炎疫情常态化防控工作的指导意见
（国发明电〔2020〕14号）……91

中共中央 国务院关于新时代加快完善社会主义市场经济体制的意见
（2020年5月11日）……94

国务院办公厅关于进一步规范行业协会商会收费的通知
（国办发〔2020〕21号）……103

国务院办公厅关于全面推进城镇老旧小区改造工作的指导意见
（国办发〔2020〕23号）……106

国务院办公厅关于进一步优化营商环境更好服务市场主体的实施意见
（国办发〔2020〕24号）……111

国务院办公厅关于支持多渠道灵活就业的意见
（国办发〔2020〕27号）……115

国务院办公厅关于以新业态新模式引领新型消费加快发展的意见
（国办发〔2020〕32号）……118

住房和城乡建设部等部门关于印发绿色社区创建行动方案的通知
（建城〔2020〕68号）……123

住房和城乡建设部等部门关于开展城市居住社区建设补短板行动的意见

（建科规〔2020〕7号）……127

住房和城乡建设部等部门关于推动物业服务企业发展居家社区养老服务的意见
（建房〔2020〕92号）……132

住房和城乡建设部等部门印发《关于进一步推进生活垃圾分类工作的若干意见》的通知
（建城〔2020〕93号）……135

住房和城乡建设部等部门关于推动物业服务企业加快发展线上线下生活服务的意见
（建房〔2020〕99号）……140

住房和城乡建设部等部门关于加强和改进住宅物业管理工作的通知
（建房规〔2020〕10号）……144

工业和信息化部 公安部 住房和城乡建设部 国务院国有资产监督管理委员会 国家市场监督管理总局 关于开展商务楼宇宽带接入市场联合整治行动的通告
（工信部联通信函〔2020〕211号）……148

中国证监会 国家发展改革委关于推进基础设施领域不动产投资信托基金（REITs）试点相关工作的通知
（证监发〔2020〕40号）……150

国家发展改革委关于印发《2020年新型城镇化建设和城乡融合发展重点任务》的通知
（发改规划〔2020〕532号）……153

财政部关于印发《住宅专项维修资金会计核算办法》的通知
（财会〔2020〕7号）……159

中共北京市委办公厅 北京市人民政府办公厅印发《关于加强北京市物业管理工作提升物业服务水平三年行动计划（2020—2022年）》的通知……172

北京市物业管理条例
（2020年3月27日北京市第十五届人民代表大会常务委员会第二十次会议通过）……177

\ 行业相关数据 /

2019年全国宏观经济数据（单月）……196
2019年全国宏观经济数据（月度累计）……196
2019年国内生产总值及同比增幅数据（季度累计）……196
2015—2019年国内（地区）生产总值……197
2015—2019年全国及各地区城镇居民人均可支配收入……198
2015—2019年全国及各地区城镇居民人均消费支出……199
2014—2018年全国人口情况……200
2014—2018年各地区年末常住人口数……201
2014—2018年各地区年末城镇常住人口数……202
2014—2018年各地区年末城镇常住人口数比重……203
2014—2018年各地区年末乡村人口数……204
2014—2018年各地区年末乡村人口数比重……205

2014—2018年全国就业基本情况 ... 206
2014—2018年分行业城镇非私营单位就业人员年末人数 ... 206
2014—2018年分行业城镇非私营单位就业人员平均工资 ... 207
2014—2018年各地区城镇非私营单位就业人员平均工资 ... 208
2019年全国房地产开发投资情况 ... 209
2019年全国房地产数据（单月） ... 209
2019年全国房地产数据（月度累计） ... 210
2015—2019年全国及各地区房屋施工面积 ... 211
2019年全国各地区施工面积（月度累计） ... 212
2015—2019年全国及各地区住宅施工面积 ... 214
2019年全国各地区住宅施工面积（月度累计） ... 215
2015—2019年全国及各地区办公楼施工面积 ... 217
2019年全国各地区办公楼施工面积（月度累计） ... 218
2015—2019年全国及各地区商业营业用房施工面积 ... 220
2019年全国各地区商业营业用房施工面积（月度累计） ... 221
2015—2019年全国及各地区房屋新开工面积 ... 223
2019年全国各地区新开工面积（月度累计） ... 224
2015—2019年全国及各地区住宅新开工面积 ... 226
2019年全国各地区住宅新开工面积（月度累计） ... 227
2015—2019年全国及各地区办公楼新开工面积 ... 229
2019年全国各地区办公楼新开工面积（月度累计） ... 230
2015—2019年全国及各地区商业营业用房新开工面积 ... 232
2019年全国各地区商业营业用房新开工面积（月度累计） ... 233
2015—2019年全国及各地区房屋竣工面积 ... 235
2019年全国各地区竣工面积（月度累计） ... 236
2015—2019年全国及各地区住宅竣工面积 ... 238
2019年全国各地区住宅竣工面积（月度累计） ... 239
2015—2019年全国及各地区办公楼竣工面积 ... 241
2019年全国各地区办公楼竣工面积（月度累计） ... 242
2015—2019年全国及各地区商业营业用房竣工面积 ... 244
2019年全国各地区商业营业用房竣工面积（月度累计） ... 245

\ 卷首语 /

巩固深化主题教育成果，开创协会党建工作新局面 ... 248
相信口罩摘下的那一天不再遥远 ... 251
我们还没走完这一代 ... 256

上市物企的善治之道探索 ... 258
建业新生活：新型生活方式服务商再启程 ... 260
物业管理开启《民法典》新时代 ... 262
千丁互联：智慧物业摆渡人的情怀与雄心 ... 265
着力推进物业服务公司治理能力建设 ... 268
以"四化"为抓手 提升核"芯"能力 ... 271
加强四个能力，让行业与时代同频共振 ... 273
提升法治能力，加强行业建设 ... 275
物业管理正在迎来最好的时代 ... 277

疫情防控

物业荣光 ... 280
习近平总书记给郑州圆方集团职工回信 勉励广大劳动群众向全国各族劳动群众致以节日的问候 ... 281
物业人牢牢守住疫情防控的第一道防线——来自国务院联防联控机制新闻发布会的声音 ... 282
他们代表千万物业从业人员接受国家表彰 ... 284
第一道防线上的物业英雄 ... 286

协会通知 ... 287
关于全力做好物业管理区域新型冠状病毒肺炎疫情防控工作的倡议书
  中物协函〔2020〕5号 ... 288
关于紧急向武汉市物业管理行业捐赠新型冠状病毒肺炎疫情防治所需医护物资的倡议书
  中物协函〔2020〕6号 ... 291
关于征集物业管理行业抗疫先进人物和模范事迹的通知
  中物协函〔2020〕7号 ... 293
"社区的力量——抗疫情 保供需"倡议书
  中物协函〔2020〕8号 ... 295
关于学习贯彻习近平总书记重要回信精神进一步推动物业管理行业高质量发展的通知
  中物协函〔2020〕25号 ... 297
关于进一步发挥"社区的力量"消费扶贫作用助力湖北省滞销农产品和52个未摘帽县
  特色农产品销售的通知
  中物协函〔2020〕33号 ... 302
关于转发《住房和城乡建设行业企业应对疫情灾情影响深入推进贫困劳动力稳岗就业的倡议书》的通知
  中物协函〔2020〕41号 ... 305

抗疫报道 ... 311
新华社经济分析报告：强化物业管理构建社区疫情防控"安全线" ... 312

新冠肺炎疫情对物业管理行业影响调查报告……316

加强社区物业管理 完善基层社会治理——中国物业管理协会提交全国政协
　　第十五次重点关切问题情况通报会的报告……324

专业的力量——中国物业管理协会发布的《操作指引》反响强烈 彰显专业价值 发挥重要作用……330

面对疫情大考 中国物业管理协会做好答卷人……336

上下同欲者胜 同舟共济者赢——一封献给疫情防控一线物业人的家书……342

连线武汉市物业管理协会会长张毅走近坚守"前线"的7万多名武汉物业人……344

致敬每一个坚持 共迎春暖花开——访湖北省物业服务和管理协会副会长兼秘书长郑新汉……349

抗疫大考，北京物业管理行业协会交出合格答卷……353

上海市物业管理行业新冠肺炎疫情防控和复工工作纪实……357

深圳市物业管理行业协会着力抗疫强化行业担当……361

成都市物业管理协会新冠肺炎疫情防控阶段性专题报告……366

合肥市物业管理协会疫情防控工作纪实……369

疫情防控纪念画册……371

＼ 大事记 ／

行业发展大事记　2020年1月—2020年12月……408

政策法规

中华人民共和国民法典（摘录）

（2020年5月28日第十三届全国人民代表大会第三次会议通过）

第一编 总 则

第一章 基本规定

第一条 为了保护民事主体的合法权益，调整民事关系，维护社会和经济秩序，适应中国特色社会主义发展要求，弘扬社会主义核心价值观，根据宪法，制定本法。

第二条 民法调整平等主体的自然人、法人和非法人组织之间的人身关系和财产关系。

第三条 民事主体的人身权利、财产权利以及其他合法权益受法律保护，任何组织或者个人不得侵犯。

第四条 民事主体在民事活动中的法律地位一律平等。

第五条 民事主体从事民事活动，应当遵循自愿原则，按照自己的意思设立、变更、终止民事法律关系。

第六条 民事主体从事民事活动，应当遵循公平原则，合理确定各方的权利和义务。

第七条 民事主体从事民事活动，应当遵循诚信原则，秉持诚实，恪守承诺。

第八条 民事主体从事民事活动，不得违反法律，不得违背公序良俗。

第九条 民事主体从事民事活动，应当有利于节约资源、保护生态环境。

第十条 处理民事纠纷，应当依照法律；法律没有规定的，可以适用习惯，但是不得违背公序良俗。

第十一条 其他法律对民事关系有特别规定的，依照其规定。

第十二条 中华人民共和国领域内的民事活动，适用中华人民共和国法律。法律另有规定的，依照其规定。

第二章 自 然 人

第一节 民事权利能力和民事行为能力

第十三条 自然人从出生时起到死亡时止，具有民事权利能力，依法享有民事权利，承担民事义务。

第十四条 自然人的民事权利能力一律平等。

第十五条 自然人的出生时间和死亡时间，以出生证明、死亡证明记载的时间为准；没有出生证明、死亡证明的，以户籍登记或者其他有效身份登记记载的时间为准。有其他证据足以推翻以上记载时间的，以该证据证明的时间为准。

第十六条 涉及遗产继承、接受赠与等胎儿利益保护的，胎儿视为具有民事权利能力。但是，胎儿娩出时为死体的，其民事权利能力自始不存在。

第十七条 十八周岁以上的自然人为成年人。不满十八周岁的自然人为未成年人。

第十八条 成年人为完全民事行为能力人，可以独立实施民事法律行为。

十六周岁以上的未成年人，以自己的劳动收入为主要生活来源的，视为完全民事行为能力人。

第十九条 八周岁以上的未成年人为限制民事行为能力人，实施民事法律行为由其法定代理人代理或者经其法定代理人同意、追认；但是，可以独立实施纯获利益的民事法律行为或者与其年龄、智力相适应的民事法律行为。

第二十条 不满八周岁的未成年人为无民事行为能力人，由其法定代理人代理实施民事法律行为。

第二十一条 不能辨认自己行为的成年人为无民事行为能力人，由其法定代理人代理实施民事法律行为。

八周岁以上的未成年人不能辨认自己行为的，适用前款规定。

第二十二条 不能完全辨认自己行为的成年人为限制民事行为能力人，实施民事法律行为由其法定代理人代理或者经其法定代理人同意、追认；但是，可以独立实施纯获利益的民事法律行为或者与其智力、精神健康状况相适应的民事法律行为。

第二十三条 无民事行为能力人、限制民事行为能力人的监护人是其法定代理人。

第二十四条 不能辨认或者不能完全辨认自己行为的成年人，其利害关系人或者有关组织，可以向人民法院申请认定该成年人为无民事行为能力人或者限制民事行为能力人。

被人民法院认定为无民事行为能力人或者限制民事行为能力人的，经本人、利害关系人或者有关组织申请，人民法院可以根据其智力、精神健康恢复的状况，认定该成年人恢复为限制民事行为能力人或者完全民事行为能力人。

本条规定的有关组织包括：居民委员会、村民委员会、学校、医疗机构、妇女联合会、残疾人联合会、依法设立的老年人组织、民政部门等。

第二十五条 自然人以户籍登记或者其他有效身份登记记载的居所为住所；经常居所与住所不一致的，经常居所视为住所。

第二节 监 护

第二十六条 父母对未成年子女负有抚养、教育和保护的义务。

成年子女对父母负有赡养、扶助和保护的义务。

第二十七条 父母是未成年子女的监护人。

未成年人的父母已经死亡或者没有监护能力的，由下列有监护能力的人按顺序担任监护人：

（一）祖父母、外祖父母；

（二）兄、姐；

（三）其他愿意担任监护人的个人或者组织，但是须经未成年人住所地的居民委员会、村民委员会或者民政部门同意。

第二十八条 无民事行为能力或者限制民事行为能力的成年人，由下列有监护能力的人按顺序担任监护人：

（一）配偶；

（二）父母、子女；

（三）其他近亲属；

（四）其他愿意担任监护人的个人或者组织，但是须经被监护人住所地的居民委员会、村民委员会或者

民政部门同意。

第二十九条 被监护人的父母担任监护人的，可以通过遗嘱指定监护人。

第三十条 依法具有监护资格的人之间可以协议确定监护人。协议确定监护人应当尊重被监护人的真实意愿。

第三十一条 对监护人的确定有争议的，由被监护人住所地的居民委员会、村民委员会或者民政部门指定监护人，有关当事人对指定不服的，可以向人民法院申请指定监护人；有关当事人也可以直接向人民法院申请指定监护人。

居民委员会、村民委员会、民政部门或者人民法院应当尊重被监护人的真实意愿，按照最有利于被监护人的原则在依法具有监护资格的人中指定监护人。

依据本条第一款规定指定监护人前，被监护人的人身权利、财产权利以及其他合法权益处于无人保护状态的，由被监护人住所地的居民委员会、村民委员会、法律规定的有关组织或者民政部门担任临时监护人。

监护人被指定后，不得擅自变更；擅自变更的，不免除被指定的监护人的责任。

第三十二条 没有依法具有监护资格的人的，监护人由民政部门担任，也可以由具备履行监护职责条件的被监护人住所地的居民委员会、村民委员会担任。

第三十三条 具有完全民事行为能力的成年人，可以与其近亲属、其他愿意担任监护人的个人或者组织事先协商，以书面形式确定自己的监护人，在自己丧失或者部分丧失民事行为能力时，由该监护人履行监护职责。

第三十四条 监护人的职责是代理被监护人实施民事法律行为，保护被监护人的人身权利、财产权利以及其他合法权益等。

监护人依法履行监护职责产生的权利，受法律保护。

监护人不履行监护职责或者侵害被监护人合法权益的，应当承担法律责任。

因发生突发事件等紧急情况，监护人暂时无法履行监护职责，被监护人的生活处于无人照料状态的，被监护人住所地的居民委员会、村民委员会或者民政部门应当为被监护人安排必要的临时生活照料措施。

第三十五条 监护人应当按照最有利于被监护人的原则履行监护职责。监护人除为维护被监护人利益外，不得处分被监护人的财产。

未成年人的监护人履行监护职责，在作出与被监护人利益有关的决定时，应当根据被监护人的年龄和智力状况，尊重被监护人的真实意愿。

成年人的监护人履行监护职责，应当最大程度地尊重被监护人的真实意愿，保障并协助被监护人实施与其智力、精神健康状况相适应的民事法律行为。对被监护人有能力独立处理的事务，监护人不得干涉。

第三十六条 监护人有下列情形之一的，人民法院根据有关个人或者组织的申请，撤销其监护人资格，安排必要的临时监护措施，并按照最有利于被监护人的原则依法指定监护人：

（一）实施严重损害被监护人身心健康的行为；

（二）怠于履行监护职责，或者无法履行监护职责且拒绝将监护职责部分或者全部委托给他人，导致被监护人处于危困状态；

（三）实施严重侵害被监护人合法权益的其他行为。

本条规定的有关个人、组织包括：其他依法具有监护资格的人，居民委员会、村民委员会、学校、医疗机构、妇女联合会、残疾人联合会、未成年人保护组织、依法设立的老年人组织、民政部门等。

前款规定的个人和民政部门以外的组织未及时向人民法院申请撤销监护人资格的，民政部门应当向人民法院申请。

第三十七条 依法负担被监护人抚养费、赡养费、扶养费的父母、子女、配偶等，被人民法院撤销监护人资格后，应当继续履行负担的义务。

第三十八条 被监护人的父母或者子女被人民法院撤销监护人资格后，除对被监护人实施故意犯罪的外，确有悔改表现的，经其申请，人民法院可以在尊重被监护人真实意愿的前提下，视情况恢复其监护人资格，人民法院指定的监护人与被监护人的监护关系同时终止。

第三十九条 有下列情形之一的，监护关系终止：

（一）被监护人取得或者恢复完全民事行为能力；

（二）监护人丧失监护能力；

（三）被监护人或者监护人死亡；

（四）人民法院认定监护关系终止的其他情形。

监护关系终止后，被监护人仍然需要监护的，应当依法另行确定监护人。

第三节 宣告失踪和宣告死亡

第四十条 自然人下落不明满二年的，利害关系人可以向人民法院申请宣告该自然人为失踪人。

第四十一条 自然人下落不明的时间自其失去音讯之日起计算。战争期间下落不明的，下落不明的时间自战争结束之日或者有关机关确定的下落不明之日起计算。

第四十二条 失踪人的财产由其配偶、成年子女、父母或者其他愿意担任财产代管人的人代管。

代管有争议，没有前款规定的人，或者前款规定的人无代管能力的，由人民法院指定的人代管。

第四十三条 财产代管人应当妥善管理失踪人的财产，维护其财产权益。

失踪人所欠税款、债务和应付的其他费用，由财产代管人从失踪人的财产中支付。

财产代管人因故意或者重大过失造成失踪人财产损失的，应当承担赔偿责任。

第四十四条 财产代管人不履行代管职责、侵害失踪人财产权益或者丧失代管能力的，失踪人的利害关系人可以向人民法院申请变更财产代管人。

财产代管人有正当理由的，可以向人民法院申请变更财产代管人。

人民法院变更财产代管人的，变更后的财产代管人有权请求原财产代管人及时移交有关财产并报告财产代管情况。

第四十五条 失踪人重新出现，经本人或者利害关系人申请，人民法院应当撤销失踪宣告。

失踪人重新出现，有权请求财产代管人及时移交有关财产并报告财产代管情况。

第四十六条 自然人有下列情形之一的，利害关系人可以向人民法院申请宣告该自然人死亡：

（一）下落不明满四年；

（二）因意外事件，下落不明满二年。

因意外事件下落不明，经有关机关证明该自然人不可能生存的，申请宣告死亡不受二年时间的限制。

第四十七条 对同一自然人，有的利害关系人申请宣告死亡，有的利害关系人申请宣告失踪，符合本法规定的宣告死亡条件的，人民法院应当宣告死亡。

第四十八条 被宣告死亡的人，人民法院宣告死亡的判决作出之日视为其死亡的日期；因意外事件下落不明宣告死亡的，意外事件发生之日视为其死亡的日期。

第四十九条 自然人被宣告死亡但是并未死亡的，不影响该自然人在被宣告死亡期间实施的民事法律行为的效力。

第五十条 被宣告死亡的人重新出现，经本人或者利害关系人申请，人民法院应当撤销死亡宣告。

第五十一条 被宣告死亡的人的婚姻关系，自死亡宣告之日起消除。死亡宣告被撤销的，婚姻关系自撤销死亡宣告之日起自行恢复。但是，其配偶再婚或者向婚姻登记机关书面声明不愿意恢复的除外。

第五十二条 被宣告死亡的人在被宣告死亡期间，其子女被他人依法收养的，在死亡宣告被撤销后，不得以未经本人同意为由主张收养行为无效。

第五十三条 被撤销死亡宣告的人有权请求依照本法第六编取得其财产的民事主体返还财产；无法返还的，应当给予适当补偿。

利害关系人隐瞒真实情况，致使他人被宣告死亡而取得其财产的，除应当返还财产外，还应当对由此造成的损失承担赔偿责任。

第四节 个体工商户和农村承包经营户

第五十四条 自然人从事工商业经营，经依法登记，为个体工商户。个体工商户可以起字号。

第五十五条 农村集体经济组织的成员，依法取得农村土地承包经营权，从事家庭承包经营的，为农村承包经营户。

第五十六条 个体工商户的债务，个人经营的，以个人财产承担；家庭经营的，以家庭财产承担；无法区分的，以家庭财产承担。

农村承包经营户的债务，以从事农村土地承包经营的农户财产承担；事实上由农户部分成员经营的，以该部分成员的财产承担。

第三章 法 人

第一节 一 般 规 定

第五十七条 法人是具有民事权利能力和民事行为能力，依法独立享有民事权利和承担民事义务的组织。

第五十八条 法人应当依法成立。

法人应当有自己的名称、组织机构、住所、财产或者经费。法人成立的具体条件和程序，依照法律、行政法规的规定。

设立法人，法律、行政法规规定须经有关机关批准的，依照其规定。

第五十九条 法人的民事权利能力和民事行为能力，从法人成立时产生，到法人终止时消灭。

第六十条 法人以其全部财产独立承担民事责任。

第六十一条 依照法律或者法人章程的规定，代表法人从事民事活动的负责人，为法人的法定代表人。

法定代表人以法人名义从事的民事活动，其法律后果由法人承受。

法人章程或者法人权力机构对法定代表人代表权的限制，不得对抗善意相对人。

第六十二条 法定代表人因执行职务造成他人损害的,由法人承担民事责任。

法人承担民事责任后,依照法律或者法人章程的规定,可以向有过错的法定代表人追偿。

第六十三条 法人以其主要办事机构所在地为住所。依法需要办理法人登记的,应当将主要办事机构所在地登记为住所。

第六十四条 法人存续期间登记事项发生变化的,应当依法向登记机关申请变更登记。

第六十五条 法人的实际情况与登记的事项不一致的,不得对抗善意相对人。

第六十六条 登记机关应当依法及时公示法人登记的有关信息。

第六十七条 法人合并的,其权利和义务由合并后的法人享有和承担。

法人分立的,其权利和义务由分立后的法人享有连带债权,承担连带债务,但是债权人和债务人另有约定的除外。

第六十八条 有下列原因之一并依法完成清算、注销登记的,法人终止:

(一)法人解散;

(二)法人被宣告破产;

(三)法律规定的其他原因。

法人终止,法律、行政法规规定须经有关机关批准的,依照其规定。

第六十九条 有下列情形之一的,法人解散:

(一)法人章程规定的存续期间届满或者法人章程规定的其他解散事由出现;

(二)法人的权力机构决议解散;

(三)因法人合并或者分立需要解散;

(四)法人依法被吊销营业执照、登记证书,被责令关闭或者被撤销;

(五)法律规定的其他情形。

第七十条 法人解散的,除合并或者分立的情形外,清算义务人应当及时组成清算组进行清算。

法人的董事、理事等执行机构或者决策机构的成员为清算义务人。法律、行政法规另有规定的,依照其规定。

清算义务人未及时履行清算义务,造成损害的,应当承担民事责任;主管机关或者利害关系人可以申请人民法院指定有关人员组成清算组进行清算。

第七十一条 法人的清算程序和清算组职权,依照有关法律的规定;没有规定的,参照适用公司法律的有关规定。

第七十二条 清算期间法人存续,但是不得从事与清算无关的活动。

法人清算后的剩余财产,按照法人章程的规定或者法人权力机构的决议处理。法律另有规定的,依照其规定。

清算结束并完成法人注销登记时,法人终止;依法不需要办理法人登记的,清算结束时,法人终止。

第七十三条 法人被宣告破产的,依法进行破产清算并完成法人注销登记时,法人终止。

第七十四条 法人可以依法设立分支机构。法律、行政法规规定分支机构应当登记的,依照其规定。

分支机构以自己的名义从事民事活动,产生的民事责任由法人承担;也可以先以该分支机构管理的财产承担,不足以承担的,由法人承担。

第七十五条 设立人为设立法人从事的民事活动,其法律后果由法人承受;法人未成立的,其法律后果

由设立人承受，设立人为二人以上的，享有连带债权，承担连带债务。

设立人为设立法人以自己的名义从事民事活动产生的民事责任，第三人有权选择请求法人或者设立人承担。

第二节　营利法人

第七十六条　以取得利润并分配给股东等出资人为目的成立的法人，为营利法人。

营利法人包括有限责任公司、股份有限公司和其他企业法人等。

第七十七条　营利法人经依法登记成立。

第七十八条　依法设立的营利法人，由登记机关发给营利法人营业执照。营业执照签发日期为营利法人的成立日期。

第七十九条　设立营利法人应当依法制定法人章程。

第八十条　营利法人应当设权力机构。

权力机构行使修改法人章程，选举或者更换执行机构、监督机构成员，以及法人章程规定的其他职权。

第八十一条　营利法人应当设执行机构。

执行机构行使召集权力机构会议，决定法人的经营计划和投资方案，决定法人内部管理机构的设置，以及法人章程规定的其他职权。

执行机构为董事会或者执行董事的，董事长、执行董事或者经理按照法人章程的规定担任法定代表人；未设董事会或者执行董事的，法人章程规定的主要负责人为其执行机构和法定代表人。

第八十二条　营利法人设监事会或者监事等监督机构的，监督机构依法行使检查法人财务，监督执行机构成员、高级管理人员执行法人职务的行为，以及法人章程规定的其他职权。

第八十三条　营利法人的出资人不得滥用出资人权利损害法人或者其他出资人的利益；滥用出资人权利造成法人或者其他出资人损失的，应当依法承担民事责任。

营利法人的出资人不得滥用法人独立地位和出资人有限责任损害法人债权人的利益；滥用法人独立地位和出资人有限责任，逃避债务，严重损害法人债权人的利益的，应当对法人债务承担连带责任。

第八十四条　营利法人的控股出资人、实际控制人、董事、监事、高级管理人员不得利用其关联关系损害法人的利益；利用关联关系造成法人损失的，应当承担赔偿责任。

第八十五条　营利法人的权力机构、执行机构作出决议的会议召集程序、表决方式违反法律、行政法规、法人章程，或者决议内容违反法人章程的，营利法人的出资人可以请求人民法院撤销该决议。但是，营利法人依据该决议与善意相对人形成的民事法律关系不受影响。

第八十六条　营利法人从事经营活动，应当遵守商业道德，维护交易安全，接受政府和社会的监督，承担社会责任。

第三节　非营利法人

第八十七条　为公益目的或者其他非营利目的成立，不向出资人、设立人或者会员分配所取得利润的法人，为非营利法人。

非营利法人包括事业单位、社会团体、基金会、社会服务机构等。

第八十八条　具备法人条件，为适应经济社会发展需要，提供公益服务设立的事业单位，经依法登记成立，取得事业单位法人资格；依法不需要办理法人登记的，从成立之日起，具有事业单位法人资格。

第八十九条　事业单位法人设理事会的，除法律另有规定外，理事会为其决策机构。事业单位法人的法定代表人依照法律、行政法规或者法人章程的规定产生。

第九十条　具备法人条件，基于会员共同意愿，为公益目的或者会员共同利益等非营利目的设立的社会团体，经依法登记成立，取得社会团体法人资格；依法不需要办理法人登记的，从成立之日起，具有社会团体法人资格。

第九十一条　设立社会团体法人应当依法制定法人章程。

社会团体法人应当设会员大会或者会员代表大会等权力机构。

社会团体法人应当设理事会等执行机构。理事长或者会长等负责人按照法人章程的规定担任法定代表人。

第九十二条　具备法人条件，为公益目的以捐助财产设立的基金会、社会服务机构等，经依法登记成立，取得捐助法人资格。

依法设立的宗教活动场所，具备法人条件的，可以申请法人登记，取得捐助法人资格。法律、行政法规对宗教活动场所有规定的，依照其规定。

第九十三条　设立捐助法人应当依法制定法人章程。

捐助法人应当设理事会、民主管理组织等决策机构，并设执行机构。理事长等负责人按照法人章程的规定担任法定代表人。

捐助法人应当设监事会等监督机构。

第九十四条　捐助人有权向捐助法人查询捐助财产的使用、管理情况，并提出意见和建议，捐助法人应当及时、如实答复。

捐助法人的决策机构、执行机构或者法定代表人作出决定的程序违反法律、行政法规、法人章程，或者决定内容违反法人章程的，捐助人等利害关系人或者主管机关可以请求人民法院撤销该决定。但是，捐助法人依据该决定与善意相对人形成的民事法律关系不受影响。

第九十五条　为公益目的成立的非营利法人终止时，不得向出资人、设立人或者会员分配剩余财产。剩余财产应当按照法人章程的规定或者权力机构的决议用于公益目的；无法按照法人章程的规定或者权力机构的决议处理的，由主管机关主持转给宗旨相同或者相近的法人，并向社会公告。

第四节　特别法人

第九十六条　本节规定的机关法人、农村集体经济组织法人、城镇农村的合作经济组织法人、基层群众性自治组织法人，为特别法人。

第九十七条　有独立经费的机关和承担行政职能的法定机构从成立之日起，具有机关法人资格，可以从事为履行职能所需要的民事活动。

第九十八条　机关法人被撤销的，法人终止，其民事权利和义务由继任的机关法人享有和承担；没有继任的机关法人的，由作出撤销决定的机关法人享有和承担。

第九十九条　农村集体经济组织依法取得法人资格。

法律、行政法规对农村集体经济组织有规定的，依照其规定。

第一百条　城镇农村的合作经济组织依法取得法人资格。

法律、行政法规对城镇农村的合作经济组织有规定的，依照其规定。

第一百零一条 居民委员会、村民委员会具有基层群众性自治组织法人资格，可以从事为履行职能所需要的民事活动。

未设立村集体经济组织的，村民委员会可以依法代行村集体经济组织的职能。

第四章 非法人组织

第一百零二条 非法人组织是不具有法人资格，但是能够依法以自己的名义从事民事活动的组织。

非法人组织包括个人独资企业、合伙企业、不具有法人资格的专业服务机构等。

第一百零三条 非法人组织应当依照法律的规定登记。

设立非法人组织，法律、行政法规规定须经有关机关批准的，依照其规定。

第一百零四条 非法人组织的财产不足以清偿债务的，其出资人或者设立人承担无限责任。法律另有规定的，依照其规定。

第一百零五条 非法人组织可以确定一人或者数人代表该组织从事民事活动。

第一百零六条 有下列情形之一的，非法人组织解散：

（一）章程规定的存续期间届满或者章程规定的其他解散事由出现；

（二）出资人或者设立人决定解散；

（三）法律规定的其他情形。

第一百零七条 非法人组织解散的，应当依法进行清算。

第一百零八条 非法人组织除适用本章规定外，参照适用本编第三章第一节的有关规定。

第五章 民事权利

第一百零九条 自然人的人身自由、人格尊严受法律保护。

第一百一十条 自然人享有生命权、身体权、健康权、姓名权、肖像权、名誉权、荣誉权、隐私权、婚姻自主权等权利。

法人、非法人组织享有名称权、名誉权和荣誉权。

第一百一十一条 自然人的个人信息受法律保护。任何组织或者个人需要获取他人个人信息的，应当依法取得并确保信息安全，不得非法收集、使用、加工、传输他人个人信息，不得非法买卖、提供或者公开他人个人信息。

第一百一十二条 自然人因婚姻家庭关系等产生的人身权利受法律保护。

第一百一十三条 民事主体的财产权利受法律平等保护。

第一百一十四条 民事主体依法享有物权。

物权是权利人依法对特定的物享有直接支配和排他的权利，包括所有权、用益物权和担保物权。

第一百一十五条 物包括不动产和动产。法律规定权利作为物权客体的，依照其规定。

第一百一十六条 物权的种类和内容，由法律规定。

第一百一十七条 为了公共利益的需要，依照法律规定的权限和程序征收、征用不动产或者动产的，应当给予公平、合理的补偿。

第一百一十八条　民事主体依法享有债权。

债权是因合同、侵权行为、无因管理、不当得利以及法律的其他规定，权利人请求特定义务人为或者不为一定行为的权利。

第一百一十九条　依法成立的合同，对当事人具有法律约束力。

第一百二十条　民事权益受到侵害的，被侵权人有权请求侵权人承担侵权责任。

第一百二十一条　没有法定的或者约定的义务，为避免他人利益受损失而进行管理的人，有权请求受益人偿还由此支出的必要费用。

第一百二十二条　因他人没有法律根据，取得不当利益，受损失的人有权请求其返还不当利益。

第一百二十三条　民事主体依法享有知识产权。

知识产权是权利人依法就下列客体享有的专有的权利：

（一）作品；

（二）发明、实用新型、外观设计；

（三）商标；

（四）地理标志；

（五）商业秘密；

（六）集成电路布图设计；

（七）植物新品种；

（八）法律规定的其他客体。

第一百二十四条　自然人依法享有继承权。

自然人合法的私有财产，可以依法继承。

第一百二十五条　民事主体依法享有股权和其他投资性权利。

第一百二十六条　民事主体享有法律规定的其他民事权利和利益。

第一百二十七条　法律对数据、网络虚拟财产的保护有规定的，依照其规定。

第一百二十八条　法律对未成年人、老年人、残疾人、妇女、消费者等的民事权利保护有特别规定的，依照其规定。

第一百二十九条　民事权利可以依据民事法律行为、事实行为、法律规定的事件或者法律规定的其他方式取得。

第一百三十条　民事主体按照自己的意愿依法行使民事权利，不受干涉。

第一百三十一条　民事主体行使权利时，应当履行法律规定的和当事人约定的义务。

第一百三十二条　民事主体不得滥用民事权利损害国家利益、社会公共利益或者他人合法权益。

第六章　民事法律行为

第一节　一般规定

第一百三十三条　民事法律行为是民事主体通过意思表示设立、变更、终止民事法律关系的行为。

第一百三十四条　民事法律行为可以基于双方或者多方的意思表示一致成立，也可以基于单方的意思表示成立。

法人、非法人组织依照法律或者章程规定的议事方式和表决程序作出决议的，该决议行为成立。

第一百三十五条 民事法律行为可以采用书面形式、口头形式或者其他形式；法律、行政法规规定或者当事人约定采用特定形式的，应当采用特定形式。

第一百三十六条 民事法律行为自成立时生效，但是法律另有规定或者当事人另有约定的除外。

行为人非依法律规定或者未经对方同意，不得擅自变更或者解除民事法律行为。

第二节 意思表示

第一百三十七条 以对话方式作出的意思表示，相对人知道其内容时生效。

以非对话方式作出的意思表示，到达相对人时生效。以非对话方式作出的采用数据电文形式的意思表示，相对人指定特定系统接收数据电文的，该数据电文进入该特定系统时生效；未指定特定系统的，相对人知道或者应当知道该数据电文进入其系统时生效。当事人对采用数据电文形式的意思表示的生效时间另有约定的，按照其约定。

第一百三十八条 无相对人的意思表示，表示完成时生效。法律另有规定的，依照其规定。

第一百三十九条 以公告方式作出的意思表示，公告发布时生效。

第一百四十条 行为人可以明示或者默示作出意思表示。

沉默只有在有法律规定、当事人约定或者符合当事人之间的交易习惯时，才可以视为意思表示。

第一百四十一条 行为人可以撤回意思表示。撤回意思表示的通知应当在意思表示到达相对人前或者与意思表示同时到达相对人。

第一百四十二条 有相对人的意思表示的解释，应当按照所使用的词句，结合相关条款、行为的性质和目的、习惯以及诚信原则，确定意思表示的含义。

无相对人的意思表示的解释，不能完全拘泥于所使用的词句，而应当结合相关条款、行为的性质和目的、习惯以及诚信原则，确定行为人的真实意思。

第三节 民事法律行为的效力

第一百四十三条 具备下列条件的民事法律行为有效：

（一）行为人具有相应的民事行为能力；

（二）意思表示真实；

（三）不违反法律、行政法规的强制性规定，不违背公序良俗。

第一百四十四条 无民事行为能力人实施的民事法律行为无效。

第一百四十五条 限制民事行为能力人实施的纯获利益的民事法律行为或者与其年龄、智力、精神健康状况相适应的民事法律行为有效；实施的其他民事法律行为经法定代理人同意或者追认后有效。

相对人可以催告法定代理人自收到通知之日起三十日内予以追认。法定代理人未作表示的，视为拒绝追认。民事法律行为被追认前，善意相对人有撤销的权利。撤销应当以通知的方式作出。

第一百四十六条 行为人与相对人以虚假的意思表示实施的民事法律行为无效。

以虚假的意思表示隐藏的民事法律行为的效力，依照有关法律规定处理。

第一百四十七条 基于重大误解实施的民事法律行为，行为人有权请求人民法院或者仲裁机构予以撤销。

第一百四十八条 一方以欺诈手段，使对方在违背真实意思的情况下实施的民事法律行为，受欺诈方有权请求人民法院或者仲裁机构予以撤销。

第一百四十九条 第三人实施欺诈行为，使一方在违背真实意思的情况下实施的民事法律行为，对方知道或者应当知道该欺诈行为的，受欺诈方有权请求人民法院或者仲裁机构予以撤销。

第一百五十条 一方或者第三人以胁迫手段，使对方在违背真实意思的情况下实施的民事法律行为，受胁迫方有权请求人民法院或者仲裁机构予以撤销。

第一百五十一条 一方利用对方处于危困状态、缺乏判断能力等情形，致使民事法律行为成立时显失公平的，受损害方有权请求人民法院或者仲裁机构予以撤销。

第一百五十二条 有下列情形之一的，撤销权消灭：

（一）当事人自知道或者应当知道撤销事由之日起一年内、重大误解的当事人自知道或者应当知道撤销事由之日起九十日内没有行使撤销权；

（二）当事人受胁迫，自胁迫行为终止之日起一年内没有行使撤销权；

（三）当事人知道撤销事由后明确表示或者以自己的行为表明放弃撤销权。

当事人自民事法律行为发生之日起五年内没有行使撤销权的，撤销权消灭。

第一百五十三条 违反法律、行政法规的强制性规定的民事法律行为无效。但是，该强制性规定不导致该民事法律行为无效的除外。

违背公序良俗的民事法律行为无效。

第一百五十四条 行为人与相对人恶意串通，损害他人合法权益的民事法律行为无效。

第一百五十五条 无效的或者被撤销的民事法律行为自始没有法律约束力。

第一百五十六条 民事法律行为部分无效，不影响其他部分效力的，其他部分仍然有效。

第一百五十七条 民事法律行为无效、被撤销或者确定不发生效力后，行为人因该行为取得的财产，应当予以返还；不能返还或者没有必要返还的，应当折价补偿。有过错的一方应当赔偿对方由此所受到的损失；各方都有过错的，应当各自承担相应的责任。法律另有规定的，依照其规定。

第四节 民事法律行为的附条件和附期限

第一百五十八条 民事法律行为可以附条件，但是根据其性质不得附条件的除外。附生效条件的民事法律行为，自条件成就时生效。附解除条件的民事法律行为，自条件成就时失效。

第一百五十九条 附条件的民事法律行为，当事人为自己的利益不正当地阻止条件成就的，视为条件已经成就；不正当地促成条件成就的，视为条件不成就。

第一百六十条 民事法律行为可以附期限，但是根据其性质不得附期限的除外。附生效期限的民事法律行为，自期限届至时生效。附终止期限的民事法律行为，自期限届满时失效。

第七章 代 理

第一节 一 般 规 定

第一百六十一条 民事主体可以通过代理人实施民事法律行为。

依照法律规定、当事人约定或者民事法律行为的性质，应当由本人亲自实施的民事法律行为，不得代理。

第一百六十二条 代理人在代理权限内，以被代理人名义实施的民事法律行为，对被代理人发生效力。

第一百六十三条 代理包括委托代理和法定代理。

委托代理人按照被代理人的委托行使代理权。法定代理人依照法律的规定行使代理权。

第一百六十四条 代理人不履行或者不完全履行职责，造成被代理人损害的，应当承担民事责任。

代理人和相对人恶意串通，损害被代理人合法权益的，代理人和相对人应当承担连带责任。

第二节 委托代理

第一百六十五条 委托代理授权采用书面形式的，授权委托书应当载明代理人的姓名或者名称、代理事项、权限和期限，并由被代理人签名或者盖章。

第一百六十六条 数人为同一代理事项的代理人的，应当共同行使代理权，但是当事人另有约定的除外。

第一百六十七条 代理人知道或者应当知道代理事项违法仍然实施代理行为，或者被代理人知道或者应当知道代理人的代理行为违法未作反对表示的，被代理人和代理人应当承担连带责任。

第一百六十八条 代理人不得以被代理人的名义与自己实施民事法律行为，但是被代理人同意或者追认的除外。

代理人不得以被代理人的名义与自己同时代理的其他人实施民事法律行为，但是被代理的双方同意或者追认的除外。

第一百六十九条 代理人需要转委托第三人代理的，应当取得被代理人的同意或者追认。

转委托代理经被代理人同意或者追认的，被代理人可以就代理事务直接指示转委托的第三人，代理人仅就第三人的选任以及对第三人的指示承担责任。

转委托代理未经被代理人同意或者追认的，代理人应当对转委托的第三人的行为承担责任；但是，在紧急情况下代理人为了维护被代理人的利益需要转委托第三人代理的除外。

第一百七十条 执行法人或者非法人组织工作任务的人员，就其职权范围内的事项，以法人或者非法人组织的名义实施的民事法律行为，对法人或者非法人组织发生效力。

法人或者非法人组织对执行其工作任务的人员职权范围的限制，不得对抗善意相对人。

第一百七十一条 行为人没有代理权、超越代理权或者代理权终止后，仍然实施代理行为，未经被代理人追认的，对被代理人不发生效力。

相对人可以催告被代理人自收到通知之日起三十日内予以追认。被代理人未作表示的，视为拒绝追认。行为人实施的行为被追认前，善意相对人有撤销的权利。撤销应当以通知的方式作出。

行为人实施的行为未被追认的，善意相对人有权请求行为人履行债务或者就其受到的损害请求行为人赔偿。但是，赔偿的范围不得超过被代理人追认时相对人所能获得的利益。

相对人知道或者应当知道行为人无权代理的，相对人和行为人按照各自的过错承担责任。

第一百七十二条 行为人没有代理权、超越代理权或者代理权终止后，仍然实施代理行为，相对人有理由相信行为人有代理权的，代理行为有效。

第三节 代理终止

第一百七十三条 有下列情形之一的，委托代理终止：

（一）代理期限届满或者代理事务完成；

（二）被代理人取消委托或者代理人辞去委托；

（三）代理人丧失民事行为能力；

（四）代理人或者被代理人死亡；

（五）作为代理人或者被代理人的法人、非法人组织终止。

第一百七十四条 被代理人死亡后，有下列情形之一的，委托代理人实施的代理行为有效：

（一）代理人不知道且不应当知道被代理人死亡；

（二）被代理人的继承人予以承认；

（三）授权中明确代理权在代理事务完成时终止；

（四）被代理人死亡前已经实施，为了被代理人的继承人的利益继续代理。

作为被代理人的法人、非法人组织终止的，参照适用前款规定。

第一百七十五条 有下列情形之一的，法定代理终止：

（一）被代理人取得或者恢复完全民事行为能力；

（二）代理人丧失民事行为能力；

（三）代理人或者被代理人死亡；

（四）法律规定的其他情形。

第八章 民事责任

第一百七十六条 民事主体依照法律规定或者按照当事人约定，履行民事义务，承担民事责任。

第一百七十七条 二人以上依法承担按份责任，能够确定责任大小的，各自承担相应的责任；难以确定责任大小的，平均承担责任。

第一百七十八条 二人以上依法承担连带责任的，权利人有权请求部分或者全部连带责任人承担责任。

连带责任人的责任份额根据各自责任大小确定；难以确定责任大小的，平均承担责任。实际承担责任超过自己责任份额的连带责任人，有权向其他连带责任人追偿。

连带责任，由法律规定或者当事人约定。

第一百七十九条 承担民事责任的方式主要有：

（一）停止侵害；

（二）排除妨碍；

（三）消除危险；

（四）返还财产；

（五）恢复原状；

（六）修理、重作、更换；

（七）继续履行；

（八）赔偿损失；

（九）支付违约金；

（十）消除影响、恢复名誉；

（十一）赔礼道歉。

法律规定惩罚性赔偿的，依照其规定。

本条规定的承担民事责任的方式，可以单独适用，也可以合并适用。

第一百八十条　因不可抗力不能履行民事义务的，不承担民事责任。法律另有规定的，依照其规定。

不可抗力是不能预见、不能避免且不能克服的客观情况。

第一百八十一条　因正当防卫造成损害的，不承担民事责任。

正当防卫超过必要的限度，造成不应有的损害的，正当防卫人应当承担适当的民事责任。

第一百八十二条　因紧急避险造成损害的，由引起险情发生的人承担民事责任。

危险由自然原因引起的，紧急避险人不承担民事责任，可以给予适当补偿。

紧急避险采取措施不当或者超过必要的限度，造成不应有的损害的，紧急避险人应当承担适当的民事责任。

第一百八十三条　因保护他人民事权益使自己受到损害的，由侵权人承担民事责任，受益人可以给予适当补偿。没有侵权人、侵权人逃逸或者无力承担民事责任，受害人请求补偿的，受益人应当给予适当补偿。

第一百八十四条　因自愿实施紧急救助行为造成受助人损害的，救助人不承担民事责任。

第一百八十五条　侵害英雄烈士等的姓名、肖像、名誉、荣誉，损害社会公共利益的，应当承担民事责任。

第一百八十六条　因当事人一方的违约行为，损害对方人身权益、财产权益的，受损害方有权选择请求其承担违约责任或者侵权责任。

第一百八十七条　民事主体因同一行为应当承担民事责任、行政责任和刑事责任的，承担行政责任或者刑事责任不影响承担民事责任；民事主体的财产不足以支付的，优先用于承担民事责任。

第九章　诉讼时效

第一百八十八条　向人民法院请求保护民事权利的诉讼时效期间为三年。法律另有规定的，依照其规定。

诉讼时效期间自权利人知道或者应当知道权利受到损害以及义务人之日起计算。法律另有规定的，依照其规定。但是，自权利受到损害之日起超过二十年的，人民法院不予保护，有特殊情况的，人民法院可以根据权利人的申请决定延长。

第一百八十九条　当事人约定同一债务分期履行的，诉讼时效期间自最后一期履行期限届满之日起计算。

第一百九十条　无民事行为能力人或者限制民事行为能力人对其法定代理人的请求权的诉讼时效期间，自该法定代理终止之日起计算。

第一百九十一条　未成年人遭受性侵害的损害赔偿请求权的诉讼时效期间，自受害人年满十八周岁之日起计算。

第一百九十二条　诉讼时效期间届满的，义务人可以提出不履行义务的抗辩。

诉讼时效期间届满后，义务人同意履行的，不得以诉讼时效期间届满为由抗辩；义务人已经自愿履行的，不得请求返还。

第一百九十三条　人民法院不得主动适用诉讼时效的规定。

第一百九十四条　在诉讼时效期间的最后六个月内，因下列障碍，不能行使请求权的，诉讼时效中止：

（一）不可抗力；

（二）无民事行为能力人或者限制民事行为能力人没有法定代理人，或者法定代理人死亡、丧失民事行为能力、丧失代理权；

（三）继承开始后未确定继承人或者遗产管理人；

（四）权利人被义务人或者其他人控制；

（五）其他导致权利人不能行使请求权的障碍。

自中止时效的原因消除之日起满六个月，诉讼时效期间届满。

第一百九十五条　有下列情形之一的，诉讼时效中断，从中断、有关程序终结时起，诉讼时效期间重新计算：

（一）权利人向义务人提出履行请求；

（二）义务人同意履行义务；

（三）权利人提起诉讼或者申请仲裁；

（四）与提起诉讼或者申请仲裁具有同等效力的其他情形。

第一百九十六条　下列请求权不适用诉讼时效的规定：

（一）请求停止侵害、排除妨碍、消除危险；

（二）不动产物权和登记的动产物权的权利人请求返还财产；

（三）请求支付抚养费、赡养费或者扶养费；

（四）依法不适用诉讼时效的其他请求权。

第一百九十七条　诉讼时效的期间、计算方法以及中止、中断的事由由法律规定，当事人约定无效。

当事人对诉讼时效利益的预先放弃无效。

第一百九十八条　法律对仲裁时效有规定的，依照其规定；没有规定的，适用诉讼时效的规定。

第一百九十九条　法律规定或者当事人约定的撤销权、解除权等权利的存续期间，除法律另有规定外，自权利人知道或者应当知道权利产生之日起计算，不适用有关诉讼时效中止、中断和延长的规定。存续期间届满，撤销权、解除权等权利消灭。

第十章　期间计算

第二百条　民法所称的期间按照公历年、月、日、小时计算。

第二百零一条　按照年、月、日计算期间的，开始的当日不计入，自下一日开始计算。

按照小时计算期间的，自法律规定或者当事人约定的时间开始计算。

第二百零二条　按照年、月计算期间的，到期月的对应日为期间的最后一日；没有对应日的，月末日为期间的最后一日。

第二百零三条　期间的最后一日是法定休假日的，以法定休假日结束的次日为期间的最后一日。

期间的最后一日的截止时间为二十四时；有业务时间的，停止业务活动的时间为截止时间。

第二百零四条　期间的计算方法依照本法的规定，但是法律另有规定或者当事人另有约定的除外。

第二编　物　权

第一分编　通　则

第一章　一般规定

第二百零五条　本编调整因物的归属和利用产生的民事关系。

第二百零六条　国家坚持和完善公有制为主体、多种所有制经济共同发展，按劳分配为主体、多种分配方式并存，社会主义市场经济体制等社会主义基本经济制度。

国家巩固和发展公有制经济，鼓励、支持和引导非公有制经济的发展。

国家实行社会主义市场经济，保障一切市场主体的平等法律地位和发展权利。

第二百零七条　国家、集体、私人的物权和其他权利人的物权受法律平等保护，任何组织或者个人不得侵犯。

第二百零八条　不动产物权的设立、变更、转让和消灭，应当依照法律规定登记。动产物权的设立和转让，应当依照法律规定交付。

第二章　物权的设立、变更、转让和消灭

第一节　不动产登记

第二百零九条　不动产物权的设立、变更、转让和消灭，经依法登记，发生效力；未经登记，不发生效力，但是法律另有规定的除外。

依法属于国家所有的自然资源，所有权可以不登记。

第二百一十条　不动产登记，由不动产所在地的登记机构办理。

国家对不动产实行统一登记制度。统一登记的范围、登记机构和登记办法，由法律、行政法规规定。

第二百一十一条　当事人申请登记，应当根据不同登记事项提供权属证明和不动产界址、面积等必要材料。

第二百一十二条　登记机构应当履行下列职责：

（一）查验申请人提供的权属证明和其他必要材料；

（二）就有关登记事项询问申请人；

（三）如实、及时登记有关事项；

（四）法律、行政法规规定的其他职责。

申请登记的不动产的有关情况需要进一步证明的，登记机构可以要求申请人补充材料，必要时可以实地查看。

第二百一十三条　登记机构不得有下列行为：

（一）要求对不动产进行评估；

（二）以年检等名义进行重复登记；

（三）超出登记职责范围的其他行为。

第二百一十四条 不动产物权的设立、变更、转让和消灭，依照法律规定应当登记的，自记载于不动产登记簿时发生效力。

第二百一十五条 当事人之间订立有关设立、变更、转让和消灭不动产物权的合同，除法律另有规定或者当事人另有约定外，自合同成立时生效；未办理物权登记的，不影响合同效力。

第二百一十六条 不动产登记簿是物权归属和内容的根据。

不动产登记簿由登记机构管理。

第二百一十七条 不动产权属证书是权利人享有该不动产物权的证明。不动产权属证书记载的事项，应当与不动产登记簿一致；记载不一致的，除有证据证明不动产登记簿确有错误外，以不动产登记簿为准。

第二百一十八条 权利人、利害关系人可以申请查询、复制不动产登记资料，登记机构应当提供。

第二百一十九条 利害关系人不得公开、非法使用权利人的不动产登记资料。

第二百二十条 权利人、利害关系人认为不动产登记簿记载的事项错误的，可以申请更正登记。不动产登记簿记载的权利人书面同意更正或者有证据证明登记确有错误的，登记机构应当予以更正。

不动产登记簿记载的权利人不同意更正的，利害关系人可以申请异议登记。登记机构予以异议登记，申请人自异议登记之日起十五日内不提起诉讼的，异议登记失效。异议登记不当，造成权利人损害的，权利人可以向申请人请求损害赔偿。

第二百二十一条 当事人签订买卖房屋的协议或者签订其他不动产物权的协议，为保障将来实现物权，按照约定可以向登记机构申请预告登记。预告登记后，未经预告登记的权利人同意，处分该不动产的，不发生物权效力。

预告登记后，债权消灭或者自能够进行不动产登记之日起九十日内未申请登记的，预告登记失效。

第二百二十二条 当事人提供虚假材料申请登记，造成他人损害的，应当承担赔偿责任。

因登记错误，造成他人损害的，登记机构应当承担赔偿责任。登记机构赔偿后，可以向造成登记错误的人追偿。

第二百二十三条 不动产登记费按件收取，不得按照不动产的面积、体积或者价款的比例收取。

第二节 动产交付

第二百二十四条 动产物权的设立和转让，自交付时发生效力，但是法律另有规定的除外。

第二百二十五条 船舶、航空器和机动车等的物权的设立、变更、转让和消灭，未经登记，不得对抗善意第三人。

第二百二十六条 动产物权设立和转让前，权利人已经占有该动产的，物权自民事法律行为生效时发生效力。

第二百二十七条 动产物权设立和转让前，第三人占有该动产的，负有交付义务的人可以通过转让请求第三人返还原物的权利代替交付。

第二百二十八条 动产物权转让时，当事人又约定由出让人继续占有该动产的，物权自该约定生效时发生效力。

第三节 其他规定

第二百二十九条 因人民法院、仲裁机构的法律文书或者人民政府的征收决定等，导致物权设立、变更、

转让或者消灭的，自法律文书或者征收决定等生效时发生效力。

第二百三十条　因继承取得物权的，自继承开始时发生效力。

第二百三十一条　因合法建造、拆除房屋等事实行为设立或者消灭物权的，自事实行为成就时发生效力。

第二百三十二条　处分依照本节规定享有的不动产物权，依照法律规定需要办理登记的，未经登记，不发生物权效力。

第三章　物权的保护

第二百三十三条　物权受到侵害的，权利人可以通过和解、调解、仲裁、诉讼等途径解决。

第二百三十四条　因物权的归属、内容发生争议的，利害关系人可以请求确认权利。

第二百三十五条　无权占有不动产或者动产的，权利人可以请求返还原物。

第二百三十六条　妨害物权或者可能妨害物权的，权利人可以请求排除妨害或者消除危险。

第二百三十七条　造成不动产或者动产毁损的，权利人可以依法请求修理、重作、更换或者恢复原状。

第二百三十八条　侵害物权，造成权利人损害的，权利人可以依法请求损害赔偿，也可以依法请求承担其他民事责任。

第二百三十九条　本章规定的物权保护方式，可以单独适用，也可以根据权利被侵害的情形合并适用。

第二分编　所　有　权

第四章　一　般　规　定

第二百四十条　所有权人对自己的不动产或者动产，依法享有占有、使用、收益和处分的权利。

第二百四十一条　所有权人有权在自己的不动产或者动产上设立用益物权和担保物权。用益物权人、担保物权人行使权利，不得损害所有权人的权益。

第二百四十二条　法律规定专属于国家所有的不动产和动产，任何组织或者个人不能取得所有权。

第二百四十三条　为了公共利益的需要，依照法律规定的权限和程序可以征收集体所有的土地和组织、个人的房屋以及其他不动产。

征收集体所有的土地，应当依法及时足额支付土地补偿费、安置补助费以及农村村民住宅、其他地上附着物和青苗等的补偿费用，并安排被征地农民的社会保障费用，保障被征地农民的生活，维护被征地农民的合法权益。

征收组织、个人的房屋以及其他不动产，应当依法给予征收补偿，维护被征收人的合法权益；征收个人住宅的，还应当保障被征收人的居住条件。

任何组织或者个人不得贪污、挪用、私分、截留、拖欠征收补偿费等费用。

第二百四十四条　国家对耕地实行特殊保护，严格限制农用地转为建设用地，控制建设用地总量。不得违反法律规定的权限和程序征收集体所有的土地。

第二百四十五条　因抢险救灾、疫情防控等紧急需要，依照法律规定的权限和程序可以征用组织、个人的不动产或者动产。被征用的不动产或者动产使用后，应当返还被征用人。组织、个人的不动产或者动产被征用或者征用后毁损、灭失的，应当给予补偿。

第五章　国家所有权和集体所有权、私人所有权

第二百四十六条　法律规定属于国家所有的财产，属于国家所有即全民所有。

国有财产由国务院代表国家行使所有权。法律另有规定的，依照其规定。

第二百四十七条　矿藏、水流、海域属于国家所有。

第二百四十八条　无居民海岛属于国家所有，国务院代表国家行使无居民海岛所有权。

第二百四十九条　城市的土地，属于国家所有。法律规定属于国家所有的农村和城市郊区的土地，属于国家所有。

第二百五十条　森林、山岭、草原、荒地、滩涂等自然资源，属于国家所有，但是法律规定属于集体所有的除外。

第二百五十一条　法律规定属于国家所有的野生动植物资源，属于国家所有。

第二百五十二条　无线电频谱资源属于国家所有。

第二百五十三条　法律规定属于国家所有的文物，属于国家所有。

第二百五十四条　国防资产属于国家所有。

铁路、公路、电力设施、电信设施和油气管道等基础设施，依照法律规定为国家所有的，属于国家所有。

第二百五十五条　国家机关对其直接支配的不动产和动产，享有占有、使用以及依照法律和国务院的有关规定处分的权利。

第二百五十六条　国家举办的事业单位对其直接支配的不动产和动产，享有占有、使用以及依照法律和国务院的有关规定收益、处分的权利。

第二百五十七条　国家出资的企业，由国务院、地方人民政府依照法律、行政法规规定分别代表国家履行出资人职责，享有出资人权益。

第二百五十八条　国家所有的财产受法律保护，禁止任何组织或者个人侵占、哄抢、私分、截留、破坏。

第二百五十九条　履行国有财产管理、监督职责的机构及其工作人员，应当依法加强对国有财产的管理、监督，促进国有财产保值增值，防止国有财产损失；滥用职权，玩忽职守，造成国有财产损失的，应当依法承担法律责任。

违反国有财产管理规定，在企业改制、合并分立、关联交易等过程中，低价转让、合谋私分、擅自担保或者以其他方式造成国有财产损失的，应当依法承担法律责任。

第二百六十条　集体所有的不动产和动产包括：

（一）法律规定属于集体所有的土地和森林、山岭、草原、荒地、滩涂；

（二）集体所有的建筑物、生产设施、农田水利设施；

（三）集体所有的教育、科学、文化、卫生、体育等设施；

（四）集体所有的其他不动产和动产。

第二百六十一条　农民集体所有的不动产和动产，属于本集体成员集体所有。

下列事项应当依照法定程序经本集体成员决定：

（一）土地承包方案以及将土地发包给本集体以外的组织或者个人承包；

（二）个别土地承包经营权人之间承包地的调整；

（三）土地补偿费等费用的使用、分配办法；

（四）集体出资的企业的所有权变动等事项；

（五）法律规定的其他事项。

第二百六十二条 对于集体所有的土地和森林、山岭、草原、荒地、滩涂等，依照下列规定行使所有权：

（一）属于村农民集体所有的，由村集体经济组织或者村民委员会依法代表集体行使所有权；

（二）分别属于村内两个以上农民集体所有的，由村内各该集体经济组织或者村民小组依法代表集体行使所有权；

（三）属于乡镇农民集体所有的，由乡镇集体经济组织代表集体行使所有权。

第二百六十三条 城镇集体所有的不动产和动产，依照法律、行政法规的规定由本集体享有占有、使用、收益和处分的权利。

第二百六十四条 农村集体经济组织或者村民委员会、村民小组应当依照法律、行政法规以及章程、村规民约向本集体成员公布集体财产的状况。集体成员有权查阅、复制相关资料。

第二百六十五条 集体所有的财产受法律保护，禁止任何组织或者个人侵占、哄抢、私分、破坏。

农村集体经济组织、村民委员会或者其负责人作出的决定侵害集体成员合法权益的，受侵害的集体成员可以请求人民法院予以撤销。

第二百六十六条 私人对其合法的收入、房屋、生活用品、生产工具、原材料等不动产和动产享有所有权。

第二百六十七条 私人的合法财产受法律保护，禁止任何组织或者个人侵占、哄抢、破坏。

第二百六十八条 国家、集体和私人依法可以出资设立有限责任公司、股份有限公司或者其他企业。国家、集体和私人所有的不动产或者动产投到企业的，由出资人按照约定或者出资比例享有资产收益、重大决策以及选择经营管理者等权利并履行义务。

第二百六十九条 营利法人对其不动产和动产依照法律、行政法规以及章程享有占有、使用、收益和处分的权利。

营利法人以外的法人，对其不动产和动产的权利，适用有关法律、行政法规以及章程的规定。

第二百七十条 社会团体法人、捐助法人依法所有的不动产和动产，受法律保护。

第六章 业主的建筑物区分所有权

第二百七十一条 业主对建筑物内的住宅、经营性用房等专有部分享有所有权，对专有部分以外的共有部分享有共有和共同管理的权利。

第二百七十二条 业主对其建筑物专有部分享有占有、使用、收益和处分的权利。业主行使权利不得危及建筑物的安全，不得损害其他业主的合法权益。

第二百七十三条 业主对建筑物专有部分以外的共有部分，享有权利，承担义务；不得以放弃权利为由不履行义务。

业主转让建筑物内的住宅、经营性用房，其对共有部分享有的共有和共同管理的权利一并转让。

第二百七十四条 建筑区划内的道路,属于业主共有,但是属于城镇公共道路的除外。建筑区划内的绿地,属于业主共有,但是属于城镇公共绿地或者明示属于个人的除外。建筑区划内的其他公共场所、公用设施和物业服务用房,属于业主共有。

第二百七十五条 建筑区划内,规划用于停放汽车的车位、车库的归属,由当事人通过出售、附赠或者出租等方式约定。

占用业主共有的道路或者其他场地用于停放汽车的车位,属于业主共有。

第二百七十六条 建筑区划内,规划用于停放汽车的车位、车库应当首先满足业主的需要。

第二百七十七条 业主可以设立业主大会,选举业主委员会。业主大会、业主委员会成立的具体条件和程序,依照法律、法规的规定。

地方人民政府有关部门、居民委员会应当对设立业主大会和选举业主委员会给予指导和协助。

第二百七十八条 下列事项由业主共同决定:

(一)制定和修改业主大会议事规则;

(二)制定和修改管理规约;

(三)选举业主委员会或者更换业主委员会成员;

(四)选聘和解聘物业服务企业或者其他管理人;

(五)使用建筑物及其附属设施的维修资金;

(六)筹集建筑物及其附属设施的维修资金;

(七)改建、重建建筑物及其附属设施;

(八)改变共有部分的用途或者利用共有部分从事经营活动;

(九)有关共有和共同管理权利的其他重大事项。

业主共同决定事项,应当由专有部分面积占比三分之二以上的业主且人数占比三分之二以上的业主参与表决。决定前款第六项至第八项规定的事项,应当经参与表决专有部分面积四分之三以上的业主且参与表决人数四分之三以上的业主同意。决定前款其他事项,应当经参与表决专有部分面积过半数的业主且参与表决人数过半数的业主同意。

第二百七十九条 业主不得违反法律、法规以及管理规约,将住宅改变为经营性用房。业主将住宅改变为经营性用房的,除遵守法律、法规以及管理规约外,应当经有利害关系的业主一致同意。

第二百八十条 业主大会或者业主委员会的决定,对业主具有法律约束力。

业主大会或者业主委员会作出的决定侵害业主合法权益的,受侵害的业主可以请求人民法院予以撤销。

第二百八十一条 建筑物及其附属设施的维修资金,属于业主共有。经业主共同决定,可以用于电梯、屋顶、外墙、无障碍设施等共有部分的维修、更新和改造。建筑物及其附属设施的维修资金的筹集、使用情况应当定期公布。

紧急情况下需要维修建筑物及其附属设施的,业主大会或者业主委员会可以依法申请使用建筑物及其附属设施的维修资金。

第二百八十二条 建设单位、物业服务企业或者其他管理人等利用业主的共有部分产生的收入,在扣除合理成本之后,属于业主共有。

第二百八十三条 建筑物及其附属设施的费用分摊、收益分配等事项,有约定的,按照约定;没有约定或者约定不明确的,按照业主专有部分面积所占比例确定。

第二百八十四条 业主可以自行管理建筑物及其附属设施，也可以委托物业服务企业或者其他管理人管理。

对建设单位聘请的物业服务企业或者其他管理人，业主有权依法更换。

第二百八十五条 物业服务企业或者其他管理人根据业主的委托，依照本法第三编有关物业服务合同的规定管理建筑区划内的建筑物及其附属设施，接受业主的监督，并及时答复业主对物业服务情况提出的询问。

物业服务企业或者其他管理人应当执行政府依法实施的应急处置措施和其他管理措施，积极配合开展相关工作。

第二百八十六条 业主应当遵守法律、法规以及管理规约，相关行为应当符合节约资源、保护生态环境的要求。对于物业服务企业或者其他管理人执行政府依法实施的应急处置措施和其他管理措施，业主应当依法予以配合。

业主大会或者业主委员会，对任意弃置垃圾、排放污染物或者噪声、违反规定饲养动物、违章搭建、侵占通道、拒付物业费等损害他人合法权益的行为，有权依照法律、法规以及管理规约，请求行为人停止侵害、排除妨碍、消除危险、恢复原状、赔偿损失。

业主或者其他行为人拒不履行相关义务的，有关当事人可以向有关行政主管部门报告或者投诉，有关行政主管部门应当依法处理。

第二百八十七条 业主对建设单位、物业服务企业或者其他管理人以及其他业主侵害自己合法权益的行为，有权请求其承担民事责任。

第七章 相邻关系

第二百八十八条 不动产的相邻权利人应当按照有利生产、方便生活、团结互助、公平合理的原则，正确处理相邻关系。

第二百八十九条 法律、法规对处理相邻关系有规定的，依照其规定；法律、法规没有规定的，可以按照当地习惯。

第二百九十条 不动产权利人应当为相邻权利人用水、排水提供必要的便利。

对自然流水的利用，应当在不动产的相邻权利人之间合理分配。对自然流水的排放，应当尊重自然流向。

第二百九十一条 不动产权利人对相邻权利人因通行等必须利用其土地的，应当提供必要的便利。

第二百九十二条 不动产权利人因建造、修缮建筑物以及铺设电线、电缆、水管、暖气和燃气管线等必须利用相邻土地、建筑物的，该土地、建筑物的权利人应当提供必要的便利。

第二百九十三条 建造建筑物，不得违反国家有关工程建设标准，不得妨碍相邻建筑物的通风、采光和日照。

第二百九十四条 不动产权利人不得违反国家规定弃置固体废物，排放大气污染物、水污染物、土壤污染物、噪声、光辐射、电磁辐射等有害物质。

第二百九十五条 不动产权利人挖掘土地、建造建筑物、铺设管线以及安装设备等，不得危及相邻不动产的安全。

第二百九十六条 不动产权利人因用水、排水、通行、铺设管线等利用相邻不动产的，应当尽量避免对相邻的不动产权利人造成损害。

第八章 共　　有

第二百九十七条 不动产或者动产可以由两个以上组织、个人共有。共有包括按份共有和共同共有。

第二百九十八条 按份共有人对共有的不动产或者动产按照其份额享有所有权。

第二百九十九条 共同共有人对共有的不动产或者动产共同享有所有权。

第三百条 共有人按照约定管理共有的不动产或者动产；没有约定或者约定不明确的，各共有人都有管理的权利和义务。

第三百零一条 处分共有的不动产或者动产以及对共有的不动产或者动产作重大修缮、变更性质或者用途的，应当经占份额三分之二以上的按份共有人或者全体共同共有人同意，但是共有人之间另有约定的除外。

第三百零二条 共有人对共有物的管理费用以及其他负担，有约定的，按照其约定；没有约定或者约定不明确的，按份共有人按照其份额负担，共同共有人共同负担。

第三百零三条 共有人约定不得分割共有的不动产或者动产，以维持共有关系的，应当按照约定，但是共有人有重大理由需要分割的，可以请求分割；没有约定或者约定不明确的，按份共有人可以随时请求分割，共同共有人在共有的基础丧失或者有重大理由需要分割时可以请求分割。因分割造成其他共有人损害的，应当给予赔偿。

第三百零四条 共有人可以协商确定分割方式。达不成协议，共有的不动产或者动产可以分割且不会因分割减损价值的，应当对实物予以分割；难以分割或者因分割会减损价值的，应当对折价或者拍卖、变卖取得的价款予以分割。

共有人分割所得的不动产或者动产有瑕疵的，其他共有人应当分担损失。

第三百零五条 按份共有人可以转让其享有的共有的不动产或者动产份额。其他共有人在同等条件下享有优先购买的权利。

第三百零六条 按份共有人转让其享有的共有的不动产或者动产份额的，应当将转让条件及时通知其他共有人。其他共有人应当在合理期限内行使优先购买权。

两个以上其他共有人主张行使优先购买权的，协商确定各自的购买比例；协商不成的，按照转让时各自的共有份额比例行使优先购买权。

第三百零七条 因共有的不动产或者动产产生的债权债务，在对外关系上，共有人享有连带债权、承担连带债务，但是法律另有规定或者第三人知道共有人不具有连带债权债务关系的除外；在共有人内部关系上，除共有人另有约定外，按份共有人按照份额享有债权、承担债务，共同共有人共同享有债权、承担债务。偿还债务超过自己应当承担份额的按份共有人，有权向其他共有人追偿。

第三百零八条 共有人对共有的不动产或者动产没有约定为按份共有或者共同共有，或者约定不明确的，除共有人具有家庭关系等外，视为按份共有。

第三百零九条 按份共有人对共有的不动产或者动产享有的份额，没有约定或者约定不明确的，按照出资额确定；不能确定出资额的，视为等额享有。

第三百一十条 两个以上组织、个人共同享有用益物权、担保物权的，参照适用本章的有关规定。

第九章 所有权取得的特别规定

第三百一十一条 无处分权人将不动产或者动产转让给受让人的，所有权人有权追回；除法律另有规定外，符合下列情形的，受让人取得该不动产或者动产的所有权：

（一）受让人受让该不动产或者动产时是善意；

（二）以合理的价格转让；

（三）转让的不动产或者动产依照法律规定应当登记的已经登记，不需要登记的已经交付给受让人。

受让人依据前款规定取得不动产或者动产的所有权的，原所有权人有权向无处分权人请求损害赔偿。

当事人善意取得其他物权的，参照适用前两款规定。

第三百一十二条 所有权人或者其他权利人有权追回遗失物。该遗失物通过转让被他人占有的，权利人有权向无处分权人请求损害赔偿，或者自知道或者应当知道受让人之日起二年内向受让人请求返还原物；但是，受让人通过拍卖或者向具有经营资格的经营者购得该遗失物的，权利人请求返还原物时应当支付受让人所付的费用。权利人向受让人支付所付费用后，有权向无处分权人追偿。

第三百一十三条 善意受让人取得动产后，该动产上的原有权利消灭。但是，善意受让人在受让时知道或者应当知道该权利的除外。

第三百一十四条 拾得遗失物，应当返还权利人。拾得人应当及时通知权利人领取，或者送交公安等有关部门。

第三百一十五条 有关部门收到遗失物，知道权利人的，应当及时通知其领取；不知道的，应当及时发布招领公告。

第三百一十六条 拾得人在遗失物送交有关部门前，有关部门在遗失物被领取前，应当妥善保管遗失物。因故意或者重大过失致使遗失物毁损、灭失的，应当承担民事责任。

第三百一十七条 权利人领取遗失物时，应当向拾得人或者有关部门支付保管遗失物等支出的必要费用。

权利人悬赏寻找遗失物的，领取遗失物时应当按照承诺履行义务。

拾得人侵占遗失物的，无权请求保管遗失物等支出的费用，也无权请求权利人按照承诺履行义务。

第三百一十八条 遗失物自发布招领公告之日起一年内无人认领的，归国家所有。

第三百一十九条 拾得漂流物、发现埋藏物或者隐藏物的，参照适用拾得遗失物的有关规定。法律另有规定的，依照其规定。

第三百二十条 主物转让的，从物随主物转让，但是当事人另有约定的除外。

第三百二十一条 天然孳息，由所有权人取得；既有所有权人又有用益物权人的，由用益物权人取得。当事人另有约定的，按照其约定。

法定孳息，当事人有约定的，按照约定取得；没有约定或者约定不明确的，按照交易习惯取得。

第三百二十二条 因加工、附合、混合而产生的物的归属，有约定的，按照约定；没有约定或者约定不明确的，依照法律规定；法律没有规定的，按照充分发挥物的效用以及保护无过错当事人的原则确定。因一方当事人的过错或者确定物的归属造成另一方当事人损害的，应当给予赔偿或者补偿。

第三分编 用益物权

第十章 一般规定

第三百二十三条 用益物权人对他人所有的不动产或者动产，依法享有占有、使用和收益的权利。

第三百二十四条 国家所有或者国家所有由集体使用以及法律规定属于集体所有的自然资源，组织、个人依法可以占有、使用和收益。

第三百二十五条 国家实行自然资源有偿使用制度，但是法律另有规定的除外。

第三百二十六条 用益物权人行使权利，应当遵守法律有关保护和合理开发利用资源、保护生态环境的规定。所有权人不得干涉用益物权人行使权利。

第三百二十七条 因不动产或者动产被征收、征用致使用益物权消灭或者影响用益物权行使的，用益物权人有权依据本法第二百四十三条、第二百四十五条的规定获得相应补偿。

第三百二十八条 依法取得的海域使用权受法律保护。

第三百二十九条 依法取得的探矿权、采矿权、取水权和使用水域、滩涂从事养殖、捕捞的权利受法律保护。

第十一章 土地承包经营权

第三百三十条 农村集体经济组织实行家庭承包经营为基础、统分结合的双层经营体制。

农民集体所有和国家所有由农民集体使用的耕地、林地、草地以及其他用于农业的土地，依法实行土地承包经营制度。

第三百三十一条 土地承包经营权人依法对其承包经营的耕地、林地、草地等享有占有、使用和收益的权利，有权从事种植业、林业、畜牧业等农业生产。

第三百三十二条 耕地的承包期为三十年。草地的承包期为三十年至五十年。林地的承包期为三十年至七十年。

前款规定的承包期限届满，由土地承包经营权人依照农村土地承包的法律规定继续承包。

第三百三十三条 土地承包经营权自土地承包经营权合同生效时设立。

登记机构应当向土地承包经营权人发放土地承包经营权证、林权证等证书，并登记造册，确认土地承包经营权。

第三百三十四条 土地承包经营权人依照法律规定，有权将土地承包经营权互换、转让。未经依法批准，不得将承包地用于非农建设。

第三百三十五条 土地承包经营权互换、转让的，当事人可以向登记机构申请登记；未经登记，不得对抗善意第三人。

第三百三十六条 承包期内发包人不得调整承包地。

因自然灾害严重毁损承包地等特殊情形，需要适当调整承包的耕地和草地的，应当依照农村土地承包的法律规定办理。

第三百三十七条 承包期内发包人不得收回承包地。法律另有规定的，依照其规定。

第三百三十八条 承包地被征收的,土地承包经营权人有权依据本法第二百四十三条的规定获得相应补偿。

第三百三十九条 土地承包经营权人可以自主决定依法采取出租、入股或者其他方式向他人流转土地经营权。

第三百四十条 土地经营权人有权在合同约定的期限内占有农村土地,自主开展农业生产经营并取得收益。

第三百四十一条 流转期限为五年以上的土地经营权,自流转合同生效时设立。当事人可以向登记机构申请土地经营权登记;未经登记,不得对抗善意第三人。

第三百四十二条 通过招标、拍卖、公开协商等方式承包农村土地,经依法登记取得权属证书的,可以依法采取出租、入股、抵押或者其他方式流转土地经营权。

第三百四十三条 国家所有的农用地实行承包经营的,参照适用本编的有关规定。

第十二章 建设用地使用权

第三百四十四条 建设用地使用权人依法对国家所有的土地享有占有、使用和收益的权利,有权利用该土地建造建筑物、构筑物及其附属设施。

第三百四十五条 建设用地使用权可以在土地的地表、地上或者地下分别设立。

第三百四十六条 设立建设用地使用权,应当符合节约资源、保护生态环境的要求,遵守法律、行政法规关于土地用途的规定,不得损害已经设立的用益物权。

第三百四十七条 设立建设用地使用权,可以采取出让或者划拨等方式。

工业、商业、旅游、娱乐和商品住宅等经营性用地以及同一土地有两个以上意向用地者的,应当采取招标、拍卖等公开竞价的方式出让。

严格限制以划拨方式设立建设用地使用权。

第三百四十八条 通过招标、拍卖、协议等出让方式设立建设用地使用权的,当事人应当采用书面形式订立建设用地使用权出让合同。

建设用地使用权出让合同一般包括下列条款:

(一)当事人的名称和住所;

(二)土地界址、面积等;

(三)建筑物、构筑物及其附属设施占用的空间;

(四)土地用途、规划条件;

(五)建设用地使用权期限;

(六)出让金等费用及其支付方式;

(七)解决争议的方法。

第三百四十九条 设立建设用地使用权的,应当向登记机构申请建设用地使用权登记。建设用地使用权自登记时设立。登记机构应当向建设用地使用权人发放权属证书。

第三百五十条 建设用地使用权人应当合理利用土地,不得改变土地用途;需要改变土地用途的,应当依法经有关行政主管部门批准。

第三百五十一条　建设用地使用权人应当依照法律规定以及合同约定支付出让金等费用。

第三百五十二条　建设用地使用权人建造的建筑物、构筑物及其附属设施的所有权属于建设用地使用权人，但是有相反证据证明的除外。

第三百五十三条　建设用地使用权人有权将建设用地使用权转让、互换、出资、赠与或者抵押，但是法律另有规定的除外。

第三百五十四条　建设用地使用权转让、互换、出资、赠与或者抵押的，当事人应当采用书面形式订立相应的合同。使用期限由当事人约定，但是不得超过建设用地使用权的剩余期限。

第三百五十五条　建设用地使用权转让、互换、出资或者赠与的，应当向登记机构申请变更登记。

第三百五十六条　建设用地使用权转让、互换、出资或者赠与的，附着于该土地上的建筑物、构筑物及其附属设施一并处分。

第三百五十七条　建筑物、构筑物及其附属设施转让、互换、出资或者赠与的，该建筑物、构筑物及其附属设施占用范围内的建设用地使用权一并处分。

第三百五十八条　建设用地使用权期限届满前，因公共利益需要提前收回该土地的，应当依据本法第二百四十三条的规定对该土地上的房屋以及其他不动产给予补偿，并退还相应的出让金。

第三百五十九条　住宅建设用地使用权期限届满的，自动续期。续期费用的缴纳或者减免，依照法律、行政法规的规定办理。

非住宅建设用地使用权期限届满后的续期，依照法律规定办理。该土地上的房屋以及其他不动产的归属，有约定的，按照约定；没有约定或者约定不明确的，依照法律、行政法规的规定办理。

第三百六十条　建设用地使用权消灭的，出让人应当及时办理注销登记。登记机构应当收回权属证书。

第三百六十一条　集体所有的土地作为建设用地的，应当依照土地管理的法律规定办理。

第十三章　宅基地使用权

第三百六十二条　宅基地使用权人依法对集体所有的土地享有占有和使用的权利，有权依法利用该土地建造住宅及其附属设施。

第三百六十三条　宅基地使用权的取得、行使和转让，适用土地管理的法律和国家有关规定。

第三百六十四条　宅基地因自然灾害等原因灭失的，宅基地使用权消灭。对失去宅基地的村民，应当依法重新分配宅基地。

第三百六十五条　已经登记的宅基地使用权转让或者消灭的，应当及时办理变更登记或者注销登记。

第十四章　居　住　权

第三百六十六条　居住权人有权按照合同约定，对他人的住宅享有占有、使用的用益物权，以满足生活居住的需要。

第三百六十七条　设立居住权，当事人应当采用书面形式订立居住权合同。

居住权合同一般包括下列条款：

（一）当事人的姓名或者名称和住所；

（二）住宅的位置；

（三）居住的条件和要求；

（四）居住权期限；

（五）解决争议的方法。

第三百六十八条 居住权无偿设立，但是当事人另有约定的除外。设立居住权的，应当向登记机构申请居住权登记。居住权自登记时设立。

第三百六十九条 居住权不得转让、继承。设立居住权的住宅不得出租，但是当事人另有约定的除外。

第三百七十条 居住权期限届满或者居住权人死亡的，居住权消灭。居住权消灭的，应当及时办理注销登记。

第三百七十一条 以遗嘱方式设立居住权的，参照适用本章的有关规定。

第十五章 地 役 权

第三百七十二条 地役权人有权按照合同约定，利用他人的不动产，以提高自己的不动产的效益。

前款所称他人的不动产为供役地，自己的不动产为需役地。

第三百七十三条 设立地役权，当事人应当采用书面形式订立地役权合同。

地役权合同一般包括下列条款：

（一）当事人的姓名或者名称和住所；

（二）供役地和需役地的位置；

（三）利用目的和方法；

（四）地役权期限；

（五）费用及其支付方式；

（六）解决争议的方法。

第三百七十四条 地役权自地役权合同生效时设立。当事人要求登记的，可以向登记机构申请地役权登记；未经登记，不得对抗善意第三人。

第三百七十五条 供役地权利人应当按照合同约定，允许地役权人利用其不动产，不得妨害地役权人行使权利。

第三百七十六条 地役权人应当按照合同约定的利用目的和方法利用供役地，尽量减少对供役地权利人物权的限制。

第三百七十七条 地役权期限由当事人约定；但是，不得超过土地承包经营权、建设用地使用权等用益物权的剩余期限。

第三百七十八条 土地所有权人享有地役权或者负担地役权的，设立土地承包经营权、宅基地使用权等用益物权时，该用益物权人继续享有或者负担已经设立的地役权。

第三百七十九条 土地上已经设立土地承包经营权、建设用地使用权、宅基地使用权等用益物权的，未经用益物权人同意，土地所有权人不得设立地役权。

第三百八十条 地役权不得单独转让。土地承包经营权、建设用地使用权等转让的，地役权一并转让，但是合同另有约定的除外。

第三百八十一条　地役权不得单独抵押。土地经营权、建设用地使用权等抵押的，在实现抵押权时，地役权一并转让。

第三百八十二条　需役地以及需役地上的土地承包经营权、建设用地使用权等部分转让时，转让部分涉及地役权的，受让人同时享有地役权。

第三百八十三条　供役地以及供役地上的土地承包经营权、建设用地使用权等部分转让时，转让部分涉及地役权的，地役权对受让人具有法律约束力。

第三百八十四条　地役权人有下列情形之一的，供役地权利人有权解除地役权合同，地役权消灭：

（一）违反法律规定或者合同约定，滥用地役权；

（二）有偿利用供役地，约定的付款期限届满后在合理期限内经两次催告未支付费用。

第三百八十五条　已经登记的地役权变更、转让或者消灭的，应当及时办理变更登记或者注销登记。

第四分编　担　保　物　权

第十六章　一　般　规　定

第三百八十六条　担保物权人在债务人不履行到期债务或者发生当事人约定的实现担保物权的情形，依法享有就担保财产优先受偿的权利，但是法律另有规定的除外。

第三百八十七条　债权人在借贷、买卖等民事活动中，为保障实现其债权，需要担保的，可以依照本法和其他法律的规定设立担保物权。

第三人为债务人向债权人提供担保的，可以要求债务人提供反担保。反担保适用本法和其他法律的规定。

第三百八十八条　设立担保物权，应当依照本法和其他法律的规定订立担保合同。担保合同包括抵押合同、质押合同和其他具有担保功能的合同。担保合同是主债权债务合同的从合同。主债权债务合同无效的，担保合同无效，但是法律另有规定的除外。

担保合同被确认无效后，债务人、担保人、债权人有过错的，应当根据其过错各自承担相应的民事责任。

第三百八十九条　担保物权的担保范围包括主债权及其利息、违约金、损害赔偿金、保管担保财产和实现担保物权的费用。当事人另有约定的，按照其约定。

第三百九十条　担保期间，担保财产毁损、灭失或者被征收等，担保物权人可以就获得的保险金、赔偿金或者补偿金等优先受偿。被担保债权的履行期限未届满的，也可以提存该保险金、赔偿金或者补偿金等。

第三百九十一条　第三人提供担保，未经其书面同意，债权人允许债务人转移全部或者部分债务的，担保人不再承担相应的担保责任。

第三百九十二条　被担保的债权既有物的担保又有人的担保的，债务人不履行到期债务或者发生当事人约定的实现担保物权的情形，债权人应当按照约定实现债权；没有约定或者约定不明确，债务人自己提供物的担保的，债权人应当先就该物的担保实现债权；第三人提供物的担保的，债权人可以就物的担保实现债权，也可以请求保证人承担保证责任。提供担保的第三人承担担保责任后，有权向债务人追偿。

第三百九十三条　有下列情形之一的，担保物权消灭：

（一）主债权消灭；

（二）担保物权实现；

（三）债权人放弃担保物权；

（四）法律规定担保物权消灭的其他情形。

第十七章 抵 押 权

第一节 一般抵押权

第三百九十四条 为担保债务的履行，债务人或者第三人不转移财产的占有，将该财产抵押给债权人的，债务人不履行到期债务或者发生当事人约定的实现抵押权的情形，债权人有权就该财产优先受偿。

前款规定的债务人或者第三人为抵押人，债权人为抵押权人，提供担保的财产为抵押财产。

第三百九十五条 债务人或者第三人有权处分的下列财产可以抵押：

（一）建筑物和其他土地附着物；

（二）建设用地使用权；

（三）海域使用权；

（四）生产设备、原材料、半成品、产品；

（五）正在建造的建筑物、船舶、航空器；

（六）交通运输工具；

（七）法律、行政法规未禁止抵押的其他财产。

抵押人可以将前款所列财产一并抵押。

第三百九十六条 企业、个体工商户、农业生产经营者可以将现有的以及将有的生产设备、原材料、半成品、产品抵押，债务人不履行到期债务或者发生当事人约定的实现抵押权的情形，债权人有权就抵押财产确定时的动产优先受偿。

第三百九十七条 以建筑物抵押的，该建筑物占用范围内的建设用地使用权一并抵押。以建设用地使用权抵押的，该土地上的建筑物一并抵押。

抵押人未依据前款规定一并抵押的，未抵押的财产视为一并抵押。

第三百九十八条 乡镇、村企业的建设用地使用权不得单独抵押。以乡镇、村企业的厂房等建筑物抵押的，其占用范围内的建设用地使用权一并抵押。

第三百九十九条 下列财产不得抵押：

（一）土地所有权；

（二）宅基地、自留地、自留山等集体所有土地的使用权，但是法律规定可以抵押的除外；

（三）学校、幼儿园、医疗机构等为公益目的成立的非营利法人的教育设施、医疗卫生设施和其他公益设施；

（四）所有权、使用权不明或者有争议的财产；

（五）依法被查封、扣押、监管的财产；

（六）法律、行政法规规定不得抵押的其他财产。

第四百条 设立抵押权，当事人应当采用书面形式订立抵押合同。

抵押合同一般包括下列条款：

（一）被担保债权的种类和数额；

（二）债务人履行债务的期限；

（三）抵押财产的名称、数量等情况；

（四）担保的范围。

第四百零一条 抵押权人在债务履行期限届满前，与抵押人约定债务人不履行到期债务时抵押财产归债权人所有的，只能依法就抵押财产优先受偿。

第四百零二条 以本法第三百九十五条第一款第一项至第三项规定的财产或者第五项规定的正在建造的建筑物抵押的，应当办理抵押登记。抵押权自登记时设立。

第四百零三条 以动产抵押的，抵押权自抵押合同生效时设立；未经登记，不得对抗善意第三人。

第四百零四条 以动产抵押的，不得对抗正常经营活动中已经支付合理价款并取得抵押财产的买受人。

第四百零五条 抵押权设立前，抵押财产已经出租并转移占有的，原租赁关系不受该抵押权的影响。

第四百零六条 抵押期间，抵押人可以转让抵押财产。当事人另有约定的，按照其约定。抵押财产转让的，抵押权不受影响。

抵押人转让抵押财产的，应当及时通知抵押权人。抵押权人能够证明抵押财产转让可能损害抵押权的，可以请求抵押人将转让所得的价款向抵押权人提前清偿债务或者提存。转让的价款超过债权数额的部分归抵押人所有，不足部分由债务人清偿。

第四百零七条 抵押权不得与债权分离而单独转让或者作为其他债权的担保。债权转让的，担保该债权的抵押权一并转让，但是法律另有规定或者当事人另有约定的除外。

第四百零八条 抵押人的行为足以使抵押财产价值减少的，抵押权人有权请求抵押人停止其行为；抵押财产价值减少的，抵押权人有权请求恢复抵押财产的价值，或者提供与减少的价值相应的担保。抵押人不恢复抵押财产的价值，也不提供担保的，抵押权人有权请求债务人提前清偿债务。

第四百零九条 抵押权人可以放弃抵押权或者抵押权的顺位。抵押权人与抵押人可以协议变更抵押权顺位以及被担保的债权数额等内容。但是，抵押权的变更未经其他抵押权人书面同意的，不得对其他抵押权人产生不利影响。

债务人以自己的财产设定抵押，抵押权人放弃该抵押权、抵押权顺位或者变更抵押权的，其他担保人在抵押权人丧失优先受偿权益的范围内免除担保责任，但是其他担保人承诺仍然提供担保的除外。

第四百一十条 债务人不履行到期债务或者发生当事人约定的实现抵押权的情形，抵押权人可以与抵押人协议以抵押财产折价或者以拍卖、变卖该抵押财产所得的价款优先受偿。协议损害其他债权人利益的，其他债权人可以请求人民法院撤销该协议。

抵押权人与抵押人未就抵押权实现方式达成协议的，抵押权人可以请求人民法院拍卖、变卖抵押财产。

抵押财产折价或者变卖的，应当参照市场价格。

第四百一十一条 依据本法第三百九十六条规定设定抵押的，抵押财产自下列情形之一发生时确定：

（一）债务履行期限届满，债权未实现；

（二）抵押人被宣告破产或者解散；

（三）当事人约定的实现抵押权的情形；

（四）严重影响债权实现的其他情形。

第四百一十二条 债务人不履行到期债务或者发生当事人约定的实现抵押权的情形，致使抵押财产被人

民法院依法扣押的，自扣押之日起，抵押权人有权收取该抵押财产的天然孳息或者法定孳息，但是抵押权人未通知应当清偿法定孳息义务人的除外。

前款规定的孳息应当先充抵收取孳息的费用。

第四百一十三条 抵押财产折价或者拍卖、变卖后，其价款超过债权数额的部分归抵押人所有，不足部分由债务人清偿。

第四百一十四条 同一财产向两个以上债权人抵押的，拍卖、变卖抵押财产所得的价款依照下列规定清偿：

（一）抵押权已经登记的，按照登记的时间先后确定清偿顺序；

（二）抵押权已经登记的先于未登记的受偿；

（三）抵押权未登记的，按照债权比例清偿。

其他可以登记的担保物权，清偿顺序参照适用前款规定。

第四百一十五条 同一财产既设立抵押权又设立质权的，拍卖、变卖该财产所得的价款按照登记、交付的时间先后确定清偿顺序。

第四百一十六条 动产抵押担保的主债权是抵押物的价款，标的物交付后十日内办理抵押登记的，该抵押权人优先于抵押物买受人的其他担保物权人受偿，但是留置权人除外。

第四百一十七条 建设用地使用权抵押后，该土地上新增的建筑物不属于抵押财产。该建设用地使用权实现抵押权时，应当将该土地上新增的建筑物与建设用地使用权一并处分。但是，新增建筑物所得的价款，抵押权人无权优先受偿。

第四百一十八条 以集体所有土地的使用权依法抵押的，实现抵押权后，未经法定程序，不得改变土地所有权的性质和土地用途。

第四百一十九条 抵押权人应当在主债权诉讼时效期间行使抵押权；未行使的，人民法院不予保护。

第二节 最高额抵押权

第四百二十条 为担保债务的履行，债务人或者第三人对一定期间内将要连续发生的债权提供担保财产的，债务人不履行到期债务或者发生当事人约定的实现抵押权的情形，抵押权人有权在最高债权额限度内就该担保财产优先受偿。

最高额抵押权设立前已经存在的债权，经当事人同意，可以转入最高额抵押担保的债权范围。

第四百二十一条 最高额抵押担保的债权确定前，部分债权转让的，最高额抵押权不得转让，但是当事人另有约定的除外。

第四百二十二条 最高额抵押担保的债权确定前，抵押权人与抵押人可以通过协议变更债权确定的期间、债权范围以及最高债权额。但是，变更的内容不得对其他抵押权人产生不利影响。

第四百二十三条 有下列情形之一的，抵押权人的债权确定：

（一）约定的债权确定期间届满；

（二）没有约定债权确定期间或者约定不明确，抵押权人或者抵押人自最高额抵押权设立之日起满二年后请求确定债权；

（三）新的债权不可能发生；

（四）抵押权人知道或者应当知道抵押财产被查封、扣押；

（五）债务人、抵押人被宣告破产或者解散；

（六）法律规定债权确定的其他情形。

第四百二十四条 最高额抵押权除适用本节规定外，适用本章第一节的有关规定。

第十八章 质 权

第一节 动 产 质 权

第四百二十五条 为担保债务的履行，债务人或者第三人将其动产出质给债权人占有的，债务人不履行到期债务或者发生当事人约定的实现质权的情形，债权人有权就该动产优先受偿。

前款规定的债务人或者第三人为出质人，债权人为质权人，交付的动产为质押财产。

第四百二十六条 法律、行政法规禁止转让的动产不得出质。

第四百二十七条 设立质权，当事人应当采用书面形式订立质押合同。

质押合同一般包括下列条款：

（一）被担保债权的种类和数额；

（二）债务人履行债务的期限；

（三）质押财产的名称、数量等情况；

（四）担保的范围；

（五）质押财产交付的时间、方式。

第四百二十八条 质权人在债务履行期限届满前，与出质人约定债务人不履行到期债务时质押财产归债权人所有的，只能依法就质押财产优先受偿。

第四百二十九条 质权自出质人交付质押财产时设立。

第四百三十条 质权人有权收取质押财产的孳息，但是合同另有约定的除外。

前款规定的孳息应当先充抵收取孳息的费用。

第四百三十一条 质权人在质权存续期间，未经出质人同意，擅自使用、处分质押财产，造成出质人损害的，应当承担赔偿责任。

第四百三十二条 质权人负有妥善保管质押财产的义务；因保管不善致使质押财产毁损、灭失的，应当承担赔偿责任。

质权人的行为可能使质押财产毁损、灭失的，出质人可以请求质权人将质押财产提存，或者请求提前清偿债务并返还质押财产。

第四百三十三条 因不可归责于质权人的事由可能使质押财产毁损或者价值明显减少，足以危害质权人权利的，质权人有权请求出质人提供相应的担保；出质人不提供的，质权人可以拍卖、变卖质押财产，并与出质人协议将拍卖、变卖所得的价款提前清偿债务或者提存。

第四百三十四条 质权人在质权存续期间，未经出质人同意转质，造成质押财产毁损、灭失的，应当承担赔偿责任。

第四百三十五条 质权人可以放弃质权。债务人以自己的财产出质，质权人放弃该质权的，其他担保人在质权人丧失优先受偿权益的范围内免除担保责任，但是其他担保人承诺仍然提供担保的除外。

第四百三十六条 债务人履行债务或者出质人提前清偿所担保的债权的，质权人应当返还质押财产。

债务人不履行到期债务或者发生当事人约定的实现质权的情形，质权人可以与出质人协议以质押财产折价，也可以就拍卖、变卖质押财产所得的价款优先受偿。

质押财产折价或者变卖的，应当参照市场价格。

第四百三十七条 出质人可以请求质权人在债务履行期限届满后及时行使质权；质权人不行使的，出质人可以请求人民法院拍卖、变卖质押财产。

出质人请求质权人及时行使质权，因质权人怠于行使权利造成出质人损害的，由质权人承担赔偿责任。

第四百三十八条 质押财产折价或者拍卖、变卖后，其价款超过债权数额的部分归出质人所有，不足部分由债务人清偿。

第四百三十九条 出质人与质权人可以协议设立最高额质权。

最高额质权除适用本节有关规定外，参照适用本编第十七章第二节的有关规定。

第二节 权利质权

第四百四十条 债务人或者第三人有权处分的下列权利可以出质：

（一）汇票、本票、支票；

（二）债券、存款单；

（三）仓单、提单；

（四）可以转让的基金份额、股权；

（五）可以转让的注册商标专用权、专利权、著作权等知识产权中的财产权；

（六）现有的以及将有的应收账款；

（七）法律、行政法规规定可以出质的其他财产权利。

第四百四十一条 以汇票、本票、支票、债券、存款单、仓单、提单出质的，质权自权利凭证交付质权人时设立；没有权利凭证的，质权自办理出质登记时设立。法律另有规定的，依照其规定。

第四百四十二条 汇票、本票、支票、债券、存款单、仓单、提单的兑现日期或者提货日期先于主债权到期的，质权人可以兑现或者提货，并与出质人协议将兑现的价款或者提取的货物提前清偿债务或者提存。

第四百四十三条 以基金份额、股权出质的，质权自办理出质登记时设立。

基金份额、股权出质后，不得转让，但是出质人与质权人协商同意的除外。出质人转让基金份额、股权所得的价款，应当向质权人提前清偿债务或者提存。

第四百四十四条 以注册商标专用权、专利权、著作权等知识产权中的财产权出质的，质权自办理出质登记时设立。

知识产权中的财产权出质后，出质人不得转让或者许可他人使用，但是出质人与质权人协商同意的除外。出质人转让或者许可他人使用出质的知识产权中的财产权所得的价款，应当向质权人提前清偿债务或者提存。

第四百四十五条 以应收账款出质的，质权自办理出质登记时设立。

应收账款出质后，不得转让，但是出质人与质权人协商同意的除外。出质人转让应收账款所得的价款，应当向质权人提前清偿债务或者提存。

第四百四十六条 权利质权除适用本节规定外，适用本章第一节的有关规定。

第十九章 留 置 权

第四百四十七条 债务人不履行到期债务,债权人可以留置已经合法占有的债务人的动产,并有权就该动产优先受偿。

前款规定的债权人为留置权人,占有的动产为留置财产。

第四百四十八条 债权人留置的动产,应当与债权属于同一法律关系,但是企业之间留置的除外。

第四百四十九条 法律规定或者当事人约定不得留置的动产,不得留置。

第四百五十条 留置财产为可分物的,留置财产的价值应当相当于债务的金额。

第四百五十一条 留置权人负有妥善保管留置财产的义务;因保管不善致使留置财产毁损、灭失的,应当承担赔偿责任。

第四百五十二条 留置权人有权收取留置财产的孳息。

前款规定的孳息应当先充抵收取孳息的费用。

第四百五十三条 留置权人与债务人应当约定留置财产后的债务履行期限,没有约定或者约定不明确的,留置权人应当给债务人六十日以上履行债务的期限,但是鲜活易腐等不易保管的动产除外。债务人逾期未履行的,留置权人可以与债务人协议以留置财产折价,也可以就拍卖、变卖留置财产所得的价款优先受偿。

留置财产折价或者变卖的,应当参照市场价格。

第四百五十四条 债务人可以请求留置权人在债务履行期限届满后行使留置权;留置权人不行使的,债务人可以请求人民法院拍卖、变卖留置财产。

第四百五十五条 留置财产折价或者拍卖、变卖后,其价款超过债权数额的部分归债务人所有,不足部分由债务人清偿。

第四百五十六条 同一动产上已经设立抵押权或者质权,该动产又被留置的,留置权人优先受偿。

第四百五十七条 留置权人对留置财产丧失占有或者留置权人接受债务人另行提供担保的,留置权消灭。

第五分编 占 有

第二十章 占 有

第四百五十八条 基于合同关系等产生的占有,有关不动产或者动产的使用、收益、违约责任等,按照合同约定;合同没有约定或者约定不明确的,依照有关法律规定。

第四百五十九条 占有人因使用占有的不动产或者动产,致使该不动产或者动产受到损害的,恶意占有人应当承担赔偿责任。

第四百六十条 不动产或者动产被占有人占有的,权利人可以请求返还原物及其孳息;但是,应当支付善意占有人因维护该不动产或者动产支出的必要费用。

第四百六十一条 占有的不动产或者动产毁损、灭失,该不动产或者动产的权利人请求赔偿的,占有人应当将因毁损、灭失取得的保险金、赔偿金或者补偿金等返还给权利人;权利人的损害未得到足够弥补的,恶意占有人还应当赔偿损失。

第四百六十二条 占有的不动产或者动产被侵占的,占有人有权请求返还原物;对妨害占有的行为,占

有人有权请求排除妨害或者消除危险;因侵占或者妨害造成损害的,占有人有权依法请求损害赔偿。

占有人返还原物的请求权,自侵占发生之日起一年内未行使的,该请求权消灭。

第三编　合　同

第一分编　通　则

第一章　一般规定

第四百六十三条　本编调整因合同产生的民事关系。

第四百六十四条　合同是民事主体之间设立、变更、终止民事法律关系的协议。

婚姻、收养、监护等有关身份关系的协议,适用有关该身份关系的法律规定;没有规定的,可以根据其性质参照适用本编规定。

第四百六十五条　依法成立的合同,受法律保护。

依法成立的合同,仅对当事人具有法律约束力,但是法律另有规定的除外。

第四百六十六条　当事人对合同条款的理解有争议的,应当依据本法第一百四十二条第一款的规定,确定争议条款的含义。

合同文本采用两种以上文字订立并约定具有同等效力的,对各文本使用的词句推定具有相同含义。各文本使用的词句不一致的,应当根据合同的相关条款、性质、目的以及诚信原则等予以解释。

第四百六十七条　本法或者其他法律没有明文规定的合同,适用本编通则的规定,并可以参照适用本编或者其他法律最相类似合同的规定。

在中华人民共和国境内履行的中外合资经营企业合同、中外合作经营企业合同、中外合作勘探开发自然资源合同,适用中华人民共和国法律。

第四百六十八条　非因合同产生的债权债务关系,适用有关该债权债务关系的法律规定;没有规定的,适用本编通则的有关规定,但是根据其性质不能适用的除外。

第二章　合同的订立

第四百六十九条　当事人订立合同,可以采用书面形式、口头形式或者其他形式。

书面形式是合同书、信件、电报、电传、传真等可以有形地表现所载内容的形式。

以电子数据交换、电子邮件等方式能够有形地表现所载内容,并可以随时调取查用的数据电文,视为书面形式。

第四百七十条　合同的内容由当事人约定,一般包括下列条款:

(一)当事人的姓名或者名称和住所;

(二)标的;

(三)数量;

(四)质量;

（五）价款或者报酬；

（六）履行期限、地点和方式；

（七）违约责任；

（八）解决争议的方法。

当事人可以参照各类合同的示范文本订立合同。

第四百七十一条 当事人订立合同，可以采取要约、承诺方式或者其他方式。

第四百七十二条 要约是希望与他人订立合同的意思表示，该意思表示应当符合下列条件：

（一）内容具体确定；

（二）表明经受要约人承诺，要约人即受该意思表示约束。

第四百七十三条 要约邀请是希望他人向自己发出要约的表示。拍卖公告、招标公告、招股说明书、债券募集办法、基金招募说明书、商业广告和宣传、寄送的价目表等为要约邀请。

商业广告和宣传的内容符合要约条件的，构成要约。

第四百七十四条 要约生效的时间适用本法第一百三十七条的规定。

第四百七十五条 要约可以撤回。要约的撤回适用本法第一百四十一条的规定。

第四百七十六条 要约可以撤销，但是有下列情形之一的除外：

（一）要约人以确定承诺期限或者其他形式明示要约不可撤销；

（二）受要约人有理由认为要约是不可撤销的，并已经为履行合同做了合理准备工作。

第四百七十七条 撤销要约的意思表示以对话方式作出的，该意思表示的内容应当在受要约人作出承诺之前为受要约人所知道；撤销要约的意思表示以非对话方式作出的，应当在受要约人作出承诺之前到达受要约人。

第四百七十八条 有下列情形之一的，要约失效：

（一）要约被拒绝；

（二）要约被依法撤销；

（三）承诺期限届满，受要约人未作出承诺；

（四）受要约人对要约的内容作出实质性变更。

第四百七十九条 承诺是受要约人同意要约的意思表示。

第四百八十条 承诺应当以通知的方式作出；但是，根据交易习惯或者要约表明可以通过行为作出承诺的除外。

第四百八十一条 承诺应当在要约确定的期限内到达要约人。

要约没有确定承诺期限的，承诺应当依照下列规定到达：

（一）要约以对话方式作出的，应当即时作出承诺；

（二）要约以非对话方式作出的，承诺应当在合理期限内到达。

第四百八十二条 要约以信件或者电报作出的，承诺期限自信件载明的日期或者电报交发之日开始计算。信件未载明日期的，自投寄该信件的邮戳日期开始计算。要约以电话、传真、电子邮件等快速通讯方式作出的，承诺期限自要约到达受要约人时开始计算。

第四百八十三条 承诺生效时合同成立，但是法律另有规定或者当事人另有约定的除外。

第四百八十四条 以通知方式作出的承诺，生效的时间适用本法第一百三十七条的规定。

承诺不需要通知的，根据交易习惯或者要约的要求作出承诺的行为时生效。

第四百八十五条 承诺可以撤回。承诺的撤回适用本法第一百四十一条的规定。

第四百八十六条 受要约人超过承诺期限发出承诺，或者在承诺期限内发出承诺，按照通常情形不能及时到达要约人的，为新要约；但是，要约人及时通知受要约人该承诺有效的除外。

第四百八十七条 受要约人在承诺期限内发出承诺，按照通常情形能够及时到达要约人，但是因其他原因致使承诺到达要约人时超过承诺期限的，除要约人及时通知受要约人因承诺超过期限不接受该承诺外，该承诺有效。

第四百八十八条 承诺的内容应当与要约的内容一致。受要约人对要约的内容作出实质性变更的，为新要约。有关合同标的、数量、质量、价款或者报酬、履行期限、履行地点和方式、违约责任和解决争议方法等的变更，是对要约内容的实质性变更。

第四百八十九条 承诺对要约的内容作出非实质性变更的，除要约人及时表示反对或者要约表明承诺不得对要约的内容作出任何变更外，该承诺有效，合同的内容以承诺的内容为准。

第四百九十条 当事人采用合同书形式订立合同的，自当事人均签名、盖章或者按指印时合同成立。在签名、盖章或者按指印之前，当事人一方已经履行主要义务，对方接受时，该合同成立。

法律、行政法规规定或者当事人约定合同应当采用书面形式订立，当事人未采用书面形式但是一方已经履行主要义务，对方接受时，该合同成立。

第四百九十一条 当事人采用信件、数据电文等形式订立合同要求签订确认书的，签订确认书时合同成立。

当事人一方通过互联网等信息网络发布的商品或者服务信息符合要约条件的，对方选择该商品或者服务并提交订单成功时合同成立，但是当事人另有约定的除外。

第四百九十二条 承诺生效的地点为合同成立的地点。

采用数据电文形式订立合同的，收件人的主营业地为合同成立的地点；没有主营业地的，其住所地为合同成立的地点。当事人另有约定的，按照其约定。

第四百九十三条 当事人采用合同书形式订立合同的，最后签名、盖章或者按指印的地点为合同成立的地点，但是当事人另有约定的除外。

第四百九十四条 国家根据抢险救灾、疫情防控或者其他需要下达国家订货任务、指令性任务的，有关民事主体之间应当依照有关法律、行政法规规定的权利和义务订立合同。

依照法律、行政法规的规定负有发出要约义务的当事人，应当及时发出合理的要约。

依照法律、行政法规的规定负有作出承诺义务的当事人，不得拒绝对方合理的订立合同要求。

第四百九十五条 当事人约定在将来一定期限内订立合同的认购书、订购书、预订书等，构成预约合同。

当事人一方不履行预约合同约定的订立合同义务的，对方可以请求其承担预约合同的违约责任。

第四百九十六条 格式条款是当事人为了重复使用而预先拟定，并在订立合同时未与对方协商的条款。

采用格式条款订立合同的，提供格式条款的一方应当遵循公平原则确定当事人之间的权利和义务，并采取合理的方式提示对方注意免除或者减轻其责任等与对方有重大利害关系的条款，按照对方的要求，对该条款予以说明。提供格式条款的一方未履行提示或者说明义务，致使对方没有注意或者理解与其有重大利害关系的条款的，对方可以主张该条款不成为合同的内容。

第四百九十七条 有下列情形之一的，该格式条款无效：

（一）具有本法第一编第六章第三节和本法第五百零六条规定的无效情形；

（二）提供格式条款一方不合理地免除或者减轻其责任、加重对方责任、限制对方主要权利；

（三）提供格式条款一方排除对方主要权利。

第四百九十八条 对格式条款的理解发生争议的，应当按照通常理解予以解释。对格式条款有两种以上解释的，应当作出不利于提供格式条款一方的解释。格式条款和非格式条款不一致的，应当采用非格式条款。

第四百九十九条 悬赏人以公开方式声明对完成特定行为的人支付报酬的，完成该行为的人可以请求其支付。

第五百条 当事人在订立合同过程中有下列情形之一，造成对方损失的，应当承担赔偿责任：

（一）假借订立合同，恶意进行磋商；

（二）故意隐瞒与订立合同有关的重要事实或者提供虚假情况；

（三）有其他违背诚信原则的行为。

第五百零一条 当事人在订立合同过程中知悉的商业秘密或者其他应当保密的信息，无论合同是否成立，不得泄露或者不正当地使用；泄露、不正当地使用该商业秘密或者信息，造成对方损失的，应当承担赔偿责任。

第三章 合同的效力

第五百零二条 依法成立的合同，自成立时生效，但是法律另有规定或者当事人另有约定的除外。

依照法律、行政法规的规定，合同应当办理批准等手续的，依照其规定。未办理批准等手续影响合同生效的，不影响合同中履行报批等义务条款以及相关条款的效力。应当办理申请批准等手续的当事人未履行义务的，对方可以请求其承担违反该义务的责任。

依照法律、行政法规的规定，合同的变更、转让、解除等情形应当办理批准等手续的，适用前款规定。

第五百零三条 无权代理人以被代理人的名义订立合同，被代理人已经开始履行合同义务或者接受相对人履行的，视为对合同的追认。

第五百零四条 法人的法定代表人或者非法人组织的负责人超越权限订立的合同，除相对人知道或者应当知道其超越权限外，该代表行为有效，订立的合同对法人或者非法人组织发生效力。

第五百零五条 当事人超越经营范围订立的合同的效力，应当依照本法第一编第六章第三节和本编的有关规定确定，不得仅以超越经营范围确认合同无效。

第五百零六条 合同中的下列免责条款无效：

（一）造成对方人身损害的；

（二）因故意或者重大过失造成对方财产损失的。

第五百零七条 合同不生效、无效、被撤销或者终止的，不影响合同中有关解决争议方法的条款的效力。

第五百零八条 本编对合同的效力没有规定的，适用本法第一编第六章的有关规定。

第四章 合同的履行

第五百零九条 当事人应当按照约定全面履行自己的义务。

当事人应当遵循诚信原则，根据合同的性质、目的和交易习惯履行通知、协助、保密等义务。

当事人在履行合同过程中，应当避免浪费资源、污染环境和破坏生态。

第五百一十条 合同生效后，当事人就质量、价款或者报酬、履行地点等内容没有约定或者约定不明确的，可以协议补充；不能达成补充协议的，按照合同相关条款或者交易习惯确定。

第五百一十一条 当事人就有关合同内容约定不明确，依据前条规定仍不能确定的，适用下列规定：

（一）质量要求不明确的，按照强制性国家标准履行；没有强制性国家标准的，按照推荐性国家标准履行；没有推荐性国家标准的，按照行业标准履行；没有国家标准、行业标准的，按照通常标准或者符合合同目的的特定标准履行。

（二）价款或者报酬不明确的，按照订立合同时履行地的市场价格履行；依法应当执行政府定价或者政府指导价的，依照规定履行。

（三）履行地点不明确，给付货币的，在接受货币一方所在地履行；交付不动产的，在不动产所在地履行；其他标的，在履行义务一方所在地履行。

（四）履行期限不明确的，债务人可以随时履行，债权人也可以随时请求履行，但是应当给对方必要的准备时间。

（五）履行方式不明确的，按照有利于实现合同目的的方式履行。

（六）履行费用的负担不明确的，由履行义务一方负担；因债权人原因增加的履行费用，由债权人负担。

第五百一十二条 通过互联网等信息网络订立的电子合同的标的为交付商品并采用快递物流方式交付的，收货人的签收时间为交付时间。电子合同的标的为提供服务的，生成的电子凭证或者实物凭证中载明的时间为提供服务时间；前述凭证没有载明时间或者载明时间与实际提供服务时间不一致的，以实际提供服务的时间为准。

电子合同的标的物为采用在线传输方式交付的，合同标的物进入对方当事人指定的特定系统且能够检索识别的时间为交付时间。

电子合同当事人对交付商品或者提供服务的方式、时间另有约定的，按照其约定。

第五百一十三条 执行政府定价或者政府指导价的，在合同约定的交付期限内政府价格调整时，按照交付时的价格计价。逾期交付标的物的，遇价格上涨时，按照原价格执行；价格下降时，按照新价格执行。逾期提取标的物或者逾期付款的，遇价格上涨时，按照新价格执行；价格下降时，按照原价格执行。

第五百一十四条 以支付金钱为内容的债，除法律另有规定或者当事人另有约定外，债权人可以请求债务人以实际履行地的法定货币履行。

第五百一十五条 标的有多项而债务人只需履行其中一项的，债务人享有选择权；但是，法律另有规定、当事人另有约定或者另有交易习惯的除外。

享有选择权的当事人在约定期限内或者履行期限届满未作选择，经催告后在合理期限内仍未选择的，选择权转移至对方。

第五百一十六条 当事人行使选择权应当及时通知对方，通知到达对方时，标的确定。标的确定后不得变更，但是经对方同意的除外。

可选择的标的发生不能履行情形的，享有选择权的当事人不得选择不能履行的标的，但是该不能履行的情形是由对方造成的除外。

第五百一十七条 债权人为二人以上，标的可分，按照份额各自享有债权的，为按份债权；债务人为二人以上，标的可分，按照份额各自负担债务的，为按份债务。

按份债权人或者按份债务人的份额难以确定的，视为份额相同。

第五百一十八条 债权人为二人以上，部分或者全部债权人均可以请求债务人履行债务的，为连带债权；债务人为二人以上，债权人可以请求部分或者全部债务人履行全部债务的，为连带债务。

连带债权或者连带债务，由法律规定或者当事人约定。

第五百一十九条 连带债务人之间的份额难以确定的，视为份额相同。

实际承担债务超过自己份额的连带债务人，有权就超出部分在其他连带债务人未履行的份额范围内向其追偿，并相应地享有债权人的权利，但是不得损害债权人的利益。其他连带债务人对债权人的抗辩，可以向该债务人主张。

被追偿的连带债务人不能履行其应分担份额的，其他连带债务人应当在相应范围内按比例分担。

第五百二十条 部分连带债务人履行、抵销债务或者提存标的物的，其他债务人对债权人的债务在相应范围内消灭；该债务人可以依据前条规定向其他债务人追偿。

部分连带债务人的债务被债权人免除的，在该连带债务人应当承担的份额范围内，其他债务人对债权人的债务消灭。

部分连带债务人的债务与债权人的债权同归于一人的，在扣除该债务人应当承担的份额后，债权人对其他债务人的债权继续存在。

债权人对部分连带债务人的给付受领迟延的，对其他连带债务人发生效力。

第五百二十一条 连带债权人之间的份额难以确定的，视为份额相同。

实际受领债权的连带债权人，应当按比例向其他连带债权人返还。

连带债权参照适用本章连带债务的有关规定。

第五百二十二条 当事人约定由债务人向第三人履行债务，债务人未向第三人履行债务或者履行债务不符合约定的，应当向债权人承担违约责任。

法律规定或者当事人约定第三人可以直接请求债务人向其履行债务，第三人未在合理期限内明确拒绝，债务人未向第三人履行债务或者履行债务不符合约定的，第三人可以请求债务人承担违约责任；债务人对债权人的抗辩，可以向第三人主张。

第五百二十三条 当事人约定由第三人向债权人履行债务，第三人不履行债务或者履行债务不符合约定的，债务人应当向债权人承担违约责任。

第五百二十四条 债务人不履行债务，第三人对履行该债务具有合法利益的，第三人有权向债权人代为履行；但是，根据债务性质、按照当事人约定或者依照法律规定只能由债务人履行的除外。

债权人接受第三人履行后，其对债务人的债权转让给第三人，但是债务人和第三人另有约定的除外。

第五百二十五条 当事人互负债务，没有先后履行顺序的，应当同时履行。一方在对方履行之前有权拒绝其履行请求。一方在对方履行债务不符合约定时，有权拒绝其相应的履行请求。

第五百二十六条 当事人互负债务，有先后履行顺序，应当先履行债务一方未履行的，后履行一方有权拒绝其履行请求。先履行一方履行债务不符合约定的，后履行一方有权拒绝其相应的履行请求。

第五百二十七条 应当先履行债务的当事人，有确切证据证明对方有下列情形之一的，可以中止履行：

（一）经营状况严重恶化；

（二）转移财产、抽逃资金，以逃避债务；

（三）丧失商业信誉；

（四）有丧失或者可能丧失履行债务能力的其他情形。

当事人没有确切证据中止履行的，应当承担违约责任。

第五百二十八条 当事人依据前条规定中止履行的，应当及时通知对方。对方提供适当担保的，应当恢复履行。中止履行后，对方在合理期限内未恢复履行能力且未提供适当担保的，视为以自己的行为表明不履行主要债务，中止履行的一方可以解除合同并可以请求对方承担违约责任。

第五百二十九条 债权人分立、合并或者变更住所没有通知债务人，致使履行债务发生困难的，债务人可以中止履行或者将标的物提存。

第五百三十条 债权人可以拒绝债务人提前履行债务，但是提前履行不损害债权人利益的除外。

债务人提前履行债务给债权人增加的费用，由债务人负担。

第五百三十一条 债权人可以拒绝债务人部分履行债务，但是部分履行不损害债权人利益的除外。

债务人部分履行债务给债权人增加的费用，由债务人负担。

第五百三十二条 合同生效后，当事人不得因姓名、名称的变更或者法定代表人、负责人、承办人的变动而不履行合同义务。

第五百三十三条 合同成立后，合同的基础条件发生了当事人在订立合同时无法预见的、不属于商业风险的重大变化，继续履行合同对于当事人一方明显不公平的，受不利影响的当事人可以与对方重新协商；在合理期限内协商不成的，当事人可以请求人民法院或者仲裁机构变更或者解除合同。

人民法院或者仲裁机构应当结合案件的实际情况，根据公平原则变更或者解除合同。

第五百三十四条 对当事人利用合同实施危害国家利益、社会公共利益行为的，市场监督管理和其他有关行政主管部门依照法律、行政法规的规定负责监督处理。

第五章　合同的保全

第五百三十五条 因债务人怠于行使其债权或者与该债权有关的从权利，影响债权人的到期债权实现的，债权人可以向人民法院请求以自己的名义代位行使债务人对相对人的权利，但是该权利专属于债务人自身的除外。

代位权的行使范围以债权人的到期债权为限。债权人行使代位权的必要费用，由债务人负担。

相对人对债务人的抗辩，可以向债权人主张。

第五百三十六条 债权人的债权到期前，债务人的债权或者与该债权有关的从权利存在诉讼时效期间即将届满或者未及时申报破产债权等情形，影响债权人的债权实现的，债权人可以代位向债务人的相对人请求其向债务人履行、向破产管理人申报或者作出其他必要的行为。

第五百三十七条 人民法院认定代位权成立的，由债务人的相对人向债权人履行义务，债权人接受履行后，债权人与债务人、债务人与相对人之间相应的权利义务终止。债务人对相对人的债权或者与该债权有关的从权利被采取保全、执行措施，或者债务人破产的，依照相关法律的规定处理。

第五百三十八条 债务人以放弃其债权、放弃债权担保、无偿转让财产等方式无偿处分财产权益，或者恶意延长其到期债权的履行期限，影响债权人的债权实现的，债权人可以请求人民法院撤销债务人的行为。

第五百三十九条 债务人以明显不合理的低价转让财产、以明显不合理的高价受让他人财产或者为他人的债务提供担保，影响债权人的债权实现，债务人的相对人知道或者应当知道该情形的，债权人可以请求人民法院撤销债务人的行为。

第五百四十条 撤销权的行使范围以债权人的债权为限。债权人行使撤销权的必要费用，由债务人负担。

第五百四十一条 撤销权自债权人知道或者应当知道撤销事由之日起一年内行使。自债务人的行为发生之日起五年内没有行使撤销权的，该撤销权消灭。

第五百四十二条 债务人影响债权人的债权实现的行为被撤销的，自始没有法律约束力。

第六章　合同的变更和转让

第五百四十三条 当事人协商一致，可以变更合同。

第五百四十四条 当事人对合同变更的内容约定不明确的，推定为未变更。

第五百四十五条 债权人可以将债权的全部或者部分转让给第三人，但是有下列情形之一的除外：

（一）根据债权性质不得转让；

（二）按照当事人约定不得转让；

（三）依照法律规定不得转让。

当事人约定非金钱债权不得转让的，不得对抗善意第三人。当事人约定金钱债权不得转让的，不得对抗第三人。

第五百四十六条 债权人转让债权，未通知债务人的，该转让对债务人不发生效力。

债权转让的通知不得撤销，但是经受让人同意的除外。

第五百四十七条 债权人转让债权的，受让人取得与债权有关的从权利，但是该从权利专属于债权人自身的除外。

受让人取得从权利不因该从权利未办理转移登记手续或者未转移占有而受到影响。

第五百四十八条 债务人接到债权转让通知后，债务人对让与人的抗辩，可以向受让人主张。

第五百四十九条 有下列情形之一的，债务人可以向受让人主张抵销：

（一）债务人接到债权转让通知时，债务人对让与人享有债权，且债务人的债权先于转让的债权到期或者同时到期；

（二）债务人的债权与转让的债权是基于同一合同产生。

第五百五十条 因债权转让增加的履行费用，由让与人负担。

第五百五十一条 债务人将债务的全部或者部分转移给第三人的，应当经债权人同意。

债务人或者第三人可以催告债权人在合理期限内予以同意，债权人未作表示的，视为不同意。

第五百五十二条 第三人与债务人约定加入债务并通知债权人，或者第三人向债权人表示愿意加入债务，债权人未在合理期限内明确拒绝的，债权人可以请求第三人在其愿意承担的债务范围内和债务人承担连带债务。

第五百五十三条 债务人转移债务的，新债务人可以主张原债务人对债权人的抗辩；原债务人对债权人享有债权的，新债务人不得向债权人主张抵销。

第五百五十四条 债务人转移债务的，新债务人应当承担与主债务有关的从债务，但是该从债务专属于原债务人自身的除外。

第五百五十五条 当事人一方经对方同意，可以将自己在合同中的权利和义务一并转让给第三人。

第五百五十六条 合同的权利和义务一并转让的，适用债权转让、债务转移的有关规定。

第七章 合同的权利义务终止

第五百五十七条 有下列情形之一的，债权债务终止：

（一）债务已经履行；

（二）债务相互抵销；

（三）债务人依法将标的物提存；

（四）债权人免除债务；

（五）债权债务同归于一人；

（六）法律规定或者当事人约定终止的其他情形。

合同解除的，该合同的权利义务关系终止。

第五百五十八条 债权债务终止后，当事人应当遵循诚信等原则，根据交易习惯履行通知、协助、保密、旧物回收等义务。

第五百五十九条 债权债务终止时，债权的从权利同时消灭，但是法律另有规定或者当事人另有约定的除外。

第五百六十条 债务人对同一债权人负担的数项债务种类相同，债务人的给付不足以清偿全部债务的，除当事人另有约定外，由债务人在清偿时指定其履行的债务。

债务人未作指定的，应当优先履行已经到期的债务；数项债务均到期的，优先履行对债权人缺乏担保或者担保最少的债务；均无担保或者担保相等的，优先履行债务人负担较重的债务；负担相同的，按照债务到期的先后顺序履行；到期时间相同的，按照债务比例履行。

第五百六十一条 债务人在履行主债务外还应当支付利息和实现债权的有关费用，其给付不足以清偿全部债务的，除当事人另有约定外，应当按照下列顺序履行：

（一）实现债权的有关费用；

（二）利息；

（三）主债务。

第五百六十二条 当事人协商一致，可以解除合同。

当事人可以约定一方解除合同的事由。解除合同的事由发生时，解除权人可以解除合同。

第五百六十三条 有下列情形之一的，当事人可以解除合同：

（一）因不可抗力致使不能实现合同目的；

（二）在履行期限届满前，当事人一方明确表示或者以自己的行为表明不履行主要债务；

（三）当事人一方迟延履行主要债务，经催告后在合理期限内仍未履行；

（四）当事人一方迟延履行债务或者有其他违约行为致使不能实现合同目的；

（五）法律规定的其他情形。

以持续履行的债务为内容的不定期合同，当事人可以随时解除合同，但是应当在合理期限之前通知对方。

第五百六十四条 法律规定或者当事人约定解除权行使期限，期限届满当事人不行使的，该权利消灭。

法律没有规定或者当事人没有约定解除权行使期限，自解除权人知道或者应当知道解除事由之日起一年内不行使，或者经对方催告后在合理期限内不行使的，该权利消灭。

第五百六十五条 当事人一方依法主张解除合同的，应当通知对方。合同自通知到达对方时解除；通知载明债务人在一定期限内不履行债务则合同自动解除，债务人在该期限内未履行债务的，合同自通知载明的期限届满时解除。对方对解除合同有异议的，任何一方当事人均可以请求人民法院或者仲裁机构确认解除行为的效力。

当事人一方未通知对方，直接以提起诉讼或者申请仲裁的方式依法主张解除合同，人民法院或者仲裁机构确认该主张的，合同自起诉状副本或者仲裁申请书副本送达对方时解除。

第五百六十六条 合同解除后，尚未履行的，终止履行；已经履行的，根据履行情况和合同性质，当事人可以请求恢复原状或者采取其他补救措施，并有权请求赔偿损失。

合同因违约解除的，解除权人可以请求违约方承担违约责任，但是当事人另有约定的除外。

主合同解除后，担保人对债务人应当承担的民事责任仍应当承担担保责任，但是担保合同另有约定的除外。

第五百六十七条 合同的权利义务关系终止，不影响合同中结算和清理条款的效力。

第五百六十八条 当事人互负债务，该债务的标的物种类、品质相同的，任何一方可以将自己的债务与对方的到期债务抵销；但是，根据债务性质、按照当事人约定或者依照法律规定不得抵销的除外。

当事人主张抵销的，应当通知对方。通知自到达对方时生效。抵销不得附条件或者附期限。

第五百六十九条 当事人互负债务，标的物种类、品质不相同的，经协商一致，也可以抵销。

第五百七十条 有下列情形之一，难以履行债务的，债务人可以将标的物提存：

（一）债权人无正当理由拒绝受领；

（二）债权人下落不明；

（三）债权人死亡未确定继承人、遗产管理人，或者丧失民事行为能力未确定监护人；

（四）法律规定的其他情形。

标的物不适于提存或者提存费用过高的，债务人依法可以拍卖或者变卖标的物，提存所得的价款。

第五百七十一条 债务人将标的物或者将标的物依法拍卖、变卖所得价款交付提存部门时，提存成立。

提存成立的，视为债务人在其提存范围内已经交付标的物。

第五百七十二条 标的物提存后，债务人应当及时通知债权人或者债权人的继承人、遗产管理人、监护人、财产代管人。

第五百七十三条 标的物提存后，毁损、灭失的风险由债权人承担。提存期间，标的物的孳息归债权人所有。提存费用由债权人负担。

第五百七十四条 债权人可以随时领取提存物。但是，债权人对债务人负有到期债务的，在债权人未履行债务或者提供担保之前，提存部门根据债务人的要求应当拒绝其领取提存物。

债权人领取提存物的权利，自提存之日起五年内不行使而消灭，提存物扣除提存费用后归国家所有。但是，债权人未履行对债务人的到期债务，或者债权人向提存部门书面表示放弃领取提存物权利的，债务人负担提存费用后有权取回提存物。

第五百七十五条 债权人免除债务人部分或者全部债务的，债权债务部分或者全部终止，但是债务人在合理期限内拒绝的除外。

第五百七十六条 债权和债务同归于一人的，债权债务终止，但是损害第三人利益的除外。

第八章 违约责任

第五百七十七条 当事人一方不履行合同义务或者履行合同义务不符合约定的，应当承担继续履行、采取补救措施或者赔偿损失等违约责任。

第五百七十八条 当事人一方明确表示或者以自己的行为表明不履行合同义务的，对方可以在履行期限届满前请求其承担违约责任。

第五百七十九条 当事人一方未支付价款、报酬、租金、利息，或者不履行其他金钱债务的，对方可以请求其支付。

第五百八十条 当事人一方不履行非金钱债务或者履行非金钱债务不符合约定的，对方可以请求履行，但是有下列情形之一的除外：

（一）法律上或者事实上不能履行；

（二）债务的标的不适于强制履行或者履行费用过高；

（三）债权人在合理期限内未请求履行。

有前款规定的除外情形之一，致使不能实现合同目的的，人民法院或者仲裁机构可以根据当事人的请求终止合同权利义务关系，但是不影响违约责任的承担。

第五百八十一条 当事人一方不履行债务或者履行债务不符合约定，根据债务的性质不得强制履行的，对方可以请求其负担由第三人替代履行的费用。

第五百八十二条 履行不符合约定的，应当按照当事人的约定承担违约责任。对违约责任没有约定或者约定不明确，依据本法第五百一十条的规定仍不能确定的，受损害方根据标的的性质以及损失的大小，可以合理选择请求对方承担修理、重作、更换、退货、减少价款或者报酬等违约责任。

第五百八十三条 当事人一方不履行合同义务或者履行合同义务不符合约定的，在履行义务或者采取补救措施后，对方还有其他损失的，应当赔偿损失。

第五百八十四条 当事人一方不履行合同义务或者履行合同义务不符合约定，造成对方损失的，损失赔偿额应当相当于因违约所造成的损失，包括合同履行后可以获得的利益；但是，不得超过违约一方订立合同时预见到或者应当预见到的因违约可能造成的损失。

第五百八十五条 当事人可以约定一方违约时应当根据违约情况向对方支付一定数额的违约金，也可以约定因违约产生的损失赔偿额的计算方法。

约定的违约金低于造成的损失的，人民法院或者仲裁机构可以根据当事人的请求予以增加；约定的违约金过分高于造成的损失的，人民法院或者仲裁机构可以根据当事人的请求予以适当减少。

当事人就迟延履行约定违约金的，违约方支付违约金后，还应当履行债务。

第五百八十六条 当事人可以约定一方向对方给付定金作为债权的担保。定金合同自实际交付定金时成立。

定金的数额由当事人约定；但是，不得超过主合同标的额的百分之二十，超过部分不产生定金的效力。实际交付的定金数额多于或者少于约定数额的，视为变更约定的定金数额。

第五百八十七条 债务人履行债务的，定金应当抵作价款或者收回。给付定金的一方不履行债务或者履行债务不符合约定，致使不能实现合同目的的，无权请求返还定金；收受定金的一方不履行债务或者履行债务不符合约定，致使不能实现合同目的的，应当双倍返还定金。

第五百八十八条 当事人既约定违约金，又约定定金的，一方违约时，对方可以选择适用违约金或者定金条款。

定金不足以弥补一方违约造成的损失的，对方可以请求赔偿超过定金数额的损失。

第五百八十九条 债务人按照约定履行债务，债权人无正当理由拒绝受领的，债务人可以请求债权人赔偿增加的费用。

在债权人受领迟延期间，债务人无须支付利息。

第五百九十条 当事人一方因不可抗力不能履行合同的，根据不可抗力的影响，部分或者全部免除责任，但是法律另有规定的除外。因不可抗力不能履行合同的，应当及时通知对方，以减轻可能给对方造成的损失，并应当在合理期限内提供证明。

当事人迟延履行后发生不可抗力的，不免除其违约责任。

第五百九十一条 当事人一方违约后，对方应当采取适当措施防止损失的扩大；没有采取适当措施致使损失扩大的，不得就扩大的损失请求赔偿。

当事人因防止损失扩大而支出的合理费用，由违约方负担。

第五百九十二条 当事人都违反合同的，应当各自承担相应的责任。

当事人一方违约造成对方损失，对方对损失的发生有过错的，可以减少相应的损失赔偿额。

第五百九十三条 当事人一方因第三人的原因造成违约的，应当依法向对方承担违约责任。当事人一方和第三人之间的纠纷，依照法律规定或者按照约定处理。

第五百九十四条 因国际货物买卖合同和技术进出口合同争议提起诉讼或者申请仲裁的时效期间为四年。

第二分编　典 型 合 同

第十章　供用电、水、气、热力合同

第六百四十八条 供用电合同是供电人向用电人供电，用电人支付电费的合同。

向社会公众供电的供电人，不得拒绝用电人合理的订立合同要求。

第六百四十九条 供用电合同的内容一般包括供电的方式、质量、时间，用电容量、地址、性质，计量方式，电价、电费的结算方式，供用电设施的维护责任等条款。

第六百五十条 供用电合同的履行地点，按照当事人约定；当事人没有约定或者约定不明确的，供电设施的产权分界处为履行地点。

第六百五十一条 供电人应当按照国家规定的供电质量标准和约定安全供电。供电人未按照国家规定的供电质量标准和约定安全供电，造成用电人损失的，应当承担赔偿责任。

第六百五十二条 供电人因供电设施计划检修、临时检修、依法限电或者用电人违法用电等原因，需要中断供电时，应当按照国家有关规定事先通知用电人；未事先通知用电人中断供电，造成用电人损失的，应当承担赔偿责任。

第六百五十三条 因自然灾害等原因断电，供电人应当按照国家有关规定及时抢修；未及时抢修，造成用电人损失的，应当承担赔偿责任。

第六百五十四条 用电人应当按照国家有关规定和当事人的约定及时支付电费。用电人逾期不支付电费的，应当按照约定支付违约金。经催告用电人在合理期限内仍不支付电费和违约金的，供电人可以按照国家规定的程序中止供电。

供电人依据前款规定中止供电的，应当事先通知用电人。

第六百五十五条 用电人应当按照国家有关规定和当事人的约定安全、节约和计划用电。用电人未按照国家有关规定和当事人的约定用电，造成供电人损失的，应当承担赔偿责任。

第六百五十六条 供用水、供用气、供用热力合同，参照适用供用电合同的有关规定。

第二十四章　物业服务合同

第九百三十七条 物业服务合同是物业服务人在物业服务区域内，为业主提供建筑物及其附属设施的维修养护、环境卫生和相关秩序的管理维护等物业服务，业主支付物业费的合同。

物业服务人包括物业服务企业和其他管理人。

第九百三十八条 物业服务合同的内容一般包括服务事项、服务质量、服务费用的标准和收取办法、维修资金的使用、服务用房的管理和使用、服务期限、服务交接等条款。

物业服务人公开作出的有利于业主的服务承诺，为物业服务合同的组成部分。

物业服务合同应当采用书面形式。

第九百三十九条 建设单位依法与物业服务人订立的前期物业服务合同，以及业主委员会与业主大会依法选聘的物业服务人订立的物业服务合同，对业主具有法律约束力。

第九百四十条 建设单位依法与物业服务人订立的前期物业服务合同约定的服务期限届满前，业主委员会或者业主与新物业服务人订立的物业服务合同生效的，前期物业服务合同终止。

第九百四十一条 物业服务人将物业服务区域内的部分专项服务事项委托给专业性服务组织或者其他第三人的，应当就该部分专项服务事项向业主负责。

物业服务人不得将其应当提供的全部物业服务转委托给第三人，或者将全部物业服务支解后分别转委托给第三人。

第九百四十二条 物业服务人应当按照约定和物业的使用性质，妥善维修、养护、清洁、绿化和经营管理物业服务区域内的业主共有部分，维护物业服务区域内的基本秩序，采取合理措施保护业主的人身、财产安全。

对物业服务区域内违反有关治安、环保、消防等法律法规的行为，物业服务人应当及时采取合理措施制止、向有关行政主管部门报告并协助处理。

第九百四十三条 物业服务人应当定期将服务的事项、负责人员、质量要求、收费项目、收费标准、履行情况，以及维修资金使用情况、业主共有部分的经营与收益情况等以合理方式向业主公开并向业主大会、业主委员会报告。

第九百四十四条 业主应当按照约定向物业服务人支付物业费。物业服务人已经按照约定和有关规定提供服务的，业主不得以未接受或者无需接受相关物业服务为由拒绝支付物业费。

业主违反约定逾期不支付物业费的，物业服务人可以催告其在合理期限内支付；合理期限届满仍不支付的，物业服务人可以提起诉讼或者申请仲裁。

物业服务人不得采取停止供电、供水、供热、供燃气等方式催交物业费。

第九百四十五条 业主装饰装修房屋的，应当事先告知物业服务人，遵守物业服务人提示的合理注意事项，并配合其进行必要的现场检查。

业主转让、出租物业专有部分、设立居住权或者依法改变共有部分用途的，应当及时将相关情况告知物业服务人。

第九百四十六条 业主依照法定程序共同决定解聘物业服务人的，可以解除物业服务合同。决定解聘的，应当提前六十日书面通知物业服务人，但是合同对通知期限另有约定的除外。

依据前款规定解除合同造成物业服务人损失的，除不可归责于业主的事由外，业主应当赔偿损失。

第九百四十七条 物业服务期限届满前，业主依法共同决定续聘的，应当与原物业服务人在合同期限届满前续订物业服务合同。

物业服务期限届满前，物业服务人不同意续聘的，应当在合同期限届满前九十日书面通知业主或者业主委员会，但是合同对通知期限另有约定的除外。

第九百四十八条 物业服务期限届满后，业主没有依法作出续聘或者另聘物业服务人的决定，物业服务人继续提供物业服务的，原物业服务合同继续有效，但是服务期限为不定期。

当事人可以随时解除不定期物业服务合同，但是应当提前六十日书面通知对方。

第九百四十九条 物业服务合同终止的，原物业服务人应当在约定期限或者合理期限内退出物业服务区域，将物业服务用房、相关设施、物业服务所必需的相关资料等交还给业主委员会、决定自行管理的业主或者其指定的人，配合新物业服务人做好交接工作，并如实告知物业的使用和管理状况。

原物业服务人违反前款规定的，不得请求业主支付物业服务合同终止后的物业费；造成业主损失的，应当赔偿损失。

第九百五十条 物业服务合同终止后，在业主或者业主大会选聘的新物业服务人或者决定自行管理的业主接管之前，原物业服务人应当继续处理物业服务事项，并可以请求业主支付该期间的物业费。

第四编 人 格 权

第一章 一 般 规 定

第九百八十九条 本编调整因人格权的享有和保护产生的民事关系。

第九百九十条 人格权是民事主体享有的生命权、身体权、健康权、姓名权、名称权、肖像权、名誉权、荣誉权、隐私权等权利。

除前款规定的人格权外，自然人享有基于人身自由、人格尊严产生的其他人格权益。

第九百九十一条 民事主体的人格权受法律保护，任何组织或者个人不得侵害。

第九百九十二条 人格权不得放弃、转让或者继承。

第九百九十三条 民事主体可以将自己的姓名、名称、肖像等许可他人使用，但是依照法律规定或者根据其性质不得许可的除外。

第九百九十四条 死者的姓名、肖像、名誉、荣誉、隐私、遗体等受到侵害的，其配偶、子女、父母有权依法请求行为人承担民事责任；死者没有配偶、子女且父母已经死亡的，其他近亲属有权依法请求行为人

承担民事责任。

第九百九十五条 人格权受到侵害的，受害人有权依照本法和其他法律的规定请求行为人承担民事责任。受害人的停止侵害、排除妨碍、消除危险、消除影响、恢复名誉、赔礼道歉请求权，不适用诉讼时效的规定。

第九百九十六条 因当事人一方的违约行为，损害对方人格权并造成严重精神损害，受损害方选择请求其承担违约责任的，不影响受损害方请求精神损害赔偿。

第九百九十七条 民事主体有证据证明行为人正在实施或者即将实施侵害其人格权的违法行为，不及时制止将使其合法权益受到难以弥补的损害的，有权依法向人民法院申请采取责令行为人停止有关行为的措施。

第九百九十八条 认定行为人承担侵害除生命权、身体权和健康权外的人格权的民事责任，应当考虑行为人和受害人的职业、影响范围、过错程度，以及行为的目的、方式、后果等因素。

第九百九十九条 为公共利益实施新闻报道、舆论监督等行为的，可以合理使用民事主体的姓名、名称、肖像、个人信息等；使用不合理侵害民事主体人格权的，应当依法承担民事责任。

第一千条 行为人因侵害人格权承担消除影响、恢复名誉、赔礼道歉等民事责任的，应当与行为的具体方式和造成的影响范围相当。

行为人拒不承担前款规定的民事责任的，人民法院可以采取在报刊、网络等媒体上发布公告或者公布生效裁判文书等方式执行，产生的费用由行为人负担。

第一千零一条 对自然人因婚姻家庭关系等产生的身份权利的保护，适用本法第一编、第五编和其他法律的相关规定；没有规定的，可以根据其性质参照适用本编人格权保护的有关规定。

第四章 肖 像 权

第一千零一十八条 自然人享有肖像权，有权依法制作、使用、公开或者许可他人使用自己的肖像。

肖像是通过影像、雕塑、绘画等方式在一定载体上所反映的特定自然人可以被识别的外部形象。

第一千零一十九条 任何组织或者个人不得以丑化、污损，或者利用信息技术手段伪造等方式侵害他人的肖像权。未经肖像权人同意，不得制作、使用、公开肖像权人的肖像，但是法律另有规定的除外。

未经肖像权人同意，肖像作品权利人不得以发表、复制、发行、出租、展览等方式使用或者公开肖像权人的肖像。

第一千零二十条 合理实施下列行为的，可以不经肖像权人同意：

（一）为个人学习、艺术欣赏、课堂教学或者科学研究，在必要范围内使用肖像权人已经公开的肖像；

（二）为实施新闻报道，不可避免地制作、使用、公开肖像权人的肖像；

（三）为依法履行职责，国家机关在必要范围内制作、使用、公开肖像权人的肖像；

（四）为展示特定公共环境，不可避免地制作、使用、公开肖像权人的肖像；

（五）为维护公共利益或者肖像权人合法权益，制作、使用、公开肖像权人的肖像的其他行为。

第一千零二十一条 当事人对肖像许可使用合同中关于肖像使用条款的理解有争议的，应当作出有利于肖像权人的解释。

第一千零二十二条 当事人对肖像许可使用期限没有约定或者约定不明确的，任何一方当事人可以随时解除肖像许可使用合同，但是应当在合理期限之前通知对方。

当事人对肖像许可使用期限有明确约定，肖像权人有正当理由的，可以解除肖像许可使用合同，但是应当在合理期限之前通知对方。因解除合同造成对方损失的，除不可归责于肖像权人的事由外，应当赔偿损失。

第一千零二十三条　对姓名等的许可使用，参照适用肖像许可使用的有关规定。

对自然人声音的保护，参照适用肖像权保护的有关规定。

第五章　名誉权和荣誉权

第一千零二十四条　民事主体享有名誉权。任何组织或者个人不得以侮辱、诽谤等方式侵害他人的名誉权。

名誉是对民事主体的品德、声望、才能、信用等的社会评价。

第一千零二十五条　行为人为公共利益实施新闻报道、舆论监督等行为，影响他人名誉的，不承担民事责任，但是有下列情形之一的除外：

（一）捏造、歪曲事实；

（二）对他人提供的严重失实内容未尽到合理核实义务；

（三）使用侮辱性言辞等贬损他人名誉。

第一千零二十六条　认定行为人是否尽到前条第二项规定的合理核实义务，应当考虑下列因素：

（一）内容来源的可信度；

（二）对明显可能引发争议的内容是否进行了必要的调查；

（三）内容的时限性；

（四）内容与公序良俗的关联性；

（五）受害人名誉受贬损的可能性；

（六）核实能力和核实成本。

第一千零二十七条　行为人发表的文学、艺术作品以真人真事或者特定人为描述对象，含有侮辱、诽谤内容，侵害他人名誉权的，受害人有权依法请求该行为人承担民事责任。

行为人发表的文学、艺术作品不以特定人为描述对象，仅其中的情节与该特定人的情况相似的，不承担民事责任。

第一千零二十八条　民事主体有证据证明报刊、网络等媒体报道的内容失实，侵害其名誉权的，有权请求该媒体及时采取更正或者删除等必要措施。

第一千零二十九条　民事主体可以依法查询自己的信用评价；发现信用评价不当的，有权提出异议并请求采取更正、删除等必要措施。信用评价人应当及时核查，经核查属实的，应当及时采取必要措施。

第一千零三十条　民事主体与征信机构等信用信息处理者之间的关系，适用本编有关个人信息保护的规定和其他法律、行政法规的有关规定。

第一千零三十一条　民事主体享有荣誉权。任何组织或者个人不得非法剥夺他人的荣誉称号，不得诋毁、贬损他人的荣誉。

获得的荣誉称号应当记载而没有记载的，民事主体可以请求记载；获得的荣誉称号记载错误的，民事主体可以请求更正。

第六章 隐私权和个人信息保护

第一千零三十二条 自然人享有隐私权。任何组织或者个人不得以刺探、侵扰、泄露、公开等方式侵害他人的隐私权。

隐私是自然人的私人生活安宁和不愿为他人知晓的私密空间、私密活动、私密信息。

第一千零三十三条 除法律另有规定或者权利人明确同意外，任何组织或者个人不得实施下列行为：

（一）以电话、短信、即时通讯工具、电子邮件、传单等方式侵扰他人的私人生活安宁；

（二）进入、拍摄、窥视他人的住宅、宾馆房间等私密空间；

（三）拍摄、窥视、窃听、公开他人的私密活动；

（四）拍摄、窥视他人身体的私密部位；

（五）处理他人的私密信息；

（六）以其他方式侵害他人的隐私权。

第一千零三十四条 自然人的个人信息受法律保护。

个人信息是以电子或者其他方式记录的能够单独或者与其他信息结合识别特定自然人的各种信息，包括自然人的姓名、出生日期、身份证件号码、生物识别信息、住址、电话号码、电子邮箱、健康信息、行踪信息等。

个人信息中的私密信息，适用有关隐私权的规定；没有规定的，适用有关个人信息保护的规定。

第一千零三十五条 处理个人信息的，应当遵循合法、正当、必要原则，不得过度处理，并符合下列条件：

（一）征得该自然人或者其监护人同意，但是法律、行政法规另有规定的除外；

（二）公开处理信息的规则；

（三）明示处理信息的目的、方式和范围；

（四）不违反法律、行政法规的规定和双方的约定。

个人信息的处理包括个人信息的收集、存储、使用、加工、传输、提供、公开等。

第一千零三十六条 处理个人信息，有下列情形之一的，行为人不承担民事责任：

（一）在该自然人或者其监护人同意的范围内合理实施的行为；

（二）合理处理该自然人自行公开的或者其他已经合法公开的信息，但是该自然人明确拒绝或者处理该信息侵害其重大利益的除外；

（三）为维护公共利益或者该自然人合法权益，合理实施的其他行为。

第一千零三十七条 自然人可以依法向信息处理者查阅或者复制其个人信息；发现信息有错误的，有权提出异议并请求及时采取更正等必要措施。

自然人发现信息处理者违反法律、行政法规的规定或者双方的约定处理其个人信息的，有权请求信息处理者及时删除。

第一千零三十八条 信息处理者不得泄露或者篡改其收集、存储的个人信息；未经自然人同意，不得向他人非法提供其个人信息，但是经过加工无法识别特定个人且不能复原的除外。

信息处理者应当采取技术措施和其他必要措施，确保其收集、存储的个人信息安全，防止信息泄露、篡改、丢失；发生或者可能发生个人信息泄露、篡改、丢失的，应当及时采取补救措施，按照规定告知自然人并向有关主管部门报告。

第一千零三十九条　国家机关、承担行政职能的法定机构及其工作人员对于履行职责过程中知悉的自然人的隐私和个人信息，应当予以保密，不得泄露或者向他人非法提供。

第七编　侵权责任

第一章　一般规定

第一千一百六十四条　本编调整因侵害民事权益产生的民事关系。

第一千一百六十五条　行为人因过错侵害他人民事权益造成损害的，应当承担侵权责任。

依照法律规定推定行为人有过错，其不能证明自己没有过错的，应当承担侵权责任。

第一千一百六十六条　行为人造成他人民事权益损害，不论行为人有无过错，法律规定应当承担侵权责任的，依照其规定。

第一千一百六十七条　侵权行为危及他人人身、财产安全的，被侵权人有权请求侵权人承担停止侵害、排除妨碍、消除危险等侵权责任。

第一千一百六十八条　二人以上共同实施侵权行为，造成他人损害的，应当承担连带责任。

第一千一百六十九条　教唆、帮助他人实施侵权行为的，应当与行为人承担连带责任。

教唆、帮助无民事行为能力人、限制民事行为能力人实施侵权行为的，应当承担侵权责任；该无民事行为能力人、限制民事行为能力人的监护人未尽到监护职责的，应当承担相应的责任。

第一千一百七十条　二人以上实施危及他人人身、财产安全的行为，其中一人或者数人的行为造成他人损害，能够确定具体侵权人的，由侵权人承担责任；不能确定具体侵权人的，行为人承担连带责任。

第一千一百七十一条　二人以上分别实施侵权行为造成同一损害，每个人的侵权行为都足以造成全部损害的，行为人承担连带责任。

第一千一百七十二条　二人以上分别实施侵权行为造成同一损害，能够确定责任大小的，各自承担相应的责任；难以确定责任大小的，平均承担责任。

第一千一百七十三条　被侵权人对同一损害的发生或者扩大有过错的，可以减轻侵权人的责任。

第一千一百七十四条　损害是因受害人故意造成的，行为人不承担责任。

第一千一百七十五条　损害是因第三人造成的，第三人应当承担侵权责任。

第一千一百七十六条　自愿参加具有一定风险的文体活动，因其他参加者的行为受到损害的，受害人不得请求其他参加者承担侵权责任；但是，其他参加者对损害的发生有故意或者重大过失的除外。

活动组织者的责任适用本法第一千一百九十八条至第一千二百零一条的规定。

第一千一百七十七条　合法权益受到侵害，情况紧迫且不能及时获得国家机关保护，不立即采取措施将使其合法权益受到难以弥补的损害的，受害人可以在保护自己合法权益的必要范围内采取扣留侵权人的财物等合理措施；但是，应当立即请求有关国家机关处理。

受害人采取的措施不当造成他人损害的，应当承担侵权责任。

第一千一百七十八条　本法和其他法律对不承担责任或者减轻责任的情形另有规定的，依照其规定。

第十章　建筑物和物件损害责任

第一千二百五十二条　建筑物、构筑物或者其他设施倒塌、塌陷造成他人损害的,由建设单位与施工单位承担连带责任,但是建设单位与施工单位能够证明不存在质量缺陷的除外。建设单位、施工单位赔偿后,有其他责任人的,有权向其他责任人追偿。

因所有人、管理人、使用人或者第三人的原因,建筑物、构筑物或者其他设施倒塌、塌陷造成他人损害的,由所有人、管理人、使用人或者第三人承担侵权责任。

第一千二百五十三条　建筑物、构筑物或者其他设施及其搁置物、悬挂物发生脱落、坠落造成他人损害,所有人、管理人或者使用人不能证明自己没有过错的,应当承担侵权责任。所有人、管理人或者使用人赔偿后,有其他责任人的,有权向其他责任人追偿。

第一千二百五十四条　禁止从建筑物中抛掷物品。从建筑物中抛掷物品或者从建筑物上坠落的物品造成他人损害的,由侵权人依法承担侵权责任;经调查难以确定具体侵权人的,除能够证明自己不是侵权人的外,由可能加害的建筑物使用人给予补偿。可能加害的建筑物使用人补偿后,有权向侵权人追偿。

物业服务企业等建筑物管理人应当采取必要的安全保障措施防止前款规定情形的发生;未采取必要的安全保障措施的,应当依法承担未履行安全保障义务的侵权责任。

发生本条第一款规定的情形的,公安等机关应当依法及时调查,查清责任人。

第一千二百五十五条　堆放物倒塌、滚落或者滑落造成他人损害,堆放人不能证明自己没有过错的,应当承担侵权责任。

第一千二百五十六条　在公共道路上堆放、倾倒、遗撒妨碍通行的物品造成他人损害的,由行为人承担侵权责任。公共道路管理人不能证明已经尽到清理、防护、警示等义务的,应当承担相应的责任。

第一千二百五十七条　因林木折断、倾倒或者果实坠落等造成他人损害,林木的所有人或者管理人不能证明自己没有过错的,应当承担侵权责任。

第一千二百五十八条　在公共场所或者道路上挖掘、修缮安装地下设施等造成他人损害,施工人不能证明已经设置明显标志和采取安全措施的,应当承担侵权责任。

窨井等地下设施造成他人损害,管理人不能证明尽到管理职责的,应当承担侵权责任。

附　　则

第一千二百五十九条　民法所称的"以上"、"以下"、"以内"、"届满",包括本数;所称的"不满"、"超过"、"以外",不包括本数。

第一千二百六十条　本法自 2021 年 1 月 1 日起施行。《中华人民共和国婚姻法》、《中华人民共和国继承法》、《中华人民共和国民法通则》、《中华人民共和国收养法》、《中华人民共和国担保法》、《中华人民共和国合同法》、《中华人民共和国物权法》、《中华人民共和国侵权责任法》、《中华人民共和国民法总则》同时废止。

中共中央关于坚持和完善中国特色社会主义制度推进国家治理体系和治理能力现代化若干重大问题的决定

（2019年10月31日中国共产党第十九届中央委员会第四次全体会议通过）

为贯彻落实党的十九大精神，十九届中央委员会第四次全体会议着重研究了坚持和完善中国特色社会主义制度、推进国家治理体系和治理能力现代化的若干重大问题，作出如下决定。

一、坚持和完善中国特色社会主义制度、推进国家治理体系和治理能力现代化的重大意义和总体要求

中国特色社会主义制度是党和人民在长期实践探索中形成的科学制度体系，我国国家治理一切工作和活动都依照中国特色社会主义制度展开，我国国家治理体系和治理能力是中国特色社会主义制度及其执行能力的集中体现。

中国共产党自成立以来，团结带领人民，坚持把马克思主义基本原理同中国具体实际相结合，赢得了中国革命胜利，并深刻总结国内外正反两方面经验，不断探索实践，不断改革创新，建立和完善社会主义制度，形成和发展党的领导和经济、政治、文化、社会、生态文明、军事、外事等各方面制度，加强和完善国家治理，取得历史性成就。党的十八大以来，我们党领导人民统筹推进"五位一体"总体布局、协调推进"四个全面"战略布局，推动中国特色社会主义制度更加完善、国家治理体系和治理能力现代化水平明显提高，为政治稳定、经济发展、文化繁荣、民族团结、人民幸福、社会安宁、国家统一提供了有力保障。

新中国成立七十年来，我们党领导人民创造了世所罕见的经济快速发展奇迹和社会长期稳定奇迹，中华民族迎来了从站起来、富起来到强起来的伟大飞跃。实践证明，中国特色社会主义制度和国家治理体系是以马克思主义为指导、植根中国大地、具有深厚中华文化根基、深得人民拥护的制度和治理体系，是具有强大生命力和巨大优越性的制度和治理体系，是能够持续推动拥有近十四亿人口大国进步和发展、确保拥有五千多年文明史的中华民族实现"两个一百年"奋斗目标进而实现伟大复兴的制度和治理体系。

我国国家制度和国家治理体系具有多方面的显著优势，主要是：坚持党的集中统一领导，坚持党的科学理论，保持政治稳定，确保国家始终沿着社会主义方向前进的显著优势；坚持人民当家作主，发展人民民主，密切联系群众，紧紧依靠人民推动国家发展的显著优势；坚持全面依法治国，建设社会主义法治国家，切实保障社会公平正义和人民权利的显著优势；坚持全国一盘棋，调动各方面积极性，集中力量办大事的显著优势；坚持各民族一律平等，铸牢中华民族共同体意识，实现共同团结奋斗、共同繁荣发展的显著优势；坚持

公有制为主体、多种所有制经济共同发展和按劳分配为主体、多种分配方式并存，把社会主义制度和市场经济有机结合起来，不断解放和发展社会生产力的显著优势；坚持共同的理想信念、价值理念、道德观念，弘扬中华优秀传统文化、革命文化、社会主义先进文化，促进全体人民在思想上精神上紧紧团结在一起的显著优势；坚持以人民为中心的发展思想，不断保障和改善民生、增进人民福祉，走共同富裕道路的显著优势；坚持改革创新、与时俱进，善于自我完善、自我发展，使社会始终充满生机活力的显著优势；坚持德才兼备、选贤任能，聚天下英才而用之，培养造就更多更优秀人才的显著优势；坚持党指挥枪，确保人民军队绝对忠诚于党和人民，有力保障国家主权、安全、发展利益的显著优势；坚持"一国两制"，保持香港、澳门长期繁荣稳定，促进祖国和平统一的显著优势；坚持独立自主和对外开放相统一，积极参与全球治理，为构建人类命运共同体不断作出贡献的显著优势。这些显著优势，是我们坚定中国特色社会主义道路自信、理论自信、制度自信、文化自信的基本依据。

当今世界正经历百年未有之大变局，我国正处于实现中华民族伟大复兴关键时期。顺应时代潮流，适应我国社会主要矛盾变化，统揽伟大斗争、伟大工程、伟大事业、伟大梦想，不断满足人民对美好生活新期待，战胜前进道路上的各种风险挑战，必须在坚持和完善中国特色社会主义制度、推进国家治理体系和治理能力现代化上下更大功夫。

必须坚持以马克思列宁主义、毛泽东思想、邓小平理论、"三个代表"重要思想、科学发展观、习近平新时代中国特色社会主义思想为指导，增强"四个意识"，坚定"四个自信"，做到"两个维护"，坚持党的领导、人民当家作主、依法治国有机统一，坚持解放思想、实事求是，坚持改革创新，突出坚持和完善支撑中国特色社会主义制度的根本制度、基本制度、重要制度，着力固根基、扬优势、补短板、强弱项，构建系统完备、科学规范、运行有效的制度体系，加强系统治理、依法治理、综合治理、源头治理，把我国制度优势更好转化为国家治理效能，为实现"两个一百年"奋斗目标、实现中华民族伟大复兴的中国梦提供有力保证。

坚持和完善中国特色社会主义制度、推进国家治理体系和治理能力现代化的总体目标是，到我们党成立一百年时，在各方面制度更加成熟更加定型上取得明显成效；到二〇三五年，各方面制度更加完善，基本实现国家治理体系和治理能力现代化；到新中国成立一百年时，全面实现国家治理体系和治理能力现代化，使中国特色社会主义制度更加巩固、优越性充分展现。

二、坚持和完善党的领导制度体系，提高党科学执政、民主执政、依法执政水平

中国共产党领导是中国特色社会主义最本质的特征，是中国特色社会主义制度的最大优势，党是最高政治领导力量。必须坚持党政军民学、东西南北中，党是领导一切的，坚决维护党中央权威，健全总揽全局、协调各方的党的领导制度体系，把党的领导落实到国家治理各领域各方面各环节。

（一）建立不忘初心、牢记使命的制度。确保全党遵守党章，恪守党的性质和宗旨，坚持用共产主义远大理想和中国特色社会主义共同理想凝聚全党、团结人民，用习近平新时代中国特色社会主义思想武装全党、教育人民、指导工作，夯实党执政的思想基础。把不忘初心、牢记使命作为加强党的建设的永恒课题和全体党员、干部的终身课题，形成长效机制，坚持不懈锤炼党员、干部忠诚干净担当的政治品格。全面贯彻党的基本理论、基本路线、基本方略，持续推进党的理论创新、实践创新、制度创新，使一切工作顺应时代潮流、符合发展规律、体现人民愿望，确保党始终走在时代前列、得到人民衷心拥护。

（二）完善坚定维护党中央权威和集中统一领导的各项制度。推动全党增强"四个意识"、坚定"四个自信"、做到"两个维护"，自觉在思想上政治上行动上同以习近平同志为核心的党中央保持高度一致，坚决把维护习近平总书记党中央的核心、全党的核心地位落到实处。健全党中央对重大工作的领导体制，强化党中央决策议事协调机构职能作用，完善推动党中央重大决策落实机制，严格执行向党中央请示报告制度，确保令行禁止。健全维护党的集中统一的组织制度，形成党的中央组织、地方组织、基层组织上下贯通、执行有力的严密体系，实现党的组织和党的工作全覆盖。

（三）健全党的全面领导制度。完善党领导人大、政府、政协、监察机关、审判机关、检察机关、武装力量、人民团体、企事业单位、基层群众自治组织、社会组织等制度，健全各级党委（党组）工作制度，确保党在各种组织中发挥领导作用。完善党领导各项事业的具体制度，把党的领导落实到统筹推进"五位一体"总体布局、协调推进"四个全面"战略布局各方面。完善党和国家机构职能体系，把党的领导贯彻到党和国家所有机构履行职责全过程，推动各方面协调行动、增强合力。

（四）健全为人民执政、靠人民执政各项制度。坚持立党为公、执政为民，保持党同人民群众的血肉联系，把尊重民意、汇集民智、凝聚民力、改善民生贯穿党治国理政全部工作之中，巩固党执政的阶级基础，厚植党执政的群众基础，通过完善制度保证人民在国家治理中的主体地位，着力防范脱离群众的危险。贯彻党的群众路线，完善党员、干部联系群众制度，创新互联网时代群众工作机制，始终做到为了群众、相信群众、依靠群众、引领群众、深入群众、深入基层。健全联系广泛、服务群众的群团工作体系，推动人民团体增强政治性、先进性、群众性，把各自联系的群众紧紧团结在党的周围。

（五）健全提高党的执政能力和领导水平制度。坚持民主集中制，完善发展党内民主和实行正确集中的相关制度，提高党把方向、谋大局、定政策、促改革的能力。健全决策机制，加强重大决策的调查研究、科学论证、风险评估，强化决策执行、评估、监督。改进党的领导方式和执政方式，增强各级党组织政治功能和组织力。完善担当作为的激励机制，促进各级领导干部增强学习本领、政治领导本领、改革创新本领、科学发展本领、依法执政本领、群众工作本领、狠抓落实本领、驾驭风险本领，发扬斗争精神，增强斗争本领。

（六）完善全面从严治党制度。坚持党要管党、全面从严治党，增强忧患意识，不断推进党的自我革命，永葆党的先进性和纯洁性。贯彻新时代党的建设总要求，深化党的建设制度改革，坚持依规治党，建立健全以党的政治建设为统领，全面推进党的各方面建设的体制机制。坚持新时代党的组织路线，健全党管干部、选贤任能制度。规范党内政治生活，严明政治纪律和政治规矩，发展积极健康的党内政治文化，全面净化党内政治生态。完善和落实全面从严治党责任制度。坚决同一切影响党的先进性、弱化党的纯洁性的问题作斗争，大力纠治形式主义、官僚主义，不断增强党的创造力、凝聚力、战斗力，确保党始终成为中国特色社会主义事业的坚强领导核心。

三、坚持和完善人民当家作主制度体系，发展社会主义民主政治

我国是工人阶级领导的、以工农联盟为基础的人民民主专政的社会主义国家，国家的一切权力属于人民。必须坚持人民主体地位，坚定不移走中国特色社会主义政治发展道路，健全民主制度，丰富民主形式，拓宽民主渠道，依法实行民主选举、民主协商、民主决策、民主管理、民主监督，使各方面制度和国家治理更好体现人民意志、保障人民权益、激发人民创造，确保人民依法通过各种途径和形式管理国家事务，管理经济文化事业，管理社会事务。

（一）坚持和完善人民代表大会制度这一根本政治制度。人民行使国家权力的机关是全国人民代表大会和地方各级人民代表大会。支持和保证人民通过人民代表大会行使国家权力，保证各级人大都由民主选举产生、对人民负责、受人民监督，保证各级国家机关都由人大产生、对人大负责、受人大监督。支持和保证人大及其常委会依法行使职权，健全人大对"一府一委两院"监督制度。密切人大代表同人民群众的联系，健全代表联络机制，更好发挥人大代表作用。健全人大组织制度、选举制度和议事规则，完善论证、评估、评议、听证制度。适当增加基层人大代表数量。加强地方人大及其常委会建设。

（二）坚持和完善中国共产党领导的多党合作和政治协商制度。贯彻长期共存、互相监督、肝胆相照、荣辱与共的方针，加强中国特色社会主义政党制度建设，健全相互监督特别是中国共产党自觉接受监督、对重大决策部署贯彻落实情况实施专项监督等机制，完善民主党派中央直接向中共中央提出建议制度，完善支持民主党派和无党派人士履行职能方法，展现我国新型政党制度优势。发挥人民政协作为政治组织和民主形式的效能，提高政治协商、民主监督、参政议政水平，更好凝聚共识。完善人民政协专门协商机构制度，丰富协商形式，健全协商规则，优化界别设置，健全发扬民主和增进团结相互贯通、建言资政和凝聚共识双向发力的程序机制。

坚持社会主义协商民主的独特优势，统筹推进政党协商、人大协商、政府协商、政协协商、人民团体协商、基层协商以及社会组织协商，构建程序合理、环节完整的协商民主体系，完善协商于决策之前和决策实施之中的落实机制，丰富有事好商量、众人的事情由众人商量的制度化实践。

（三）巩固和发展最广泛的爱国统一战线。坚持大统战工作格局，坚持一致性和多样性统一，完善照顾同盟者利益政策，做好民族工作和宗教工作，健全党外代表人士队伍建设制度，凝聚港澳同胞、台湾同胞、海外侨胞力量，谋求最大公约数，画出最大同心圆，促进政党关系、民族关系、宗教关系、阶层关系、海内外同胞关系和谐。

（四）坚持和完善民族区域自治制度。坚定不移走中国特色解决民族问题的正确道路，坚持各民族一律平等，坚持各民族共同团结奋斗、共同繁荣发展，保证民族自治地方依法行使自治权，保障少数民族合法权益，巩固和发展平等团结互助和谐的社会主义民族关系。坚持不懈开展马克思主义祖国观、民族观、文化观、历史观宣传教育，打牢中华民族共同体思想基础。全面深入持久开展民族团结进步创建，加强各民族交往交流交融。支持和帮助民族地区加快发展，不断提高各族群众生活水平。

（五）健全充满活力的基层群众自治制度。健全基层党组织领导的基层群众自治机制，在城乡社区治理、基层公共事务和公益事业中广泛实行群众自我管理、自我服务、自我教育、自我监督，拓宽人民群众反映意见和建议的渠道，着力推进基层直接民主制度化、规范化、程序化。全心全意依靠工人阶级，健全以职工代表大会为基本形式的企事业单位民主管理制度，探索企业职工参与管理的有效方式，保障职工群众的知情权、参与权、表达权、监督权，维护职工合法权益。

四、坚持和完善中国特色社会主义法治体系，提高党依法治国、依法执政能力

建设中国特色社会主义法治体系、建设社会主义法治国家是坚持和发展中国特色社会主义的内在要求。必须坚定不移走中国特色社会主义法治道路，全面推进依法治国，坚持依法治国、依法执政、依法行政共同推进，坚持法治国家、法治政府、法治社会一体建设，加快形成完备的法律规范体系、高效的法治实施体系、严密的法治监督体系、有力的法治保障体系，加快形成完善的党内法规体系，全面推进科学立法、严格执法、

公正司法、全民守法，推进法治中国建设。

（一）健全保证宪法全面实施的体制机制。依法治国首先要坚持依宪治国，依法执政首先要坚持依宪执政。加强宪法实施和监督，落实宪法解释程序机制，推进合宪性审查工作，加强备案审查制度和能力建设，依法撤销和纠正违宪违法的规范性文件。坚持宪法法律至上，健全法律面前人人平等保障机制，维护国家法制统一、尊严、权威，一切违反宪法法律的行为都必须予以追究。

（二）完善立法体制机制。坚持科学立法、民主立法、依法立法，完善党委领导、人大主导、政府依托、各方参与的立法工作格局，立改废释并举，不断提高立法质量和效率。完善以宪法为核心的中国特色社会主义法律体系，加强重要领域立法，加快我国法域外适用的法律体系建设，以良法保障善治。

（三）健全社会公平正义法治保障制度。坚持法治建设为了人民、依靠人民，加强人权法治保障，保证人民依法享有广泛的权利和自由、承担应尽的义务，引导全体人民做社会主义法治的忠实崇尚者、自觉遵守者、坚定捍卫者。坚持有法必依、执法必严、违法必究，严格规范公正文明执法，规范执法自由裁量权，加大关系群众切身利益的重点领域执法力度。深化司法体制综合配套改革，完善审判制度、检察制度，全面落实司法责任制，完善律师制度，加强对司法活动的监督，确保司法公正高效权威，努力让人民群众在每一个司法案件中感受到公平正义。

（四）加强对法律实施的监督。保证行政权、监察权、审判权、检察权得到依法正确行使，保证公民、法人和其他组织合法权益得到切实保障，坚决排除对执法司法活动的干预。拓展公益诉讼案件范围。加大对严重违法行为处罚力度，实行惩罚性赔偿制度，严格刑事责任追究。加大全民普法工作力度，增强全民法治观念，完善公共法律服务体系，夯实依法治国群众基础。各级党和国家机关以及领导干部要带头尊法学法守法用法，提高运用法治思维和法治方式深化改革、推动发展、化解矛盾、维护稳定、应对风险的能力。

五、坚持和完善中国特色社会主义行政体制，构建职责明确、依法行政的政府治理体系

国家行政管理承担着按照党和国家决策部署推动经济社会发展、管理社会事务、服务人民群众的重大职责。必须坚持一切行政机关为人民服务、对人民负责、受人民监督，创新行政方式，提高行政效能，建设人民满意的服务型政府。

（一）完善国家行政体制。以推进国家机构职能优化协同高效为着力点，优化行政决策、行政执行、行政组织、行政监督体制。健全部门协调配合机制，防止政出多门、政策效应相互抵消。深化行政执法体制改革，最大限度减少不必要的行政执法事项。进一步整合行政执法队伍，继续探索实行跨领域跨部门综合执法，推动执法重心下移，提高行政执法能力水平。落实行政执法责任制和责任追究制度。创新行政管理和服务方式，加快推进全国一体化政务服务平台建设，健全强有力的行政执行系统，提高政府执行力和公信力。

（二）优化政府职责体系。完善政府经济调节、市场监管、社会管理、公共服务、生态环境保护等职能，实行政府权责清单制度，厘清政府和市场、政府和社会关系。深入推进简政放权、放管结合、优化服务，深化行政审批制度改革，改善营商环境，激发各类市场主体活力。健全以国家发展规划为战略导向，以财政政策和货币政策为主要手段，就业、产业、投资、消费、区域等政策协同发力的宏观调控制度体系。完善国家重大发展战略和中长期经济社会发展规划制度。完善标准科学、规范透明、约束有力的预算制度。建设现代中央银行制度，完善基础货币投放机制，健全基准利率和市场化利率体系。严格市场监管、质量监管、安全监管，加强违法惩戒。完善公共服务体系，推进基本公共服务均等化、可及性。建立健全运用互联网、大数据、

人工智能等技术手段进行行政管理的制度规则。推进数字政府建设，加强数据有序共享，依法保护个人信息。

（三）优化政府组织结构。推进机构、职能、权限、程序、责任法定化，使政府机构设置更加科学、职能更加优化、权责更加协同。严格机构编制管理，统筹利用行政管理资源，节约行政成本。优化行政区划设置，提高中心城市和城市群综合承载和资源优化配置能力，实行扁平化管理，形成高效率组织体系。

（四）健全充分发挥中央和地方两个积极性体制机制。理顺中央和地方权责关系，加强中央宏观事务管理，维护国家法制统一、政令统一、市场统一。适当加强中央在知识产权保护、养老保险、跨区域生态环境保护等方面事权，减少并规范中央和地方共同事权。赋予地方更多自主权，支持地方创造性开展工作。按照权责一致原则，规范垂直管理体制和地方分级管理体制。优化政府间事权和财权划分，建立权责清晰、财力协调、区域均衡的中央和地方财政关系，形成稳定的各级政府事权、支出责任和财力相适应的制度。构建从中央到地方权责清晰、运行顺畅、充满活力的工作体系。

六、坚持和完善社会主义基本经济制度，推动经济高质量发展

公有制为主体、多种所有制经济共同发展，按劳分配为主体、多种分配方式并存，社会主义市场经济体制等社会主义基本经济制度，既体现了社会主义制度优越性，又同我国社会主义初级阶段社会生产力发展水平相适应，是党和人民的伟大创造。必须坚持社会主义基本经济制度，充分发挥市场在资源配置中的决定性作用，更好发挥政府作用，全面贯彻新发展理念，坚持以供给侧结构性改革为主线，加快建设现代化经济体系。

（一）毫不动摇巩固和发展公有制经济，毫不动摇鼓励、支持、引导非公有制经济发展。探索公有制多种实现形式，推进国有经济布局优化和结构调整，发展混合所有制经济，增强国有经济竞争力、创新力、控制力、影响力、抗风险能力，做强做优做大国有资本。深化国有企业改革，完善中国特色现代企业制度。形成以管资本为主的国有资产监管体制，有效发挥国有资本投资、运营公司功能作用。健全支持民营经济、外商投资企业发展的法治环境，完善构建亲清政商关系的政策体系，健全支持中小企业发展制度，促进非公有制经济健康发展和非公有制经济人士健康成长。营造各种所有制主体依法平等使用资源要素、公开公平公正参与竞争、同等受到法律保护的市场环境。深化农村集体产权制度改革，发展农村集体经济，完善农村基本经营制度。

（二）坚持按劳分配为主体、多种分配方式并存。坚持多劳多得，着重保护劳动所得，增加劳动者特别是一线劳动者劳动报酬，提高劳动报酬在初次分配中的比重。健全劳动、资本、土地、知识、技术、管理、数据等生产要素由市场评价贡献、按贡献决定报酬的机制。健全以税收、社会保障、转移支付等为主要手段的再分配调节机制，强化税收调节，完善直接税制度并逐步提高其比重。完善相关制度和政策，合理调节城乡、区域、不同群体间分配关系。重视发挥第三次分配作用，发展慈善等社会公益事业。鼓励勤劳致富，保护合法收入，增加低收入者收入，扩大中等收入群体，调节过高收入，清理规范隐性收入，取缔非法收入。

（三）加快完善社会主义市场经济体制。建设高标准市场体系，完善公平竞争制度，全面实施市场准入负面清单制度，改革生产许可制度，健全破产制度。强化竞争政策基础地位，落实公平竞争审查制度，加强和改进反垄断和反不正当竞争执法。健全以公平为原则的产权保护制度，建立知识产权侵权惩罚性赔偿制度，加强企业商业秘密保护。推进要素市场制度建设，实现要素价格市场决定、流动自主有序、配置高效公平。强化消费者权益保护，探索建立集体诉讼制度。加强资本市场基础制度建设，健全具有高度适应性、竞争力、

普惠性的现代金融体系，有效防范化解金融风险。优化经济治理基础数据库。健全推动发展先进制造业、振兴实体经济的体制机制。实施乡村振兴战略，完善农业农村优先发展和保障国家粮食安全的制度政策，健全城乡融合发展体制机制。构建区域协调发展新机制，形成主体功能明显、优势互补、高质量发展的区域经济布局。

（四）完善科技创新体制机制。弘扬科学精神和工匠精神，加快建设创新型国家，强化国家战略科技力量，健全国家实验室体系，构建社会主义市场经济条件下关键核心技术攻关新型举国体制。加大基础研究投入，健全鼓励支持基础研究、原始创新的体制机制。建立以企业为主体、市场为导向、产学研深度融合的技术创新体系，支持大中小企业和各类主体融通创新，创新促进科技成果转化机制，积极发展新动能，强化标准引领，提升产业基础能力和产业链现代化水平。完善科技人才发现、培养、激励机制，健全符合科研规律的科技管理体制和政策体系，改进科技评价体系，健全科技伦理治理体制。

（五）建设更高水平开放型经济新体制。实施更大范围、更宽领域、更深层次的全面开放，推动制造业、服务业、农业扩大开放，保护外资合法权益，促进内外资企业公平竞争，拓展对外贸易多元化，稳步推进人民币国际化。健全外商投资准入前国民待遇加负面清单管理制度，推动规则、规制、管理、标准等制度型开放。健全促进对外投资政策和服务体系。加快自由贸易试验区、自由贸易港等对外开放高地建设。推动建立国际宏观经济政策协调机制。健全外商投资国家安全审查、反垄断审查、国家技术安全清单管理、不可靠实体清单等制度。完善涉外经贸法律和规则体系。

七、坚持和完善繁荣发展社会主义先进文化的制度，巩固全体人民团结奋斗的共同思想基础

发展社会主义先进文化、广泛凝聚人民精神力量，是国家治理体系和治理能力现代化的深厚支撑。必须坚定文化自信，牢牢把握社会主义先进文化前进方向，围绕举旗帜、聚民心、育新人、兴文化、展形象的使命任务，坚持为人民服务、为社会主义服务，坚持百花齐放、百家争鸣，坚持创造性转化、创新性发展，激发全民族文化创造活力，更好构筑中国精神、中国价值、中国力量。

（一）坚持马克思主义在意识形态领域指导地位的根本制度。全面贯彻落实习近平新时代中国特色社会主义思想，健全用党的创新理论武装全党、教育人民工作体系，完善党委（党组）理论学习中心组等各层级学习制度，建设和用好网络学习平台。深入实施马克思主义理论研究和建设工程，把坚持以马克思主义为指导全面落实到思想理论建设、哲学社会科学研究、教育教学各方面。加强和改进学校思想政治教育，建立全员、全程、全方位育人体制机制。落实意识形态工作责任制，注意区分政治原则问题、思想认识问题、学术观点问题，旗帜鲜明反对和抵制各种错误观点。

（二）坚持以社会主义核心价值观引领文化建设制度。推动理想信念教育常态化、制度化，弘扬民族精神和时代精神，加强党史、新中国史、改革开放史教育，加强爱国主义、集体主义、社会主义教育，实施公民道德建设工程，推进新时代文明实践中心建设。坚持依法治国和以德治国相结合，完善弘扬社会主义核心价值观的法律政策体系，把社会主义核心价值观要求融入法治建设和社会治理，体现到国民教育、精神文明创建、文化产品创作生产全过程。推进中华优秀传统文化传承发展工程。完善青少年理想信念教育齐抓共管机制。健全志愿服务体系。完善诚信建设长效机制，健全覆盖全社会的征信体系，加强失信惩戒。

（三）健全人民文化权益保障制度。坚持以人民为中心的工作导向，完善文化产品创作生产传播的引导激励机制，推出更多群众喜爱的文化精品。完善城乡公共文化服务体系，优化城乡文化资源配置，推动基层

文化惠民工程扩大覆盖面、增强实效性，健全支持开展群众性文化活动机制，鼓励社会力量参与公共文化服务体系建设。

（四）完善坚持正确导向的舆论引导工作机制。坚持党管媒体原则，坚持团结稳定鼓劲、正面宣传为主，唱响主旋律、弘扬正能量。构建网上网下一体、内宣外宣联动的主流舆论格局，建立以内容建设为根本、先进技术为支撑、创新管理为保障的全媒体传播体系。改进和创新正面宣传，完善舆论监督制度，健全重大舆情和突发事件舆论引导机制。建立健全网络综合治理体系，加强和创新互联网内容建设，落实互联网企业信息管理主体责任，全面提高网络治理能力，营造清朗的网络空间。

（五）建立健全把社会效益放在首位、社会效益和经济效益相统一的文化创作生产体制机制。深化文化体制改革，加快完善遵循社会主义先进文化发展规律、体现社会主义市场经济要求、有利于激发文化创新创造活力的文化管理体制和生产经营机制。健全现代文化产业体系和市场体系，完善以高质量发展为导向的文化经济政策。完善文化企业履行社会责任制度，健全引导新型文化业态健康发展机制。完善文化和旅游融合发展体制机制。加强文艺创作引导，完善倡导讲品位讲格调讲责任、抵制低俗庸俗媚俗的工作机制。

八、坚持和完善统筹城乡的民生保障制度，满足人民日益增长的美好生活需要

增进人民福祉、促进人的全面发展是我们党立党为公、执政为民的本质要求。必须健全幼有所育、学有所教、劳有所得、病有所医、老有所养、住有所居、弱有所扶等方面国家基本公共服务制度体系，尽力而为，量力而行，注重加强普惠性、基础性、兜底性民生建设，保障群众基本生活。创新公共服务提供方式，鼓励支持社会力量兴办公益事业，满足人民多层次多样化需求，使改革发展成果更多更公平惠及全体人民。

（一）健全有利于更充分更高质量就业的促进机制。坚持就业是民生之本，实施就业优先政策，创造更多就业岗位。健全公共就业服务和终身职业技能培训制度，完善重点群体就业支持体系。建立促进创业带动就业、多渠道灵活就业机制，对就业困难人员实行托底帮扶。坚决防止和纠正就业歧视，营造公平就业制度环境。健全劳动关系协调机制，构建和谐劳动关系，促进广大劳动者实现体面劳动、全面发展。

（二）构建服务全民终身学习的教育体系。全面贯彻党的教育方针，坚持教育优先发展，聚焦办好人民满意的教育，完善立德树人体制机制，深化教育领域综合改革，加强师德师风建设，培养德智体美劳全面发展的社会主义建设者和接班人。推动城乡义务教育一体化发展，健全学前教育、特殊教育和普及高中阶段教育保障机制，完善职业技术教育、高等教育、继续教育统筹协调发展机制。支持和规范民办教育、合作办学。构建覆盖城乡的家庭教育指导服务体系。发挥网络教育和人工智能优势，创新教育和学习方式，加快发展面向每个人、适合每个人、更加开放灵活的教育体系，建设学习型社会。

（三）完善覆盖全民的社会保障体系。坚持应保尽保原则，健全统筹城乡、可持续的基本养老保险制度、基本医疗保险制度，稳步提高保障水平。加快建立基本养老保险全国统筹制度。加快落实社保转移接续、异地就医结算制度，规范社保基金管理，发展商业保险。统筹完善社会救助、社会福利、慈善事业、优抚安置等制度。健全退役军人工作体系和保障制度。坚持和完善促进男女平等、妇女全面发展的制度机制。完善农村留守儿童和妇女、老年人关爱服务体系，健全残疾人帮扶制度。坚决打赢脱贫攻坚战，巩固脱贫攻坚成果，建立解决相对贫困的长效机制。加快建立多主体供给、多渠道保障、租购并举的住房制度。

（四）强化提高人民健康水平的制度保障。坚持关注生命全周期、健康全过程，完善国民健康政策，让广大人民群众享有公平可及、系统连续的健康服务。深化医药卫生体制改革，健全基本医疗卫生制度，提高

公共卫生服务、医疗服务、医疗保障、药品供应保障水平。加快现代医院管理制度改革。坚持以基层为重点、预防为主、防治结合、中西医并重。加强公共卫生疫情和重大传染病防控，健全重特大疾病医疗保险和救助制度。优化生育政策，提高人口质量。积极应对人口老龄化，加快建设居家社区机构相协调、医养康养相结合的养老服务体系。聚焦增强人民体质，健全促进全民健身制度性举措。

九、坚持和完善共建共治共享的社会治理制度，保持社会稳定、维护国家安全

社会治理是国家治理的重要方面。必须加强和创新社会治理，完善党委领导、政府负责、民主协商、社会协同、公众参与、法治保障、科技支撑的社会治理体系，建设人人有责、人人尽责、人人享有的社会治理共同体，确保人民安居乐业、社会安定有序，建设更高水平的平安中国。

（一）完善正确处理新形势下人民内部矛盾有效机制。坚持和发展新时代"枫桥经验"，畅通和规范群众诉求表达、利益协调、权益保障通道，完善信访制度，完善人民调解、行政调解、司法调解联动工作体系，健全社会心理服务体系和危机干预机制，完善社会矛盾纠纷多元预防调处化解综合机制，努力将矛盾化解在基层。

（二）完善社会治安防控体系。坚持专群结合、群防群治，提高社会治安立体化、法治化、专业化、智能化水平，形成问题联治、工作联动、平安联创的工作机制，提高预测预警预防各类风险能力，增强社会治安防控的整体性、协同性、精准性。

（三）健全公共安全体制机制。完善和落实安全生产责任和管理制度，建立公共安全隐患排查和安全预防控制体系。构建统一指挥、专常兼备、反应灵敏、上下联动的应急管理体制，优化国家应急管理能力体系建设，提高防灾减灾救灾能力。加强和改进食品药品安全监管制度，保障人民身体健康和生命安全。

（四）构建基层社会治理新格局。完善群众参与基层社会治理的制度化渠道。健全党组织领导的自治、法治、德治相结合的城乡基层治理体系，健全社区管理和服务机制，推行网格化管理和服务，发挥群团组织、社会组织作用，发挥行业协会商会自律功能，实现政府治理和社会调节、居民自治良性互动，夯实基层社会治理基础。加快推进市域社会治理现代化。推动社会治理和服务重心向基层下移，把更多资源下沉到基层，更好提供精准化、精细化服务。注重发挥家庭家教家风在基层社会治理中的重要作用。加强边疆治理，推进兴边富民。

（五）完善国家安全体系。坚持总体国家安全观，统筹发展和安全，坚持人民安全、政治安全、国家利益至上有机统一。以人民安全为宗旨，以政治安全为根本，以经济安全为基础，以军事、科技、文化、社会安全为保障，健全国家安全体系，增强国家安全能力。完善集中统一、高效权威的国家安全领导体制，健全国家安全法律制度体系。加强国家安全人民防线建设，增强全民国家安全意识，建立健全国家安全风险研判、防控协同、防范化解机制。提高防范抵御国家安全风险能力，高度警惕、坚决防范和严厉打击敌对势力渗透、破坏、颠覆、分裂活动。

十、坚持和完善生态文明制度体系，促进人与自然和谐共生

生态文明建设是关系中华民族永续发展的千年大计。必须践行绿水青山就是金山银山的理念，坚持节约资源和保护环境的基本国策，坚持节约优先、保护优先、自然恢复为主的方针，坚定走生产发展、生活富裕、

生态良好的文明发展道路，建设美丽中国。

（一）实行最严格的生态环境保护制度。坚持人与自然和谐共生，坚守尊重自然、顺应自然、保护自然，健全源头预防、过程控制、损害赔偿、责任追究的生态环境保护体系。加快建立健全国土空间规划和用途统筹协调管控制度，统筹划定落实生态保护红线、永久基本农田、城镇开发边界等空间管控边界以及各类海域保护线，完善主体功能区制度。完善绿色生产和消费的法律制度和政策导向，发展绿色金融，推进市场导向的绿色技术创新，更加自觉地推动绿色循环低碳发展。构建以排污许可制为核心的固定污染源监管制度体系，完善污染防治区域联动机制和陆海统筹的生态环境治理体系。加强农业农村环境污染防治。完善生态环境保护法律体系和执法司法制度。

（二）全面建立资源高效利用制度。推进自然资源统一确权登记法治化、规范化、标准化、信息化，健全自然资源产权制度，落实资源有偿使用制度，实行资源总量管理和全面节约制度。健全资源节约集约循环利用政策体系。普遍实行垃圾分类和资源化利用制度。推进能源革命，构建清洁低碳、安全高效的能源体系。健全海洋资源开发保护制度。加快建立自然资源统一调查、评价、监测制度，健全自然资源监管体制。

（三）健全生态保护和修复制度。统筹山水林田湖草一体化保护和修复，加强森林、草原、河流、湖泊、湿地、海洋等自然生态保护。加强对重要生态系统的保护和永续利用，构建以国家公园为主体的自然保护地体系，健全国家公园保护制度。加强长江、黄河等大江大河生态保护和系统治理。开展大规模国土绿化行动，加快水土流失和荒漠化、石漠化综合治理，保护生物多样性，筑牢生态安全屏障。除国家重大项目外，全面禁止围填海。

（四）严明生态环境保护责任制度。建立生态文明建设目标评价考核制度，强化环境保护、自然资源管控、节能减排等约束性指标管理，严格落实企业主体责任和政府监管责任。开展领导干部自然资源资产离任审计。推进生态环境保护综合行政执法，落实中央生态环境保护督察制度。健全生态环境监测和评价制度，完善生态环境公益诉讼制度，落实生态补偿和生态环境损害赔偿制度，实行生态环境损害责任终身追究制。

十一、坚持和完善党对人民军队的绝对领导制度，确保人民军队忠实履行新时代使命任务

人民军队是中国特色社会主义的坚强柱石，党对人民军队的绝对领导是人民军队的建军之本、强军之魂。必须牢固确立习近平强军思想在国防和军队建设中的指导地位，巩固和拓展深化国防和军队改革成果，构建中国特色社会主义军事政策制度体系，全面推进国防和军队现代化，确保实现党在新时代的强军目标，把人民军队全面建成世界一流军队，永葆人民军队的性质、宗旨、本色。

（一）坚持人民军队最高领导权和指挥权属于党中央。中央军委实行主席负责制是坚持党对人民军队绝对领导的根本实现形式。坚持全国武装力量由军委主席统一领导和指挥，完善贯彻军委主席负责制的体制机制，严格落实军委主席负责制各项制度规定。严明政治纪律和政治规矩，坚决维护党中央、中央军委权威，确保政令军令畅通。

（二）健全人民军队党的建设制度体系。全面贯彻政治建军各项要求，突出抓好军魂培育，发扬优良传统，传承红色基因，坚决抵制"军队非党化、非政治化"和"军队国家化"等错误政治观点。坚持党委制、政治委员制、政治机关制，坚持党委统一的集体领导下的首长分工负责制，坚持支部建在连上，完善党领导军队的组织体系。建设坚强有力的党组织和高素质专业化干部队伍，确保枪杆子永远掌握在忠于党的可靠的

人手中。

（三）把党对人民军队的绝对领导贯彻到军队建设各领域全过程。贯彻新时代军事战略方针，坚持战斗力根本标准，建立健全基于联合、平战一体的军事力量运用政策制度体系，构建新时代军事战略体系，加强联合作战指挥体系和能力建设，调整完善战备制度，健全实战化军事训练制度，有效塑造态势、管控危机、遏制战争、打赢战争。坚持以战领建、抓建为战，建立健全聚焦打仗、激励创新、军民融合的军事力量建设政策制度体系，统筹解放军现役部队和预备役部队、武装警察部队、民兵建设，统筹军队各类人员制度安排，深化军官职业化制度、文职人员制度、兵役制度等改革，推动形成现代化战斗力生成模式，构建现代军事力量体系。建立健全精准高效、全面规范、刚性约束的军事管理政策制度体系，强化军委战略管理功能，加强中国特色军事法治建设，提高军队系统运行效能。加快军民融合深度发展步伐，构建一体化国家战略体系和能力。完善国防科技创新和武器装备建设制度。深化国防动员体制改革。加强全民国防教育。健全党政军警民合力强边固防工作机制。完善双拥工作和军民共建机制，加强军政军民团结。

十二、坚持和完善"一国两制"制度体系，推进祖国和平统一

"一国两制"是党领导人民实现祖国和平统一的一项重要制度，是中国特色社会主义的一个伟大创举。必须坚持"一国"是实行"两制"的前提和基础，"两制"从属和派生于"一国"并统一于"一国"之内。严格依照宪法和基本法对香港特别行政区、澳门特别行政区实行管治，坚定维护国家主权、安全、发展利益，维护香港、澳门长期繁荣稳定，绝不容忍任何挑战"一国两制"底线的行为，绝不容忍任何分裂国家的行为。

（一）全面准确贯彻"一国两制"、"港人治港"、"澳人治澳"、高度自治的方针。坚持依法治港治澳，维护宪法和基本法确定的宪制秩序，把坚持"一国"原则和尊重"两制"差异、维护中央对特别行政区全面管治权和保障特别行政区高度自治权、发挥祖国内地坚强后盾作用和提高特别行政区自身竞争力结合起来。完善特别行政区同宪法和基本法实施相关的制度和机制，坚持以爱国者为主体的"港人治港"、"澳人治澳"，提高特别行政区依法治理能力和水平。

（二）健全中央依照宪法和基本法对特别行政区行使全面管治权的制度。完善中央对特别行政区行政长官和主要官员的任免制度和机制、全国人大常委会对基本法的解释制度，依法行使宪法和基本法赋予中央的各项权力。建立健全特别行政区维护国家安全的法律制度和执行机制，支持特别行政区强化执法力量。健全特别行政区行政长官对中央政府负责的制度，支持行政长官和特别行政区政府依法施政。完善香港、澳门融入国家发展大局、同内地优势互补、协同发展机制，推进粤港澳大湾区建设，支持香港、澳门发展经济、改善民生，着力解决影响社会稳定和长远发展的深层次矛盾和问题。加强对香港、澳门社会特别是公职人员和青少年的宪法和基本法教育、国情教育、中国历史和中华文化教育，增强香港、澳门同胞国家意识和爱国精神。坚决防范和遏制外部势力干预港澳事务和进行分裂、颠覆、渗透、破坏活动，确保香港、澳门长治久安。

（三）坚定推进祖国和平统一进程。解决台湾问题、实现祖国完全统一，是全体中华儿女共同愿望，是中华民族根本利益所在。推动两岸就和平发展达成制度性安排。完善促进两岸交流合作、深化两岸融合发展、保障台湾同胞福祉的制度安排和政策措施，团结广大台湾同胞共同反对"台独"、促进统一。在确保国家主权、安全、发展利益的前提下，和平统一后，台湾同胞的社会制度和生活方式将得到充分尊重，台湾同胞的私人财产、宗教信仰、合法权益将得到充分保障。

十三、坚持和完善独立自主的和平外交政策，推动构建人类命运共同体

推动党和国家事业发展需要和平国际环境和良好外部条件。必须统筹国内国际两个大局，高举和平、发展、合作、共赢旗帜，坚定不移维护国家主权、安全、发展利益，坚定不移维护世界和平、促进共同发展。

（一）健全党对外事工作领导体制机制。坚持外交大权在党中央，加强中国特色大国外交理论建设，全面贯彻党中央外交大政方针和战略部署。深入推进涉外体制机制建设，统筹协调党、人大、政府、政协、军队、地方、人民团体等的对外交往，加强党总揽全局、协调各方的对外工作大协同格局。加强涉外法治工作，建立涉外工作法务制度，加强国际法研究和运用，提高涉外工作法治化水平。

（二）完善全方位外交布局。坚定不移走和平发展道路，坚持在和平共处五项原则基础上全面发展同各国的友好合作，坚持国家不分大小、强弱、贫富一律平等，推动建设相互尊重、公平正义、合作共赢的新型国际关系，积极发展全球伙伴关系，维护全球战略稳定，反对一切形式的霸权主义和强权政治。坚持通过对话协商、以和平手段解决国际争端和热点难点问题，反对动辄使用武力或以武力相威胁。坚持奉行防御性的国防政策，永远不称霸，永远不搞扩张，永远做维护世界和平的坚定力量。

（三）推进合作共赢的开放体系建设。坚持互利共赢的开放战略，推动共建"一带一路"高质量发展，维护完善多边贸易体制，推动贸易和投资自由化便利化，推动构建面向全球的高标准自由贸易区网络，支持广大发展中国家提高自主发展能力，推动解决全球发展失衡、数字鸿沟等问题，推动建设开放型世界经济。健全对外开放安全保障体系。构建海外利益保护和风险预警防范体系，完善领事保护工作机制，维护海外同胞安全和正当权益，保障重大项目和人员机构安全。

（四）积极参与全球治理体系改革和建设。高举构建人类命运共同体旗帜，秉持共商共建共享的全球治理观，倡导多边主义和国际关系民主化，推动全球经济治理机制变革。推动在共同但有区别的责任、公平、各自能力等原则基础上开展应对气候变化国际合作。维护联合国在全球治理中的核心地位，支持上海合作组织、金砖国家、二十国集团等平台机制化建设，推动构建更加公正合理的国际治理体系。

十四、坚持和完善党和国家监督体系，强化对权力运行的制约和监督

党和国家监督体系是党在长期执政条件下实现自我净化、自我完善、自我革新、自我提高的重要制度保障。必须健全党统一领导、全面覆盖、权威高效的监督体系，增强监督严肃性、协同性、有效性，形成决策科学、执行坚决、监督有力的权力运行机制，确保党和人民赋予的权力始终用来为人民谋幸福。

（一）健全党和国家监督制度。完善党内监督体系，落实各级党组织监督责任，保障党员监督权利。重点加强对高级干部、各级主要领导干部的监督，完善领导班子内部监督制度，破解对"一把手"监督和同级监督难题。强化政治监督，加强对党的理论和路线方针政策以及重大决策部署贯彻落实情况的监督检查，完善巡视巡察整改、督察落实情况报告制度。深化纪检监察体制改革，加强上级纪委监委对下级纪委监委的领导，推进纪检监察工作规范化、法治化。完善派驻监督体制机制。推进纪律监督、监察监督、派驻监督、巡视监督统筹衔接，健全人大监督、民主监督、行政监督、司法监督、群众监督、舆论监督制度，发挥审计监督、统计监督职能作用。以党内监督为主导，推动各类监督有机贯通、相互协调。

（二）完善权力配置和运行制约机制。坚持权责法定，健全分事行权、分岗设权、分级授权、定期轮岗制度，明晰权力边界，规范工作流程，强化权力制约。坚持权责透明，推动用权公开，完善党务、政务、司

法和各领域办事公开制度,建立权力运行可查询、可追溯的反馈机制。坚持权责统一,盯紧权力运行各个环节,完善发现问题、纠正偏差、精准问责有效机制,压减权力设租寻租空间。

(三)构建一体推进不敢腐、不能腐、不想腐体制机制。坚定不移推进反腐败斗争,坚决查处政治问题和经济问题交织的腐败案件,坚决斩断"围猎"和甘于被"围猎"的利益链,坚决破除权钱交易的关系网。深化标本兼治,推动审批监管、执法司法、工程建设、资源开发、金融信贷、公共资源交易、公共财政支出等重点领域监督机制改革和制度建设,推进反腐败国家立法,促进反腐败国际合作,加强思想道德和党纪国法教育,巩固和发展反腐败斗争压倒性胜利。

十五、加强党对坚持和完善中国特色社会主义制度、推进国家治理体系和治理能力现代化的领导

坚持和完善中国特色社会主义制度、推进国家治理体系和治理能力现代化,是全党的一项重大战略任务。必须在党中央统一领导下进行,科学谋划、精心组织,远近结合、整体推进,确保本次全会所确定的各项目标任务全面落实到位。

制度的生命力在于执行。各级党委和政府以及各级领导干部要切实强化制度意识,带头维护制度权威,做制度执行的表率,带动全党全社会自觉尊崇制度、严格执行制度、坚决维护制度。健全权威高效的制度执行机制,加强对制度执行的监督,坚决杜绝做选择、搞变通、打折扣的现象。

加强制度理论研究和宣传教育,引导全党全社会充分认识中国特色社会主义制度的本质特征和优越性,坚定制度自信。教育引导广大干部群众认识到,中国特色社会主义制度和国家治理体系经过长期实践检验,来之不易,必须倍加珍惜;完善和发展我国国家制度和治理体系,必须坚持从国情出发、从实际出发,既把握长期形成的历史传承,又把握党和人民在我国国家制度建设和国家治理方面走过的道路、积累的经验、形成的原则,不能照抄照搬他国制度模式,既不走封闭僵化的老路,也不走改旗易帜的邪路,坚定不移走中国特色社会主义道路。

把提高治理能力作为新时代干部队伍建设的重大任务。通过加强思想淬炼、政治历练、实践锻炼、专业训练,推动广大干部严格按照制度履行职责、行使权力、开展工作,提高推进"五位一体"总体布局和"四个全面"战略布局等各项工作能力和水平。坚持党管干部原则,落实好干部标准,树立正确用人导向,把制度执行力和治理能力作为干部选拔任用、考核评价的重要依据。尊重知识、尊重人才,加快人才制度和政策创新,支持各类人才为推进国家治理体系和治理能力现代化贡献智慧和力量。

推进全面深化改革,既要保持中国特色社会主义制度和国家治理体系的稳定性和延续性,又要抓紧制定国家治理体系和治理能力现代化急需的制度、满足人民对美好生活新期待必备的制度,推动中国特色社会主义制度不断自我完善和发展、永葆生机活力。

全党全国各族人民要更加紧密地团结在以习近平同志为核心的党中央周围,坚定信心,保持定力,锐意进取,开拓创新,为坚持和完善中国特色社会主义制度、推进国家治理体系和治理能力现代化,实现"两个一百年"奋斗目标、实现中华民族伟大复兴的中国梦而努力奋斗!

中共中央办公厅 国务院办公厅印发《关于构建现代环境治理体系的指导意见》

为贯彻落实党的十九大部署，构建党委领导、政府主导、企业主体、社会组织和公众共同参与的现代环境治理体系，现提出如下意见。

一、总体要求

（一）指导思想。以习近平新时代中国特色社会主义思想为指导，全面贯彻党的十九大和十九届二中、三中、四中全会精神，深入贯彻习近平生态文明思想，紧紧围绕统筹推进"五位一体"总体布局和协调推进"四个全面"战略布局，认真落实党中央、国务院决策部署，牢固树立绿色发展理念，以坚持党的集中统一领导为统领，以强化政府主导作用为关键，以深化企业主体作用为根本，以更好动员社会组织和公众共同参与为支撑，实现政府治理和社会调节、企业自治良性互动，完善体制机制，强化源头治理，形成工作合力，为推动生态环境根本好转、建设生态文明和美丽中国提供有力制度保障。

（二）基本原则

——坚持党的领导。贯彻党中央关于生态环境保护的总体要求，实行生态环境保护党政同责、一岗双责。

——坚持多方共治。明晰政府、企业、公众等各类主体权责，畅通参与渠道，形成全社会共同推进环境治理的良好格局。

——坚持市场导向。完善经济政策，健全市场机制，规范环境治理市场行为，强化环境治理诚信建设，促进行业自律。

——坚持依法治理。健全法律法规标准，严格执法、加强监管，加快补齐环境治理体制机制短板。

（三）主要目标。到 2025 年，建立健全环境治理的领导责任体系、企业责任体系、全民行动体系、监管体系、市场体系、信用体系、法律法规政策体系，落实各类主体责任，提高市场主体和公众参与的积极性，形成导向清晰、决策科学、执行有力、激励有效、多元参与、良性互动的环境治理体系。

二、健全环境治理领导责任体系

（四）完善中央统筹、省负总责、市县抓落实的工作机制。党中央、国务院统筹制定生态环境保护的大政方针，提出总体目标，谋划重大战略举措。制定实施中央和国家机关有关部门生态环境保护责任清单。省级党委和政府对本地区环境治理负总体责任，贯彻执行党中央、国务院各项决策部署，组织落实目标任务、政策措施，加大资金投入。市县党委和政府承担具体责任，统筹做好监管执法、市场规范、资金安排、宣传教育等工作。

（五）明确中央和地方财政支出责任。制定实施生态环境领域中央与地方财政事权和支出责任划分改革方案，除全国性、重点区域流域、跨区域、国际合作等环境治理重大事务外，主要由地方财政承担环境治理支出责任。按照财力与事权相匹配的原则，在进一步理顺中央与地方收入划分和完善转移支付制度改革中统筹考虑地方环境治理的财政需求。

（六）开展目标评价考核。着眼环境质量改善，合理设定约束性和预期性目标，纳入国民经济和社会发展规划、国土空间规划以及相关专项规划。各地区可制定符合实际、体现特色的目标。完善生态文明建设目标评价考核体系，对相关专项考核进行精简整合，促进开展环境治理。

（七）深化生态环境保护督察。实行中央和省（自治区、直辖市）两级生态环境保护督察体制。以解决突出生态环境问题、改善生态环境质量、推动经济高质量发展为重点，推进例行督察，加强专项督察，严格督察整改。进一步完善排查、交办、核查、约谈、专项督察"五步法"工作模式，强化监督帮扶，压实生态环境保护责任。

三、健全环境治理企业责任体系

（八）依法实行排污许可管理制度。加快排污许可管理条例立法进程，完善排污许可制度，加强对企业排污行为的监督检查。按照新老有别、平稳过渡原则，妥善处理排污许可与环评制度的关系。

（九）推进生产服务绿色化。从源头防治污染，优化原料投入，依法依规淘汰落后生产工艺技术。积极践行绿色生产方式，大力开展技术创新，加大清洁生产推行力度，加强全过程管理，减少污染物排放。提供资源节约、环境友好的产品和服务。落实生产者责任延伸制度。

（十）提高治污能力和水平。加强企业环境治理责任制度建设，督促企业严格执行法律法规，接受社会监督。重点排污企业要安装使用监测设备并确保正常运行，坚决杜绝治理效果和监测数据造假。

（十一）公开环境治理信息。排污企业应通过企业网站等途径依法公开主要污染物名称、排放方式、执行标准以及污染防治设施建设和运行情况，并对信息真实性负责。鼓励排污企业在确保安全生产前提下，通过设立企业开放日、建设教育体验场所等形式，向社会公众开放。

四、健全环境治理全民行动体系

（十二）强化社会监督。完善公众监督和举报反馈机制，充分发挥"12369"环保举报热线作用，畅通环保监督渠道。加强舆论监督，鼓励新闻媒体对各类破坏生态环境问题、突发环境事件、环境违法行为进行曝光。引导具备资格的环保组织依法开展生态环境公益诉讼等活动。

（十三）发挥各类社会团体作用。工会、共青团、妇联等群团组织要积极动员广大职工、青年、妇女参与环境治理。行业协会、商会要发挥桥梁纽带作用，促进行业自律。加强对社会组织的管理和指导，积极推进能力建设，大力发挥环保志愿者作用。

（十四）提高公民环保素养。把环境保护纳入国民教育体系和党政领导干部培训体系，组织编写环境保护读本，推进环境保护宣传教育进学校、进家庭、进社区、进工厂、进机关。加大环境公益广告宣传力度，研发推广环境文化产品。引导公民自觉履行环境保护责任，逐步转变落后的生活风俗习惯，积极开展垃圾分

类，践行绿色生活方式，倡导绿色出行、绿色消费。

五、健全环境治理监管体系

（十五）完善监管体制。整合相关部门污染防治和生态环境保护执法职责、队伍，统一实行生态环境保护执法。全面完成省以下生态环境机构监测监察执法垂直管理制度改革。实施"双随机、一公开"环境监管模式。推动跨区域跨流域污染防治联防联控。除国家组织的重大活动外，各地不得因召开会议、论坛和举办大型活动等原因，对企业采取停产、限产措施。

（十六）加强司法保障。建立生态环境保护综合行政执法机关、公安机关、检察机关、审判机关信息共享、案情通报、案件移送制度。强化对破坏生态环境违法犯罪行为的查处侦办，加大对破坏生态环境案件起诉力度，加强检察机关提起生态环境公益诉讼工作。在高级人民法院和具备条件的中基层人民法院调整设立专门的环境审判机构，统一涉生态环境案件的受案范围、审理程序等。探索建立"恢复性司法实践＋社会化综合治理"审判结果执行机制。

（十七）强化监测能力建设。加快构建陆海统筹、天地一体、上下协同、信息共享的生态环境监测网络，实现环境质量、污染源和生态状况监测全覆盖。实行"谁考核、谁监测"，不断完善生态环境监测技术体系，全面提高监测自动化、标准化、信息化水平，推动实现环境质量预报预警，确保监测数据"真、准、全"。推进信息化建设，形成生态环境数据一本台账、一张网络、一个窗口。加大监测技术装备研发与应用力度，推动监测装备精准、快速、便携化发展。

六、健全环境治理市场体系

（十八）构建规范开放的市场。深入推进"放管服"改革，打破地区、行业壁垒，对各类所有制企业一视同仁，平等对待各类市场主体，引导各类资本参与环境治理投资、建设、运行。规范市场秩序，减少恶性竞争，防止恶意低价中标，加快形成公开透明、规范有序的环境治理市场环境。

（十九）强化环保产业支撑。加强关键环保技术产品自主创新，推动环保首台（套）重大技术装备示范应用，加快提高环保产业技术装备水平。做大做强龙头企业，培育一批专业化骨干企业，扶持一批专特优精中小企业。鼓励企业参与绿色"一带一路"建设，带动先进的环保技术、装备、产能走出去。

（二十）创新环境治理模式。积极推行环境污染第三方治理，开展园区污染防治第三方治理示范，探索统一规划、统一监测、统一治理的一体化服务模式。开展小城镇环境综合治理托管服务试点，强化系统治理，实行按效付费。对工业污染地块，鼓励采用"环境修复＋开发建设"模式。

（二十一）健全价格收费机制。严格落实"谁污染、谁付费"政策导向，建立健全"污染者付费＋第三方治理"等机制。按照补偿处理成本并合理盈利原则，完善并落实污水垃圾处理收费政策。综合考虑企业和居民承受能力，完善差别化电价政策。

七、健全环境治理信用体系

（二十二）加强政务诚信建设。建立健全环境治理政务失信记录，将地方各级政府和公职人员在环境保护工作中因违法违规、失信违约被司法判决、行政处罚、纪律处分、问责处理等信息纳入政务失信记录，并归集至相关信用信息共享平台，依托"信用中国"网站等依法依规逐步公开。

（二十三）健全企业信用建设。完善企业环保信用评价制度，依据评价结果实施分级分类监管。建立排污企业黑名单制度，将环境违法企业依法依规纳入失信联合惩戒对象名单，将其违法信息记入信用记录，并按照国家有关规定纳入全国信用信息共享平台，依法向社会公开。建立完善上市公司和发债企业强制性环境治理信息披露制度。

八、健全环境治理法律法规政策体系

（二十四）完善法律法规。制定修订固体废物污染防治、长江保护、海洋环境保护、生态环境监测、环境影响评价、清洁生产、循环经济等方面的法律法规。鼓励有条件的地方在环境治理领域先于国家进行立法。严格执法，对造成生态环境损害的，依法依规追究赔偿责任；对构成犯罪的，依法追究刑事责任。

（二十五）完善环境保护标准。立足国情实际和生态环境状况，制定修订环境质量标准、污染物排放（控制）标准以及环境监测标准等。推动完善产品环保强制性国家标准。做好生态环境保护规划、环境保护标准与产业政策的衔接配套，健全标准实施信息反馈和评估机制。鼓励开展各类涉及环境治理的绿色认证制度。

（二十六）加强财税支持。建立健全常态化、稳定的中央和地方环境治理财政资金投入机制。健全生态保护补偿机制。制定出台有利于推进产业结构、能源结构、运输结构和用地结构调整优化的相关政策。严格执行环境保护税法，促进企业降低大气污染物、水污染物排放浓度，提高固体废物综合利用率。贯彻落实好现行促进环境保护和污染防治的税收优惠政策。

（二十七）完善金融扶持。设立国家绿色发展基金。推动环境污染责任保险发展，在环境高风险领域研究建立环境污染强制责任保险制度。开展排污权交易，研究探索对排污权交易进行抵质押融资。鼓励发展重大环保装备融资租赁。加快建立省级土壤污染防治基金。统一国内绿色债券标准。

九、强化组织领导

（二十八）加强组织实施。地方各级党委和政府要根据本意见要求，结合本地区发展实际，进一步细化落实构建现代环境治理体系的目标任务和政策措施，确保本意见确定的重点任务及时落地见效。国家发展改革委要加强统筹协调和政策支持，生态环境部要牵头推进相关具体工作，有关部门各负其责、密切配合，重大事项及时向党中央、国务院报告。

国务院关于印发国家职业教育改革实施方案的通知

(国发〔2019〕4号)

各省、自治区、直辖市人民政府,国务院各部委、各直属机构:

现将《国家职业教育改革实施方案》印发给你们,请认真贯彻执行。

国务院
2019年1月24日

(此件公开发布)

国家职业教育改革实施方案

职业教育与普通教育是两种不同教育类型,具有同等重要地位。改革开放以来,职业教育为我国经济社会发展提供了有力的人才和智力支撑,现代职业教育体系框架全面建成,服务经济社会发展能力和社会吸引力不断增强,具备了基本实现现代化的诸多有利条件和良好工作基础。随着我国进入新的发展阶段,产业升级和经济结构调整不断加快,各行各业对技术技能人才的需求越来越紧迫,职业教育重要地位和作用越来越凸显。但是,与发达国家相比,与建设现代化经济体系、建设教育强国的要求相比,我国职业教育还存在着体系建设不够完善、职业技能实训基地建设有待加强、制度标准不够健全、企业参与办学的动力不足、有利于技术技能人才成长的配套政策尚待完善、办学和人才培养质量水平参差不齐等问题,到了必须下大力气抓好的时候。没有职业教育现代化就没有教育现代化。为贯彻全国教育大会精神,进一步办好新时代职业教育,落实《中华人民共和国职业教育法》,制定本实施方案。

总体要求与目标:坚持以习近平新时代中国特色社会主义思想为指导,把职业教育摆在教育改革创新和经济社会发展中更加突出的位置。牢固树立新发展理念,服务建设现代化经济体系和实现更高质量更充分就业需要,对接科技发展趋势和市场需求,完善职业教育和培训体系,优化学校、专业布局,深化办学体制改革和育人机制改革,以促进就业和适应产业发展需求为导向,鼓励和支持社会各界特别是企业积极支持职业教育，着力培养高素质劳动者和技术技能人才。经过 5—10 年左右时间，职业教育基本完成由政府举办为主向政府统筹管理、社会多元办学的格局转变，由追求规模扩张向提高质量转变，由参照普通教育办学模式向企业社会参与、专业特色鲜明的类型教育转变，大幅提升新时代职业教育现代化水平，为促进经济社会发展和提高国家竞争力提供优质人才资源支撑。

具体指标：到 2022 年，职业院校教学条件基本达标，一大批普通本科高等学校向应用型转变，建设 50 所高水平高等职业学校和 150 个骨干专业（群）。建成覆盖大部分行业领域、具有国际先进水平的中国职业教育标准体系。企业参与职业教育的积极性有较大提升，培育数以万计的产教融合型企业，打造一批优秀职业教育培训评价组织，推动建设 300 个具有辐射引领作用的高水平专业化产教融合实训基地。职业院校实践性教学课时原则上占总课时一半以上，顶岗实习时间一般为 6 个月。"双师型"教师（同时具备理论教学和实践教学能力的教师）占专业课教师总数超过一半，分专业建设一批国家级职业教育教师教学创新团队。从 2019 年开始，在职业院校、应用型本科高校启动"学历证书 + 若干职业技能等级证书"制度试点（以下称 1+X 证书制度试点）工作。

一、完善国家职业教育制度体系

（一）健全国家职业教育制度框架。

把握好正确的改革方向，按照"管好两端、规范中间、书证融通、办学多元"的原则，严把教学标准和毕业学生质量标准两个关口。将标准化建设作为统领职业教育发展的突破口，完善职业教育体系，为服务现代制造业、现代服务业、现代农业发展和职业教育现代化提供制度保障与人才支持。建立健全学校设置、师资队伍、教学教材、信息化建设、安全设施等办学标准，引领职业教育服务发展、促进就业创业。落实好立德树人根本任务，健全德技并修、工学结合的育人机制，完善评价机制，规范人才培养全过程。深化产教融合、校企合作、育训结合，健全多元化办学格局，推动企业深度参与协同育人，扶持鼓励企业和社会力量参与举办各类职业教育。推进资历框架建设，探索实现学历证书和职业技能等级证书互通衔接。

（二）提高中等职业教育发展水平。

优化教育结构，把发展中等职业教育作为普及高中阶段教育和建设中国特色职业教育体系的重要基础，保持高中阶段教育职普比大体相当，使绝大多数城乡新增劳动力接受高中阶段教育。改善中等职业学校基本办学条件。加强省级统筹，建好办好一批县域职教中心，重点支持集中连片特困地区每个地（市、州、盟）原则上至少建设一所符合当地经济社会发展和技术技能人才培养需要的中等职业学校。指导各地优化中等职业学校布局结构，科学配置并做大做强职业教育资源。加大对民族地区、贫困地区和残疾人职业教育的政策、金融支持力度，落实职业教育东西协作行动计划，办好内地少数民族中职班。完善招生机制，建立中等职业学校和普通高中统一招生平台，精准服务区域发展需求。积极招收初高中毕业未升学学生、退役军人、退役运动员、下岗职工、返乡农民工等接受中等职业教育；服务乡村振兴战略，为广大农村培养以新型职业农民为主体的农村实用人才。发挥中等职业学校作用，帮助部分学业困难学生按规定在职业学校完成义务教育，并接受部分职业技能学习。

鼓励中等职业学校联合中小学开展劳动和职业启蒙教育，将动手实践内容纳入中小学相关课程和学生综合素质评价。

（三）推进高等职业教育高质量发展。

把发展高等职业教育作为优化高等教育结构和培养大国工匠、能工巧匠的重要方式，使城乡新增劳动力更多接受高等教育。高等职业学校要培养服务区域发展的高素质技术技能人才，重点服务企业特别是中小微企业的技术研发和产品升级，加强社区教育和终身学习服务。建立"职教高考"制度，完善"文化素质＋职业技能"的考试招生办法，提高生源质量，为学生接受高等职业教育提供多种入学方式和学习方式。在学前教育、护理、养老服务、健康服务、现代服务业等领域，扩大对初中毕业生实行中高职贯通培养的招生规模。启动实施中国特色高水平高等职业学校和专业建设计划，建设一批引领改革、支撑发展、中国特色、世界水平的高等职业学校和骨干专业（群）。根据高等学校设置制度规定，将符合条件的技师学院纳入高等学校序列。

（四）完善高层次应用型人才培养体系。

完善学历教育与培训并重的现代职业教育体系，畅通技术技能人才成长渠道。发展以职业需求为导向、以实践能力培养为重点、以产学研用结合为途径的专业学位研究生培养模式，加强专业学位硕士研究生培养。推动具备条件的普通本科高校向应用型转变，鼓励有条件的普通高校开办应用技术类型专业或课程。开展本科层次职业教育试点。制定中国技能大赛、全国职业院校技能大赛、世界技能大赛获奖选手等免试入学政策，探索长学制培养高端技术技能人才。服务军民融合发展，把军队相关的职业教育纳入国家职业教育大体系，共同做好面向现役军人的教育培训，支持其在服役期间取得多类职业技能等级证书，提升技术技能水平。落实好定向培养直招士官政策，推动地方院校与军队院校有效对接，推动优质职业教育资源向军事人才培养开放，建立军地网络教育资源共享机制。制订具体政策办法，支持适合的退役军人进入职业院校和普通本科高校接受教育和培训，鼓励支持设立退役军人教育培训集团（联盟），推动退役、培训、就业有机衔接，为促进退役军人特别是退役士兵就业创业作出贡献。

二、构建职业教育国家标准

（五）完善教育教学相关标准。

发挥标准在职业教育质量提升中的基础性作用。按照专业设置与产业需求对接、课程内容与职业标准对接、教学过程与生产过程对接的要求，完善中等、高等职业学校设置标准，规范职业院校设置；实施教师和校长专业标准，提升职业院校教学管理和教学实践能力。持续更新并推进专业目录、专业教学标准、课程标准、顶岗实习标准、实训条件建设标准（仪器设备配备规范）建设和在职业院校落地实施。巩固和发展国务院教育行政部门联合行业制定国家教学标准、职业院校依据标准自主制订人才培养方案的工作格局。

（六）启动 1+X 证书制度试点工作。

深化复合型技术技能人才培养培训模式改革，借鉴国际职业教育培训普遍做法，制订工作方案和具体管理办法，启动 1+X 证书制度试点工作。试点工作要进一步发挥好学历证书作用，夯实学生可持续发展基础，鼓励职业院校学生在获得学历证书的同时，积极取得多类职业技能等级证书，拓展就业创业本领，缓解结构性就业矛盾。国务院人力资源社会保障行政部门、教育行政部门在职责范围内，分别负责管理监督考核院校外、院校内职业技能等级证书的实施（技工院校内由人力资源社会保障行政部门负责），国务院人力资源社会保障行政部门组织制定职业标准，国务院教育行政部门依照职业标准牵头组织开发教学等相关标准。院校内培训可面向社会人群，院校外培训也可面向在校学生。各类职业技能等级证书具有同等效力，持有证书人员享受同等待遇。院校内实施的职业技能等级证书分为初级、中级、高级，是职业技能水平的凭证，反映职业活动和个人职业生涯发展所需要的综合能力。

（七）开展高质量职业培训。

落实职业院校实施学历教育与培训并举的法定职责，按照育训结合、长短结合、内外结合的要求，面向在校学生和全体社会成员开展职业培训。自 2019 年开始，围绕现代农业、先进制造业、现代服务业、战略性新兴产业，推动职业院校在 10 个左右技术技能人才紧缺领域大力开展职业培训。引导行业企业深度参与技术技能人才培养培训，促进职业院校加强专业建设、深化课程改革、增强实训内容、提高师资水平，全面提升教育教学质量。各级政府要积极支持职业培训，行政部门要简政放权并履行好监管职责，相关下属机构要优化服务，对于违规收取费用的要严肃处理。畅通技术技能人才职业发展通道，鼓励其持续获得适应经济社会发展需要的职业培训证书，引导和支持企业等用人单位落实相关待遇。对取得职业技能等级证书的离校未就业高校毕业生，按规定落实职业培训补贴政策。

（八）实现学习成果的认定、积累和转换。

加快推进职业教育国家"学分银行"建设，从 2019 年开始，探索建立职业教育个人学习账号，实现学习成果可追溯、可查询、可转换。有序开展学历证书和职业技能等级证书所体现的学习成果的认定、积累和转换，为技术技能人才持续成长拓宽通道。职业院校对取得若干职业技能等级证书的社会成员，支持其根据证书等级和类别免修部分课程，在完成规定内容学习后依法依规取得学历证书。对接受职业院校学历教育并取得毕业证书的学生，在参加相应的职业技能等级证书考试时，可免试部分内容。从 2019 年起，在有条件的地区和高校探索实施试点工作，制定符合国情的国家资历框架。

三、促进产教融合校企"双元"育人

（九）坚持知行合一、工学结合。

借鉴"双元制"等模式，总结现代学徒制和企业新型学徒制试点经验，校企共同研究制定人才培养方案，及时将新技术、新工艺、新规范纳入教学标准和教学内容，强化学生实习实训。健全专业设置定期评估机制，强化地方引导本区域职业院校优化专业设置的职责，原则上每 5 年修订 1 次职业院校专业目录，学校依据目录灵活自主设置专业，每年调整 1 次专业。健全专业教学资源库，建立共建共享平台的资源认证标准和交易机制，进一步扩大优质资源覆盖面。遴选认定一大批职业教育在线精品课程，建设一大批校企"双元"合作开发的国家规划教材，倡导使用新型活页式、工作手册式教材并配套开发信息化资源。每 3 年修订 1 次教材，其中专业教材随信息技术发展和产业升级情况及时动态更新。适应"互联网 + 职业教育"发展需求，运用现代信息技术改进教学方式方法，推进虚拟工厂等网络学习空间建设和普遍应用。

（十）推动校企全面加强深度合作。

职业院校应当根据自身特点和人才培养需要，主动与具备条件的企业在人才培养、技术创新、就业创业、

社会服务、文化传承等方面开展合作。学校积极为企业提供所需的课程、师资等资源，企业应当依法履行实施职业教育的义务，利用资本、技术、知识、设施、设备和管理等要素参与校企合作，促进人力资源开发。校企合作中，学校可从中获得智力、专利、教育、劳务等报酬，具体分配由学校按规定自行处理。在开展国家产教融合建设试点基础上，建立产教融合型企业认证制度，对进入目录的产教融合型企业给予"金融＋财政＋土地＋信用"的组合式激励，并按规定落实相关税收政策。试点企业兴办职业教育的投资符合条件的，可按投资额一定比例抵免该企业当年应缴教育费附加和地方教育附加。厚植企业承担职业教育责任的社会环境，推动职业院校和行业企业形成命运共同体。

（十一）打造一批高水平实训基地。

加大政策引导力度，充分调动各方面深化职业教育改革创新的积极性，带动各级政府、企业和职业院校建设一批资源共享，集实践教学、社会培训、企业真实生产和社会技术服务于一体的高水平职业教育实训基地。面向先进制造业等技术技能人才紧缺领域，统筹多种资源，建设若干具有辐射引领作用的高水平专业化产教融合实训基地，推动开放共享，辐射区域内学校和企业；鼓励职业院校建设或校企共建一批校内实训基地，提升重点专业建设和校企合作育人水平。积极吸引企业和社会力量参与，指导各地各校借鉴德国、日本、瑞士等国家经验，探索创新实训基地运营模式。提高实训基地规划、管理水平，为社会公众、职业院校在校生取得职业技能等级证书和企业提升人力资源水平提供有力支撑。

（十二）多措并举打造"双师型"教师队伍。

从 2019 年起，职业院校、应用型本科高校相关专业教师原则上从具有 3 年以上企业工作经历并具有高职以上学历的人员中公开招聘，特殊高技能人才（含具有高级工以上职业资格人员）可适当放宽学历要求，2020 年起基本不再从应届毕业生中招聘。加强职业技术师范院校建设，优化结构布局，引导一批高水平工科学校举办职业技术师范教育。实施职业院校教师素质提高计划，建立 100 个"双师型"教师培养培训基地，职业院校、应用型本科高校教师每年至少 1 个月在企业或实训基地实训，落实教师 5 年一周期的全员轮训制度。探索组建高水平、结构化教师教学创新团队，教师分工协作进行模块化教学。定期组织选派职业院校专业骨干教师赴国外研修访学。在职业院校实行高层次、高技能人才以直接考察的方式公开招聘。建立健全职业院校自主聘任兼职教师的办法，推动企业工程技术人员、高技能人才和职业院校教师双向流动。职业院校通过校企合作、技术服务、社会培训、自办企业等所得收入，可按一定比例作为绩效工资来源。

四、建设多元办学格局

（十三）推动企业和社会力量举办高质量职业教育。

各级政府部门要深化"放管服"改革，加快推进职能转变，由注重"办"职业教育向"管理与服务"过渡。政府主要负责规划战略、制定政策、依法依规监管。发挥企业重要办学主体作用，鼓励有条件的企业特别是大企业举办高质量职业教育，各级人民政府可按规定给予适当支持。完善企业经营管理和技术人员与学校领导、骨干教师相互兼职兼薪制度。2020 年初步建成 300 个示范性职业教育集团（联盟），带动中小企业参与。支持和规范社会力量兴办职业教育培训，鼓励发展股份制、混合所有制等职业院校和各类职业培训机构。建立公开透明规范的民办职业教育准入、审批制度，探索民办职业教育负面清单制度，建立健全退出机制。

（十四）做优职业教育培训评价组织。

职业教育包括职业学校教育和职业培训，职业院校和应用型本科高校按照国家教学标准和规定职责完成教学任务和职业技能人才培养。同时，也必须调动社会力量，补充校园不足，助力校园办学。能够依据国家有关法规和职业标准、教学标准完成的职业技能培训，要更多通过职业教育培训评价组织（以下简称培训评价组织）等参与实施。政府通过放宽准入，严格末端监督执法，严格控制数量，扶优、扶大、扶强，保证培训质量和学生能力水平。要按照在已成熟的品牌中遴选一批、在成长中的品牌中培育一批、在有需要但还没有建立项目的领域中规划一批的原则，以社会化机制公开招募并择优遴选培训评价组织，优先从制订过国家职业标准并完成标准教材编写，具有专家、师资团队、资金实力和5年以上优秀培训业绩的机构中选择。培训评价组织应对接职业标准，与国际先进标准接轨，按有关规定开发职业技能等级标准，负责实施职业技能考核、评价和证书发放。政府部门要加强监管，防止出现乱培训、滥发证现象。行业协会要积极配合政府，为培训评价组织提供好服务环境支持，不得以任何方式收取费用或干预企业办学行为。

五、完善技术技能人才保障政策

（十五）提高技术技能人才待遇水平。

支持技术技能人才凭技能提升待遇，鼓励企业职务职级晋升和工资分配向关键岗位、生产一线岗位和紧缺急需的高层次、高技能人才倾斜。建立国家技术技能大师库，鼓励技术技能大师建立大师工作室，并按规定给予政策和资金支持，支持技术技能大师到职业院校担任兼职教师，参与国家重大工程项目联合攻关。积极推动职业院校毕业生在落户、就业、参加机关事业单位招聘、职称评审、职级晋升等方面与普通高校毕业生享受同等待遇。逐步提高技术技能人才特别是技术工人收入水平和地位。机关和企事业单位招用人员不得歧视职业院校毕业生。国务院人力资源社会保障行政部门会同有关部门，适时组织清理调整对技术技能人才的歧视政策，推动形成人人皆可成才、人人尽展其才的良好环境。按照国家有关规定加大对职业院校参加有关技能大赛成绩突出毕业生的表彰奖励力度。办好职业教育活动周和世界青年技能日宣传活动，深入开展"大国工匠进校园"、"劳模进校园"、"优秀职校生校园分享"等活动，宣传展示大国工匠、能工巧匠和高素质劳动者的事迹和形象，培育和传承好工匠精神。

（十六）健全经费投入机制。

各级政府要建立与办学规模、培养成本、办学质量等相适应的财政投入制度，地方政府要按规定制定并落实职业院校生均经费标准或公用经费标准。在保障教育合理投入的同时，优化教育支出结构，新增教育经费要向职业教育倾斜。鼓励社会力量捐资、出资兴办职业教育，拓宽办学筹资渠道。进一步完善中等职业学校生均拨款制度，各地中等职业学校生均财政拨款水平可适当高于当地普通高中。各地在继续巩固落实好高等职业教育生均财政拨款水平达到12000元的基础上，根据发展需要和财力可能逐步提高拨款水平。组织实施好现代职业教育质量提升计划、产教融合工程等。经费投入要进一步突出改革导向，支持校企合作，注重向中西部、贫困地区和民族地区倾斜。进一步扩大职业院校助学金覆盖面，完善补助标准动态调整机制，落实对建档立卡等家庭经济困难学生的倾斜政策，健全职业教育奖学金制度。

六、加强职业教育办学质量督导评价

（十七）建立健全职业教育质量评价和督导评估制度。

以学习者的职业道德、技术技能水平和就业质量，以及产教融合、校企合作水平为核心，建立职业教育质量评价体系。定期对职业技能等级证书有关工作进行"双随机、一公开"的抽查和监督，从2019年起，对培训评价组织行为和职业院校培训质量进行监测和评估。实施职业教育质量年度报告制度，报告向社会公开。完善政府、行业、企业、职业院校等共同参与的质量评价机制，积极支持第三方机构开展评估，将考核结果作为政策支持、绩效考核、表彰奖励的重要依据。完善职业教育督导评估办法，建立职业教育定期督导评估和专项督导评估制度，落实督导报告、公报、约谈、限期整改、奖惩等制度。国务院教育督导委员会定期听取职业教育督导评估情况汇报。

（十八）支持组建国家职业教育指导咨询委员会。

为把握正确的国家职业教育改革发展方向，创新我国职业教育改革发展模式，提出重大政策研究建议，参与起草、制订国家职业教育法律法规，开展重大改革调研，提供各种咨询意见，进一步提高政府决策科学化水平，规划并审议职业教育标准等，在政府指导下组建国家职业教育指导咨询委员会。成员包括政府人员、职业教育专家、行业企业专家、管理专家、职业教育研究人员、中华职业教育社等团体和社会各方面热心职业教育的人士。通过政府购买服务等方式，听取咨询机构提出的意见建议并鼓励社会和民间智库参与。政府可以委托国家职业教育指导咨询委员会作为第三方，对全国职业院校、普通高校、校企合作企业、培训评价组织的教育管理、教学质量、办学方式模式、师资培养、学生职业技能提升等情况，进行指导、考核、评估等。

七、做好改革组织实施工作

（十九）加强党对职业教育工作的全面领导。

以习近平新时代中国特色社会主义思想特别是习近平总书记关于职业教育的重要论述武装头脑、指导实践、推动工作。加强党对教育事业的全面领导，全面贯彻党的教育方针，落实中央教育工作领导小组各项要求，保证职业教育改革发展正确方向。要充分发挥党组织在职业院校的领导核心和政治核心作用，牢牢把握学校意识形态工作领导权，将党建工作与学校事业发展同部署、同落实、同考评。指导职业院校上好思想政治理论课，实施好中等职业学校"文明风采"活动，推进职业教育领域"三全育人"综合改革试点工作，使各类课程与思想政治理论课同向同行，努力实现职业技能和职业精神培养高度融合。加强基层党组织建设，有效发挥基层党组织的战斗堡垒作用和共产党员的先锋模范作用，带动学校工会、共青团等群团组织和学生会组织建设，汇聚每一位师生员工的积极性和主动性。

（二十）完善国务院职业教育工作部际联席会议制度。

国务院职业教育工作部际联席会议由教育、人力资源社会保障、发展改革、工业和信息化、财政、农业农村、国资、税务、扶贫等单位组成，国务院分管教育工作的副总理担任召集人。联席会议统筹协调全国职业教育工作，研究协调解决工作中重大问题，听取国家职业教育指导咨询委员会等方面的意见建议，部署实施职业教育改革创新重大事项，每年召开两次会议，各成员单位就有关工作情况向联席会议报告。国务院教育行政部门负责职业教育工作的统筹规划、综合协调、宏观管理，国务院教育行政部门、人力资源社会保障行政部门和其他有关部门在职责范围内，分别负责有关的职业教育工作。各成员单位要加强沟通协调，做好相关政策配套衔接，在国家和区域战略规划、重大项目安排、经费投入、企业办学、人力资源开发等方面形成政策合力。推动落实《中华人民共和国职业教育法》，为职业教育改革创新提供重要的制度保障。

国务院办公厅
关于应对新冠肺炎疫情影响
强化稳就业举措的实施意见

(国办发〔2020〕6号)

各省、自治区、直辖市人民政府，国务院各部委、各直属机构：

为深入贯彻习近平总书记关于统筹推进新冠肺炎疫情防控和经济社会发展工作的重要指示精神，加快恢复和稳定就业，经国务院同意，现提出如下意见：

一、更好实施就业优先政策

（一）推动企业复工复产。坚持分区分级精准防控，提高复工复产服务便利度，取消不合理审批，坚决纠正限制劳动者返岗的不合理规定。加快重大工程项目、出口重点企业开复工，以制造业、建筑业、物流业、公共服务业和农业生产等为突破口，全力以赴推动重点行业和低风险地区就业，循序渐进带动其他行业和地区就业。协调解决复工复产企业日常防护物资需求，督促其落实工作场所、食堂宿舍等防控措施。（发展改革委、工业和信息化部、交通运输部、卫生健康委按职责分工负责）

（二）加大减负稳岗力度。加快实施阶段性、有针对性的减税降费政策。加大失业保险稳岗返还，对不裁员或少裁员的中小微企业，返还标准最高可提至企业及其职工上年度缴纳失业保险费的100%，湖北省可放宽到所有企业；对暂时生产经营困难且恢复有望、坚持不裁员或少裁员的参保企业，适当放宽其稳岗返还政策认定标准，重点向受疫情影响企业倾斜，返还标准可按不超过6个月的当地月人均失业保险金和参保职工人数确定，或按不超过3个月的企业及其职工应缴纳社会保险费确定。2020年6月底前，允许工程建设项目暂缓缴存农民工工资保证金，支付记录良好的企业可免缴。切实落实企业吸纳重点群体就业的定额税收减免、担保贷款及贴息、就业补贴等政策。加快实施阶段性减免、缓缴社会保险费政策，减免期间企业吸纳就业困难人员的社会保险补贴期限可顺延。（财政部、人力资源社会保障部、住房城乡建设部、交通运输部、水利部、人民银行、税务总局按职责分工负责）

（三）提升投资和产业带动就业能力。实施重大产业就业影响评估，明确重要产业规划带动就业目标，优先投资就业带动能力强、有利于农村劳动力就地就近就业和高校毕业生就业的产业。加快制定和完善引导相关产业向中西部地区转移的政策措施。对部分带动就业能力强、环境影响可控的项目，制定环评审批正面清单，加大环评"放管服"改革力度，审慎采取查封扣押、限产停产等措施。（发展改革委、人力资源社会保障部、生态环境部、商务部按职责分工负责）

（四）优化自主创业环境。深化"证照分离"改革，推进"照后减证"和简化审批，简化住所（经营场所）登记手续，申请人提交场所合法使用证明即可登记。充分发挥创业投资促进"双创"和增加就业的独特作用，对带动就业能力强的创业投资企业予以引导基金扶持、政府项目对接等政策支持。加大创业担保贷款支持力度，扩大政策覆盖范围，优先支持受疫情影响的重点群体，对优质创业项目免除反担保要求。政府投资开发的孵化基地等创业载体应安排一定比例场地，免费向高校毕业生、农民工等重点群体提供。各类城市创优评先项目应将带动就业能力强的"小店经济"、步行街发展状况作为重要条件。（发展改革委、工业和信息化部、财政部、人力资源社会保障部、商务部、人民银行、市场监管总局、银保监会、全国妇联按职责分工负责）

（五）支持多渠道灵活就业。合理设定无固定经营场所摊贩管理模式，预留自由市场、摊点群等经营网点。支持劳动者依托平台就业，平台就业人员购置生产经营必需工具的，可申请创业担保贷款及贴息；引导平台企业放宽入驻条件、降低管理服务费，与平台就业人员就劳动报酬、工作时间、劳动保护等建立制度化、常态化沟通协调机制。取消灵活就业人员参加企业职工基本养老保险的省内城乡户籍限制，对就业困难人员、离校 2 年内未就业高校毕业生灵活就业后缴纳社会保险费的，按规定给予一定的社会保险补贴。（财政部、人力资源社会保障部、自然资源部、人民银行、市场监管总局按职责分工负责）

二、引导农民工安全有序转移就业

（六）引导有序外出就业。强化重点企业用工调度保障、农民工"点对点、一站式"返岗复工服务，推广健康信息互认等机制，提升对成规模集中返岗劳动者的输送保障能力。引导劳动者有序求职就业，及时收集发布用工信息，加强输出地和输入地信息对接，鼓励低风险地区农民工尽快返岗复工。对组织集中返岗、劳务输出涉及的交通运输、卫生防疫等给予支持。对人力资源服务机构、劳务经纪人开展跨区域有组织劳务输出的，给予就业创业服务补助。（公安部、财政部、人力资源社会保障部、交通运输部、卫生健康委按职责分工负责）

（七）支持就地就近就业。抓好春季农业生产，大力发展新型农业经营主体，组织暂时无法外出的农民工投入春耕备耕，从事特色养殖、精深加工、生态旅游等行业。在县城和中心镇建设一批城镇基础设施、公共服务设施，加强农业基础设施建设，实施农村人居环境改善工程，开展以工代赈工程建设，优先吸纳农村贫困劳动力和低收入群体就业。（发展改革委、人力资源社会保障部、交通运输部、农业农村部、卫生健康委按职责分工负责）

（八）优先支持贫困劳动力就业。企业复工复产、重大项目开工、物流体系建设等优先组织和使用贫困劳动力，鼓励企业更多招用贫困劳动力。支持扶贫龙头企业、扶贫车间尽快复工。利用公益性岗位提供更多就地就近就业机会，优先对贫困劳动力托底安置。加大对"三区三州"等深度贫困地区、52 个未摘帽贫困县、易地扶贫搬迁大型安置区的支持力度。对吸纳贫困劳动力就业规模大的，各地可通过财政专项扶贫资金给予一次性奖励。（发展改革委、财政部、人力资源社会保障部、农业农村部、扶贫办按职责分工负责）

三、拓宽高校毕业生就业渠道

（九）扩大企业吸纳规模。对中小微企业招用毕业年度高校毕业生并签订 1 年以上劳动合同的，给予一

次性吸纳就业补贴。国有企业今明两年连续扩大高校毕业生招聘规模，不得随意毁约，不得将本单位实习期限作为招聘入职的前提条件。（财政部、人力资源社会保障部、国资委、烟草局、邮政局等部门和企业按职责分工负责）

（十）扩大基层就业规模。各级事业单位空缺岗位今明两年提高专项招聘高校毕业生的比例。开发城乡社区等基层公共管理和社会服务岗位。扩大"三支一扶"计划等基层服务项目招募规模。出台改革措施，允许部分专业高校毕业生免试取得相关职业资格证书。畅通民营企业专业技术职称评审渠道。（教育部、民政部、财政部、人力资源社会保障部、农业农村部按职责分工负责）

（十一）扩大招生入伍规模。扩大 2020 年硕士研究生招生和普通高校专升本招生规模。扩大大学生应征入伍规模，健全参军入伍激励政策，大力提高应届毕业生征集比例。（发展改革委、教育部、财政部、退役军人部、中央军委政治工作部、中央军委国防动员部按职责分工负责）

（十二）扩大就业见习规模。支持企业、政府投资项目、科研项目设立见习岗位。对因疫情影响见习暂时中断的，相应延长见习单位补贴期限。对见习期未满与高校毕业生签订劳动合同的，给予见习单位剩余期限见习补贴。（财政部、人力资源社会保障部、商务部、国资委、共青团中央按职责分工负责）

（十三）适当延迟录用接收。引导用人单位推迟面试体检和签约录取时间。对延迟离校的应届毕业生，相应延长报到接收、档案转递、落户办理时限。离校未就业毕业生可根据本人意愿，将户口、档案在学校保留 2 年或转入生源地公共就业人才服务机构，以应届毕业生身份参加用人单位考试、录用，落实工作单位后参照应届毕业生办理相关手续。（教育部、人力资源社会保障部、国资委按职责分工负责）

四、加强困难人员兜底保障

（十四）保障失业人员基本生活。畅通失业保险金申领渠道，放宽失业保险申领期限，2020 年 4 月底前实现线上申领失业保险金。对领取失业保险金期满仍未就业的失业人员、不符合领取失业保险金条件的参保失业人员，发放 6 个月的失业补助金，标准不高于当地失业保险金的 80%。对生活困难的失业人员及家庭，按规定及时纳入最低生活保障、临时救助等社会救助范围。（民政部、财政部、人力资源社会保障部按职责分工负责）

（十五）强化困难人员就业援助。动态调整就业困难人员认定标准，及时将受疫情影响人员纳入就业援助范围，确保零就业家庭动态清零。对通过市场渠道确实难以就业的，利用公益性岗位托底安置。开发一批消杀防疫、保洁环卫等临时性公益岗位，根据工作任务和工作时间，给予一定的岗位补贴和社会保险补贴，补贴期限最长不超过 6 个月，所需资金可从就业补助资金中列支。（财政部、人力资源社会保障部、中国残联按职责分工负责）

（十六）加大对湖北等疫情严重地区就业支持。建立农资点对点保障运输绿色通道，支持湖北省组织农业生产。对湖北高校及湖北籍 2020 届高校毕业生给予一次性求职创业补贴，湖北省各级事业单位可面向湖北高校及湖北籍高校毕业生开展专项招聘，高校毕业生基层服务项目向湖北省倾斜。做好湖北省疫情解除后的就业工作，加大资金、政策、项目倾斜，开展专场招聘和专项帮扶。维护就业公平，坚决纠正针对疫情严重地区劳动者的就业歧视。（发展改革委、教育部、工业和信息化部、财政部、人力资源社会保障部、农业农村部按职责分工负责）

五、完善职业培训和就业服务

（十七）大规模开展职业技能培训。加大失业人员、农民工等职业技能培训力度，实施农民工等重点群体专项培训，适当延长培训时间。对企业组织职工参加线上线下培训，组织新招用农民工、高校毕业生参加岗前培训的，给予职业培训补贴。动态发布新职业，组织制定急需紧缺职业技能标准。（财政部、人力资源社会保障部按职责分工负责）

（十八）优化就业服务。2020年3月底前开放线上失业登记。推进在线办理就业服务和补贴申领。持续开展线上招聘服务，发挥公共就业服务机构、高校就业指导机构、经营性人力资源服务机构作用，加大岗位信息、职业指导、网上面试等服务供给。对大龄和低技能劳动者，通过电话、短信等方式推送岗位信息，提供求职、应聘等专门服务。低风险地区可有序开展小型专项供需对接活动。优化用工指导服务，鼓励困难企业与职工协商采取调整薪酬、轮岗轮休、灵活安排工作时间等方式稳定岗位，依法规范裁员行为。（教育部、财政部、人力资源社会保障部、全国总工会、全国工商联按职责分工负责）

六、压实就业工作责任

（十九）强化组织领导。各地区各有关部门要在确保疫情防控到位的前提下，毫不放松抓紧抓实抓细稳就业各项工作。县级以上地方政府要加快建立由政府负责人牵头的就业工作领导机制，压实工作责任，细化实化扶持政策。各有关部门要同向发力，围绕稳就业需要，落实完善政策措施，形成工作合力。要健全公共就业服务体系，加强基层公共就业服务能力建设，提升基本公共就业服务水平。（各有关部门和单位、各省级人民政府按职责分工负责）

（二十）加强资金保障。加大就业补助资金和稳岗补贴投入力度。支持市县政府根据稳就业工作推进和政策实施需要，统筹用好就业创业、职业培训、风险储备等方面资金。失业保险基金结余大的地区，要加速稳岗返还、保生活政策落地见效。（财政部、人力资源社会保障部、各省级人民政府按职责分工负责）

（二十一）强化表扬激励。持续开展就业工作表扬激励，完善激励办法，对落实稳就业政策措施工作力度大、促进重点群体就业创业等任务完成较好的地方，及时予以资金支持等方面的表扬激励。（人力资源社会保障部、财政部牵头，各有关部门和单位、各省级人民政府按职责分工负责）

（二十二）加强督促落实。细化分解目标任务，在相关督查工作中将稳就业作为重要内容，重点督促政策服务落地及重点群体就业、资金保障落实等。对不履行促进就业职责，产生严重后果或造成恶劣社会影响的，依法依规严肃问责。完善劳动力调查，研究建立省级调查失业率按月统计发布制度，启动就业岗位调查，做好化解失业风险的政策储备和应对预案。（人力资源社会保障部、统计局牵头，各有关部门和单位、各省级人民政府按职责分工负责）

上述新增补贴政策，受理截止期限为2020年12月31日。各地区各有关部门要抓紧政策实施，发挥政策最大效应，工作中遇到的重要情况和重大问题及时报告国务院。

国务院办公厅
2020年3月18日

（此件公开发布）

中共中央 国务院
关于构建更加完善的要素市场化配置体制机制的意见

（2020 年 3 月 30 日）

完善要素市场化配置是建设统一开放、竞争有序市场体系的内在要求，是坚持和完善社会主义基本经济制度、加快完善社会主义市场经济体制的重要内容。为深化要素市场化配置改革，促进要素自主有序流动，提高要素配置效率，进一步激发全社会创造力和市场活力，推动经济发展质量变革、效率变革、动力变革，现就构建更加完善的要素市场化配置体制机制提出如下意见。

一、总体要求

（一）指导思想。以习近平新时代中国特色社会主义思想为指导，全面贯彻党的十九大和十九届二中、三中、四中全会精神，坚持稳中求进工作总基调，坚持以供给侧结构性改革为主线，坚持新发展理念，坚持深化市场化改革、扩大高水平开放，破除阻碍要素自由流动的体制机制障碍，扩大要素市场化配置范围，健全要素市场体系，推进要素市场制度建设，实现要素价格市场决定、流动自主有序、配置高效公平，为建设高标准市场体系、推动高质量发展、建设现代化经济体系打下坚实制度基础。

（二）基本原则。一是市场决定，有序流动。充分发挥市场配置资源的决定性作用，畅通要素流动渠道，保障不同市场主体平等获取生产要素，推动要素配置依据市场规则、市场价格、市场竞争实现效益最大化和效率最优化。二是健全制度，创新监管。更好发挥政府作用，健全要素市场运行机制，完善政府调节与监管，做到放活与管好有机结合，提升监管和服务能力，引导各类要素协同向先进生产力集聚。三是问题导向，分类施策。针对市场决定要素配置范围有限、要素流动存在体制机制障碍等问题，根据不同要素属性、市场化程度差异和经济社会发展需要，分类完善要素市场化配置体制机制。四是稳中求进，循序渐进。坚持安全可控，从实际出发，尊重客观规律，培育发展新型要素形态，逐步提高要素质量，因地制宜稳步推进要素市场化配置改革。

二、推进土地要素市场化配置

（三）建立健全城乡统一的建设用地市场。加快修改完善土地管理法实施条例，完善相关配套制度，制定出台农村集体经营性建设用地入市指导意见。全面推开农村土地征收制度改革，扩大国有土地有偿使用范围。建立公平合理的集体经营性建设用地入市增值收益分配制度。建立公共利益征地的相关制度规定。

（四）深化产业用地市场化配置改革。健全长期租赁、先租后让、弹性年期供应、作价出资（入股）等工业用地市场供应体系。在符合国土空间规划和用途管制要求前提下，调整完善产业用地政策，创新使用方式，推动不同产业用地类型合理转换，探索增加混合产业用地供给。

（五）鼓励盘活存量建设用地。充分运用市场机制盘活存量土地和低效用地，研究完善促进盘活存量建设用地的税费制度。以多种方式推进国有企业存量用地盘活利用。深化农村宅基地制度改革试点，深入推进建设用地整理，完善城乡建设用地增减挂钩政策，为乡村振兴和城乡融合发展提供土地要素保障。

（六）完善土地管理体制。完善土地利用计划管理，实施年度建设用地总量调控制度，增强土地管理灵活性，推动土地计划指标更加合理化，城乡建设用地指标使用应更多由省级政府负责。在国土空间规划编制、农村房地一体不动产登记基本完成的前提下，建立健全城乡建设用地供应三年滚动计划。探索建立全国性的建设用地、补充耕地指标跨区域交易机制。加强土地供应利用统计监测。实施城乡土地统一调查、统一规划、统一整治、统一登记。推动制定不动产登记法。

三、引导劳动力要素合理畅通有序流动

（七）深化户籍制度改革。推动超大、特大城市调整完善积分落户政策，探索推动在长三角、珠三角等城市群率先实现户籍准入年限同城化累计互认。放开放宽除个别超大城市外的城市落户限制，试行以经常居住地登记户口制度。建立城镇教育、就业创业、医疗卫生等基本公共服务与常住人口挂钩机制，推动公共资源按常住人口规模配置。

（八）畅通劳动力和人才社会性流动渠道。健全统一规范的人力资源市场体系，加快建立协调衔接的劳动力、人才流动政策体系和交流合作机制。营造公平就业环境，依法纠正身份、性别等就业歧视现象，保障城乡劳动者享有平等就业权利。进一步畅通企业、社会组织人员进入党政机关、国有企事业单位渠道。优化国有企事业单位面向社会选人用人机制，深入推行国有企业分级分类公开招聘。加强就业援助，实施优先扶持和重点帮助。完善人事档案管理服务，加快提升人事档案信息化水平。

（九）完善技术技能评价制度。创新评价标准，以职业能力为核心制定职业标准，进一步打破户籍、地域、身份、档案、人事关系等制约，畅通非公有制经济组织、社会组织、自由职业专业技术人员职称申报渠道。加快建立劳动者终身职业技能培训制度。推进社会化职称评审。完善技术工人评价选拔制度。探索实现职业技能等级证书和学历证书互通衔接。加强公共卫生队伍建设，健全执业人员培养、准入、使用、待遇保障、考核评价和激励机制。

（十）加大人才引进力度。畅通海外科学家来华工作通道。在职业资格认定认可、子女教育、商业医疗保险以及在中国境内停留、居留等方面，为外籍高层次人才来华创新创业提供便利。

四、推进资本要素市场化配置

（十一）完善股票市场基础制度。制定出台完善股票市场基础制度的意见。坚持市场化、法治化改革方向，改革完善股票市场发行、交易、退市等制度。鼓励和引导上市公司现金分红。完善投资者保护制度，推动完善具有中国特色的证券民事诉讼制度。完善主板、科创板、中小企业板、创业板和全国中小企业股份转

让系统（新三板）市场建设。

（十二）加快发展债券市场。稳步扩大债券市场规模，丰富债券市场品种，推进债券市场互联互通。统一公司信用类债券信息披露标准，完善债券违约处置机制。探索对公司信用类债券实行发行注册管理制。加强债券市场评级机构统一准入管理，规范信用评级行业发展。

（十三）增加有效金融服务供给。健全多层次资本市场体系。构建多层次、广覆盖、有差异、大中小合理分工的银行机构体系，优化金融资源配置，放宽金融服务业市场准入，推动信用信息深度开发利用，增加服务小微企业和民营企业的金融服务供给。建立县域银行业金融机构服务"三农"的激励约束机制。推进绿色金融创新。完善金融机构市场化法治化退出机制。

（十四）主动有序扩大金融业对外开放。稳步推进人民币国际化和人民币资本项目可兑换。逐步推进证券、基金行业对内对外双向开放，有序推进期货市场对外开放。逐步放宽外资金融机构准入条件，推进境内金融机构参与国际金融市场交易。

五、加快发展技术要素市场

（十五）健全职务科技成果产权制度。深化科技成果使用权、处置权和收益权改革，开展赋予科研人员职务科技成果所有权或长期使用权试点。强化知识产权保护和运用，支持重大技术装备、重点新材料等领域的自主知识产权市场化运营。

（十六）完善科技创新资源配置方式。改革科研项目立项和组织实施方式，坚持目标引领，强化成果导向，建立健全多元化支持机制。完善专业机构管理项目机制。加强科技成果转化中试基地建设。支持有条件的企业承担国家重大科技项目。建立市场化社会化的科研成果评价制度，修订技术合同认定规则及科技成果登记管理办法。建立健全科技成果常态化路演和科技创新咨询制度。

（十七）培育发展技术转移机构和技术经理人。加强国家技术转移区域中心建设。支持科技企业与高校、科研机构合作建立技术研发中心、产业研究院、中试基地等新型研发机构。积极推进科研院所分类改革，加快推进应用技术类科研院所市场化、企业化发展。支持高校、科研机构和科技企业设立技术转移部门。建立国家技术转移人才培养体系，提高技术转移专业服务能力。

（十八）促进技术要素与资本要素融合发展。积极探索通过天使投资、创业投资、知识产权证券化、科技保险等方式推动科技成果资本化。鼓励商业银行采用知识产权质押、预期收益质押等融资方式，为促进技术转移转化提供更多金融产品服务。

（十九）支持国际科技创新合作。深化基础研究国际合作，组织实施国际科技创新合作重点专项，探索国际科技创新合作新模式，扩大科技领域对外开放。加大抗病毒药物及疫苗研发国际合作力度。开展创新要素跨境便利流动试点，发展离岸创新创业，探索推动外籍科学家领衔承担政府支持科技项目。发展技术贸易，促进技术进口来源多元化，扩大技术出口。

六、加快培育数据要素市场

（二十）推进政府数据开放共享。优化经济治理基础数据库，加快推动各地区各部门间数据共享交换，制定出台新一批数据共享责任清单。研究建立促进企业登记、交通运输、气象等公共数据开放和数据资源有效流动的制度规范。

（二十一）提升社会数据资源价值。培育数字经济新产业、新业态和新模式，支持构建农业、工业、交通、教育、安防、城市管理、公共资源交易等领域规范化数据开发利用的场景。发挥行业协会商会作用，推动人工智能、可穿戴设备、车联网、物联网等领域数据采集标准化。

（二十二）加强数据资源整合和安全保护。探索建立统一规范的数据管理制度，提高数据质量和规范性，丰富数据产品。研究根据数据性质完善产权性质。制定数据隐私保护制度和安全审查制度。推动完善适用于大数据环境下的数据分类分级安全保护制度，加强对政务数据、企业商业秘密和个人数据的保护。

七、加快要素价格市场化改革

（二十三）完善主要由市场决定要素价格机制。完善城乡基准地价、标定地价的制定与发布制度，逐步形成与市场价格挂钩动态调整机制。健全最低工资标准调整、工资集体协商和企业薪酬调查制度。深化国有企业工资决定机制改革，完善事业单位岗位绩效工资制度。建立公务员和企业相当人员工资水平调查比较制度，落实并完善工资正常调整机制。稳妥推进存贷款基准利率与市场利率并轨，提高债券市场定价效率，健全反映市场供求关系的国债收益率曲线，更好发挥国债收益率曲线定价基准作用。增强人民币汇率弹性，保持人民币汇率在合理均衡水平上的基本稳定。

（二十四）加强要素价格管理和监督。引导市场主体依法合理行使要素定价自主权，推动政府定价机制由制定具体价格水平向制定定价规则转变。构建要素价格公示和动态监测预警体系，逐步建立要素价格调查和信息发布制度。完善要素市场价格异常波动调节机制。加强要素领域价格反垄断工作，维护要素市场价格秩序。

（二十五）健全生产要素由市场评价贡献、按贡献决定报酬的机制。着重保护劳动所得，增加劳动者特别是一线劳动者劳动报酬，提高劳动报酬在初次分配中的比重。全面贯彻落实以增加知识价值为导向的收入分配政策，充分尊重科研、技术、管理人才，充分体现技术、知识、管理、数据等要素的价值。

八、健全要素市场运行机制

（二十六）健全要素市场化交易平台。拓展公共资源交易平台功能。健全科技成果交易平台，完善技术成果转化公开交易与监管体系。引导培育大数据交易市场，依法合规开展数据交易。支持各类所有制企业参与要素交易平台建设，规范要素交易平台治理，健全要素交易信息披露制度。

（二十七）完善要素交易规则和服务。研究制定土地、技术市场交易管理制度。建立健全数据产权交易和行业自律机制。推进全流程电子化交易。推进实物资产证券化。鼓励要素交易平台与各类金融机构、中介机构合作，形成涵盖产权界定、价格评估、流转交易、担保、保险等业务的综合服务体系。

（二十八）提升要素交易监管水平。打破地方保护，加强反垄断和反不正当竞争执法，规范交易行为，健全投诉举报查处机制，防止发生损害国家安全及公共利益的行为。加强信用体系建设，完善失信行为认定、失信联合惩戒、信用修复等机制。健全交易风险防范处置机制。

（二十九）增强要素应急配置能力。把要素的应急管理和配置作为国家应急管理体系建设的重要内容，适应应急物资生产调配和应急管理需要，建立对相关生产要素的紧急调拨、采购等制度，提高应急状态下的

要素高效协同配置能力。鼓励运用大数据、人工智能、云计算等数字技术，在应急管理、疫情防控、资源调配、社会管理等方面更好发挥作用。

九、组织保障

（三十）加强组织领导。各地区各部门要充分认识完善要素市场化配置的重要性，切实把思想和行动统一到党中央、国务院决策部署上来，明确职责分工，完善工作机制，落实工作责任，研究制定出台配套政策措施，确保本意见确定的各项重点任务落到实处。

（三十一）营造良好改革环境。深化"放管服"改革，强化竞争政策基础地位，打破行政性垄断、防止市场垄断，清理废除妨碍统一市场和公平竞争的各种规定和做法，进一步减少政府对要素的直接配置。深化国有企业和国有金融机构改革，完善法人治理结构，确保各类所有制企业平等获取要素。

（三十二）推动改革稳步实施。在维护全国统一大市场的前提下，开展要素市场化配置改革试点示范。及时总结经验，认真研究改革中出现的新情况新问题，对不符合要素市场化配置改革的相关法律法规，要按程序抓紧推动调整完善。

国务院应对新型冠状病毒感染肺炎疫情联防联控机制关于做好新冠肺炎疫情常态化防控工作的指导意见

（国发明电〔2020〕14号）

各省、自治区、直辖市人民政府，国务院各部委、各直属机构：

在以习近平同志为核心的党中央坚强领导下，经过全国上下艰苦努力，我国新冠肺炎疫情防控向好态势进一步巩固，防控工作已从应急状态转为常态化。按照党中央关于抓紧抓实抓细常态化疫情防控工作的决策部署，为全面落实"外防输入、内防反弹"的总体防控策略，坚持及时发现、快速处置、精准管控、有效救治，有力保障人民群众生命安全和身体健康，有力保障经济社会秩序全面恢复，经中央应对新型冠状病毒感染肺炎疫情工作领导小组同意，现提出以下意见。

一、坚持预防为主

1. 科学佩戴口罩。在人员密集的封闭场所、与他人小于1米距离接触时佩戴口罩。医疗机构工作人员，在密闭公共场所工作的营业员、保安员、保洁员、司乘人员、客运场站服务人员、警察等人员以及就医人员等要佩戴口罩。

2. 减少人员聚集。注意保持1米以上的社交距离。减少非必要的聚集性活动，减少参加聚集性活动的人员。尽量不前往人员聚集场所尤其是密闭式场所。

3. 加强通风消毒。室内经常开窗通风，保持空气流通。公共场所、场站码头、公共交通工具要落实日常清洁、消毒等卫生措施。

4. 提高健康素养。养成"一米线"、勤洗手、戴口罩、公筷制等卫生习惯和生活方式。咳嗽、打喷嚏时注意遮挡。

二、落实"四早"措施

5. 及时发现。落实公共场所体温检测措施，加强预检分诊和发热门诊排查，做到对确诊病例、疑似病例、无症状感染者的"早发现"，并按要求"早报告"，不得瞒报、漏报、迟报。

6. 快速处置。24小时内完成流行病学调查，充分发挥大数据等优势，尽快彻底查明可能的感染源，做好对密切接触者的判定和追踪管理。落实"早隔离"措施，及时对确诊病例、疑似病例进行隔离治疗，对无

症状感染者、密切接触者实行 14 天集中隔离医学观察。对可能的污染场所全面终末消毒。

7. 精准管控。依法依规、科学划定防控区域范围至最小单元（如楼栋、病区、居民小区、自然村组等），果断采取限制人员聚集性活动、封锁等措施，切断传播途径，尽最大可能降低感染风险。及时公布防控区域相关信息。

8. 有效救治。指定定点收治医院，落实"早治疗"措施，加强中西医结合治疗。及时有效全面收治轻症患者，减少向重症转化。坚持"四集中"，对重症患者实施多学科救治，最大限度提高治愈率、降低病亡率。患者治愈出院后，继续集中或居家隔离医学观察 14 天。

三、突出重点环节

9. 重点场所防控。按照相关技术指南，在落实防控措施前提下，全面开放商场、超市、宾馆、餐馆等生活场所；采取预约、限流等方式，开放公园、旅游景点、运动场所，图书馆、博物馆、美术馆等室内场馆，以及影剧院、游艺厅等密闭式娱乐休闲场所，可举办各类必要的会议、会展活动等。

10. 重点机构防控。做好养老机构、福利院、监所、精神卫生医疗机构等风险防范，落实人员进出管理、人员防护、健康监测、消毒等防控措施。养老机构内设医务室、护理站等医疗服务机构的，不得超出医疗许可服务范围对外服务。医疗机构举办养老机构或与养老机构毗邻的，应按照医疗机构分区管理要求开展交叉感染评估，评估有风险的应采取必要的控制措施。

11. 重点人群防控。指导老年人、儿童、孕产妇、残疾人、严重慢性病患者等重点人群做好个人防护，并开展心理疏导和关爱帮扶等工作。

12. 医疗机构防控。加强院内感染防控，推广分时段预约诊疗，严格落实医疗机构分区管理要求，及时排查风险并采取处置措施，严格探视和陪护管理，避免交叉感染。严格预检分诊和发热门诊工作流程，强化防控措施。落实医务人员防护措施，加强对医务人员的健康管理和监测。

13. 校园防控。实行教职员工和学生健康情况"日报告"、"零报告"制度。做好健康提示、健康管理和教室通风、消毒等工作，落实入学入托晨（午）检、因病缺课（勤）病因追查和登记等防控措施。

14. 社区防控。加强基层社区网格化管理，发挥社区志愿者作用。做好健康教育、环境卫生治理、出租房屋和集体宿舍管理、外来人员管理等工作。出现疫情的社区要加强密切接触者排查和隔离管理、终末消毒等工作，必要时采取限制人员聚集性活动、封闭式管理等措施。

四、强化支撑保障

15. 扩大检测范围。各地可根据疫情防控工作需要和检测能力，进行科学评估，对密切接触者、境外入境人员、发热门诊患者、新住院患者及陪护人员、医疗机构工作人员、口岸检疫和边防检查人员、监所工作人员、社会福利养老机构工作人员等重点人群"应检尽检"。对其他人群实施"愿检尽检"。人群相对密集、流动性较大地区和边境口岸等重点地区县区级及以上疾控机构、二级及以上医院要着力加强核酸检测能力建设；鼓励有资质的社会检测机构提供检测服务，扩大商业化应用。"应检尽检"所需费用由各地政府承担，"愿检尽检"所需费用由企事业单位或个人承担；检测收费标准由各地物价部门确定并公示。各地要及时公布检测机构名单。

16. 发挥大数据作用。依托全国一体化政务服务平台，全面推动各地落实"健康码"互通互认"一码通行"，及时将核酸和血清抗体检测结果、重点人员等信息共享到"健康码"数据库，推进人员安全有序流动。做好全国一体化政务服务平台"防疫健康信息码"入境人员版的推广应用，加强入境人员闭环管理。

17. 强化科研与国际合作。推进疫苗、药物科技攻关和病毒变异、免疫策略等研究。加快检测试剂和设备研发，提高灵敏度、特异性、简便性，进一步提升检测能力、缩短检测时间。加强与世界卫生组织等国际组织、有关国家的信息共享、技术交流和防控合作。

五、加强组织领导

18. 落实党委和政府责任。各地党委和政府要落实属地责任，加强组织领导，坚持依法防控、科学防控、联防联控，加大经费投入，加强医疗物资动态储备，提升防控和应急处置能力，严格落实常态化防控各项措施要求。国务院各有关部门要落实主管责任，继续加强联防联控、统筹调度，强化对各地常态化防控工作的指导和支持。

19. 落实企事业单位责任。各企事业单位要落实主体责任，严格执行疫情防控规定，健全防控工作责任制和管理制度，制定完善应急预案。

20. 动态调整风险等级和应急响应级别。各地要按照分区分级标准，依据本地疫情形势，动态调整风险等级和应急响应级别。要因地制宜、因时制宜，不断完善疫情防控应急预案和各项配套工作方案，一旦发生疫情，及时采取应急处置措施，实施精准防控。

境外疫情输入防控在落实常态化防控工作的同时，按照中央关于做好防控境外疫情输入工作的指导意见实施。

国务院应对新型冠状病毒感染肺炎
疫情联防联控机制
2020 年 5 月 7 日

中共中央 国务院
关于新时代加快完善社会主义市场经济体制的意见

（2020年5月11日）

　　社会主义市场经济体制是中国特色社会主义的重大理论和实践创新，是社会主义基本经济制度的重要组成部分。改革开放特别是党的十八大以来，我国坚持全面深化改革，充分发挥经济体制改革的牵引作用，不断完善社会主义市场经济体制，极大调动了亿万人民的积极性，极大促进了生产力发展，极大增强了党和国家的生机活力，创造了世所罕见的经济快速发展奇迹。同时要看到，中国特色社会主义进入新时代，社会主要矛盾发生变化，经济已由高速增长阶段转向高质量发展阶段，与这些新形势新要求相比，我国市场体系还不健全、市场发育还不充分，政府和市场的关系没有完全理顺，还存在市场激励不足、要素流动不畅、资源配置效率不高、微观经济活力不强等问题，推动高质量发展仍存在不少体制机制障碍，必须进一步解放思想，坚定不移深化市场化改革，扩大高水平开放，不断在经济体制关键性基础性重大改革上突破创新。为贯彻落实党的十九大和十九届四中全会关于坚持和完善社会主义基本经济制度的战略部署，在更高起点、更高层次、更高目标上推进经济体制改革及其他各方面体制改革，构建更加系统完备、更加成熟定型的高水平社会主义市场经济体制，现提出如下意见。

一、总体要求

　　（一）指导思想。以习近平新时代中国特色社会主义思想为指导，全面贯彻党的十九大和十九届二中、三中、四中全会精神，坚决贯彻党的基本理论、基本路线、基本方略，统筹推进"五位一体"总体布局和协调推进"四个全面"战略布局，坚持稳中求进工作总基调，坚持新发展理念，坚持以供给侧结构性改革为主线，坚持以人民为中心的发展思想，坚持和完善社会主义基本经济制度，以完善产权制度和要素市场化配置为重点，全面深化经济体制改革，加快完善社会主义市场经济体制，建设高标准市场体系，实现产权有效激励、要素自由流动、价格反应灵活、竞争公平有序、企业优胜劣汰，加强和改善制度供给，推进国家治理体系和治理能力现代化，推动生产关系同生产力、上层建筑同经济基础相适应，促进更高质量、更有效率、更加公平、更可持续的发展。

　　（二）基本原则

　　——坚持以习近平新时代中国特色社会主义经济思想为指导。坚持和加强党的全面领导，坚持和完善中国特色社会主义制度，强化问题导向，把握正确改革策略和方法，持续优化经济治理方式，着力构建市场机制有效、微观主体有活力、宏观调控有度的经济体制，使中国特色社会主义制度更加巩固、优越性充分体现。

——坚持解放和发展生产力。牢牢把握社会主义初级阶段这个基本国情，牢牢扭住经济建设这个中心，发挥经济体制改革牵引作用，协同推进政治、文化、社会、生态文明等领域改革，促进改革发展高效联动，进一步解放和发展社会生产力，不断满足人民日益增长的美好生活需要。

——坚持和完善社会主义基本经济制度。坚持和完善公有制为主体、多种所有制经济共同发展，按劳分配为主体、多种分配方式并存，社会主义市场经济体制等社会主义基本经济制度，把中国特色社会主义制度与市场经济有机结合起来，为推动高质量发展、建设现代化经济体系提供重要制度保障。

——坚持正确处理政府和市场关系。坚持社会主义市场经济改革方向，更加尊重市场经济一般规律，最大限度减少政府对市场资源的直接配置和对微观经济活动的直接干预，充分发挥市场在资源配置中的决定性作用，更好发挥政府作用，有效弥补市场失灵。

——坚持以供给侧结构性改革为主线。更多采用改革的办法，更多运用市场化法治化手段，在巩固、增强、提升、畅通上下功夫，加大结构性改革力度，创新制度供给，不断增强经济创新力和竞争力，适应和引发有效需求，促进更高水平的供需动态平衡。

——坚持扩大高水平开放和深化市场化改革互促共进。坚定不移扩大开放，推动由商品和要素流动型开放向规则等制度型开放转变，吸收借鉴国际成熟市场经济制度经验和人类文明有益成果，加快国内制度规则与国际接轨，以高水平开放促进深层次市场化改革。

二、坚持公有制为主体、多种所有制经济共同发展，增强微观主体活力

毫不动摇巩固和发展公有制经济，毫不动摇鼓励、支持、引导非公有制经济发展，探索公有制多种实现形式，支持民营企业改革发展，培育更多充满活力的市场主体。

（一）推进国有经济布局优化和结构调整。坚持有进有退、有所为有所不为，推动国有资本更多投向关系国计民生的重要领域和关系国家经济命脉、科技、国防、安全等领域，服务国家战略目标，增强国有经济竞争力、创新力、控制力、影响力、抗风险能力，做强做优做大国有资本，有效防止国有资产流失。对处于充分竞争领域的国有经济，通过资本化、证券化等方式优化国有资本配置，提高国有资本收益。进一步完善和加强国有资产监管，有效发挥国有资本投资、运营公司功能作用，坚持一企一策，成熟一个推动一个，运行一个成功一个，盘活存量国有资本，促进国有资产保值增值。

（二）积极稳妥推进国有企业混合所有制改革。在深入开展重点领域混合所有制改革试点基础上，按照完善治理、强化激励、突出主业、提高效率要求，推进混合所有制改革，规范有序发展混合所有制经济。对充分竞争领域的国家出资企业和国有资本运营公司出资企业，探索将部分国有股权转化为优先股，强化国有资本收益功能。支持符合条件的混合所有制企业建立骨干员工持股、上市公司股权激励、科技型企业股权和分红激励等中长期激励机制。深化国有企业改革，加快完善国有企业法人治理结构和市场化经营机制，健全经理层任期制和契约化管理，完善中国特色现代企业制度。对混合所有制企业，探索建立有别于国有独资、全资公司的治理机制和监管制度。对国有资本不再绝对控股的混合所有制企业，探索实施更加灵活高效的监管制度。

（三）稳步推进自然垄断行业改革。深化以政企分开、政资分开、特许经营、政府监管为主要内容的改

革，提高自然垄断行业基础设施供给质量，严格监管自然垄断环节，加快实现竞争性环节市场化，切实打破行政性垄断，防止市场垄断。构建有效竞争的电力市场，有序放开发用电计划和竞争性环节电价，提高电力交易市场化程度。推进油气管网对市场主体公平开放，适时放开天然气气源和销售价格，健全竞争性油气流通市场。深化铁路行业改革，促进铁路运输业务市场主体多元化和适度竞争。实现邮政普遍服务业务与竞争性业务分业经营。完善烟草专卖专营体制，构建适度竞争新机制。

（四）营造支持非公有制经济高质量发展的制度环境。健全支持民营经济、外商投资企业发展的市场、政策、法治和社会环境，进一步激发活力和创造力。在要素获取、准入许可、经营运行、政府采购和招投标等方面对各类所有制企业平等对待，破除制约市场竞争的各类障碍和隐性壁垒，营造各种所有制主体依法平等使用资源要素、公开公平公正参与竞争、同等受到法律保护的市场环境。完善支持非公有制经济进入电力、油气等领域的实施细则和具体办法，大幅放宽服务业领域市场准入，向社会资本释放更大发展空间。健全支持中小企业发展制度，增加面向中小企业的金融服务供给，支持发展民营银行、社区银行等中小金融机构。完善民营企业融资增信支持体系。健全民营企业直接融资支持制度。健全清理和防止拖欠民营企业中小企业账款长效机制，营造有利于化解民营企业之间债务问题的市场环境。完善构建亲清政商关系的政策体系，建立规范化机制化政企沟通渠道，鼓励民营企业参与实施重大国家战略。

三、夯实市场经济基础性制度，保障市场公平竞争

建设高标准市场体系，全面完善产权、市场准入、公平竞争等制度，筑牢社会主义市场经济有效运行的体制基础。

（一）全面完善产权制度。健全归属清晰、权责明确、保护严格、流转顺畅的现代产权制度，加强产权激励。完善以管资本为主的经营性国有资产产权管理制度，加快转变国资监管机构职能和履职方式。健全自然资源资产产权制度。健全以公平为原则的产权保护制度，全面依法平等保护民营经济产权，依法严肃查处各类侵害民营企业合法权益的行为。落实农村第二轮土地承包到期后再延长30年政策，完善农村承包地"三权分置"制度。深化农村集体产权制度改革，完善产权权能，将经营性资产折股量化到集体经济组织成员，创新农村集体经济有效组织形式和运行机制，完善农村基本经营制度。完善和细化知识产权创造、运用、交易、保护制度规则，加快建立知识产权侵权惩罚性赔偿制度，加强企业商业秘密保护，完善新领域新业态知识产权保护制度。

（二）全面实施市场准入负面清单制度。推行"全国一张清单"管理模式，维护清单的统一性和权威性。建立市场准入负面清单动态调整机制和第三方评估机制，以服务业为重点试点进一步放宽准入限制。建立统一的清单代码体系，使清单事项与行政审批体系紧密衔接、相互匹配。建立市场准入负面清单信息公开机制，提升准入政策透明度和负面清单使用便捷性。建立市场准入评估制度，定期评估、排查、清理各类显性和隐性壁垒，推动"非禁即入"普遍落实。改革生产许可制度。

（三）全面落实公平竞争审查制度。完善竞争政策框架，建立健全竞争政策实施机制，强化竞争政策基础地位。强化公平竞争审查的刚性约束，修订完善公平竞争审查实施细则，建立公平竞争审查抽查、考核、公示制度，建立健全第三方审查和评估机制。统筹做好增量审查和存量清理，逐步清理废除妨碍全国统一市场和公平竞争的存量政策。建立违反公平竞争问题反映和举报绿色通道。加强和改进反垄断和反不正当竞争执法，加大执法力度，提高违法成本。培育和弘扬公平竞争文化，进一步营造公平竞争的社会环境。

四、构建更加完善的要素市场化配置体制机制，进一步激发全社会创造力和市场活力

以要素市场化配置改革为重点，加快建设统一开放、竞争有序的市场体系，推进要素市场制度建设，实现要素价格市场决定、流动自主有序、配置高效公平。

（一）建立健全统一开放的要素市场。加快建设城乡统一的建设用地市场，建立同权同价、流转顺畅、收益共享的农村集体经营性建设用地入市制度。探索农村宅基地所有权、资格权、使用权"三权分置"，深化农村宅基地改革试点。深化户籍制度改革，放开放宽除个别超大城市外的城市落户限制，探索实行城市群内户口通迁、居住证互认制度。推动公共资源由按城市行政等级配置向按实际服务管理人口规模配置转变。加快建立规范、透明、开放、有活力、有韧性的资本市场，加强资本市场基础制度建设，推动以信息披露为核心的股票发行注册制改革，完善强制退市和主动退市制度，提高上市公司质量，强化投资者保护。探索实行公司信用类债券发行注册管理制。构建与实体经济结构和融资需求相适应、多层次、广覆盖、有差异的银行体系。加快培育发展数据要素市场，建立数据资源清单管理机制，完善数据权属界定、开放共享、交易流通等标准和措施，发挥社会数据资源价值。推进数字政府建设，加强数据有序共享，依法保护个人信息。

（二）推进要素价格市场化改革。健全主要由市场决定价格的机制，最大限度减少政府对价格形成的不当干预。完善城镇建设用地价格形成机制和存量土地盘活利用政策，推动实施城镇低效用地再开发，在符合国土空间规划前提下，推动土地复合开发利用、用途合理转换。深化利率市场化改革，健全基准利率和市场化利率体系，更好发挥国债收益率曲线定价基准作用，提升金融机构自主定价能力。完善人民币汇率市场化形成机制，增强双向浮动弹性。加快全国技术交易平台建设，积极发展科技成果、专利等资产评估服务，促进技术要素有序流动和价格合理形成。

（三）创新要素市场化配置方式。缩小土地征收范围，严格界定公共利益用地范围，建立土地征收目录和公共利益用地认定机制。推进国有企事业单位改革改制土地资产处置，促进存量划拨土地盘活利用。健全工业用地多主体多方式供地制度，在符合国土空间规划前提下，探索增加混合产业用地供给。促进劳动力、人才社会性流动，完善企事业单位人才流动机制，畅通人才跨所有制流动渠道。抓住全球人才流动新机遇，构建更加开放的国际人才交流合作机制。

（四）推进商品和服务市场提质增效。推进商品市场创新发展，完善市场运行和监管规则，全面推进重要产品信息化追溯体系建设，建立打击假冒伪劣商品长效机制。构建优势互补、协作配套的现代服务市场体系。深化流通体制改革，加强全链条标准体系建设，发展"互联网 + 流通"，降低全社会物流成本。强化消费者权益保护，探索建立集体诉讼制度。

五、创新政府管理和服务方式，完善宏观经济治理体制

完善政府经济调节、市场监管、社会管理、公共服务、生态环境保护等职能，创新和完善宏观调控，进一步提高宏观经济治理能力。

（一）构建有效协调的宏观调控新机制。加快建立与高质量发展要求相适应、体现新发展理念的宏观调控目标体系、政策体系、决策协调体系、监督考评体系和保障体系。健全以国家发展规划为战略导向，以财政政策、货币政策和就业优先政策为主要手段，投资、消费、产业、区域等政策协同发力的宏观调控制度体系，增强宏观调控前瞻性、针对性、协同性。完善国家重大发展战略和中长期经济社会发展规划制度。科学

稳健把握宏观政策逆周期调节力度，更好发挥财政政策对经济结构优化升级的支持作用，健全货币政策和宏观审慎政策双支柱调控框架。实施就业优先政策，发挥民生政策兜底功能。完善促进消费的体制机制，增强消费对经济发展的基础性作用。深化投融资体制改革，发挥投资对优化供给结构的关键性作用。加强国家经济安全保障制度建设，构建国家粮食安全和战略资源能源储备体系。优化经济治理基础数据库。强化经济监测预测预警能力，充分利用大数据、人工智能等新技术，建立重大风险识别和预警机制，加强社会预期管理。

（二）加快建立现代财税制度。优化政府间事权和财权划分，建立权责清晰、财力协调、区域均衡的中央和地方财政关系，形成稳定的各级政府事权、支出责任和财力相适应的制度。适当加强中央在知识产权保护、养老保险、跨区域生态环境保护等方面事权，减少并规范中央和地方共同事权。完善标准科学、规范透明、约束有力的预算制度，全面实施预算绩效管理，提高财政资金使用效率。依法构建管理规范、责任清晰、公开透明、风险可控的政府举债融资机制，强化监督问责。清理规范地方融资平台公司，剥离政府融资职能。深化税收制度改革，完善直接税制度并逐步提高其比重。研究将部分品目消费税征收环节后移。建立和完善综合与分类相结合的个人所得税制度。稳妥推进房地产税立法。健全地方税体系，调整完善地方税税制，培育壮大地方税税源，稳步扩大地方税管理权。

（三）强化货币政策、宏观审慎政策和金融监管协调。建设现代中央银行制度，健全中央银行货币政策决策机制，完善基础货币投放机制，推动货币政策从数量型调控为主向价格型调控为主转型。建立现代金融监管体系，全面加强宏观审慎管理，强化综合监管，突出功能监管和行为监管，制定交叉性金融产品监管规则。加强薄弱环节金融监管制度建设，消除监管空白，守住不发生系统性金融风险底线。依法依规界定中央和地方金融监管权责分工，强化地方政府属地金融监管职责和风险处置责任。建立健全金融消费者保护基本制度。有序实现人民币资本项目可兑换，稳步推进人民币国际化。

（四）全面完善科技创新制度和组织体系。加强国家创新体系建设，编制新一轮国家中长期科技发展规划，强化国家战略科技力量，构建社会主义市场经济条件下关键核心技术攻关新型举国体制，使国家科研资源进一步聚焦重点领域、重点项目、重点单位。健全鼓励支持基础研究、原始创新的体制机制，在重要领域适度超前布局建设国家重大科技基础设施，研究建立重大科技基础设施建设运营多元投入机制，支持民营企业参与关键领域核心技术创新攻关。建立健全应对重大公共事件科研储备和支持体系。改革完善中央财政科技计划形成机制和组织实施机制，更多支持企业承担科研任务，激励企业加大研发投入，提高科技创新绩效。建立以企业为主体、市场为导向、产学研深度融合的技术创新体系，支持大中小企业和各类主体融通创新，创新促进科技成果转化机制，完善技术成果转化公开交易与监管体系，推动科技成果转化和产业化。完善科技人才发现、培养、激励机制，健全符合科研规律的科技管理体制和政策体系，改进科技评价体系，试点赋予科研人员职务科技成果所有权或长期使用权。

（五）完善产业政策和区域政策体系。推动产业政策向普惠化和功能性转型，强化对技术创新和结构升级的支持，加强产业政策和竞争政策协同。健全推动发展先进制造业、振兴实体经济的体制机制。建立市场化法治化化解过剩产能长效机制，健全有利于促进市场化兼并重组、转型升级的体制和政策。构建区域协调发展新机制，完善京津冀协同发展、长江经济带发展、长江三角洲区域一体化发展、粤港澳大湾区建设、黄河流域生态保护和高质量发展等国家重大区域战略推进实施机制，形成主体功能明显、优势互补、高质量发展的区域经济布局。健全城乡融合发展体制机制。

（六）以一流营商环境建设为牵引持续优化政府服务。深入推进"放管服"改革，深化行政审批制度改革，进一步精简行政许可事项，对所有涉企经营许可事项实行"证照分离"改革，大力推进"照后减证"。

全面开展工程建设项目审批制度改革。深化投资审批制度改革，简化、整合投资项目报建手续，推进投资项目承诺制改革，依托全国投资项目在线审批监管平台加强事中事后监管。创新行政管理和服务方式，深入开展"互联网＋政务服务"，加快推进全国一体化政务服务平台建设。建立健全运用互联网、大数据、人工智能等技术手段进行行政管理的制度规则。落实《优化营商环境条例》，完善营商环境评价体系，适时在全国范围开展营商环境评价，加快打造市场化、法治化、国际化营商环境。

（七）构建适应高质量发展要求的社会信用体系和新型监管机制。完善诚信建设长效机制，推进信用信息共享，建立政府部门信用信息向市场主体有序开放机制。健全覆盖全社会的征信体系，培育具有全球话语权的征信机构和信用评级机构。实施"信易＋"工程。完善失信主体信用修复机制。建立政务诚信监测治理体系，建立健全政府失信责任追究制度。严格市场监管、质量监管、安全监管，加强违法惩戒。加强市场监管改革创新，健全以"双随机、一公开"监管为基本手段、以重点监管为补充、以信用监管为基础的新型监管机制。以食品安全、药品安全、疫苗安全为重点，健全统一权威的全过程食品药品安全监管体系。完善网络市场规制体系，促进网络市场健康发展。健全对新业态的包容审慎监管制度。

六、坚持和完善民生保障制度，促进社会公平正义

坚持按劳分配为主体、多种分配方式并存，优化收入分配格局，健全可持续的多层次社会保障体系，让改革发展成果更多更公平惠及全体人民。

（一）健全体现效率、促进公平的收入分配制度。坚持多劳多得，着重保护劳动所得，增加劳动者特别是一线劳动者劳动报酬，提高劳动报酬在初次分配中的比重，在经济增长的同时实现居民收入同步增长，在劳动生产率提高的同时实现劳动报酬同步提高。健全劳动、资本、土地、知识、技术、管理、数据等生产要素由市场评价贡献、按贡献决定报酬的机制。完善企业薪酬调查和信息发布制度，健全最低工资标准调整机制。推进高校、科研院所薪酬制度改革，扩大工资分配自主权。鼓励企事业单位对科研人员等实行灵活多样的分配形式。健全以税收、社会保障、转移支付等为主要手段的再分配调节机制。完善第三次分配机制，发展慈善等社会公益事业。多措并举促进城乡居民增收，缩小收入分配差距，扩大中等收入群体。

（二）完善覆盖全民的社会保障体系。健全统筹城乡、可持续的基本养老保险制度、基本医疗保险制度，稳步提高保障水平。实施企业职工基本养老保险基金中央调剂制度，尽快实现养老保险全国统筹，促进基本养老保险基金长期平衡。全面推开中央和地方划转部分国有资本充实社保基金工作。大力发展企业年金、职业年金、个人储蓄性养老保险和商业养老保险。深化医药卫生体制改革，完善统一的城乡居民医保和大病保险制度，健全基本医保筹资和待遇调整机制，持续推进医保支付方式改革，加快落实异地就医结算制度。完善失业保险制度。开展新业态从业人员职业伤害保障试点。统筹完善社会救助、社会福利、慈善事业、优抚安置等制度。加强社会救助资源统筹，完善基本民生保障兜底机制。加快建立多主体供给、多渠道保障、租购并举的住房制度，改革住房公积金制度。

（三）健全国家公共卫生应急管理体系。强化公共卫生法治保障，完善公共卫生领域相关法律法规。把生物安全纳入国家安全体系，系统规划国家生物安全风险防控和治理体系建设，全面提高国家生物安全治理能力。健全公共卫生服务体系，优化医疗卫生资源投入结构，加强农村、社区等基层防控能力建设。完善优化重大疫情救治体系，建立健全分级、分层、分流的传染病等重大疫情救治机制。完善突发重特大疫情防控规范和应急救治管理办法。健全重大疾病医疗保险和救助制度，完善应急医疗救助机制。探索建立特殊群体、

特定疾病医药费豁免制度。健全统一的应急物资保障体系，优化重要应急物资产能保障和区域布局，健全国家储备体系，完善储备品类、规模、结构，提升储备效能。

七、建设更高水平开放型经济新体制，以开放促改革促发展

实行更加积极主动的开放战略，全面对接国际高标准市场规则体系，实施更大范围、更宽领域、更深层次的全面开放。

（一）以"一带一路"建设为重点构建对外开放新格局。坚持互利共赢的开放战略，推动共建"一带一路"走深走实和高质量发展，促进商品、资金、技术、人员更大范围流通，依托各类开发区发展高水平经贸产业合作园区，加强市场、规则、标准方面的软联通，强化合作机制建设。加大西部和沿边地区开放力度，推进西部陆海新通道建设，促进东中西互动协同开放，加快形成陆海内外联动、东西双向互济的开放格局。

（二）加快自由贸易试验区、自由贸易港等对外开放高地建设。深化自由贸易试验区改革，在更大范围复制推广改革成果。建设好中国（上海）自由贸易试验区临港新片区，赋予其更大的自主发展、自主改革和自主创新管理权限。聚焦贸易投资自由化便利化，稳步推进海南自由贸易港建设。

（三）健全高水平开放政策保障机制。推进贸易高质量发展，拓展对外贸易多元化，提升一般贸易出口产品附加值，推动加工贸易产业链升级和服务贸易创新发展。办好中国国际进口博览会，更大规模增加商品和服务进口，降低关税总水平，努力消除非关税贸易壁垒，大幅削减进出口环节制度性成本，促进贸易平衡发展。推动制造业、服务业、农业扩大开放，在更多领域允许外资控股或独资经营，全面取消外资准入负面清单之外的限制。健全外商投资准入前国民待遇加负面清单管理制度，推动规则、规制、管理、标准等制度型开放。健全外商投资国家安全审查、反垄断审查、国家技术安全清单管理、不可靠实体清单等制度。健全促进对外投资政策和服务体系。全面实施外商投资法及其实施条例，促进内外资企业公平竞争，建立健全外资企业投诉工作机制，保护外资合法权益。创新对外投资方式，提升对外投资质量。推进国际产能合作，积极开展第三方市场合作。

（四）积极参与全球经济治理体系变革。维护完善多边贸易体制，维护世界贸易组织在多边贸易体制中的核心地位，积极推动和参与世界贸易组织改革，积极参与多边贸易规则谈判，推动贸易和投资自由化便利化，推动构建更高水平的国际经贸规则。加快自由贸易区建设，推动构建面向全球的高标准自由贸易区网络。依托共建"一带一路"倡议及联合国、上海合作组织、金砖国家、二十国集团、亚太经合组织等多边和区域次区域合作机制，积极参与全球经济治理和公共产品供给，构建全球互联互通伙伴关系，加强与相关国家、国际组织的经济发展倡议、规划和标准的对接。推动国际货币基金组织份额与治理改革以及世界银行投票权改革。积极参与国际宏观经济政策沟通协调及国际经济治理体系改革和建设，提出更多中国倡议、中国方案。

八、完善社会主义市场经济法律制度，强化法治保障

以保护产权、维护契约、统一市场、平等交换、公平竞争、有效监管为基本导向，不断完善社会主义市场经济法治体系，确保有法可依、有法必依、违法必究。

（一）完善经济领域法律法规体系。完善物权、债权、股权等各类产权相关法律制度，从立法上赋予私

有财产和公有财产平等地位并平等保护。健全破产制度，改革完善企业破产法律制度，推动个人破产立法，建立健全金融机构市场化退出法规，实现市场主体有序退出。修订反垄断法，推动社会信用法律建设，维护公平竞争市场环境。制定和完善发展规划、国土空间规划、自然资源资产、生态环境、农业、财政税收、金融、涉外经贸等方面法律法规。按照包容审慎原则推进新经济领域立法。健全重大改革特别授权机制，对涉及调整现行法律法规的重大改革，按法定程序经全国人大或国务院统一授权后，由有条件的地方先行开展改革试验和实践创新。

（二）健全执法司法对市场经济运行的保障机制。深化行政执法体制改革，最大限度减少不必要的行政执法事项，规范行政执法行为，进一步明确具体操作流程。根据不同层级政府的事权和职能，优化配置执法力量，加快推进综合执法。强化对市场主体之间产权纠纷的公平裁判，完善涉及查封、扣押、冻结和处置公民财产行为的法律制度。健全涉产权冤错案件有效防范和常态化纠正机制。

（三）全面建立行政权力制约和监督机制。依法全面履行政府职能，推进机构、职能、权限、程序、责任法定化，实行政府权责清单制度。健全重大行政决策程序制度，提高决策质量和效率。加强对政府内部权力的制约，强化内部流程控制，防止权力滥用。完善审计制度，对公共资金、国有资产、国有资源和领导干部履行经济责任情况实行审计全覆盖。加强重大政策、重大项目财政承受能力评估。推动审批监管、执法司法、工程建设、资源开发、海外投资和在境外国有资产监管、金融信贷、公共资源交易、公共财政支出等重点领域监督机制改革和制度建设。依法推进财政预算、公共资源配置、重大建设项目批准和实施、社会公益事业建设等领域政府信息公开。

（四）完善发展市场经济监督制度和监督机制。坚持和完善党和国家监督体系，强化政治监督，严格约束公权力，推动落实党委（党组）主体责任、书记第一责任人责任、纪委监委监督责任。持之以恒深入推进党风廉政建设和反腐败斗争，坚决依规依纪依法查处资源、土地、规划、建设、工程、金融等领域腐败问题。完善监察法实施制度体系，围绕权力运行各个环节，压减权力设租寻租空间，坚决破除权钱交易关系网，实现执规执纪执法贯通，促进党内监督、监察监督、行政监督、司法监督、审计监督、财会监督、统计监督、群众监督、舆论监督协同发力，推动社会主义市场经济健康发展。

九、坚持和加强党的全面领导，确保改革举措有效实施

发挥党总揽全局、协调各方的领导核心作用，把党领导经济工作的制度优势转化为治理效能，强化改革落地见效，推动经济体制改革不断走深走实。

（一）坚持和加强党的领导。进一步增强"四个意识"、坚定"四个自信"、做到"两个维护"，从战略和全局高度深刻认识加快完善社会主义市场经济体制的重大意义，把党的领导贯穿于深化经济体制改革和加快完善社会主义市场经济体制全过程，贯穿于谋划改革思路、制定改革方案、推进改革实施等各环节，确保改革始终沿着正确方向前进。

（二）健全改革推进机制。各地区各部门要按照本意见要求并结合自身实际，制定完善配套政策或实施措施。从国情出发，坚持问题导向、目标导向和结果导向相统一，按照系统集成、协同高效要求纵深推进，在精准实施、精准落实上下足功夫，把落实党中央要求、满足实践需要、符合基层期盼统一起来，克服形式主义、官僚主义，一个领域一个领域盯住抓落实。将顶层设计与基层探索结合起来，充分发挥基层首创精神，发挥经济特区、自由贸易试验区（自由贸易港）的先行先试作用。

（三）完善改革激励机制。健全改革的正向激励体系，强化敢于担当、攻坚克难的用人导向，注重在改革一线考察识别干部，把那些具有改革创新意识、勇于改革、善谋改革的干部用起来。巩固党风廉政建设成果，推动构建亲清政商关系。建立健全改革容错纠错机制，正确把握干部在改革创新中出现失误错误的性质和影响，切实保护干部干事创业的积极性。加强对改革典型案例、改革成效的总结推广和宣传报道，按规定给予表彰激励，为改革营造良好舆论环境和社会氛围。

国务院办公厅
关于进一步规范行业协会商会收费的通知

(国办发〔2020〕21号)

各省、自治区、直辖市人民政府,国务院各部委、各直属机构:

进一步规范行业协会商会收费,是落实减税降费政策的重要举措,有利于为市场主体减负松绑、增添活力。要坚持以习近平新时代中国特色社会主义思想为指导,深入贯彻落实党的十九大和十九届二中、三中、四中全会精神,持续深化"放管服"改革,针对部分行业协会商会乱收费和监管不到位等突出问题,从严监管、综合施策、标本兼治,全面规范各类收费行为,进一步完善监管机制,做到对违法违规收费"零容忍",促进行业协会商会健康有序发展。经国务院同意,现就有关事项通知如下:

一、全面清理取消行业协会商会违法违规收费

(一)严禁强制入会和强制收费。除法律法规另有规定外,行业协会商会不得强制或变相强制市场主体入会并收取会费,不得阻碍会员退会。行业协会商会不得依托行政机关或利用行业影响力,强制市场主体参加会议、培训、考试、展览、出国考察等各类收费活动或接受第三方机构有偿服务,不得强制市场主体付费订购有关产品、刊物,不得强制市场主体为行业协会商会赞助、捐赠。(民政部、市场监管总局按职责分工负责)

(二)严禁利用法定职责和行政机关委托、授权事项违规收费。未经批准,行业协会商会不得利用法定职责增设行政事业性收费项目或提高收费标准。行业协会商会不得继续实施或变相实施已经取消的行政许可,未与行政机关脱钩的行业协会商会不得开展与业务主管单位所负责行政审批相关的中介服务。行政机关委托行业协会商会开展相关工作,将行业协会商会服务事项作为行政行为前置条件,以及赋予行业协会商会推荐权、建议权、监督权等,均应实施清单管理并向社会公开,同时应合理安排支出,保障相关工作正常开展。行业协会商会应当向社会公开接受行政机关委托或授权的事项,以及相关办事流程、审查标准、办理时限、行政机关拨付经费情况等,严禁向市场主体违规收取费用。(国家发展改革委、财政部按职责分别牵头,各地区、各有关部门负责)

(三)严禁通过评比达标表彰活动收费。行业协会商会组织开展评比达标表彰活动要符合国家有关规定和自身章程,不得超出活动地域和业务范围,做到奖项设置合理、评选范围和规模适当、评选条件和程序严格、评选过程透明,严禁向评选对象收取或变相收取任何费用。未经批准,不得对评比达标表彰活动冠以"中华人民共和国"、"中国"、"全国"、"中华"、"国家"、"国际"、"世界"等字样。(人力资源社会保障部、民政部负责)

（四）严禁通过职业资格认定违规收费。行业协会商会可以根据市场需要和行业需求，自行开展职业能力水平评价，但不得以此为由变相开展职业资格认定，颁发的证书不得使用"中华人民共和国"、"中国"、"全国"、"中华"、"国家"、"职业资格"或"人员资格"等字样和国旗、国徽标志。行业协会商会按照要求承担相关职业资格认定工作的，不得收取除考试费、鉴定费外的其他任何费用。（人力资源社会保障部、市场监管总局负责）

（五）组织开展自查抽查。2020年底前，各行业协会商会要按照上述要求，对收费情况开展全面自查，对于违法违规收费，要立即全面清理取消并限期退还违法违规所得。2021年3月底前，有关部门要对行业协会商会乱收费自查自纠情况组织开展抽查检查，确保整改到位。（市场监管总局、民政部按职责分别牵头，各地区、各有关部门负责）

二、进一步提升行业协会商会收费规范性和透明度

（六）持续规范会费收取标准和程序。行业协会商会应按照法律法规和自身章程要求，合理、自主确定会费标准和档次，并明确会员享有的基本服务，严禁只收费不服务或多头重复收费。会费标准须经会员（代表）大会以无记名投票方式表决通过，未按规定程序制定或修改会费标准的，一律不得收取会费。对已脱钩和直接登记的行业协会商会确定的会费标准，行政机关不得通过行政手段强制要求调整。行业协会商会不得利用分支（代表）机构多头收取会费，不得采取"收费返成"等方式吸收会员、收取会费。（民政部负责）

（七）合理设定经营服务性收费标准。对于行业协会商会开展的具有一定垄断性和强制性的经营服务性收费项目，要通过放宽准入条件、引入多元化服务主体等方式破除垄断，实现服务价格市场化；暂时无法破除垄断的，应按照合法合理、弥补成本、略有盈余的原则确定收费标准，并经会员（代表）大会或理事会以无记名投票方式表决通过。对于其他能够由市场调节价格的经营服务性收费项目，引导行业协会商会在合法合理的前提下，根据服务成本、市场需求和当地经济发展水平等因素确定收费标准，并向社会公示。2020年底前，各行业协会商会要按照上述要求完成经营服务性收费标准调整和规范工作。（国家发展改革委牵头，民政部、市场监管总局、工业和信息化部、财政部、人民银行、国务院国资委、银保监会、证监会等国务院相关部门及各地区按职责分别负责）

（八）推动降低部分重点领域行业协会商会偏高收费。依法加强对行业协会商会特别是银行、证券、基金、期货、资产评估等履行法定职责的行业协会商会收费项目的成本审核。2020年底前，有关地区和部门要针对部分行业协会商会收费项目多、标准高、经费使用不透明等突出问题，督促指导相关行业协会商会综合考虑会员经营状况、承受能力、行业发展水平等因素，严格核定成本，合理制定收费标准，防止过高收费。（国家发展改革委牵头，民政部、财政部、自然资源部、人民银行、银保监会、证监会等国务院相关部门及各地区按职责分别负责）

三、建立健全行业协会商会收费长效监管机制

（九）强化收费源头治理。2020年底前，基本完成行业协会商会与行政机关脱钩改革，从根本上解决行业协会商会依托行政机关或利用行政影响力乱收费问题。推动出台《社会组织登记管理条例》。严把行业协会商会登记入口关，探索完善行业协会商会退出机制，推进行业协会商会优化整合，减轻市场主体多头缴

费负担。(国家发展改革委、民政部、司法部等国务院相关部门及各地区按职责分别负责)

（十）进一步落实部门监管职责。发展改革部门要做好行业协会商会收费政策相关组织实施工作，市场监管部门要加强对行业协会商会收费及价格行为的监督检查并依法查处行业协会商会违法违规收费行为，民政、财政、审计等部门要按职责分工切实加大对行业协会商会收费的监管力度。各业务主管单位和行业管理部门要分别对未脱钩、已脱钩行业协会商会的业务活动加强指导和监管，地方各级政府要落实对本地区行业协会商会的监督管理责任。(国家发展改革委、民政部、财政部、审计署、市场监管总局等国务院相关部门及各地区按职责分别负责)

（十一）完善投诉举报机制。依托各级减轻企业负担举报机制、"12315"举报平台和中国社会组织公共服务平台举报系统等，畅通行业协会商会乱收费问题投诉举报渠道，建立投诉举报处理反馈机制，对违法违规收费行为发现一起、查处一起。定期曝光行业协会商会的违法违规收费典型案例。(工业和信息化部、市场监管总局、民政部、国家发展改革委、财政部等国务院相关部门及各地区按职责分别负责)

（十二）加强行业协会商会自身建设。行业协会商会要健全内部监督制度，严格约束收费行为，通过"信用中国"网站以及协会商会门户网站、微信公众号等渠道，向社会公示收费项目、收费性质、服务内容、收费标准及依据等信息，向会员公示年度财务收支情况，自觉接受社会监督。(各地区、各有关部门负责)

（十三）支持行业协会商会更好发挥作用。各级行政机关要充分发挥行业协会商会积极作用，加强对行业协会商会的管理服务。行业协会商会要推动行业企业自律，并及时反映行业企业诉求，维护行业企业合法权益，为市场主体提供优质服务。鼓励行业协会商会积极参与相关标准和政策性文件制修订，鼓励行政机关向行业协会商会购买服务。及时总结推广行业协会商会在行业自治、服务企业等方面的典型经验做法，促进行业协会商会持续规范健康发展。(各地区、各有关部门负责)

各地区、各有关部门要结合实际和自身职责，抓紧制定完善相关配套政策措施和具体管理办法，认真抓好贯彻落实。国家发展改革委、市场监管总局、民政部要会同有关部门加强督促指导和监督检查，确保各项任务落实到位。

国务院办公厅

2020年7月2日

（此件公开发布）

国务院办公厅关于全面推进城镇老旧小区改造工作的指导意见

(国办发〔2020〕23号)

各省、自治区、直辖市人民政府，国务院各部委、各直属机构：

城镇老旧小区改造是重大民生工程和发展工程，对满足人民群众美好生活需要、推动惠民生扩内需、推进城市更新和开发建设方式转型、促进经济高质量发展具有十分重要的意义。为全面推进城镇老旧小区改造工作，经国务院同意，现提出以下意见：

一、总体要求

（一）指导思想。以习近平新时代中国特色社会主义思想为指导，全面贯彻党的十九大和十九届二中、三中、四中全会精神，按照党中央、国务院决策部署，坚持以人民为中心的发展思想，坚持新发展理念，按照高质量发展要求，大力改造提升城镇老旧小区，改善居民居住条件，推动构建"纵向到底、横向到边、共建共治共享"的社区治理体系，让人民群众生活更方便、更舒心、更美好。

（二）基本原则。

——坚持以人为本，把握改造重点。从人民群众最关心最直接最现实的利益问题出发，征求居民意见并合理确定改造内容，重点改造完善小区配套和市政基础设施，提升社区养老、托育、医疗等公共服务水平，推动建设安全健康、设施完善、管理有序的完整居住社区。

——坚持因地制宜，做到精准施策。科学确定改造目标，既尽力而为又量力而行，不搞"一刀切"、不层层下指标；合理制定改造方案，体现小区特点，杜绝政绩工程、形象工程。

——坚持居民自愿，调动各方参与。广泛开展"美好环境与幸福生活共同缔造"活动，激发居民参与改造的主动性、积极性，充分调动小区关联单位和社会力量支持、参与改造，实现决策共谋、发展共建、建设共管、效果共评、成果共享。

——坚持保护优先，注重历史传承。兼顾完善功能和传承历史，落实历史建筑保护修缮要求，保护历史文化街区，在改善居住条件、提高环境品质的同时，展现城市特色，延续历史文脉。

——坚持建管并重，加强长效管理。以加强基层党建为引领，将社区治理能力建设融入改造过程，促进小区治理模式创新，推动社会治理和服务重心向基层下移，完善小区长效管理机制。

（三）工作目标。2020年新开工改造城镇老旧小区3.9万个，涉及居民近700万户；到2022年，基本形成城镇老旧小区改造制度框架、政策体系和工作机制；到"十四五"期末，结合各地实际，力争基本完成2000年底前建成的需改造城镇老旧小区改造任务。

二、明确改造任务

（一）明确改造对象范围。城镇老旧小区是指城市或县城（城关镇）建成年代较早、失养失修失管、市政配套设施不完善、社区服务设施不健全、居民改造意愿强烈的住宅小区（含单栋住宅楼）。各地要结合实际，合理界定本地区改造对象范围，重点改造 2000 年底前建成的老旧小区。

（二）合理确定改造内容。城镇老旧小区改造内容可分为基础类、完善类、提升类 3 类。

1. 基础类。为满足居民安全需要和基本生活需求的内容，主要是市政配套基础设施改造提升以及小区内建筑物屋面、外墙、楼梯等公共部位维修等。其中，改造提升市政配套基础设施包括改造提升小区内部及与小区联系的供水、排水、供电、弱电、道路、供气、供热、消防、安防、生活垃圾分类、移动通信等基础设施，以及光纤入户、架空线规整（入地）等。

2. 完善类。为满足居民生活便利需要和改善型生活需求的内容，主要是环境及配套设施改造建设、小区内建筑节能改造、有条件的楼栋加装电梯等。其中，改造建设环境及配套设施包括拆除违法建设，整治小区及周边绿化、照明等环境，改造或建设小区及周边适老设施、无障碍设施、停车库（场）、电动自行车及汽车充电设施、智能快件箱、智能信包箱、文化休闲设施、体育健身设施、物业用房等配套设施。

3. 提升类。为丰富社区服务供给、提升居民生活品质、立足小区及周边实际条件积极推进的内容，主要是公共服务设施配套建设及其智慧化改造，包括改造或建设小区及周边的社区综合服务设施、卫生服务站等公共卫生设施、幼儿园等教育设施、周界防护等智能感知设施，以及养老、托育、助餐、家政保洁、便民市场、便利店、邮政快递末端综合服务站等社区专项服务设施。

各地可因地制宜确定改造内容清单、标准和支持政策。

（三）编制专项改造规划和计划。各地要进一步摸清既有城镇老旧小区底数，建立项目储备库。区分轻重缓急，切实评估财政承受能力，科学编制城镇老旧小区改造规划和年度改造计划，不得盲目举债铺摊子。建立激励机制，优先对居民改造意愿强、参与积极性高的小区（包括移交政府安置的军队离退休干部住宅小区）实施改造。养老、文化、教育、卫生、托育、体育、邮政快递、社会治安等有关方面涉及城镇老旧小区的各类设施增设或改造计划，以及电力、通信、供水、排水、供气、供热等专业经营单位的相关管线改造计划，应主动与城镇老旧小区改造规划和计划有效对接，同步推进实施。国有企事业单位、军队所属城镇老旧小区按属地原则纳入地方改造规划和计划统一组织实施。

三、建立健全组织实施机制

（一）建立统筹协调机制。各地要建立健全政府统筹、条块协作、各部门齐抓共管的专门工作机制，明确各有关部门、单位和街道（镇）、社区职责分工，制定工作规则、责任清单和议事规程，形成工作合力，共同破解难题，统筹推进城镇老旧小区改造工作。

（二）健全动员居民参与机制。城镇老旧小区改造要与加强基层党组织建设、居民自治机制建设、社区服务体系建设有机结合。建立和完善党建引领城市基层治理机制，充分发挥社区党组织的领导作用，统筹协调社区居民委员会、业主委员会、产权单位、物业服务企业等共同推进改造。搭建沟通议事平台，利用"互联网＋共建共治共享"等线上线下手段，开展小区党组织引领的多种形式基层协商，主动了解居民诉求，促进居民形成共识，发动居民积极参与改造方案制定、配合施工、参与监督和后续管理、评价和反馈小区改造效果等。组织引导社区内机关、企事业单位积极参与改造。

（三）建立改造项目推进机制。区县人民政府要明确项目实施主体，健全项目管理机制，推进项目有序实施。积极推动设计师、工程师进社区，辅导居民有效参与改造。为专业经营单位的工程实施提供支持便利，禁止收取不合理费用。鼓励选用经济适用、绿色环保的技术、工艺、材料、产品。改造项目涉及历史文化街区、历史建筑的，应严格落实相关保护修缮要求。落实施工安全和工程质量责任，组织做好工程验收移交，杜绝安全隐患。充分发挥社会监督作用，畅通投诉举报渠道。结合城镇老旧小区改造，同步开展绿色社区创建。

（四）完善小区长效管理机制。结合改造工作同步建立健全基层党组织领导，社区居民委员会配合，业主委员会、物业服务企业等参与的联席会议机制，引导居民协商确定改造后小区的管理模式、管理规约及业主议事规则，共同维护改造成果。建立健全城镇老旧小区住宅专项维修资金归集、使用、续筹机制，促进小区改造后维护更新进入良性轨道。

四、建立改造资金政府与居民、社会力量合理共担机制

（一）合理落实居民出资责任。按照谁受益、谁出资原则，积极推动居民出资参与改造，可通过直接出资、使用（补建、续筹）住宅专项维修资金、让渡小区公共收益等方式落实。研究住宅专项维修资金用于城镇老旧小区改造的办法。支持小区居民提取住房公积金，用于加装电梯等自住住房改造。鼓励居民通过捐资捐物、投工投劳等支持改造。鼓励有需要的居民结合小区改造进行户内改造或装饰装修、家电更新。

（二）加大政府支持力度。将城镇老旧小区改造纳入保障性安居工程，中央给予资金补助，按照"保基本"的原则，重点支持基础类改造内容。中央财政资金重点支持改造2000年底前建成的老旧小区，可以适当支持2000年后建成的老旧小区，但需要限定年限和比例。省级人民政府要相应做好资金支持。市县人民政府对城镇老旧小区改造给予资金支持，可以纳入国有住房出售收入存量资金使用范围；要统筹涉及住宅小区的各类资金用于城镇老旧小区改造，提高资金使用效率。支持各地通过发行地方政府专项债券筹措改造资金。

（三）持续提升金融服务力度和质效。支持城镇老旧小区改造规模化实施运营主体采取市场化方式，运用公司信用类债券、项目收益票据等进行债券融资，但不得承担政府融资职能，杜绝新增地方政府隐性债务。国家开发银行、农业发展银行结合各自职能定位和业务范围，按照市场化、法治化原则，依法合规加大对城镇老旧小区改造的信贷支持力度。商业银行加大产品和服务创新力度，在风险可控、商业可持续前提下，依法合规对实施城镇老旧小区改造的企业和项目提供信贷支持。

（四）推动社会力量参与。鼓励原产权单位对已移交地方的原职工住宅小区改造给予资金等支持。公房产权单位应出资参与改造。引导专业经营单位履行社会责任，出资参与小区改造中相关管线设施设备的改造提升；改造后专营设施设备的产权可依照法定程序移交给专业经营单位，由其负责后续维护管理。通过政府采购、新增设施有偿使用、落实资产权益等方式，吸引各类专业机构等社会力量投资参与各类需改造设施的设计、改造、运营。支持规范各类企业以政府和社会资本合作模式参与改造。支持以"平台＋创业单元"方式发展养老、托育、家政等社区服务新业态。

（五）落实税费减免政策。专业经营单位参与政府统一组织的城镇老旧小区改造，对其取得所有权的设施设备等配套资产改造所发生的费用，可以作为该设施设备的计税基础，按规定计提折旧并在企业所得税前

扣除；所发生的维护管理费用，可按规定计入企业当期费用税前扣除。在城镇老旧小区改造中，为社区提供养老、托育、家政等服务的机构，提供养老、托育、家政服务取得的收入免征增值税，并减按90%计入所得税应纳税所得额；用于提供社区养老、托育、家政服务的房产、土地，可按现行规定免征契税、房产税、城镇土地使用税和城市基础设施配套费、不动产登记费等。

五、完善配套政策

（一）加快改造项目审批。各地要结合审批制度改革，精简城镇老旧小区改造工程审批事项和环节，构建快速审批流程，积极推行网上审批，提高项目审批效率。可由市县人民政府组织有关部门联合审查改造方案，认可后由相关部门直接办理立项、用地、规划审批。不涉及土地权属变化的项目，可用已有用地手续等材料作为土地证明文件，无需再办理用地手续。探索将工程建设许可和施工许可合并为一个阶段，简化相关审批手续。不涉及建筑主体结构变动的低风险项目，实行项目建设单位告知承诺制的，可不进行施工图审查。鼓励相关各方进行联合验收。

（二）完善适应改造需要的标准体系。各地要抓紧制定本地区城镇老旧小区改造技术规范，明确智能安防建设要求，鼓励综合运用物防、技防、人防等措施满足安全需要。及时推广应用新技术、新产品、新方法。因改造利用公共空间新建、改建各类设施涉及影响日照间距、占用绿化空间的，可在广泛征求居民意见基础上一事一议予以解决。

（三）建立存量资源整合利用机制。各地要合理拓展改造实施单元，推进相邻小区及周边地区联动改造，加强服务设施、公共空间共建共享。加强既有用地集约混合利用，在不违反规划且征得居民等同意的前提下，允许利用小区及周边存量土地建设各类环境及配套设施和公共服务设施。其中，对利用小区内空地、荒地、绿地及拆除违法建设腾空土地等加装电梯和建设各类设施的，可不增收土地价款。整合社区服务投入和资源，通过统筹利用公有住房、社区居民委员会办公用房和社区综合服务设施、闲置锅炉房等存量房屋资源，增设各类服务设施，有条件的地方可通过租赁住宅楼底层商业用房等其他符合条件的房屋发展社区服务。

（四）明确土地支持政策。城镇老旧小区改造涉及利用闲置用房等存量房屋建设各类公共服务设施的，可在一定年期内暂不办理变更用地主体和土地使用性质的手续。增设服务设施需要办理不动产登记的，不动产登记机构应依法积极予以办理。

六、强化组织保障

（一）明确部门职责。住房城乡建设部要切实担负城镇老旧小区改造工作的组织协调和督促指导责任。各有关部门要加强政策协调、工作衔接、调研督导，及时发现新情况新问题，完善相关政策措施。研究对城镇老旧小区改造工作成效显著的地区给予有关激励政策。

（二）落实地方责任。省级人民政府对本地区城镇老旧小区改造工作负总责，要加强统筹指导，明确市县人民政府责任，确保工作有序推进。市县人民政府要落实主体责任，主要负责同志亲自抓，把推进城镇老旧小区改造摆上重要议事日程，以人民群众满意度和受益程度、改造质量和财政资金使用效率为衡量标准，调动各方面资源抓好组织实施，健全工作机制，落实好各项配套支持政策。

（三）做好宣传引导。加大对优秀项目、典型案例的宣传力度，提高社会各界对城镇老旧小区改造的认识，着力引导群众转变观念，变"要我改"为"我要改"，形成社会各界支持、群众积极参与的浓厚氛围。要准确解读城镇老旧小区改造政策措施，及时回应社会关切。

国务院办公厅

2020 年 7 月 10 日

（此件公开发布）

国务院办公厅关于进一步优化营商环境更好服务市场主体的实施意见

(国办发〔2020〕24号)

各省、自治区、直辖市人民政府,国务院各部委、各直属机构:

党中央、国务院高度重视深化"放管服"改革优化营商环境工作。近年来,我国营商环境明显改善,但仍存在一些短板和薄弱环节,特别是受新冠肺炎疫情等影响,企业困难凸显,亟需进一步聚焦市场主体关切,对标国际先进水平,既立足当前又着眼长远,更多采取改革的办法破解企业生产经营中的堵点痛点,强化为市场主体服务,加快打造市场化法治化国际化营商环境,这是做好"六稳"工作、落实"六保"任务的重要抓手。为持续深化"放管服"改革优化营商环境,更大激发市场活力,增强发展内生动力,经国务院同意,现提出以下意见。

一、持续提升投资建设便利度

(一)优化再造投资项目前期审批流程。从办成项目前期"一件事"出发,健全部门协同工作机制,加强项目立项与用地、规划等建设条件衔接,推动有条件的地方对项目可行性研究、用地预审、选址、环境影响评价、安全评价、水土保持评价、压覆重要矿产资源评估等事项,实行项目单位编报一套材料,政府部门统一受理、同步评估、同步审批、统一反馈,加快项目落地。优化全国投资项目在线审批监管平台审批流程,实现批复文件等在线打印。(国家发展改革委牵头,国务院相关部门及各地区按职责分工负责)

(二)进一步提升工程建设项目审批效率。全面推行工程建设项目分级分类管理,在确保安全前提下,对社会投资的小型低风险新建、改扩建项目,由政府部门发布统一的企业开工条件,企业取得用地、满足开工条件后作出相关承诺,政府部门直接发放相关证书,项目即可开工。加快推动工程建设项目全流程在线审批,推进工程建设项目审批管理系统与投资审批、规划、消防等管理系统数据实时共享,实现信息一次填报、材料一次上传、相关评审意见和审批结果即时推送。2020年底前将工程建设项目审批涉及的行政许可、备案、评估评审、中介服务、市政公用服务等纳入线上平台,公开办理标准和费用。(住房城乡建设部牵头,国务院相关部门及各地区按职责分工负责)

(三)深入推进"多规合一"。抓紧统筹各类空间性规划,积极推进各类相关规划数据衔接或整合,推动尽快消除规划冲突和"矛盾图斑"。统一测绘技术标准和规则,在用地、规划、施工、验收、不动产登记等各阶段,实现测绘成果共享互认,避免重复测绘。(自然资源部牵头,住房城乡建设部等国务院相关部门及各地区按职责分工负责)

二、进一步简化企业生产经营审批和条件

（四）进一步降低市场准入门槛。围绕工程建设、教育、医疗、体育等领域，集中清理有关部门和地方在市场准入方面对企业资质、资金、股比、人员、场所等设置的不合理条件，列出台账并逐项明确解决措施、责任主体和完成时限。研究对诊所设置、诊所执业实行备案管理，扩大医疗服务供给。对于海事劳工证书，推动由政府部门直接受理申请、开展检查和签发，不再要求企业为此接受船检机构检查，且不收取企业办证费用。通过在线审批等方式简化跨地区巡回演出审批程序。（国家发展改革委、教育部、住房城乡建设部、交通运输部、商务部、文化和旅游部、国家卫生健康委、体育总局等国务院相关部门及各地区按职责分工负责）

（五）精简优化工业产品生产流通等环节管理措施。2020年底前将保留的重要工业产品生产许可证管理权限全部下放给省级人民政府市场监督管理部门。加强机动车生产、销售、登记、维修、保险、报废等信息的共享和应用，提升机动车流通透明度。督促地方取消对二手车经销企业登记注册地设置的不合理规定，简化二手车经销企业购入机动车交易登记手续。2020年底前优化新能源汽车免征车辆购置税的车型目录和享受车船税减免优惠的车型目录发布程序，实现与道路机动车辆生产企业及产品公告"一次申报、一并审查、一批发布"，企业依据产品公告即可享受相关税收减免政策。（工业和信息化部、公安部、财政部、交通运输部、商务部、税务总局、市场监管总局、银保监会等国务院相关部门按职责分工负责）

（六）降低小微企业等经营成本。支持地方开展"一照多址"改革，简化企业设立分支机构的登记手续。在确保食品安全前提下，鼓励有条件的地方合理放宽对连锁便利店制售食品在食品处理区面积等方面的审批要求，探索将食品经营许可（仅销售预包装食品）改为备案，合理制定并公布商户牌匾、照明设施等标准。鼓励引导平台企业适当降低向小微商户收取的平台佣金等服务费用和条码支付、互联网支付等手续费，严禁平台企业滥用市场支配地位收取不公平的高价服务费。在保障劳动者职业健康前提下，对职业病危害一般的用人单位适当降低职业病危害因素检测频次。在工程建设、政府采购等领域，推行以保险、保函等替代现金缴纳涉企保证金，减轻企业现金流压力。（市场监管总局、中央网信办、工业和信息化部、财政部、住房城乡建设部、交通运输部、水利部、国家卫生健康委、人民银行、银保监会等相关部门及各地区按职责分工负责）

三、优化外贸外资企业经营环境

（七）进一步提高进出口通关效率。推行进出口货物"提前申报"，企业提前办理申报手续，海关在货物运抵海关监管作业场所后即办理货物查验、放行手续。优化进口"两步申报"通关模式，企业进行"概要申报"且海关完成风险排查处置后，即允许企业将货物提离。在符合条件的监管作业场所开展进口货物"船边直提"和出口货物"抵港直装"试点。推行查验作业全程监控和留痕，允许有条件的地方实行企业自主选择是否陪同查验，减轻企业负担。严禁口岸为压缩通关时间简单采取单日限流、控制报关等不合理措施。（海关总署牵头，国务院相关部门及各地区按职责分工负责）

（八）拓展国际贸易"单一窗口"功能。加快"单一窗口"功能由口岸通关执法向口岸物流、贸易服务等全链条拓展，实现港口、船代、理货等收费标准线上公开、在线查询。除涉密等特殊情况外，进出口环节涉及的监管证件原则上都应通过"单一窗口"一口受理，由相关部门在后台分别办理并实施监管，推动实现企业在线缴费、自主打印证件。（海关总署牵头，生态环境部、交通运输部、农业农村部、商务部、市场监管总局、国家药监局等国务院相关部门及各地区按职责分工负责）

（九）进一步减少外资外贸企业投资经营限制。支持外贸企业出口产品转内销，推行以外贸企业自我声明等方式替代相关国内认证，对已经取得相关国际认证且认证标准不低于国内标准的产品，允许外贸企业作出符合国内标准的书面承诺后直接上市销售，并加强事中事后监管。授权全国所有地级及以上城市开展外商投资企业注册登记。（商务部、市场监管总局等国务院相关部门及各地区按职责分工负责）

四、进一步降低就业创业门槛

（十）优化部分行业从业条件。推动取消除道路危险货物运输以外的道路货物运输驾驶员从业资格考试，并将相关考试培训内容纳入相应等级机动车驾驶证培训，驾驶员凭培训结业证书和机动车驾驶证申领道路货物运输驾驶员从业资格证。改革执业兽医资格考试制度，便利兽医相关专业高校在校生报名参加考试。加快推动劳动者入职体检结果互认，减轻求职者负担。（人力资源社会保障部、交通运输部、农业农村部等国务院相关部门及各地区按职责分工负责）

（十一）促进人才流动和灵活就业。2021年6月底前实现专业技术人才职称信息跨地区在线核验，鼓励地区间职称互认。引导有需求的企业开展"共享用工"，通过用工余缺调剂提高人力资源配置效率。统一失业保险转移办理流程，简化失业保险申领程序。各地要落实属地管理责任，在保障安全卫生、不损害公共利益等条件下，坚持放管结合，合理设定流动摊贩经营场所。（人力资源社会保障部、市场监管总局、住房城乡建设部等国务院相关部门及各地区按职责分工负责）

（十二）完善对新业态的包容审慎监管。加快评估已出台的新业态准入和监管政策，坚决清理各类不合理管理措施。在保证医疗安全和质量前提下，进一步放宽互联网诊疗范围，将符合条件的互联网医疗服务纳入医保报销范围，制定公布全国统一的互联网医疗审批标准，加快创新型医疗器械审评审批并推进临床应用。统一智能网联汽车自动驾驶功能测试标准，推动实现封闭场地测试结果全国通用互认，督促封闭场地向社会公开测试服务项目及收费标准，简化测试通知书申领及异地换发手续，对测试通知书到期但车辆状态未改变的无需重复测试、直接延长期限。降低导航电子地图制作测绘资质申请条件，压减资质延续和信息变更的办理时间。（工业和信息化部、公安部、自然资源部、交通运输部、国家卫生健康委、国家医保局、国家药监局等国务院相关部门及各地区按职责分工负责）

（十三）增加新业态应用场景等供给。围绕城市治理、公共服务、政务服务等领域，鼓励地方通过搭建供需对接平台等为新技术、新产品提供更多应用场景。在条件成熟的特定路段及有需求的机场、港口、园区等区域探索开展智能网联汽车示范应用。建立健全政府及公共服务机构数据开放共享规则，推动公共交通、路政管理、医疗卫生、养老等公共服务领域和政府部门数据有序开放。（国家发展改革委牵头，中央网信办、工业和信息化部、公安部、民政部、住房城乡建设部、交通运输部、国家卫生健康委等相关部门及各地区按职责分工负责）

五、提升涉企服务质量和效率

（十四）推进企业开办经营便利化。全面推行企业开办全程网上办，提升企业名称自主申报系统核名智能化水平，在税务、人力资源社会保障、公积金、商业银行等服务领域加快实现电子营业执照、电子印章应用。放宽小微企业、个体工商户登记经营场所限制。探索推进"一业一证"改革，将一个行业准入涉及的多张许可证整合为一张许可证，实现"一证准营"、跨地互认通用。梳理各类强制登报公告事项，研究推动予

以取消或调整为网上免费公告。加快推进政务服务事项跨省通办。（市场监管总局、国务院办公厅、司法部、人力资源社会保障部、住房城乡建设部、人民银行、税务总局、银保监会、证监会等国务院相关部门及各地区按职责分工负责）

（十五）持续提升纳税服务水平。2020年底前基本实现增值税专用发票电子化，主要涉税服务事项基本实现网上办理。简化增值税等税收优惠政策申报程序，原则上不再设置审批环节。强化税务、海关、人民银行等部门数据共享，加快出口退税进度，推行无纸化单证备案。（税务总局牵头，人民银行、海关总署等国务院相关部门按职责分工负责）

（十六）进一步提高商标注册效率。提高商标网上服务系统数据更新频率，提升系统智能检索功能，推动实现商标图形在线自动比对。进一步压缩商标异议、驳回复审的审查审理周期，及时反馈审查审理结果。2020年底前将商标注册平均审查周期压缩至4个月以内。（国家知识产权局负责）

（十七）优化动产担保融资服务。鼓励引导商业银行支持中小企业以应收账款、生产设备、产品、车辆、船舶、知识产权等动产和权利进行担保融资。推动建立以担保人名称为索引的电子数据库，实现对担保品登记状态信息的在线查询、修改或撤销。（人民银行牵头，国家发展改革委、公安部、交通运输部、市场监管总局、银保监会、国家知识产权局等国务院相关部门按职责分工负责）

六、完善优化营商环境长效机制

（十八）建立健全政策评估制度。研究制定建立健全政策评估制度的指导意见，以政策效果评估为重点，建立对重大政策开展事前、事后评估的长效机制，推进政策评估工作制度化、规范化，使政策更加科学精准、务实管用。（国务院办公厅牵头，各地区、各部门负责）

（十九）建立常态化政企沟通联系机制。加强与企业和行业协会商会的常态化联系，完善企业服务体系，加快建立营商环境诉求受理和分级办理"一张网"，更多采取"企业点菜"方式推进"放管服"改革。加快推进政务服务热线整合，进一步规范政务服务热线受理、转办、督办、反馈、评价流程，及时回应企业和群众诉求。（国务院办公厅牵头，国务院相关部门和单位及各地区按职责分工负责）

（二十）抓好惠企政策兑现。各地要梳理公布惠企政策清单，根据企业所属行业、规模等主动精准推送政策，县级政府出台惠企措施时要公布相关负责人及联系方式，实行政策兑现"落实到人"。鼓励推行惠企政策"免申即享"，通过政府部门信息共享等方式，实现符合条件的企业免予申报、直接享受政策。对确需企业提出申请的惠企政策，要合理设置并公开申请条件，简化申报手续，加快实现一次申报、全程网办、快速兑现。（各地区、各部门负责）

各地区、各部门要认真贯彻落实本意见提出的各项任务和要求，围绕市场主体需求，研究推出更多务实管用的改革举措，相关落实情况年底前报国务院。有关改革事项涉及法律法规调整的，要按照重大改革于法有据的要求，抓紧推动相关法律法规的立改废释。国务院办公厅要加强对深化"放管服"改革和优化营商环境工作的业务指导，强化统筹协调和督促落实，确保改革措施落地见效。

国务院办公厅
2020年7月15日

（此件公开发布）

国务院办公厅
关于支持多渠道灵活就业的意见

(国办发〔2020〕27号)

各省、自治区、直辖市人民政府，国务院各部委、各直属机构：

个体经营、非全日制以及新就业形态等灵活多样的就业方式，是劳动者就业增收的重要途径，对拓宽就业新渠道、培育发展新动能具有重要作用。为全面强化稳就业举措，落实保居民就业任务，经国务院同意，现就支持多渠道灵活就业提出以下意见。

一、总体要求

以习近平新时代中国特色社会主义思想为指导，全面贯彻党的十九大和十九届二中、三中、四中全会精神，坚持以人民为中心的发展思想，把支持灵活就业作为稳就业和保居民就业的重要举措，坚持市场引领和政府引导并重、放开搞活和规范有序并举，顺势而为、补齐短板，因地制宜、因城施策，清理取消对灵活就业的不合理限制，强化政策服务供给，创造更多灵活就业机会，激发劳动者创业活力和创新潜能，鼓励自谋职业、自主创业，全力以赴稳定就业大局。

二、拓宽灵活就业发展渠道

（一）鼓励个体经营发展。持续深化商事制度改革，提供便捷高效的咨询、注册服务。引导劳动者以市场为导向，依法自主选择经营范围。鼓励劳动者创办投资小、见效快、易转型、风险小的小规模经济实体。支持发展各类特色小店，完善基础设施，增加商业资源供给。对下岗失业人员、高校毕业生、农民工、就业困难人员等重点群体从事个体经营的，按规定给予创业担保贷款、税收优惠、创业补贴等政策支持。（财政部、人力资源社会保障部、商务部、人民银行、税务总局、市场监管总局等按职责分工负责）

（二）增加非全日制就业机会。落实财政、金融等针对性扶持政策，推动非全日制劳动者较为集中的保洁绿化、批发零售、建筑装修等行业提质扩容。增强养老、托幼、心理疏导和社会工作等社区服务业的吸纳就业能力。加强对非全日制劳动者的政策支持，对就业困难人员、离校2年内未就业高校毕业生从事非全日制等工作的，按规定给予社会保险补贴。（民政部、财政部、人力资源社会保障部、住房城乡建设部、商务部、人民银行等按职责分工负责）

（三）支持发展新就业形态。实施包容审慎监管，促进数字经济、平台经济健康发展，加快推动网络零售、移动出行、线上教育培训、互联网医疗、在线娱乐等行业发展，为劳动者居家就业、远程办公、兼职就

业创造条件。合理设定互联网平台经济及其他新业态新模式监管规则，鼓励互联网平台企业、中介服务机构等降低服务费、加盟管理费等费用，创造更多灵活就业岗位，吸纳更多劳动者就业。（国家发展改革委、教育部、工业和信息化部、人力资源社会保障部、交通运输部、商务部、文化和旅游部、国家卫生健康委、市场监管总局等按职责分工负责）

三、优化自主创业环境

（四）加强审批管理服务。开通行业准入办理绿色通道，对需要办理相关行业准入许可的，实行多部门联合办公、一站式审批。在政府指定的场所和时间内销售农副产品、日常生活用品，或者个人利用自己的技能从事依法无须取得许可的便民劳务活动，无须办理营业执照。加大"放管服"改革力度，引导劳动者规范有序经营。（市场监管总局和地方各级人民政府按职责分工负责）

（五）取消部分收费。取消涉及灵活就业的行政事业性收费，对经批准占道经营的免征城市道路占用费。建立公开投诉举报渠道，依法查处违规收费行为。（财政部、住房城乡建设部、市场监管总局和地方各级人民政府按职责分工负责）

（六）提供低成本场地支持。落实阶段性减免国有房产租金政策，鼓励各类业主减免或缓收房租，帮助个体经营者等灵活就业人员减轻房租负担。有条件的地方可将社区综合服务设施闲置空间、非必要办公空间改造为免费经营场地，优先向下岗失业人员、高校毕业生、农民工、就业困难人员提供。（国家发展改革委、民政部、住房城乡建设部和地方各级人民政府按职责分工负责）

四、加大对灵活就业保障支持

（七）推动新职业发布和应用。密切跟踪经济社会发展、互联网技术应用和职业活动新变化，广泛征求社会各方面对新职业的意见建议，动态发布社会需要的新职业、更新职业分类，引导直播销售、网约配送、社群健康等更多新就业形态发展。及时制定新职业标准，推出新职业培训课程。完善统计监测制度，探索建立新就业形态统计监测指标。（人力资源社会保障部、国家统计局等负责。列第一位者为牵头单位，下同）

（八）开展针对性培训。将有创业意愿的灵活就业人员纳入创业培训范围，组织开展开办店铺、市场分析、经营策略等方面的创业培训，促进提升创业能力和创业成功率。支持各类院校、培训机构、互联网平台企业，更多组织开展养老、托幼、家政、餐饮、维修、美容美发等技能培训和新兴产业、先进制造业、现代服务业等领域新职业技能培训，推进线上线下结合，灵活安排培训时间和培训方式，按规定落实职业培训补贴和培训期间生活费补贴，增强劳动者就业能力。（人力资源社会保障部、教育部、财政部等负责）

（九）优化人力资源服务。把灵活就业岗位供求信息纳入公共就业服务范围，开设灵活就业专区专栏，免费发布供求信息，按需组织专场招聘，送岗位进基层进社区，提供职业指导等服务。指导企业规范开展用工余缺调剂，帮助有"共享用工"需求的企业精准、高效匹配人力资源。有条件的城市可选择交通便利、人员求职集中的地点设立劳务市场或零工市场，组织劳务对接洽谈，加强疫情防控、秩序维护和安全管理。鼓励各类人力资源服务机构为灵活就业人员提供规范有序的求职招聘、技能培训、人力资源外包等专业化服务，按规定给予就业创业服务补助。（人力资源社会保障部、财政部等负责）

（十）维护劳动保障权益。研究制定平台就业劳动保障政策，明确互联网平台企业在劳动者权益保护方面的责任，引导互联网平台企业、关联企业与劳动者协商确定劳动报酬、休息休假、职业安全保障等事项，引导产业（行业、地方）工会与行业协会或行业企业代表协商制定行业劳动定额标准、工时标准、奖惩办法等行业规范。依法纠正拖欠劳动报酬等违法违规行为。持续深入推进工程建设领域农民工按项目参加工伤保险，有针对性地做好工伤预防工作。（人力资源社会保障部、应急部、全国总工会等按职责分工负责）

（十一）加大对困难灵活就业人员帮扶力度。2020年缴纳基本养老保险费确有困难的灵活就业人员，可按规定自愿暂缓缴费。对符合条件的灵活就业人员，及时按规定纳入最低生活保障、临时救助范围。（民政部、财政部、人力资源社会保障部、税务总局等按职责分工负责）

五、切实加强组织实施

（十二）强化组织领导。地方各级人民政府特别是市、县级人民政府要切实履行稳就业主体责任，把支持多渠道灵活就业作为就业工作重要内容，结合实际创新工作举措，加强规范引导，完善监督管理，促进灵活就业健康发展。各级人民政府要统筹用好就业补助资金和其他稳就业、保就业的资金，保障灵活就业扶持政策落实。各有关部门要同向发力、分工合作，坚持问题导向，完善政策措施，共同破解工作难题。（各有关部门、单位和地方各级人民政府按职责分工负责）

（十三）加强激励督导。各地区各有关部门要加强督促检查和政策实施情况评估，狠抓政策落实，简化手续，提高效率，确保灵活就业人员便捷享受各项支持政策和就业创业服务。将支持多渠道灵活就业有关工作纳入文明城市创建和测评内容。对灵活就业政策落实好、发展环境优、工作成效显著的城市，优先纳入创业型城市创建范围。（中央文明办、人力资源社会保障部和地方各级人民政府按职责分工负责）

（十四）注重舆论引导。充分利用各种宣传渠道和媒介，大力宣传支持灵活就业的政策措施和典型做法，宣传自主就业创业和灵活就业的典型事迹。建立舆情监测和处置机制，积极主动回应社会关切，营造良好舆论氛围。（各有关部门、单位和地方各级人民政府按职责分工负责）

国务院办公厅
2020年7月28日

（此件公开发布）

国务院办公厅关于以新业态新模式引领新型消费加快发展的意见

(国办发〔2020〕32号)

各省、自治区、直辖市人民政府,国务院各部委、各直属机构:

近年来,我国以网络购物、移动支付、线上线下融合等新业态新模式为特征的新型消费迅速发展,特别是今年新冠肺炎疫情发生以来,传统接触式线下消费受到影响,新型消费发挥了重要作用,有效保障了居民日常生活需要,推动了国内消费恢复,促进了经济企稳回升。但也要看到,新型消费领域发展还存在基础设施不足、服务能力偏弱、监管规范滞后等突出短板和问题。在常态化疫情防控条件下,为着力补齐新型消费短板、以新业态新模式为引领加快新型消费发展,经国务院同意,现提出以下意见。

一、总体要求

(一)指导思想。

在以习近平同志为核心的党中央坚强领导下,以习近平新时代中国特色社会主义思想为指导,全面贯彻党的十九大和十九届二中、三中、四中全会精神,坚持稳中求进工作总基调,坚持新发展理念,坚持以供给侧结构性改革为主线,坚持以改革开放为动力推动高质量发展,扎实做好"六稳"工作,全面落实"六保"任务,坚定实施扩大内需战略,以新业态新模式为引领,加快推动新型消费扩容提质,坚持问题导向和目标导向,补齐基础设施和服务能力短板,规范创新监管方式,持续激发消费活力,促进线上线下消费深度融合,努力实现新型消费加快发展,推动形成以国内大循环为主体、国内国际双循环相互促进的新发展格局。

(二)基本原则。

坚持创新驱动、融合发展。深入实施创新驱动发展战略,推动技术、管理、商业模式等各类创新,加快培育新业态新模式,推动互联网和各类消费业态紧密融合,加快线上线下消费双向深度融合,促进新型消费蓬勃发展。

坚持问题导向、补齐短板。针对新型消费基础设施不足、服务能力偏弱等问题,充分调动中央和地方两个积极性,进一步加大软硬件建设力度,加强新装备新设备生产应用,优化新型消费网络节点布局,加快补齐发展短板。

坚持深化改革、优化环境。以深化"放管服"改革、优化营商环境推动新型消费加快发展,打破制约发展的体制机制障碍,顺应新型消费发展规律创新经济治理模式,系统性优化制度体系和发展环境,最大限度激发市场活力。

坚持市场主导、政府促进。使市场在资源配置中起决定性作用,以市场需求为导向,顺应居民消费升级趋势，培育壮大各类新型消费市场主体，提升新型消费竞争力。更好发挥政府作用，为新型消费发展提供全方位制度和政策支撑。

（三）主要目标。

经过3—5年努力，促进新型消费发展的体制机制和政策体系更加完善，通过进一步优化新业态新模式引领新型消费发展的环境、进一步提升新型消费产品的供给质量、进一步增强新型消费对扩内需稳就业的支撑，到2025年，培育形成一批新型消费示范城市和领先企业，实物商品网上零售额占社会消费品零售总额比重显著提高，"互联网＋服务"等消费新业态新模式得到普及并趋于成熟。

二、加力推动线上线下消费有机融合

（四）进一步培育壮大各类消费新业态新模式。建立健全"互联网＋服务"、电子商务公共服务平台，加快社会服务在线对接、线上线下深度融合。有序发展在线教育，推广大规模在线开放课程等网络学习模式，推动各类数字教育资源共建共享。积极发展互联网健康医疗服务，大力推进分时段预约诊疗、互联网诊疗、电子处方流转、药品网络销售等服务。深入发展在线文娱，鼓励传统线下文化娱乐业态线上化，支持互联网企业打造数字精品内容创作和新兴数字资源传播平台。鼓励发展智慧旅游，提升旅游消费智能化、便利化水平。大力发展智能体育，培育在线健身等体育消费新业态。进一步支持依托互联网的外卖配送、网约车、即时递送、住宿共享等新业态发展。加快智慧广电生态体系建设，培育打造5G条件下更高技术格式、更新应用场景、更美视听体验的高新视频新业态，形成多元化的商业模式。创新无接触式消费模式，探索发展智慧超市、智慧商店、智慧餐厅等新零售业态。推广电子合同、电子文件等无纸化在线应用。（国家发展改革委、教育部、工业和信息化部、交通运输部、商务部、文化和旅游部、国家卫生健康委、广电总局、体育总局、国家邮政局、国家药监局等部门按职责分工负责）

（五）推动线上线下融合消费双向提速。支持互联网平台企业向线下延伸拓展，加快传统线下业态数字化改造和转型升级，发展个性化定制、柔性化生产，推动线上线下消费高效融合、大中小企业协同联动、上下游全链条一体发展。引导实体企业更多开发数字化产品和服务，鼓励实体商业通过直播电子商务、社交营销开启"云逛街"等新模式。加快推广农产品"生鲜电子商务＋冷链宅配"、"中央厨房＋食材冷链配送"等服务新模式。组织开展形式多样的网络促销活动，促进品牌消费、品质消费。（国家发展改革委、工业和信息化部、住房城乡建设部、农业农村部、商务部、国家邮政局等部门按职责分工负责）

（六）鼓励企业依托新型消费拓展国际市场。推动电子商务、数字服务等企业"走出去"，加快建设国际寄递物流服务体系，统筹推进国际物流供应链建设，开拓国际市场特别是"一带一路"沿线业务，培育一批具有全球资源配置能力的国际一流平台企业和物流供应链企业。充分依托新型消费带动传统商品市场拓展对外贸易、促进区域产业集聚。持续提高通关便利化水平，优化申报流程。探索新型消费贸易流通项下逐步推广人民币结算。鼓励企业以多种形式实现境外本土化经营，降低物流成本，构建营销渠道。（国家发展改革委、交通运输部、商务部、人民银行、海关总署、税务总局、国家邮政局、国家外汇局等部门按职责分工负责）

三、加快新型消费基础设施和服务保障能力建设

（七）加强信息网络基础设施建设。进一步加大5G网络、数据中心、工业互联网、物联网等新型基础

设施建设力度,优先覆盖核心商圈、重点产业园区、重要交通枢纽、主要应用场景等。打造低时延、高可靠、广覆盖的新一代通信网络。加快建设千兆城市。推动车联网部署应用。推动城市信息模型(CIM)基础平台建设,支持城市规划建设管理多场景应用,促进城市基础设施数字化和城市建设数据汇聚。加大相关设施安全保障力度。(国家发展改革委、工业和信息化部、自然资源部、住房城乡建设部等部门按职责分工负责)

(八)完善商贸流通基础设施网络。建立健全数字化商品流通体系,在新兴城市、重点乡镇和中西部地区加快布局数字化消费网络,降低物流综合成本。提升电商、快递进农村综合水平,推动农村商贸流通转型升级。补齐农产品冷链物流设施短板,加快农产品分拨、包装、预冷等集配装备和分拨仓、前置仓等仓储设施建设。推进快递服务站、智能快件箱(信包箱)、无人售货机、智能垃圾回收机等智能终端设施建设和资源共享。推进供应链创新应用,开展农商互联农产品供应链建设,提升农产品流通现代化水平。鼓励传统流通企业向供应链服务企业转型。(国家发展改革委、住房城乡建设部、交通运输部、农业农村部、商务部、国家邮政局等部门按职责分工负责)

(九)大力推动智能化技术集成创新应用。在有效防控风险的前提下,推进大数据、云计算、人工智能、区块链等技术发展融合,加快区块链在商品溯源、跨境汇款、供应链金融和电子票据等数字化场景应用,推动更多企业"上云上平台"。积极开展消费服务领域人工智能应用,丰富5G技术应用场景,加快研发可穿戴设备、移动智能终端、智能家居、超高清及高新视频终端、智能教学助手、智能学伴、医疗电子、医疗机器人等智能化产品,增强新型消费技术支撑。(国家发展改革委、工业和信息化部、人民银行、广电总局、银保监会等部门按职责分工负责)

(十)安全有序推进数据商用。在健全安全保障体系的基础上,依法加强信息数据资源服务和监管。加大整合开发力度,探索数据流通规则制度,有效破除数据壁垒和"孤岛",打通传输应用堵点,提升消费信息数据共享商用水平,更好为企业提供算力资源支持和优惠服务。探索发展消费大数据服务。(国家发展改革委、工业和信息化部、国家统计局等部门按职责分工负责)

(十一)规划建设新型消费网络节点。围绕国家重大区域发展战略打造新型消费增长极,培育建设国际消费中心城市,着力建设辐射带动能力强、资源整合有优势的区域消费中心,加强中小型消费城市梯队建设。规划建设城乡融合新型消费网络节点,积极发展"智慧街区"、"智慧商圈"。深化步行街改造提升工作,鼓励有条件的街区加快数字化改造,提供全方位数字生活新服务。优化百货商场、购物中心、便利店、农贸市场等城乡商业网点布局,引导行业适度集中。完善社区便民消费设施,加快规划建设便民生活服务圈、城市社区邻里中心和农村社区综合性服务网点。(国家发展改革委、工业和信息化部、自然资源部、住房城乡建设部、农业农村部、商务部等部门按职责分工负责)

四、优化新型消费发展环境

(十二)加强相关法规制度建设。出台互联网上网服务管理政策,规范行业发展。顺应新型消费发展规律,加快出台电子商务、共享经济等领域相关配套规章制度,研究制定分行业分领域的管理办法,有序做好与其他相关政策法规的衔接。推动及时调整不适应新型消费发展的法律法规与政策规定。(国家发展改革委、工业和信息化部、司法部、商务部、市场监管总局等部门按职责分工负责)

(十三)深化包容审慎和协同监管。按照包容审慎和协同监管原则,为新型消费营造规范适度的发展环境。强化消费信用体系建设,构建以信用为基础的新型监管机制。完善跨部门协同监管机制,实现线上线下协调互补、市场监管与行业监管联接互动,加大对销售假冒伪劣商品、侵犯知识产权、虚假宣传、价格欺诈、泄露隐私等行为的打击力度,着力营造安全放心诚信消费环境,促进新型消费健康发展。(国家发展改革委、工业和信息化部、商务部、市场监管总局等部门按职责分工负责)

(十四)健全服务标准体系。推进新型消费标准化建设,支持和鼓励平台企业、行业组织、研究机构等研究制定支撑新型消费的服务标准,健全市场监测、用户权益保护、重要产品追溯等机制,提升行业发展质量和水平。(国家发展改革委、工业和信息化部、商务部、市场监管总局等部门按职责分工负责)

(十五)简化优化证照办理。进一步优化零售新业态新模式营商环境,探索实行"一照多址"。各地对新申请食品经营(仅限从事预包装食品销售)的,可试点推行告知承诺制。各地可结合实际,在保障食品安全的前提下,扩大推行告知承诺制的范围。(市场监管总局牵头,国家发展改革委等部门按职责分工负责)

五、加大新型消费政策支持力度

(十六)强化财政支持。各级财政通过现有资金渠道、按照市场化方式支持新型消费发展,促进相关综合服务和配套基础设施建设。研究进一步对新型消费领域企业优化税收征管措施,更好发挥减税降费政策效应。(国家发展改革委、工业和信息化部、财政部、人力资源社会保障部、税务总局等部门按职责分工负责)

(十七)优化金融服务。深化政银企合作,拓展新型消费领域投融资渠道。鼓励金融机构按照市场化原则,在风险可控前提下,结合新型消费领域相关企业经营特点,积极开发金融产品和服务。优化与新型消费相关的支付环境,鼓励银行等各类型支付清算服务主体降低手续费用,降低商家、消费者支付成本,推动银行卡、移动支付在便民消费领域广泛应用。完善跨境支付监管制度,稳妥推进跨境移动支付应用,提升境外人员境内支付规范化便利化水平。支持符合条件的企业通过发行新股、发行公司债券、"新三板"挂牌等方式融资。发展股权投资基金,推动生产要素向更具前景、更具活力的新型消费领域转移和集聚。(国家发展改革委、财政部、人民银行、银保监会、证监会等部门按职责分工负责)

(十八)完善劳动保障政策。鼓励发展新就业形态,支持灵活就业,加快完善相关劳动保障制度。指导企业规范开展用工余缺调剂,帮助有"共享用工"需求的企业精准、高效匹配人力资源。促进新业态新模式从业人员参加社会保险,提高参保率。坚持失业保险基金优先保生活,通过发放失业保险金、一次性生活补助等多措并举,加快构建城乡参保失业人员应发尽发、应保尽保长效机制。(国家发展改革委、财政部、人力资源社会保障部、国家医保局等部门按职责分工负责)

六、强化组织保障

(十九)加强组织领导。充分发挥完善促进消费体制机制部际联席会议制度作用,加强组织领导和统筹协调,国家发展改革委牵头组织实施,强化部门协同和上下联动,加快研究制定以新业态新模式引领新型消费加快发展的具体实施方案和配套措施,明确责任主体、时间表和路线图,形成政策合力。(国家发展改革委等各有关部门按职责分工负责)

(二十)强化监测评估。加强新型消费统计监测,聚合各类平台企业消费数据,强化传统数据与大数据比对分析,及时反映消费现状和发展趋势,提高政策调控的前瞻性和有效性。完善政策实施评估体系,综合运用第三方评估、社会监督评价等多种方式,科学评估实施效果,确保各项举措落到实处。(国家发展改革

委、商务部、市场监管总局、国家统计局等部门按职责分工负责）

（二十一）注重宣传引导。创新宣传方式，丰富宣传手段，加强支持新型消费发展相关政策宣传解读和经验推广，倡导健康、智慧、便捷、共享的消费理念，营造有利于新型消费良性发展的舆论氛围。（国家发展改革委、商务部、市场监管总局、广电总局、国务院新闻办等部门按职责分工负责）

各地区、各有关部门要以习近平新时代中国特色社会主义思想为指导，增强"四个意识"、坚定"四个自信"、做到"两个维护"，坚决贯彻党中央、国务院决策部署，充分认识培育壮大新业态新模式、加快发展新型消费的重要意义，认真落实本意见各项要求，细化实化政策措施，优化制度环境，强化要素保障，持续扩大国内需求，扩大最终消费，为居民消费升级创造条件。

国务院办公厅
2020 年 9 月 16 日

（此件公开发布）

住房和城乡建设部等部门关于印发绿色社区创建行动方案的通知

(建城〔2020〕68号)

各省、自治区、直辖市住房和城乡建设厅(委、管委)、发展改革委、民政厅(局)、公安厅(局)、生态环境厅(局)、市场监管局(厅、委),北京市城市管理委、园林绿化局、水务局,天津市城市管理委、水务局,上海市绿化和市容管理局、水务局,重庆市城市管理局,新疆生产建设兵团住房和城乡建设局、发展改革委、民政局、公安局、生态环境局、市场监管局:

按照《国家发展改革委关于印发〈绿色生活创建行动总体方案〉的通知》(发改环资〔2019〕1696号)部署要求,住房和城乡建设部、国家发展改革委等6部门共同研究制定了《绿色社区创建行动方案》,现印发实施。

中华人民共和国住房和城乡建设部
中华人民共和国国家发展和改革委员会
中华人民共和国民政部
中华人民共和国公安部
中华人民共和国生态环境部
国家市场监督管理总局
2020年7月22日

绿色社区创建行动方案

为深入贯彻习近平生态文明思想,贯彻落实党的十九大和十九届二中、三中、四中全会精神,按照《绿色生活创建行动总体方案》部署要求,开展绿色社区创建行动,现制定具体方案如下。

一、创建目标

绿色社区创建行动以广大城市社区为创建对象，即各城市社区居民委员会所辖空间区域。开展绿色社区创建行动，要将绿色发展理念贯穿社区设计、建设、管理和服务等活动的全过程，以简约适度、绿色低碳的方式，推进社区人居环境建设和整治，不断满足人民群众对美好环境与幸福生活的向往。通过绿色社区创建行动，使生态文明理念在社区进一步深入人心，推动社区最大限度地节约资源、保护环境。

到 2022 年，绿色社区创建行动取得显著成效，力争全国 60% 以上的城市社区参与创建行动并达到创建要求，基本实现社区人居环境整洁、舒适、安全、美丽的目标。

二、创建内容

（一）建立健全社区人居环境建设和整治机制。绿色社区创建要与加强基层党组织建设、居民自治机制建设、社区服务体系建设有机结合。坚持美好环境与幸福生活共同缔造理念，充分发挥社区党组织领导作用和社区居民委员会主体作用，统筹协调业主委员会、社区内的机关和企事业单位等，共同参与绿色社区创建。搭建沟通议事平台，利用"互联网＋共建共治共享"等线上线下手段，开展多种形式基层协商，实现决策共谋、发展共建、建设共管、效果共评、成果共享。推动城市管理进社区。推动设计师、工程师进社区，辅导居民谋划社区人居环境建设和整治方案，有效参与城镇老旧小区改造、生活垃圾分类、节能节水、环境绿化等工作。

（二）推进社区基础设施绿色化。结合城市更新和存量住房改造提升，以城镇老旧小区改造、市政基础设施和公共服务设施维护等工作为抓手，积极改造提升社区供水、排水、供电、弱电、道路、供气、消防、生活垃圾分类等基础设施，在改造中采用节能照明、节水器具等绿色产品、材料。综合治理社区道路，消除路面坑洼破损等安全隐患，畅通消防、救护等生命通道。加大既有建筑节能改造力度，提高既有建筑绿色化水平。实施生活垃圾分类，完善分类投放、分类收集、分类运输设施。综合采取"渗滞蓄净用排"等举措推进海绵化改造和建设，结合本地区地形地貌进行竖向设计，逐步减少硬质铺装场地，避免和解决内涝积水问题。

（三）营造社区宜居环境。因地制宜开展社区人居环境建设和整治。整治小区及周边绿化、照明等环境，推动适老化改造和无障碍设施建设。合理布局和建设各类社区绿地，增加荫下公共活动场所、小型运动场地和健身设施。合理配建停车及充电设施，优化停车管理。进一步规范管线设置，实施架空线规整（入地），加强噪声治理，提升社区宜居水平。针对新冠肺炎疫情暴露出的问题，加快社区服务设施建设，补齐在卫生防疫、社区服务等方面的短板，打通服务群众的"最后一公里"。结合绿色社区创建，探索建设安全健康、设施完善、管理有序的完整居住社区。

（四）提高社区信息化智能化水平。推进社区市政基础设施智能化改造和安防系统智能化建设。搭建社区公共服务综合信息平台，集成不同部门各类业务信息系统。整合社区安保、车辆、公共设施管理、生活垃圾排放登记等数据信息。推动门禁管理、停车管理、公共活动区域监测、公共服务设施监管等领域智能化升级。鼓励物业服务企业大力发展线上线下社区服务。

（五）培育社区绿色文化。建立健全社区宣传教育制度，加强培训，完善宣传场所及设施设置。运用社区论坛和"两微一端"等信息化媒介，定期发布绿色社区创建活动信息，开展绿色生活主题宣传教育，使生态文明理念扎根社区。依托社区内的中小学校和幼儿园，开展"小手拉大手"等生态环保知识普及和社会实践活动，带动社区居民积极参与。贯彻共建共治共享理念，编制发布社区绿色生活行为公约，倡导居民选择绿色生活方式，节约资源、开展绿色消费和绿色出行，形成富有特色的社区绿色文化。加强社区相关文物古迹、历史建筑、古树名木等历史文化保护，展现社区特色，延续历史文脉。

三、组织实施

（一）建立工作机制。绿色社区创建行动由住房和城乡建设部牵头，国家发展改革委、民政部、公安部、生态环境部、市场监管总局等单位参与。全国层面加强部门协调配合，及时沟通相关工作情况。各地有关部门要把绿色社区创建工作摆上重要议事日程，在当地人民政府的统一领导下，建立部门协作机制，形成工作合力，共同破解难题，统筹推进绿色社区创建。

（二）明确工作职责。各级住房和城乡建设部门要做好绿色社区创建行动的牵头协调工作，会同有关部门扎实开展调查研究，按照统筹规划、分步推进、尽力而为、量力而行的原则，合理安排创建目标和时序，科学制定本地区绿色社区创建行动实施方案。各省（区、市）制定的实施方案，要于 2020 年 8 月底前报住房和城乡建设部。市县住房和城乡建设部门会同有关部门指导城市社区结合创建行动，开展人居环境建设和整治，推动基础设施绿色化，营造宜居环境、培育绿色文化。省级住房和城乡建设部门要会同有关部门加强对市县绿色社区创建工作的指导。

（三）抓好示范引领。各地要建立激励先进机制，优先安排居民创建意愿强、积极性高、有工作基础的社区开展创建，发挥示范引领作用，探索可复制可推广的经验做法。要及时总结和推广绿色社区创建行动中的经验做法，建设一批绿色社区创建行动示范教育基地，以点带面，逐步推开创建活动。结合城镇老旧小区改造，同步开展绿色社区创建。

（四）做好评估总结。省级住房和城乡建设部门要会同有关部门，对本地区绿色社区创建行动开展情况和实施效果进行年度评估，总结创建进展成效，于每年 11 月 30 日前将年度总结评估报告报住房和城乡建设部。

四、保障措施

（一）统筹相关政策予以支持。各地住房和城乡建设部门要加强与财政部门沟通，争取资金支持。各地应统筹用好城镇老旧小区改造、绿色建筑、既有建筑绿色化改造、海绵城市建设、智慧城市建设等涉及住宅小区的各类资金，推进绿色社区创建，提高资金使用效率。鼓励和引导政策性银行、开发性银行和商业银行加大产品和服务创新力度，在风险可控前提下，对参与绿色社区创建的企业和项目提供信贷支持。通过政府采购、新增设施有偿使用、落实资产权益等方式，吸引各类专业机构等社会力量，投资参与绿色社区创建中各类设施的设计、改造、运营。

（二）强化技术支撑。各地在社区人居环境建设和整治中，应积极选用经济适用、绿色环保的技术、工艺、材料、产品。要因地制宜加强绿色环保工艺技术的集成和创新，加大绿色环保材料产品的研发和推广应用力度。根据创建工作需要，立足当地实际，制订绿色社区建设标准和指标体系。

（三）加强宣传动员。各地要加大绿色社区创建行动的宣传力度，注重典型引路、正面引导，宣传绿色

社区创建行动及其成效,营造良好舆论氛围。要动员志愿者、企事业单位、社会组织广泛参与绿色社区创建行动,形成各具特色的绿色社区创建模式。对绿色社区创建行动中涌现的优秀单位、个人和做法,要通过多种方式予以表扬鼓励。

附件:绿色社区创建标准(试行)

附件

绿色社区创建标准(试行)

内容		创建标准
建立健全社区人居环境建设和整治机制	1	坚持美好环境与幸福生活共同缔造理念,各主体共同参与社区人居环境建设和整治工作
	2	搭建沟通议事平台,利用"互联网+共建共治共享"等线上线下手段,开展多种形式基层协商
	3	设计师、工程师进社区,辅导居民有效谋划人居环境建设和整治方案
推进社区基础设施绿色化	4	社区各类基础设施比较完善
	5	开展了社区道路综合治理、海绵化改造和建设,生活垃圾分类居民小区全覆盖
	6	在基础设施改造建设中落实经济适用、绿色环保的理念
营造社区宜居环境	7	社区绿地布局合理,有公共活动空间和设施
	8	社区停车秩序规范,无占压消防、救护等生命通道的情况
	9	公共空间开展了适老化改造和无障碍设施建设
	10	对噪声扰民等问题进行了有效治理
提高社区信息化智能化水平	11	建设了智能化安防系统
	12	物业管理覆盖面不低于30%
培育社区绿色文化	13	社区有固定宣传场所和设施,能定期发布创建信息
	14	对社区工作者、物业服务从业者等相关人员定期开展培训
	15	发布了社区居民绿色生活行为公约
	16	社区相关文物古迹、历史建筑、古树名木等历史文化资源得到有效保护

住房和城乡建设部等部门关于开展城市居住社区建设补短板行动的意见

（建科规〔2020〕7号）

各省、自治区、直辖市住房和城乡建设厅（委、管委）、教育厅（委）、通信管理局、公安厅（局）、商务主管部门、文化和旅游厅（局）、卫生健康委、市场监管局（厅、委）、体育局、能源局、邮政局、残联，国家税务总局各省、自治区、直辖市和计划单列市税务局，新疆生产建设兵团住房和城乡建设局、教育局、公安局、商务主管部门、文化和旅游局、卫生健康委、市场监管局、体育局、能源局、邮政局、残联：

居住社区是城市居民生活和城市治理的基本单元，是党和政府联系、服务人民群众的"最后一公里"。当前，居住社区存在规模不合理、设施不完善、公共活动空间不足、物业管理覆盖面不高、管理机制不健全等突出问题和短板，与人民日益增长的美好生活需要还有较大差距。为贯彻落实习近平总书记关于更好为社区居民提供精准化、精细化服务的重要指示精神，建设让人民群众满意的完整居住社区，现就开展居住社区建设补短板行动提出以下意见：

一、总体要求

（一）指导思想。以习近平新时代中国特色社会主义思想为指导，全面贯彻党的十九大和十九届二中、三中、四中全会精神，坚持以人民为中心的发展思想，坚持新发展理念，以建设安全健康、设施完善、管理有序的完整居住社区为目标，以完善居住社区配套设施为着力点，大力开展居住社区建设补短板行动，提升居住社区建设质量、服务水平和管理能力，增强人民群众获得感、幸福感、安全感。

（二）工作目标。到2025年，基本补齐既有居住社区设施短板，新建居住社区同步配建各类设施，城市居住社区环境明显改善，共建共治共享机制不断健全，全国地级及以上城市完整居住社区覆盖率显著提升。

二、重点任务

（一）合理确定居住社区规模。以居民步行5—10分钟到达幼儿园、老年服务站等社区基本公共服务设施为原则，以城市道路网、自然地形地貌和现状居住小区等为基础，与社区居民委员会管理和服务范围相对接，因地制宜合理确定居住社区规模，原则上单个居住社区以0.5—1.2万人口规模为宜。要结合实际统筹划定和调整居住社区范围，明确居住社区建设补短板行动的实施单元。

（二）落实完整居住社区建设标准。按照《完整居住社区建设标准（试行）》（附件），结合地方实际，

细化完善居住社区基本公共服务设施、便民商业服务设施、市政配套基础设施和公共活动空间建设内容和形式，作为开展居住社区建设补短板行动的主要依据。

（三）因地制宜补齐既有居住社区建设短板。结合城镇老旧小区改造等城市更新改造工作，通过补建、购置、置换、租赁、改造等方式，因地制宜补齐既有居住社区建设短板。优先实施排水防涝设施建设、雨污水管网混错接改造。充分利用居住社区内空地、荒地及拆除违法建设腾空土地等配建设施，增加公共活动空间。统筹利用公有住房、社区居民委员会办公用房和社区综合服务设施、闲置锅炉房等存量房屋资源，增设基本公共服务设施和便民商业服务设施。要区分轻重缓急，优先在居住社区内配建居民最需要的设施。推进相邻居住社区及周边地区统筹建设、联动改造，加强各类配套设施和公共活动空间共建共享。加强居住社区无障碍环境建设和改造，为居民出行、生活提供便利。

（四）确保新建住宅项目同步配建设施。新建住宅项目要按照完整居住社区建设标准，将基本公共服务、便民商业服务等设施和公共活动空间建设作为开发建设配套要求，明确规模、产权和移交等规定，确保与住宅同步规划、同步建设、同步验收和同步交付，并按照有关规定和合同约定做好产权移交。规模较小的新建住宅项目，要在科学评估周边既有设施基础上按需配建；规模较大的，要合理划分成几个规模适宜的居住社区，按照标准配齐设施。地方相关行政主管部门要切实履行监督职责，确保产权人按照规定使用配套设施，未经法定程序，任何组织和个人不得擅自改变用途和性质。

（五）健全共建共治共享机制。按照基层党组织领导下的多方参与治理要求，推动建立"党委领导、政府组织、业主参与、企业服务"的居住社区管理机制。鼓励引入专业化物业服务，暂不具备条件的，通过社区托管、社会组织代管或居民自管等方式，提高物业管理覆盖率。推动城市管理进社区，将城市综合管理服务平台与物业管理服务平台相衔接，提高城市管理覆盖面，依法依规查处私搭乱建等违法违规行为，协助开展社区环境整治活动。

三、组织实施

（一）加强组织领导和部门协调。各级住房和城乡建设部门要会同教育、工业和信息化、公安、商务、文化和旅游、卫生健康、税务、市场监管、体育、能源、邮政管理、残联等部门建立协同机制，统筹整合涉及居住社区建设的各类资源、资金和力量，有序开展居住社区建设补短板行动。住房和城乡建设部门要结合城镇老旧小区改造、绿色社区创建、棚户区改造等同步推进居住社区建设补短板行动，建立居住社区建设项目审批绿色通道，加强对幼儿园、养老等基本公共服务设施的设计、建设、验收、移交的监管落实，提高物业管理覆盖率，推动城市管理进社区。教育部门要配合有关部门做好居住社区配套幼儿园规划、建设、验收、移交等工作。工业和信息化部门要加快光纤入户和多网融合。公安机关要加强社区警务工作及警务室建设，推进社区智能安防设施及系统建设。商务部门要支持便民商业服务设施建设，鼓励小店"一店多能"提供多样化便民服务，引导连锁企业进社区提供优质服务。文化和旅游部门要支持社区文化设施建设。卫生健康部门要协调有关部门加强社区卫生服务机构建设，完善婴幼儿照护服务政策规范。税务部门要落实社区服务税收优惠政策。市场监管部门要依法对住宅加装的电梯实施监督检验和使用登记。体育部门要加大对社区健身场地设施建设的指导支持力度，协调有关资金向居住社区倾斜。能源部门要支持居住社区充电桩等设施建设。邮政管理部门要加强对居住社区快递末端网点的监督管理。残联要积极组织残疾人代表开展体验活动，配合推进社区无障碍环境建设和改造工作。

（二）制定行动计划。各城市住房和城乡建设部门要会同有关部门按照完整居住社区建设标准，开展居住社区建设情况调查，摸清居住社区规模和数量，找准各类设施和公共活动空间建设短板，制定居住社区建设补短板行动计划，明确行动目标、重点任务和推进时序，并与城镇老旧小区改造计划等相衔接。按照行动计划，细化年度工作任务和建设项目库，纳入政府重点工作统筹推进。

（三）推动社会力量参与。通过政府采购、新增设施有偿使用、落实资产权益等方式，吸引各类专业机构等社会力量参与居住社区配套设施建设和运营。支持规范各类企业以政府和社会资本合作模式开展设施建设和改造。引导供水、供气、供热、供电、通信等专业经营单位履行社会责任，出资参与相关管线设施设备的改造提升及维护更新管理。建立物业管理服务平台，推动物业服务企业发展线上线下社区服务业，接入电子商务、健身、文化、旅游、家装、租赁等各类优质服务，拓展家政、教育、护理、养老等增值服务。

（四）动员居民广泛参与。以开展居住社区建设补短板行动为载体，大力推进美好环境与幸福生活共同缔造活动，搭建沟通议事平台，充分发挥居民主体作用，推动实现决策共谋、发展共建、建设共管、效果共评、成果共享。引导各类专业人员进社区，辅导居民参与居住社区建设和管理。加强培训和宣传，发掘和培养一批懂建设、会管理的老模范、老党员、老干部等社区能人。建立激励机制，引导和鼓励居民通过捐资捐物、投工投劳等方式参与居住社区建设。发布社区居民公约，促进居民自我管理、自我服务。

（五）做好评估和总结。各省级住房和城乡建设部门要会同有关部门加强跟踪督导，定期开展本辖区居住社区建设补短板行动评估，每年11月30日前将工作进展情况报送住房和城乡建设部，2025年底前对城市居住社区建设补短板行动进行总结。住房和城乡建设部会同有关部门将定期对全国居住社区建设补短板行动进行调研评估。

附件：完整居住社区建设标准（试行）

中华人民共和国住房和城乡建设部
中 华 人 民 共 和 国 教 育 部
中华人民共和国工业和信息化部
中 华 人 民 共 和 国 公 安 部
中 华 人 民 共 和 国 商 务 部
中华人民共和国文化和旅游部
中华人民共和国国家卫生健康委员会
国 家 税 务 总 局
国 家 市 场 监 督 管 理 总 局
国 家 体 育 总 局
国 家 能 源 局
国 家 邮 政 局
中 国 残 疾 人 联 合 会
2020年8月18日

（此件公开发布）

附件

完整居住社区建设标准（试行）

目标	序号	建设内容	建设要求
一、基本公共服务设施完善	1	一个社区综合服务站	建筑面积以800平方米为宜，设置社区服务大厅、警务室、社区居委会办公室、居民活动用房、阅览室、党群活动中心等。
	2	一个幼儿园	不小于6班，建筑面积不小于2200平方米，用地面积不小于3500平方米，为3—6岁幼儿提供普惠性学前教育服务。
	3	一个托儿所	建筑面积不小于200平方米，为0—3岁婴幼儿提供安全可靠的托育服务。可以结合社区综合服务站、社区卫生服务站、住宅楼、企事业单位办公楼等建设托儿所等婴幼儿照护服务设施。
	4	一个老年服务站	与社区综合服务站统筹建设，为老年人、残疾人提供居家日间生活辅助照料、助餐、保健、文化娱乐等服务。具备条件的居住社区，可以建设1个建筑面积不小于350平方米的老年人日间照料中心，为生活不能完全自理的老年人、残疾人提供膳食供应、保健康复、交通接送等日间服务。
	5	一个社区卫生服务站	建筑面积不小于120平方米，提供预防、医疗、计生、康复、防疫等服务。
二、便民商业服务设施健全	6	一个综合超市	建筑面积不小于300平方米，提供蔬菜、水果、生鲜、日常生活用品等销售服务。城镇老旧小区等受场地条件约束的既有居住社区，可以建设2—3个50—100平方米的便利店提供相应服务。
	7	多个邮件和快件寄递服务设施	建设多组智能信包箱、智能快递箱，提供邮件快件收寄、投递服务，格口数量为社区日均投递量的1—1.3倍。新建居住社区应建设使用面积不小于15平方米的邮政快递末端综合服务站。城镇老旧小区等受场地条件约束的既有居住社区，因地制宜建设邮政快递末端综合服务站。
	8	其他便民商业网点	建设理发店、洗衣店、药店、维修点、家政服务网点、餐饮店等便民商业网点。
三、市政配套基础设施完备	9	水、电、路、气、热、信等设施	建设供水、排水、供电、道路、供气、供热（集中供热地区）、通信等设施，达到设施完好、运行安全、供给稳定等要求。实现光纤入户和多网融合，推动5G网络进社区。建设社区智能安防设施及系统。
	10	停车及充电设施	新建居住社区按照不低于1车位/户配建机动车停车位，100%停车位建设充电设施或者预留建设安装条件。既有居住社区统筹空间资源和管理措施，协调解决停车问题，防止乱停车和占用消防通道现象。建设非机动车停车棚、停放架等设施。具备条件的居住社区，建设电动车集中停放和充电场所，并做好消防安全管理。
	11	慢行系统	建设联贯各类配套设施、公共活动空间与住宅的慢行系统，与城市慢行系统相衔接。社区居民步行10分钟可以到达公交站点。
	12	无障碍设施	住宅和公共建筑出入口设置轮椅坡道和扶手，公共活动场地、道路等户外环境建设符合无障碍设计要求。具备条件的居住社区，实施加装电梯等适老化改造。对有条件的服务设施，设置低位服务柜台、信息屏幕显示系统、盲文或有声提示标识和无障碍厕所（厕位）。
	13	环境卫生设施	实行生活垃圾分类，设置多处垃圾分类收集点，新建居住社区宜建设一个用地面积不小于120平方米的生活垃圾收集站。建设一个建筑面积不小于30平方米的公共厕所，城镇老旧小区等受场地条件约束的既有居住社区，可以采用集成箱体式公共厕所。

续表

目标	序号	建设内容	建设要求
四、公共活动空间充足	14	公共活动场地	至少有一片公共活动场地（含室外综合健身场地），用地面积不小于150平方米，配置健身器材、健身步道、休息座椅等设施以及沙坑等儿童娱乐设施。新建居住社区建设一片不小于800平方米的多功能运动场地，配置5人制足球、篮球、排球、乒乓球、门球等球类场地，在紧急情况下可以转换为应急避难场所。既有居住社区要因地制宜改造宅间绿地、空地等，增加公共活动场地。
	15	公共绿地	至少有一片开放的公共绿地。新建居住社区至少建设一个不小于4000平方米的社区游园，设置10%—15%的体育活动场地。既有居住社区应结合边角地、废弃地、闲置地等改造建设"口袋公园"、"袖珍公园"等。社区公共绿地应配备休憩设施，景观环境优美，体现文化内涵，在紧急情况下可转换为应急避难场所。
五、物业管理全覆盖	16	物业服务	鼓励引入专业化物业服务，暂不具备条件的，通过社区托管、社会组织代管或居民自管等方式，提高物业管理覆盖率。新建居住社区按照不低于物业总建筑面积2‰比例且不低于50平方米配置物业管理用房，既有居住社区因地制宜配置物业管理用房。
	17	物业管理服务平台	建立物业管理服务平台，推动物业服务企业发展线上线下社区服务业，实现数字化、智能化、精细化管理和服务。
六、社区管理机制健全	18	管理机制	建立"党委领导、政府组织、业主参与、企业服务"的居住社区管理机制。推动城市管理进社区，将城市综合管理服务平台与物业管理服务平台相衔接，提高城市管理覆盖面。
	19	综合管理服务	依法依规查处私搭乱建等违法违规行为。组织引导居民参与社区环境整治、生活垃圾分类等活动。
	20	社区文化	举办文化活动，制定发布社区居民公约，营造富有特色的社区文化。

说明：完整居住社区是指为群众日常生活提供基本服务和设施的生活单元，也是社区治理的基本单元。本标准以0.5—1.2万人口规模的完整居住社区为基本单元，依据《城市居住区规划设计标准》等有关标准规范和政策文件编制。若干个完整居住社区构成街区，统筹配建中小学、养老院、社区医院、运动场馆、公园等设施，与十五分钟生活圈相衔接，为居民提供更加完善的公共服务。

住房和城乡建设部等部门关于推动物业服务企业发展居家社区养老服务的意见

(建房〔2020〕92号)

各省、自治区、直辖市住房和城乡建设厅（委、管委）、发展改革委、民政厅（局）、卫生健康委、医保局、老龄办，新疆生产建设兵团住房和城乡建设局、发展改革委、民政局、卫生健康委、医保局、老龄办：

为贯彻落实党中央、国务院关于加快发展养老服务业的一系列决策部署，充分发挥物业服务企业常驻社区、贴近居民、响应快速等优势，推动和支持物业服务企业积极探索"物业服务＋养老服务"模式，切实增加居家社区养老服务有效供给，更好满足广大老年人日益多样化多层次的养老服务需求，着力破解高龄、空巢、独居、失能老年人生活照料和长期照护难题，促进家庭幸福、邻里和睦、社区和谐，现就推动物业服务企业发展居家社区养老服务提出以下意见。

一、补齐居家社区养老服务设施短板

（一）盘活小区既有公共房屋和设施。清理整合居住小区内各类闲置和低效使用的公共房屋和设施，经业主共同决策同意，可交由物业服务企业统一改造用于居家社区养老服务；政府所有的闲置房屋和设施，由房屋管理部门按规定履行程序后，可交由物业服务企业用于居家社区养老服务。鼓励物业服务企业与房地产开发企业协商，将开发企业自持的房屋改造为养老服务用房，允许按照适老化设计要求优化户均面积、小区车位配比等指标，相关建设工程应符合国家工程建设消防技术标准和消防安全管理要求。

（二）保障新建居住小区养老服务设施达标。新建居住小区应落实居家社区养老服务设施规划建设要求，按照相关政策和标准配套建设居家社区养老服务设施，并与住宅同步规划、同步建设、同步验收、同步交付使用。对缓建、缩建、停建、不建养老服务设施的项目，在整改到位之前不得组织竣工验收。支持利用集体建设用地发展养老服务设施。加强居家社区养老服务设施设计、施工、验收、备案等环节的监督管理，保障设施建设达标。

（三）加强居家社区养老服务设施布点和综合利用。按照集中和分散兼顾、独立和混合使用并重的原则，完善居家社区养老服务设施布点。在老年人较多的若干邻小区，集中建设老年服务中心，可交由物业服务企业为老年人提供全托、日托、上门、餐饮、文体、健身等方面的服务，提高养老设施使用效率。因地制宜多点布局小型养老服务点，作为居家社区养老服务中心的有效补充，方便小区老年人就地就近接受服务。

（四）推进居家社区适老化改造。支持物业服务企业根据老年人日常生活和社会交往需要，进行增设无障碍通道、加装电梯等设施适老化改造，以及提供地面防滑、加装扶手、消除地面高差等居家社区适老化改造。

二、推行"物业服务＋养老服务"居家社区养老模式

（五）养老服务营收实行单独核算。物业服务企业开展居家社区养老服务，应当内设居家社区养老服务部门，专门提供助餐、助浴、助洁、助急、助行、助医、照料看护等定制养老服务，并按国家有关规定，建立健全财务会计制度，对社区养老服务的营业收支实行单独核算。

（六）支持养老服务品牌化连锁化经营。支持物业服务企业根据自身条件，结合养老需求，成立独立的居家社区养老服务机构，实现居家社区养老服务规模化、品牌化、连锁化经营。物业服务企业已经取得居家社区养老服务机构营业执照的，允许其跨区域经营居家社区养老服务。

（七）组建专业化养老服务队伍。鼓励开展居家社区养老服务的物业服务企业建立养老服务专业人员队伍，加强岗前培训及定期培训。协调职业院校、培训机构为物业服务企业培养养老护理、康复、社会工作、心理咨询等专业人员提供人力资源支持。按规定落实养老服务从业人员培训费补贴、职业技能鉴定补贴等政策。将符合条件的养老服务从业人员纳入公租房或政策性租赁住房保障范围。

三、丰富居家社区养老服务内容

（八）支持参与提供医养结合服务。鼓励物业服务企业开办社区医务室、护理站等医疗机构，招聘和培训专业人员，为老年人提供基本医护服务，支持将符合条件的医疗机构纳入医保支付范围。支持社区医务室、护理站与大型医疗机构建立长期合作关系和就医双向转疗绿色通道。鼓励医护人员到社区医务室、护理站执业，并在职称评定等方面享有同等待遇。探索开展居家老年人上门医疗卫生服务。

（九）支持开展老年人营养服务和健康促进。鼓励物业服务企业因地制宜地开办小区老年餐桌，提供送餐上门服务。鼓励开办社区课堂，开展老年人思想道德、科学文化、养生保健、心理健康、法律法规、家庭理财、闲暇生活、代际沟通、生命尊严等方面教育，加强对老年人及其家属的营养和照护知识培训，指导老年人开展科学的体育健身活动，搭建老年文化活动平台。支持设置老年人康复辅助器具配置、租赁站点，满足老年人相应康复需求。

（十）发展社区助老志愿服务。鼓励物业服务企业加强与社区居民委员会、业主委员会的沟通合作，共同健全社区动员和参与机制，开展社区居民结对帮扶老年人志愿服务活动，以及敬老助老孝老主题教育和代际沟通活动，加强对老年人的精神关爱服务，为老年人参与社区生活搭建平台。

（十一）促进养老产业联动发展。支持物业服务企业在提供居家社区养老服务中，加强与专业养老机构信息和业务联通，开展技术交流、人员培训、资源共享和客户转介等方面的合作，推进居家、社区、机构养老融合发展，积极构建全方位、多层次、立体化的养老服务体系。

四、积极推进智慧居家社区养老服务

（十二）建设智慧养老信息平台。鼓励物业服务企业对接智慧城市和智慧社区数据系统，建设智慧养老信息平台，将社区老年人生活情况、健康状态、养老需求、就医诊疗等数据信息纳入统一的数据平台管理；开辟家政预约、购物购药、健康管理、就医挂号、绿色转诊等多项网上服务功能，提升居家社区养老服务智能化水平。

（十三）配置智慧养老服务设施。鼓励物业服务企业对居家社区养老服务设施进行智能化升级改造，配置健康管理、人身安全监护、家用电器监控、楼寓对讲和应急响应等智能设施。大力推广物联网和远程智能

安防监控技术，实现 24 小时安全自动值守，提高突发事件应对能力，降低老年人意外风险。

（十四）丰富智慧养老服务形式。鼓励物业服务企业参与开发居家社区养老服务智能终端、应用程序等，拓展远程提醒和控制、自动报警和处置、动态监测和记录等功能。以失能、独居、空巢老年人为重点，建立呼叫服务系统和应急救援服务机制。支持打造"互联网＋养老"模式，整合线上线下资源，精准对接助餐、助浴、助洁、助行、助医等需求与供给，为老年人提供"点菜式"便捷养老服务。

（十五）创新智慧养老产品供给。鼓励物业服务企业参与研发推广智能可穿戴设备、便携式健康监测设备、智能养老监护设备、家庭服务机器人等智能养老服务产品，推进人工智能、虚拟现实、5G 等新兴技术在居家社区养老智能产品中的应用。支持物业服务企业发展以老年产品为特色的电商服务平台，为老年人提供多元、个性、精准的智能产品。

五、完善监督管理和激励扶持措施

（十六）加强养老服务监管。物业服务企业开展居家社区养老服务和有关设施应符合消防、环保、卫生、应急管理等相关标准及行业管理要求。物业服务企业为老年人提供居家社区养老服务，应严格保障老年人的信息安全，避免个人信息泄露。

（十七）规范养老服务收费行为。居家社区养老服务收费应当遵循诚实信用、公平合理、费用与服务水平相适应的原则。居家社区养老服务收费必须明码标价，在服务区域内的显著位置公示企业名称、服务内容、收费标准、投诉方式等事项，确保老年人的知情权、参与权、选择权和监督权。

（十八）拓宽养老服务融资渠道。鼓励商业银行向提供居家社区养老服务的物业服务企业发放资产（设施）抵押贷款和应收账款质押贷款，并参照贷款基准利率，结合风险分担情况，合理确定贷款利率水平。支持物业服务企业以企业未来收益权、土地使用权为担保发行债券。鼓励商业保险、基金、信托、社保基金等资金投资居家社区养老服务项目，降低物业服务企业负债率。

（十九）建立协同推进机制。加强组织领导，强化部门协同，将发展居家社区养老服务工作纳入养老服务部际联席会议制度，统筹推进。住房和城乡建设部负责物业服务企业开展居家社区养老服务组织协调工作，民政部负责养老服务工作的业务指导、监督管理，国家卫生健康委负责指导社区医务室、护理站设立和运营工作，国家医保局负责指导将符合条件的医疗机构纳入医保协议管理范围，全国老龄办负责老年人照顾服务指导工作。地方省级政府有关部门按照职责分工负责本行政区内推动物业服务企业发展居家社区养老服务相关工作。市县政府有关部门负责落实落细各项政策措施，积极探索实践，及时研究解决问题，为物业服务企业开展居家社区养老服务创造条件。

中华人民共和国住房和城乡建设部
中华人民共和国国家发展和改革委员会
中 华 人 民 共 和 国 民 政 部
中华人民共和国国家卫生健康委员会
国 家 医 疗 保 障 局
全 国 老 龄 工 作 委 员 会 办 公 室
2020 年 11 月 24 日

（此件公开发布）

住房和城乡建设部等部门印发《关于进一步推进生活垃圾分类工作的若干意见》的通知

(建城〔2020〕93号)

各省、自治区、直辖市人民政府，中央和国家机关有关部门、单位：

《关于进一步推进生活垃圾分类工作的若干意见》已经中央全面深化改革委员会第十五次会议审议通过，现印发给你们，请结合实际认真贯彻落实。

中华人民共和国住房和城乡建设部
中国共产党中央委员会宣传部
中央精神文明建设指导委员会办公室
中华人民共和国国家发展和改革委员会
中 华 人 民 共 和 国 教 育 部
中 华 人 民 共 和 国 科 学 技 术 部
中 华 人 民 共 和 国 生 态 环 境 部
中 华 人 民 共 和 国 农 业 农 村 部
中 华 人 民 共 和 国 商 务 部
国 家 机 关 事 务 管 理 局
中国共产主义青年团中央委员会
中 华 全 国 供 销 合 作 总 社
2020年11月27日

关于进一步推进生活垃圾分类工作的若干意见

近年来，各地区、各部门扎实推进生活垃圾分类工作，为满足人民群众对美好生活的需要、构建基层社会治理新格局、推动生态文明建设、提高社会文明水平发挥了积极作用。但也要看到，我国生活垃圾分类工作总体尚处于起步阶段，在落实城市主体责任、推动群众习惯养成、加快分类设施建设、完善配套支持政策

等方面还存在不少困难和问题。为进一步推进生活垃圾分类工作，现提出如下意见。

一、总体要求

（一）指导思想。以习近平新时代中国特色社会主义思想为指导，深入贯彻习近平生态文明思想，全面贯彻党的十九大和十九届二中、三中、四中、五中全会精神，按照党中央、国务院决策部署，坚持以人民为中心的发展思想，落实新发展理念，按照高质量发展要求，坚持党建引领，坚持共建共治共享，深入推进生活垃圾分类工作，提高生活垃圾减量化、资源化、无害化水平，为建设美丽中国作出贡献。

（二）基本原则。

——科学管理，绿色发展。普遍实行生活垃圾分类和资源化利用制度，坚持源头减量，建立分类投放、分类收集、分类运输、分类处理系统，形成绿色发展方式和生活方式。

——党政推动，全民参与。建立健全党委统一领导、党政齐抓共管、全社会积极参与的体制机制，广泛开展"美好环境与幸福生活共同缔造"活动，加强宣传教育和督促引导，形成全社会人人动手的良好氛围。

——示范引领，持续推进。转化推广先行先试成果，发挥生活垃圾分类示范工作的引领带动作用，加强生活垃圾分类技术研发，提高末端分类处理能力，促进源头分类投放，持之以恒推进生活垃圾分类工作。

——制度保障，长效管理。完善生活垃圾分类相关法律法规和制度标准，建立市、区、街道、社区四级联动的工作体系，加快形成生活垃圾分类全过程管理系统。

——因地制宜，城乡统筹。加强分类指导，从各地实际出发，合理制定工作措施，坚持问题导向、目标导向、结果导向，有序推进生活垃圾分类工作，不搞"一刀切"，逐步建立城乡统筹的生活垃圾分类系统。

（三）主要目标。到 2020 年底，直辖市、省会城市、计划单列市和第一批生活垃圾分类示范城市力争实现生活垃圾分类投放、分类收集基本全覆盖，分类运输体系基本建成，分类处理能力明显增强；其他地级城市初步建立生活垃圾分类推进工作机制。力争再用 5 年左右时间，基本建立配套完善的生活垃圾分类法律法规制度体系；地级及以上城市因地制宜基本建立生活垃圾分类投放、分类收集、分类运输、分类处理系统，居民普遍形成生活垃圾分类习惯；全国城市生活垃圾回收利用率达到 35% 以上。

二、全面加强科学管理

（四）合理确定分类类别。参照《生活垃圾分类标志》（GB/T 19095—2019），区分有害垃圾、可回收物、厨余垃圾和其他垃圾，因地制宜制定相对统一的生活垃圾分类类别，设置统一规范、清晰醒目的生活垃圾分类标志，方便居民分类投放生活垃圾。（住房和城乡建设部、市场监管总局等负责指导，各省、自治区和各城市人民政府负责落实并持续推进。以下均需各省、自治区和各城市人民政府落实并持续推进，不再列出）

（五）推动源头减量。推行生态设计，提高产品可回收性。推动建立垃圾分类标识制度，逐步在产品包装上设置醒目的垃圾分类标识。鼓励和引导实体销售、快递、外卖等企业严格落实限制商品过度包装的有关规定，避免过度包装，可以采取押金、以旧换新等措施加强产品包装回收处置。落实国家有关塑料污染治理管理规定，禁止或限制部分一次性塑料制品的生产、销售和利用。旅游、住宿等行业推行不主动提供一次性用品。餐饮经营单位倡导"光盘行动"，引导消费者适量消费。鼓励使用再生纸制品，加速推动无纸化办公。

（国家发展改革委、工业和信息化部、生态环境部、住房和城乡建设部、商务部、文化和旅游部、市场监管总局、国管局、国家邮政局、供销合作总社等按职责分工负责）

（六）推进分类投放收集系统建设。结合本地实际设置简便易行的生活垃圾分类投放装置，合理布局居住社区、商业和办公场所的生活垃圾分类收集容器、箱房、桶站等设施设备。推动开展定时定点分类投放生活垃圾，确保有害垃圾单独投放，提高玻璃等低值可回收物收集比例，逐步提升生活垃圾分类质量，实现厨余垃圾、其他垃圾有效分开。（住房和城乡建设部、商务部、供销合作总社等按职责分工负责）

（七）完善分类运输系统。建立健全与生活垃圾分类收集相衔接的运输网络，合理确定分类运输站点、频次、时间和线路，配足、配齐分类运输车辆（船舶）。发挥居（村）民委员会在组织社区环境整治、无物业管理社区生活垃圾清运等方面的积极作用，加强与物业单位、生活垃圾清运单位之间的有序衔接，防止生活垃圾"先分后混、混装混运"。逐步推行"车载桶装、换桶直运"等密闭、高效的厨余垃圾运输系统，减少装车运输过程中的"抛洒滴漏"。做好重大疫情等应急状态下生活垃圾分类相关工作。（住房和城乡建设部、科技部、工业和信息化部、民政部、交通运输部、国家卫生健康委、供销合作总社等按职责分工负责）

（八）提升分类处理能力。加快推进生活垃圾分类处理设施建设。科学预估本地生活垃圾产出水平，按适度超前原则，加快推进生活垃圾焚烧处理设施建设，补齐厨余垃圾和有害垃圾处理设施短板，开展垃圾无害化处理市场化模式试点。合理布局生活垃圾焚烧飞灰处置设施。鼓励生活垃圾处理产业园区、资源循环利用基地等建设，优化技术工艺，统筹不同类别生活垃圾处理。从生活垃圾中分类并集中收集的有害垃圾，属于危险废物的，应严格按危险废物管理。（住房和城乡建设部、国家发展改革委、生态环境部等按职责分工负责）

（九）加强分类处理产品资源化利用。鼓励各地采用符合本地实际的技术方法提升资源化利用水平。加快探索适合我国厨余垃圾特性的处理技术路线，鼓励各地因地制宜选用厨余垃圾处理工艺，着力解决好堆肥、沼液、沼渣等产品在农业、林业生产中应用的"梗阻"问题。推动再生资源回收利用行业转型升级，统筹生活垃圾分类网点和废旧物品交投网点建设，规划建设一批集中分拣中心和集散场地，推进城市生活垃圾中低值可回收物的回收和再生利用。（住房和城乡建设部、国家发展改革委、科技部、工业和信息化部、生态环境部、农业农村部、商务部、国家林草局、供销合作总社等按职责分工负责）

三、努力推动习惯养成

（十）引导群众普遍参与。将生活垃圾分类作为加强基层治理的重要载体，强化基层党组织领导作用，统筹居（村）民委员会、业主委员会、物业单位力量，加强生活垃圾分类宣传，普及分类知识，充分听取居民意见，将居民分类意识转化为自觉行动。产生生活垃圾的单位、家庭和个人，依法履行生活垃圾源头减量和分类投放义务。（地方各级党委和政府负责落实并持续推进，住房和城乡建设部、民政部等按职责分工负责）

（十一）切实从娃娃抓起。以青少年为重点，将生活垃圾分类纳入各级各类学校教育内容，依托各级少先队、学校团组织等开展"小手拉大手"等知识普及和社会实践活动，动员家庭积极参与。支持有条件的学校、社区建立生活垃圾分类青少年志愿服务队。（教育部、住房和城乡建设部、共青团中央、全国妇联等按职责分工负责）

（十二）建立健全社会服务体系。积极创造条件，广泛动员并调动社会力量参与生活垃圾分类。鼓励产品生产、实体销售、快递、外卖和资源回收等企业积极参与生活垃圾分类工作，主动开展社会服务。鼓励探索运用大数据、人工智能、物联网、互联网、移动端 APP 等技术手段，推进生活垃圾分类相关产业发展。积极开展生活垃圾分类志愿服务行动和公益活动，加强生活垃圾分类宣传、培训、引导、监督。（住房和城乡建设部、中央文明办、国家发展改革委、工业和信息化部、国管局、共青团中央等按职责分工负责）

（十三）营造全社会参与的良好氛围。加大生活垃圾分类的宣传力度，注重典型引路、正面引导，全面客观报道生活垃圾分类政策措施及其成效，营造良好舆论氛围。充分发挥相关行业协会及社会组织作用，建设一批生活垃圾分类示范教育基地，加强行业培训，共同推进生活垃圾分类。（地方各级党委和政府负责落实并持续推进，中央宣传部、中央文明办、住房和城乡建设部等按职责分工负责）

四、加快形成长效机制

（十四）推动法治化和规范化管理。贯彻落实固体废物污染环境防治法、清洁生产促进法、循环经济促进法等相关法律法规规定，加强产品生产、流通、消费等过程管理，减少废物产生量和排放量。推动有条件的地方加快生活垃圾管理立法工作，建立健全生活垃圾分类法规体系，因地制宜细化生活垃圾分类投放、收集、运输、处理的管理要求和技术标准，2025 年底前形成一批具有地方特点的生活垃圾管理模式。（住房和城乡建设部等负责）

（十五）加大资金保障力度。各地结合实际统筹安排预算支持生活垃圾分类系统项目建设及运营。落实生活垃圾分类工作相关税收优惠。积极吸引社会资本参与生活垃圾分类设施建设、改造和运营。（财政部、税务总局、国家发展改革委、住房和城乡建设部等按职责分工负责）

（十六）健全收费机制。县级以上地方人民政府应当按照产生者付费原则，建立生活垃圾处理收费制度。制定生活垃圾处理收费标准要根据本地实际，结合生活垃圾分类情况，体现分类计价、计量收费等差别化管理，并充分征求公众意见。有条件的地方探索提高混合垃圾收费标准，积极促进生活垃圾减量。生活垃圾处理费应当专项用于生活垃圾的收集、运输和处理等，不得挪作他用。（国家发展改革委、财政部、住房和城乡建设部等按职责分工负责）

（十七）提升科技支撑能力。开展生活垃圾分类技术专题研究，推动生活垃圾分类投放、收集、运输、处理等技术发展。加强生活垃圾分类处理技术装备研发和集成示范应用，重点解决小型焚烧处理、焚烧飞灰处置、渗滤液处理、厨余垃圾处理等问题，构建生活垃圾从源头到末端、从生产到消费的全过程分类技术支撑体系。（科技部、住房和城乡建设部、工业和信息化部、中国科学院、中国工程院等按职责分工负责）

（十八）加强成效评估。建立健全生活垃圾分类工作成效评估机制，综合采取专业督导调研、第三方监管、社会监督和群众满意度调查等方式，对生活垃圾分类相关要求落实情况、工作目标任务完成情况、分类体系建设运行情况、资金投入使用情况等开展评估。将生活垃圾分类工作作为文明城市等群众性精神文明创建的重要内容。（住房和城乡建设部、中央文明办、国家发展改革委、生态环境部等按职责分工负责）

五、加强组织领导

（十九）建立工作责任制。生活垃圾分类工作由省级负总责，城市负主体责任，主要负责同志是第一责任人。省级人民政府要结合本地实际明确生活垃圾分类日常管理机构，不断加强日常管理力量建设。建立健全市、区、街道、社区党组织四级联动机制，明确各城市人民政府有关部门和单位责任清单，层层抓落实。

中央和国家机关有关部门要指导督促地方履职尽责,及时研究解决推进生活垃圾分类工作中遇到的问题。(地方各级党委和政府负责落实并持续推进,住房和城乡建设部会同有关部门按职责分工负责)

(二十)健全管理协同机制。有关方面共同将生活垃圾分类作为基层治理的一项重要工作来抓,住房和城乡建设(环境卫生)主管部门充分发挥牵头协调作用,各有关部门和单位按照职责分工积极参与,推动公共服务、社会管理资源下沉到社区,形成工作合力,使生活垃圾分类工作落到基层、深入群众,推动构建"纵向到底、横向到边、共建共治共享"的社区治理体系。(地方各级党委和政府负责落实并持续推进,住房和城乡建设部、民政部等按职责分工负责)

各省级人民政府结合本地实际,针对农村自然条件、产业特点和经济实力等情况,选择适宜的农村生活垃圾处理模式和技术路线,统筹推进农村地区生活垃圾分类。

住房和城乡建设部等部门关于推动物业服务企业加快发展线上线下生活服务的意见

(建房〔2020〕99号)

各省、自治区、直辖市及新疆生产建设兵团住房和城乡建设厅(委、管委、局)、工业和信息化主管部门、公安厅(局)、商务主管部门、卫生健康委、市场监管局(厅、委):

  为深入贯彻落实《中共中央 国务院关于加强和完善城乡社区治理的意见》《国务院关于加快推进"互联网+政务服务"工作的指导意见》,推进基于信息化、数字化、智能化的新型城市基础设施建设,对接新型基础设施建设,加快建设智慧物业管理服务平台,补齐居住社区服务短板,推动物业服务线上线下融合发展,满足居民多样化多层次生活服务需求,增强人民群众的获得感、幸福感、安全感。现就推动物业服务企业加快发展线上线下生活服务提出如下意见。

一、构建智慧物业管理服务平台

  (一)明确平台基础功能。广泛运用5G、互联网、物联网、云计算、大数据、区块链和人工智能等技术,建设智慧物业管理服务平台,对接城市信息模型(CIM)和城市运行管理服务平台,链接各类电子商务平台。以智慧物业管理服务平台为支撑,打造物业管理、政务服务、公共服务和生活服务应用,构建居住社区生活服务生态,为居民提供智慧物业服务。

  (二)支持物业服务企业建设平台。住房和城乡建设主管部门制定智慧物业管理服务平台建设工作规划,加强平台建设工作指引,在统一物业管理服务规范的基础上明确数据共享标准,促进物业服务行业资源整合。引入政务服务和公用事业服务数据资源,利用CIM基础平台,为智慧物业管理服务平台提供数据共享服务。支持物业服务企业联合建设通用、开放的智慧物业管理服务平台,降低平台建设运营成本,提高服务资源整合能力。鼓励大型物业服务企业开放自有智慧物业管理服务平台功能,拓展服务范围,为中小物业服务企业提供平台支撑和技术支持。引导各类智慧物业管理服务平台加强与电商、科技、金融、快递等第三方平台互联互通,实现资源对接、互补。利用智慧物业管理服务平台对物业服务企业及其从业人员进行信用信息收集、整理和利用,加强信用管理和信用评价,规范物业服务企业经营行为。

  (三)保障平台安全运营。严格落实网络和数据安全法律法规和政策标准,建立健全安全管理制度,采用国产密码技术,增强安全可控技术和产品应用,加强日常监测和安全演练,确保智慧物业管理服务平台网络和数据安全。规范与第三方平台合作,在数据安全、应用安全、网络安全、应急处理等方面,制定安全管理策略,实现智慧物业管理服务平台计算资源和数据资源的有序共享。全面建立隐私数据保护机制,保障用户知情权、选择权和隐私权。

二、全域全量采集数据

（四）采集物业管理数据。以加强城市新型基础设施建设为基础，大力推进居住社区物联网建设，对设施设备进行数字化、智能化改造，补齐数字化短板。对设施设备赋予唯一识别码，运用传感器、全球定位、射频识别、红外感应等装置与技术，全面感知、识别和记录水、电、气、热、安防、消防、电梯、水泵、照明、管线、变压器等设施设备运行数据。运用物联网、大数据、人工智能等先进技术，实时记录物业服务动态信息。对物业服务基础资料和档案进行全面数字化。

（五）共享公共服务数据。通过数据集成、应用集成和平台集成等技术手段，推动智慧物业管理服务平台与各类政务服务平台、公用事业服务平台相关资源、信息和流程的协同和共享。充分利用数据交互成果，为住房公积金、住房保障、就医、就学、养老、供水、供电、供气、供暖以及社区警务等各种应用场景提供动态需求信息。

（六）优化数据资源管理。依托智慧物业管理服务平台，对多主体、多来源、多应用、多服务产生的数据进行全周期系统化管理。优化数据组织方式，按照用途、用户、权限等维度对数据封装打包，进行分布式文件存储。鼓励物联网设备制造企业按照统一标准接入智慧物业管理服务平台，并与CIM基础平台、公共服务平台以及各类电子商务服务平台实现便捷数据交互。

三、推进物业管理智能化

（七）推动设施设备管理智能化。提高设施设备智能管理水平，实现智能化运行维护、安全管理和节能增效。通过基于位置的服务（LBS）、声源定位等技术，及时定位问题设备，实现智能派单，快速响应，提高维修管理效率。通过大数据智能分析，对消防、燃气、变压器、电梯、水泵、窨井盖等设施设备设置合理报警阈值，动态监测预警情况，有效识别安全隐患，及时防范化解相关风险。监测分析设施设备运行高峰期和低谷期情况，科学合理制定设备运行时间表，加强节能、节水、节电控制，有效降低能耗。

（八）实现车辆管理智能化。加强车辆出入、通行、停放管理。增设无人值守设备，实现扫码缴费、无感支付，减少管理人员，降低运营成本，提高车辆通行效率。统筹车位资源，实现车位智能化管理，提高车位使用率。完善新能源车辆充电设施，方便绿色出行。实时监控车辆和道闸、充电桩等相关设施设备运行情况，保障车辆行驶和停放安全。

（九）促进居住社区安全管理智能化。推动智能安防系统建设，建立完善智慧安防小区，为居民营造安全的居住环境。完善出入口智能化设施设备，为居民通行提供安全、快捷服务。根据居民需要，为儿童、独居老人等特殊人群提供必要帮助。加强对高空抛物、私搭乱建、侵占绿地等危害公共环境和扰乱公共秩序的行为分析，及时报告有关部门，履行安防管理职责。

四、融合线上线下服务

（十）拓宽物业服务领域。鼓励物业服务企业依托智慧物业管理服务平台，发挥熟悉居民、服务半径短、响应速度快等优势，在做好物业基础服务的同时，为家政服务、电子商务、居家养老、快递代收等生活服务提供便利。发挥物业服务企业连接居住社区内外的桥梁作用，精准掌握居民消费需求，对接各类供给端，通

过集中采购等方式，为居民提供优质商品和服务。推动物业服务线上线下融合，促进物业服务企业由物的管理向居民服务转型升级。

（十一）对接各类商业服务。构建线上线下生活服务圈，满足居民多样化生活服务需求。连接居住社区周边餐饮、购物、娱乐等商业网点，对接各类电子商务平台，为居民提供定制化产品和个性化服务，实现家政服务、维修保养、美容美发等生活服务一键预约、服务上门，丰富生活服务内容。通过在居住社区布设智能快递柜、快件箱、无人售卖机等终端，发展智能零售。

（十二）提升公共服务效能。推进智慧物业管理服务平台与城市政务服务一体化平台对接，促进"互联网＋政务服务"向居住社区延伸，打通服务群众的"最后一公里"。对接房屋网签备案、住房公积金、住房保障、城市管理、医保、行政审批、公安等政务服务平台，为政务服务下沉到居住社区提供支撑。对接供水、供电、供气、供暖、医疗、教育等公用事业服务平台，为居民提供生活缴费、在线预约等便民服务。鼓励物业服务企业线下"代跑腿""接力办"，助力实现公共服务线上"一屏办""指尖办"。

（十三）发展居家养老服务。以智慧物业管理服务平台为支撑，大力发展居家养老服务。通过线上预约，为老年人提供助餐、助浴、保洁、送药等生活服务。对接医疗医保服务平台，提供医疗资源查询、在线预约挂号、划价缴费、诊疗报告查询、医保信息查询、医疗费用报销等医疗医保服务。加强动态监测，为居家养老提供安全值守、定期寻访、疾病预防、精神慰藉等服务，降低老年人意外风险。

五、推进共建共治共享

（十四）加强党组织对物业工作领导。依托智慧物业管理服务平台，加强社区党组织对物业工作的领导，促进党建引领下的社区居民委员会、业主委员会、物业服务企业协调运行机制有效发挥，推动物业管理与基层治理的深度融合。通过"指尖上的党务"促进社区党建工作。

（十五）促进城市管理下沉。对接城市运行管理服务平台，实现城市管理进社区。畅通居民投诉举报网络渠道，结合城市管理线下执法，有效治理私搭乱建、侵占绿地、乱堆乱放、张贴小广告等违法违规行为。把智慧物业管理服务平台作为城市管理政策宣传、政策解读、信息发布、舆论引导、执法结果公示的重要窗口，方便居民开展政策咨询、提出政策建议、实施政策监督，增强居民对城市管理工作的认同和支持，推动居民参与城市管理，营造"人民城市人民建，人民城市为人民"的良好氛围。

（十六）发动居民共建共治共享。通过智慧物业管理服务平台调动居民参与居住社区事务的积极性和主动性。建立"网上议事厅"，引导居民参与互动，不断完善业主大会议事规则。畅通电子投票渠道，对重大事项进行表决。公开利用业主共有部位开展停车、广告、租赁等经营收支明细及入账情况，以及住宅专项维修资金使用及结存信息，接受居民监督。组织居民开展线上线下形式多样的居民互助、邻里守望活动，共同缔造美好家园。

六、加强领导统筹推进

（十七）切实加强组织领导。各省级住房和城乡建设、工业和信息化、公安、商务、卫生健康、市场监管部门要会同有关部门完善协作机制，细化职责分工，建立保障措施，指导各地推进物业服务企业发展线上线下生活服务。各地要加强组织领导，统筹协调各方力量，整合利用已有信息化基础设施和数据资源，整体谋划、系统推进，及时研究解决工作中遇到的困难。

（十八）分期分批组织实施。按照先试点探索、后全面覆盖的模式，区分商品房、保障性住房和老旧小区等不同类型，结合城镇老旧小区改造、绿色社区创建、完整居住社区建设等工作，以点带面、分类推进，逐步提高物业服务智慧化水平。2021年，各省（区、市）选择部分基础条件较好的城市开展试点。在试点工作的基础上，总结形成可复制、可推广的实践经验，加快推进智慧物业管理服务平台建设，实现居住社区生活服务线上线下融合，推动城市提质增效，促进城市高质量发展。

住房和城乡建设部
工业和信息化部
公　安　部
商　务　部
卫生健康委
市场监管总局
2020年12月4日

（此件公开发布）

住房和城乡建设部等部门
关于加强和改进住宅物业管理工作的通知

(建房规〔2020〕10号)

各省、自治区、直辖市、新疆生产建设兵团住房和城乡建设厅（委、管委、局）、党委政法委、文明办、发展改革委、公安厅（局）、财政厅（局）、人力资源社会保障厅（局）、应急厅（局）、市场监管局（厅、委），各银保监局：

居住社区（住宅小区）是居民生活的主要空间，是基层社会治理的重要内容。住宅物业管理事关群众生活品质，事关城市安全运行和社会稳定。为深入贯彻党的十九大和十九届四中、五中全会精神，全面落实《中华人民共和国民法典》、《中共中央国务院关于加强和完善城乡社区治理的意见》和《中共中央办公厅印发〈关于加强和改进城市基层党的建设工作的意见〉的通知》有关要求，加快发展物业服务业，推动物业服务向高品质和多样化升级，满足人民群众不断增长的美好居住生活需要，现就加强和改进住宅物业管理工作通知如下。

一、融入基层社会治理体系

（一）坚持和加强党对物业管理工作的领导。推动业主委员会、物业服务企业成立党组织。建立党建引领下的社区居民委员会、业主委员会、物业服务企业协调运行机制，充分调动居民参与积极性，形成社区治理合力。推动业主委员会成员和物业项目负责人中的党员担任社区党组织兼职委员，符合条件的社区"两委"成员通过法定程序兼任业主委员会成员。鼓励流动党员、退休人员中的党员将组织关系转入社区党组织，推动市、区两级机关和企事业单位党组织、在职党员主动参与社区治理，有效服务群众。

（二）落实街道属地管理责任。街道要建立健全居住社区综合治理工作制度，明确工作目标，及时研究解决住宅物业管理重点和难点问题。鼓励街道建立物业管理工作机制，指导监督辖区内物业管理活动，积极推动业主设立业主大会、选举业主委员会，办理业主委员会备案，并依法依规监督业主委员会和物业服务企业履行职责。指导开展物业承接查验并公开结果，监督物业项目有序交接。突发公共事件应对期间，街道指导物业服务企业开展应对工作，并给予物资和资金支持。委托物业服务企业承担公共服务事项的，应当向物业服务企业支付相应费用。

（三）推动城市管理服务下沉。推动城市管理服务向居住社区延伸，依托城市综合管理服务平台，建立群众反映问题的受理处置机制。明确部门和单位职责清单，压实工作责任，及时查处物业服务区域内违章搭建、毁绿占绿、任意弃置垃圾、违反规定饲养动物、电动自行车违规停放充电、占用堵塞公共和消防通道等违法违规行为。依法明确供水、排水、供电、供气、供热、通信、有线电视等专业运营单位服务到最终用户，落实专业运营单位对物业服务区域内相关设施设备的维修、养护和更新责任。

（四）构建共建共治共享格局。街道要发挥居民的主体作用，调动社区社会组织、社会工作服务机构、社区志愿者、驻区单位的积极性，共同参与居住社区治理，构建共建共治共享的基层社会治理体系，实现决策共谋、发展共建、建设共管、效果共评、成果共享。畅通居民投诉渠道，健全 12345 热线投诉转办机制，提高投诉处置效能。加强物业管理调解组织建设，发挥基层综治中心和网格员作用，积极促进物业管理矛盾纠纷就地化解。

二、健全业主委员会治理结构

（五）优化业主委员会人员配置。街道负责指导成立业主大会筹备组、业主委员会换届改选小组，加强对业主委员会的人选推荐和审核把关。鼓励"两代表一委员"参选业主委员会成员，提高业主委员会成员中党员比例。探索建立业主委员会成员履职负面清单，出现负面清单情形的，暂停该成员履行职责，提请业主大会终止成员资格并公告全体业主。市、县住房和城乡建设部门、街道要加强业主委员会成员法律法规和业务培训，提高业主委员会成员依法依规履职能力。

（六）充分发挥业主委员会作用。业主大会可根据法律法规规定，通过议事规则和管理规约约定，授权业主委员会行使一定额度内业主共有部分经营收益支出、住宅专项维修资金（以下简称维修资金）使用决策权力。业主委员会应当督促业主遵守法律法规、议事规则、管理规约和业主大会决议，对业主违规违约行为进行劝阻。对多次催交仍拖欠物业费的业主，可根据管理规约规定的相应措施进行催交。探索将恶意拖欠物业费的行为纳入个人信用记录。

（七）规范业主委员会运行。业主委员会应当定期召开会议，在决定物业管理有关事项前，应公开征求业主意见，并报告社区党组织和居民委员会。业主大会可授权业主委员会聘请专职工作人员承担日常事务，明确工作职责和薪酬标准。探索建立业主委员会换届审计制度。

（八）加强对业主委员会监督。业主委员会每年向业主公布业主共有部分经营与收益、维修资金使用、经费开支等信息，保障业主的知情权和监督权。业主委员会作出违反法律法规和议事规则、管理规约的决定，街道应当责令限期整改，拒不整改的依法依规撤销其决定，并公告业主。业主委员会不依法履行职责，严重损害业主权益的，街道指导业主大会召开临时会议，重新选举业主委员会。加大对业主委员会成员违法违规行为查处力度，涉嫌犯罪的移交司法机关处理。

三、提升物业管理服务水平

（九）扩大物业管理覆盖范围。街道要及时积极推动业主设立业主大会，选举业主委员会，选聘物业服务企业，实行专业化物业管理。暂不具备设立业主大会条件的，探索组建由社区居民委员会、业主代表等参加的物业管理委员会，临时代替业主委员会开展工作。结合城镇老旧小区改造，引导居民协商确定老旧小区的管理模式，推动建立物业管理长效机制。鼓励物业服务企业统一管理在管项目周边老旧小区。暂不具备专业化物业管理条件的，由街道通过社区居民委员会托管、社会组织代管或居民自管等方式，逐步实现物业管理全覆盖。

（十）提升物业服务质量。全面落实物业服务企业服务质量主体责任。物业服务企业要健全服务质量保障体系，建立服务投诉快速处理机制，加强人员车辆管理，定期巡检和养护共用部位、共用设施设备，采取合理措施保护业主的人身、财产安全，做好绿化养护，协助规范垃圾投放并及时清扫清运，改善居住环境，提升居住品质，打造优秀物业服务项目。发挥物业行业协会作用，编制物业服务标准，规范从业人员行为。

支持物业服务企业兼并重组，推动物业服务规模化、品牌化经营，提升整体服务水平。

（十一）完善物业服务价格形成机制。物业服务价格主要通过市场竞争形成，由业主与物业服务企业在物业服务合同中约定服务价格，可根据服务标准和物价指数等因素动态调整。提倡酬金制计费方式。城市住房和城乡建设部门要公布物业服务清单，明确物业服务内容和标准。物业行业协会要监测并定期公布物业服务成本信息和计价规则，供业主和物业服务企业协商物业费时参考。引导业主与物业服务企业通过合同约定物业服务价格调整方式。物业服务价格实行政府指导价的，由有定价权限的价格部门、住房和城乡建设部门制定并公布基准价及其浮动幅度，建立动态调整机制。

（十二）提升物业服务行业人员素质。推动物业服务人员职业技能等级认定工作。开展职业技能培训和竞赛，提高从业人员整体素质和技能水平。引导物业服务企业健全薪酬制度和员工激励制度，引入高技能人才和专业技术人才。物业服务企业在保障安全、业主共同决策同意的前提下，可利用闲置房屋用于员工住宿。符合条件的员工优先纳入住房保障范围。组织开展最美物业人宣传选树活动，增强从业人员荣誉感和归属感。

四、推动发展生活服务业

（十三）加强智慧物业管理服务能力建设。鼓励物业服务企业运用物联网、云计算、大数据、区块链和人工智能等技术，建设智慧物业管理服务平台，提升物业智慧管理服务水平。采集房屋、设施设备、业主委员会、物业服务企业等数据，共享城市管理数据，汇集购物、家政、养老等生活服务数据，确保数据不泄露、不滥用。依法依规与相关部门实现数据共享应用。

（十四）提升设施设备智能化管理水平。鼓励物业服务企业以智慧物业管理服务平台为支撑，通过在电梯、消防、给排水等重要设施设备布设传感器，实现数据实时采集。建立事件部件处置权责清单，明确处置业务流程和规范，实现智慧预警、智慧研判、智慧派单、智慧监督。

（十五）促进线上线下服务融合发展。鼓励有条件的物业服务企业向养老、托幼、家政、文化、健康、房屋经纪、快递收发等领域延伸，探索"物业服务+生活服务"模式，满足居民多样化多层次居住生活需求。引导物业服务企业通过智慧物业管理服务平台，提供定制化产品和个性化服务，实现一键预约、服务上门。物业服务企业开展养老、家政等生活性服务业务，可依规申请相应优惠扶持政策。

五、规范维修资金使用和管理

（十六）提高维修资金使用效率。优化维修资金使用流程，简化申请材料，缩短审核时限。建立紧急维修事项清单，符合清单内容的，业主委员会可直接申请使用维修资金，尚未产生业委会的，由街道组织代为维修，并从维修资金中列支相关费用。因供水、排水、消防、电梯等紧急事项使用维修资金的，维修工程竣工后，应当公开维修资金使用数额。探索维修资金购买电梯安全责任保险。

（十七）健全维修资金管理制度。提高维修资金管理机构专业化、规范化管理水平。采用公开招标方式，综合存款利率、资产规模和服务效能等因素，择优确定专户管理银行，控制专户管理银行数量。探索委托专业机构运营维修资金，提高资金收益水平，并将收益分配给业主。加快维修资金管理信息系统建设，方便业主实时查询。每年披露资金管理和使用情况，接受社会监督。加强维修资金监管，严肃查处侵占挪用资金等违法违规行为。

（十八）加大维修资金归集力度。推动新建商品房在办理网签备案时，由建设单位代为足额缴纳维修资金。加大对建设单位、物业服务企业代收维修资金的清缴力度。业主共有部分经营收益应当主要用于补充维修资金。逐步实行商品房与已售公房维修资金并轨管理。

六、强化物业服务监督管理

（十九）建立服务信息公开公示制度。物业服务企业应当在街道指导监督下，在物业服务区域显著位置设立物业服务信息监督公示栏，如实公布并及时更新物业项目负责人的基本情况、联系方式以及物业服务投诉电话、物业服务内容和标准、收费项目和标准、电梯和消防等设施设备维保单位和联系方式、车位车库使用情况、公共水电费分摊情况、物业费和业主共有部分经营收益收支情况、电梯维护保养支出情况等信息，可同时通过网络等方式告知业主公示内容。物业服务企业开展家政、养老等服务业务也应对外公示，按双方约定价格收取服务费用。物业服务企业不得收取公示收费项目以外的费用。

（二十）建立物业服务企业信用管理制度。建立物业服务信用评价制度，制定统一的信用评价标准，建设全国信用信息管理平台。根据合同履行、投诉处理、日常检查和街道意见等情况，采集相关信用信息，实施信用综合评价，依法依规公开企业信用记录和评价结果。依据企业信用状况，由城市住房和城乡建设部门授予信用星级标识，实行信用分级分类监管，强化信用信息在前期物业管理招标投标、业主大会选聘物业服务企业、政府采购等方面的应用。

（二十一）优化市场竞争环境。加强物业服务企业登记注册信息部门共享，探索建立健全物业服务合同备案、项目负责人备案制度。完善物业管理招标投标制度，加强招标投标代理机构、评标专家和招标投标活动监管。引导业主委员会通过公开招标方式选聘物业服务企业。住房和城乡建设部门在征求街道意见的基础上，建立物业服务企业红黑名单制度，推动形成优胜劣汰的市场环境。对严重违法违规、情节恶劣的物业服务企业和直接责任人员，依法清出市场。

各地区各部门要坚持以人民为中心的发展思想，把加强和改进住宅物业管理作为保障和改善民生、创新基层社会治理的重要举措，切实加强组织领导，优化机构设置，配齐专业人员，加强舆论宣传，落实工作责任，研究制定出台配套政策措施，确保本通知确定的各项任务落到实处。住房和城乡建设部将会同相关部门对贯彻落实情况进行评估，总结各地经验，及时完善住宅物业管理有关制度。

住房和城乡建设部
中央政法委
中央文明办
发展改革委
公安部
财政部
人力资源社会保障部
应急部
市场监管总局
银保监会
2020 年 12 月 25 日

（此件主动公开）

工业和信息化部 公安部 住房和城乡建设部 国务院国有资产监督管理委员会 国家市场监督管理总局关于开展商务楼宇宽带接入市场联合整治行动的通告

(工信部联通信函〔2020〕211号)

为进一步规范商务楼宇、办公建筑、园区等场所(以下统称商务楼宇)宽带接入市场,打通提速降费梗阻,保障宽带用户合法权益,不断优化中小企业发展环境,工业和信息化部、公安部、住房和城乡建设部、国务院国有资产监督管理委员会、国家市场监督管理总局决定自2020年10月至2021年6月组织开展商务楼宇宽带接入市场联合整治行动。现将有关事项通告如下:

一、电信运营企业及其业务代理,商务楼宇产权人及其委托的管理人、物业服务企业不得签订任何形式排他性质的宽带接入协议或约定,不得强制商务楼宇承租人接受指定服务并收费,不得阻止电信运营企业根据用户需求进入商务楼宇提供公共电信服务,不得约束限制电信运营企业公平接入和使用商务楼宇内通信配套设施。

二、电信运营企业及其业务代理应在商务楼宇内醒目位置公布服务项目、服务内容、收费标准、服务监督电话和市场监管投诉举报电话等。商务楼宇产权人及其委托的管理人、物业服务企业应向各电信运营企业及其业务代理平等开放商务楼宇内通信配套设施,应在商务楼宇内提供专门醒目位置,为电信运营企业及其业务代理公布宽带接入服务信息提供便利。

三、电信运营企业及其业务代理为用户提供通信服务时,除按照其已公示的电信资费标准收费外,不得另行收取其他费用。商务楼宇产权人及其委托的管理人、物业服务企业在配合提供通信接入服务时,不得向电信运营企业及其业务代理收取公示的收费项目之外的费用。

四、2017年4月1日后新建商务楼宇的建设单位应严格执行《综合布线系统工程设计规范》(GB50311)及相关标准,将楼内通信配套设施纳入建设项目的设计文件,所需投资应纳入建设项目概算,并随建设项目同步设计、同步施工、同步验收,不得由第三方公司作为单独工程项目进行投资建设并经营获利;设计单位、施工图审查机构应严格按照国家标准要求进行设计和审查;新建商务楼宇的通信配套设施未按要求竣工验收或验收不合格的,电信运营企业不得将其接入公共电信网。

五、各省(自治区、直辖市)通信管理局、公安、工业和信息化、住房和城乡建设、市场监管部门要加强对商务楼宇宽带接入市场违法行为的监管和处罚。

通信管理局会同住房和城乡建设部门对电信运营企业或其代理商与商务楼宇产权人及其委托的管理人、物业服务企业达成排他性协议或约定,以及限制平等接入等行为进行查处。通信管理局依法对无证经营、超范围经营电信业务等违规行为进行查处。住房和城乡建设部门、通信管理局依照职责加强对商务楼宇建设单位、设计单位、施工图审查机构的监督管理。市场监管部门依法对相关市场主体存在的商业贿赂不正当竞争、价格违法等行为进行查处，涉嫌构成垄断行为的，严格依法处理。对以暴力、威胁手段，强迫他人接受指定电信业务服务，或者强迫电信运营企业及其业务代理退出电信业务服务，情节严重，涉嫌强迫交易罪或者其他犯罪的，由公安机关依法严厉打击。

特此通告。

工业和信息化部
公安部
住房和城乡建设部
国务院国有资产监督管理委员会
国家市场监督管理总局
2020年9月30日

中国证监会 国家发展改革委关于推进基础设施领域不动产投资信托基金（REITs）试点相关工作的通知

（证监发〔2020〕40号）

中国证监会各派出机构，上海证券交易所、深圳证券交易所，中国证券业协会，中国证券投资基金业协会，各省、自治区、直辖市、计划单列市发展改革委，新疆生产建设兵团发展改革委：

为贯彻落实党中央、国务院关于防风险、去杠杆、稳投资、补短板的决策部署，积极支持国家重大战略实施，深化金融供给侧结构性改革，强化资本市场服务实体经济能力，进一步创新投融资机制，有效盘活存量资产，促进基础设施高质量发展，现就推进基础设施领域不动产投资信托基金（以下简称基础设施REITs）试点工作通知如下：

一、充分认识推进基础设施REITs试点的重要意义

基础设施REITs是国际通行的配置资产，具有流动性较高、收益相对稳定、安全性较强等特点，能有效盘活存量资产，填补当前金融产品空白，拓宽社会资本投资渠道，提升直接融资比重，增强资本市场服务实体经济质效。短期看有利于广泛筹集项目资本金，降低债务风险，是稳投资、补短板的有效政策工具；长期看有利于完善储蓄转化投资机制，降低实体经济杠杆，推动基础设施投融资市场化、规范化健康发展。

各相关单位应充分认识推进基础设施REITs试点的重要意义，加强合作，推动基础设施REITs在证券交易所公开发行交易，盘活存量资产、形成投资良性循环，吸引更专业的市场机构参与运营管理，提高投资建设和运营管理效率，提升投资收益水平。

二、推进基础设施REITs试点的基本原则

（一）符合国家政策，聚焦优质资产。推动国家重大战略实施，服务实体经济，支持重点领域符合国家政策导向、社会效益良好、投资收益率稳定且运营管理水平较好的项目开展基础设施REITs试点。

（二）遵循市场原则，坚持权益导向。结合投融资双方需求，按照市场化原则推进基础设施REITs，依托基础设施项目持续、稳定的收益，通过REITs实现权益份额公开上市交易。

（三）创新规范并举，提升运营能力。加强对基础设施资产持续运营能力、管理水平的考核、监督，充分发挥管理人的专业管理职能，确保基础设施项目持续健康运营，努力提升运营效率和服务质量，推动基础

设施投融资机制和运营管理模式创新。

（四）规则先行，稳妥开展试点。借鉴成熟国际经验，在现行法律法规框架下，在重点领域以个案方式先行开展基础设施 REITs 试点，稳妥起步，及时总结试点经验，优化工作流程，适时稳步推广。

（五）强化机构主体责任，推动归位尽责。明确管理人、托管人及相关中介机构的职责边界，加强监督管理，严格落实诚实守信、勤勉尽责义务，推动相关参与主体归位尽责。

（六）完善相关政策，有效防控风险。健全法律制度保障与相关配套政策，把握好基础资产质量，夯实业务基础，有效防范市场风险。借鉴境外成熟市场标准，系统构建基础设施 REITs 审核、监督、管理制度，推动制度化、规范化发展。

三、基础设施 REITs 试点项目要求

（一）聚焦重点区域。优先支持京津冀、长江经济带、雄安新区、粤港澳大湾区、海南、长江三角洲等重点区域，支持国家级新区、有条件的国家级经济技术开发区开展试点。

（二）聚焦重点行业。优先支持基础设施补短板行业，包括仓储物流、收费公路等交通设施，水电气热等市政工程，城镇污水垃圾处理、固废危废处理等污染治理项目。鼓励信息网络等新型基础设施，以及国家战略性新兴产业集群、高科技产业园区、特色产业园区等开展试点。

（三）聚焦优质项目。基础设施 REITs 试点项目应符合以下条件：

1. 项目权属清晰，已按规定履行项目投资管理，以及规划、环评和用地等相关手续，已通过竣工验收。PPP 项目应依法依规履行政府和社会资本管理相关规定，收入来源以使用者付费为主，未出现重大问题和合同纠纷。

2. 具有成熟的经营模式及市场化运营能力，已产生持续、稳定的收益及现金流，投资回报良好，并具有持续经营能力、较好的增长潜力。

3. 发起人（原始权益人）及基础设施运营企业信用稳健、内部控制制度健全，具有持续经营能力，最近 3 年无重大违法违规行为。基础设施运营企业还应当具有丰富的运营管理能力。

（四）加强融资用途管理。发起人（原始权益人）通过转让基础设施取得资金的用途应符合国家产业政策，鼓励将回收资金用于新的基础设施和公用事业建设，重点支持补短板项目，形成投资良性循环。

四、基础设施 REITs 试点工作安排

（一）试点初期，由符合条件的取得公募基金管理资格的证券公司或基金管理公司，依法依规设立公开募集基础设施证券投资基金，经中国证监会注册后，公开发售基金份额募集资金，通过购买同一实际控制人所属的管理人设立发行的基础设施资产支持证券，完成对标的基础设施的收购，开展基础设施 REITs 业务。公开募集基础设施证券投资基金符合《证券法》《证券投资基金法》规定的，可以申请在证券交易所上市交易。

（二）各省级发展改革委主要从项目是否符合国家重大战略、宏观调控政策、产业政策、固定资产投资管理法规制度，以及鼓励回收资金用于基础设施补短板领域等方面出具专项意见。各省级发展改革委要加强指导，推动盘活存量资产，促进回收资金用于基础设施补短板项目建设，形成投资良性循环。在省级发展改

革委出具专项意见基础上，国家发展改革委将符合条件的项目推荐至中国证监会，由中国证监会、沪深证券交易所依法依规，并遵循市场化原则，独立履行注册、审查程序，自主决策。中国证监会各派出机构、沪深证券交易所与省级发展改革委加强协作，做好项目遴选与推荐工作。

（三）中国证监会制定公开募集基础设施证券投资基金相关规则，对基金管理人等参与主体履职要求、产品注册、份额发售、投资运作、信息披露等进行规范。沪深证券交易所比照公开发行证券相关要求建立基础设施资产支持证券发行审查制度。中国证监会各派出机构、沪深证券交易所、中国证券业协会、中国证券投资基金业协会等有关单位要抓紧建立基础设施资产支持证券受理、审核、备案、信息披露和持续监管的工作机制，做好投资者教育和市场培育，参照公开发行证券相关要求强化对基础设施资产支持证券发行等环节相关参与主体的监督管理，压实中介机构责任，落实各项监管要求。

中国证监会指导各派出机构、沪深证券交易所、中国证券业协会与中国证券投资基金业协会制定完善试点项目遴选相关配套措施，加强基础设施REITs的业务过程监管，并结合实践情况，适时完善法律制度保障。

（四）中国证监会、国家发展改革委密切沟通协作、加强信息共享，协调解决基础设施REITs试点过程中存在的问题与困难，并依据职责分工，不断优化流程、提高效率，推动基础设施REITs试点工作顺利开展，并支持探索开展基础设施REITs试点的其他可行模式。

有关单位应按照本《通知》要求，做好项目储备等前期工作，待相关配套规则明确后，按规定报送相关材料。

中 国 证 监 会
国家发展改革委
2020年4月24日

国家发展改革委关于印发《2020年新型城镇化建设和城乡融合发展重点任务》的通知

(发改规划〔2020〕532号)

中央和国家机关有关部门、直属机构,各省、自治区、直辖市及计划单列市、新疆生产建设兵团发展改革委,全国工商联,中国国家铁路集团有限公司、国家开发银行、中国农业发展银行:

经城镇化工作暨城乡融合发展工作部际联席会议成员单位共同确定并报告国务院,现将《2020年新型城镇化建设和城乡融合发展重点任务》印发你们,请认真贯彻执行。

国家发展改革委

2020年4月3日

2020年新型城镇化建设和城乡融合发展重点任务

2020年是全面建成小康社会和"十三五"规划收官之年,也是为"十四五"发展打好基础的关键之年。为深入贯彻落实习近平总书记关于统筹推进新冠肺炎疫情防控和经济社会发展工作的重要指示精神,贯彻落实中央经济工作会议精神和党中央、国务院印发的《国家新型城镇化规划(2014—2020年)》《关于建立健全城乡融合发展体制机制和政策体系的意见》,现提出以下任务。

一、总体要求

以习近平新时代中国特色社会主义思想为指导,全面贯彻党的十九大和十九届二中、三中、四中全会精神,坚持稳中求进工作总基调,坚持新发展理念,加快实施以促进人的城镇化为核心、提高质量为导向的新

型城镇化战略,提高农业转移人口市民化质量,增强中心城市和城市群综合承载、资源优化配置能力,推进以县城为重要载体的新型城镇化建设,促进大中小城市和小城镇协调发展,提升城市治理水平,推进城乡融合发展,实现1亿非户籍人口在城市落户目标和国家新型城镇化规划圆满收官,为全面建成小康社会提供有力支撑。

二、提高农业转移人口市民化质量

以深化改革户籍制度和基本公共服务提供机制为路径,打破阻碍劳动力自由流动的不合理壁垒,促进人力资源优化配置。

(一)督促城区常住人口300万以下城市全面取消落户限制。督促Ⅱ型大城市和中小城市(含设区市和县级市)坚决贯彻《中共中央办公厅国务院办公厅关于促进劳动力和人才社会性流动体制机制改革的意见》,全面取消落户限制,进一步促进劳动力和人才社会性流动。(公安部、发展改革委、省级有关部门等负责)

(二)推动城区常住人口300万以上城市基本取消重点人群落户限制。督促除个别超大城市外的其他超大特大城市和Ⅰ型大城市坚持存量优先原则,取消进城就业生活5年以上和举家迁徙的农业转移人口、在城镇稳定就业生活的新生代农民工、农村学生升学和参军进城的人口等重点人群落户限制。推动Ⅰ型大城市探索进城常住的建档立卡农村贫困人口应落尽落。鼓励有条件的Ⅰ型大城市全面取消落户限制、超大特大城市取消郊区新区落户限制。(公安部、发展改革委、省级有关部门等负责)

(三)促进农业转移人口等非户籍人口在城市便捷落户。鼓励各城市政府简化户籍迁移手续,加强落户政策宣传,开通线上申请审核系统,大幅提高落户便利性。推动超大特大城市和Ⅰ型大城市改进积分落户政策,确保社保缴纳年限和居住年限分数占主要比例。(公安部、发展改革委、省级有关部门等负责)

(四)推动城镇基本公共服务覆盖未落户常住人口。出台国家基本公共服务标准。提高居住证发证量和含金量,推动未落户常住人口逐步享有与户籍人口同等的城镇基本公共服务。运用信息化手段建设便捷高效的公共服务平台,加快养老保险全国统筹进度,完善基本医疗保险跨省异地就医医疗费用直接结算制度,做好社会保险关系转移接续,方便人口流动。增加学位供给,健全以居住证为主要依据的随迁子女入学入园政策,使其在流入地享有普惠性学前教育。以解决新市民住房问题为主要出发点,完善住房保障体系。(发展改革委、财政部、公安部、人力资源社会保障部、卫生健康委、教育部、住房城乡建设部、市场监管总局、医保局、省级有关部门等负责)

(五)大力提升农业转移人口就业能力。深入实施新生代农民工职业技能提升计划,加强对新生代农民工等农业转移人口的职业技能培训。支持企业特别是规模以上企业或吸纳农民工较多企业开展岗前培训、新型学徒制培训和岗位技能提升培训,并按规定给予培训补贴。(人力资源社会保障部、教育部、财政部、省级有关部门等负责)

(六)加大"人地钱挂钩"配套政策的激励力度。提高城市政府吸纳农业转移人口落户积极性,加大农业转移人口市民化奖励资金支持力度,加大新增建设用地计划指标与吸纳落户数量挂钩力度。维护进城落户农民土地承包权、宅基地使用权、集体收益分配权,不得强行要求其转让上述权益或将此作为落户前置条件;按照依法自愿有偿原则,探索其转让上述权益的具体办法。探索利用大数据技术建立各城市城区常住人口等的常态化统计机制,为政策制定提供支撑。(财政部、自然资源部、农业农村部、发展改革委、统计局、省级有关部门等负责)

三、优化城镇化空间格局

完善和落实主体功能区战略，发挥各地区比较优势，增强经济发展优势区域承载能力，构建大中小城市和小城镇协调发展的城镇化空间格局，形成高质量发展的动力系统。

（七）加快发展重点城市群。加快实施京津冀协同发展、长三角区域一体化发展、粤港澳大湾区建设、长江经济带发展、黄河流域生态保护和高质量发展战略。全面实施城市群发展规划，推动哈长、长江中游、中原、北部湾城市群建设取得阶段性进展，支持关中平原城市群规划实施联席会议制度落地生效，推动兰州—西宁、呼包鄂榆等城市群健全一体化发展工作机制，促进天山北坡、滇中等边疆城市群及山东半岛、黔中等省内城市群发展。（发展改革委、自然资源部、住房城乡建设部、工业和信息化部、交通运输部、生态环境部、省级有关部门等负责）

（八）编制成渝地区双城经济圈建设规划纲要。加快推进规划编制实施，促进重庆市、四川省通力协作，加大成渝地区发展统筹力度，发挥中心城市带动作用，加强交通、产业、环保、民生政策对接，共同建设具有全国影响力的科技创新中心，加快培育形成新动力源。（发展改革委、重庆市和四川省有关部门等负责）

（九）大力推进都市圈同城化建设。深入实施《关于培育发展现代化都市圈的指导意见》，建立中心城市牵头的协调推进机制，支持南京、西安、福州等都市圈编制实施发展规划。以轨道交通为重点健全都市圈交通基础设施，有序规划建设城际铁路和市域（郊）铁路，推进中心城市轨道交通向周边城镇合理延伸，实施"断头路"畅通工程和"瓶颈路"拓宽工程。支持重点都市圈编制多层次轨道交通规划。（发展改革委、自然资源部、住房城乡建设部、工业和信息化部、交通运输部、生态环境部、国铁集团、省级有关部门等负责）

（十）提升中心城市能级和核心竞争力。优化发展直辖市、省会城市、计划单列市、重要节点城市等中心城市，强化用地等要素保障，优化重大生产力布局。完善部分中心城市市辖区规模结构和管辖范围，解决发展空间严重不足问题。（发展改革委、自然资源部、住房城乡建设部、工业和信息化部、民政部、省级有关部门等负责）

（十一）推进以县城为重要载体的新型城镇化建设。加快印发指导意见，明确发展目标和建设任务，加大要素保障力度和政策扶持力度，抓紧补上新冠肺炎疫情发生后暴露出来的短板弱项，推进环境卫生设施提级扩能、市政公用设施提挡升级、公共服务设施提标扩面、产业配套设施提质增效。（发展改革委、财政部、住房城乡建设部、省级有关部门等负责）

（十二）规范发展特色小镇和特色小城镇。强化底线约束，严格节约集约利用土地、严守生态保护红线、严防地方政府债务风险、严控"房地产化"倾向，进一步深化淘汰整改。强化政策激励，加强用地和财政建设性资金保障，鼓励省级政府通过下达新增建设用地计划指标、设立省级专项资金等方式择优支持，在有条件区域培育一批示范性的精品特色小镇和特色小城镇。强化正面引导，制定特色小镇发展导则，挖掘推广第二轮全国特色小镇典型经验。（发展改革委、自然资源部、财政部、住房城乡建设部、体育总局、林草局、省级有关部门等负责）

（十三）推进边境地区新型城镇化建设。在边境地区推进潜力型城镇以产聚人、战略支点型城镇以城聚产，打造以内陆邻近的大中城市为辐射源、边境县级市及地级市市辖区为枢纽、边境口岸和小城镇为节点、边境特色小镇为散点的边境一线城镇廊带。推进兴边富民行动，改善边境一线城镇基础设施和公共服务，建

设沿边抵边公路。实施守边固边工程。（发展改革委、财政部、住房城乡建设部、自然资源部、交通运输部、省级有关部门等负责）

（十四）推进大型搬迁安置区新型城镇化建设。顺应大型搬迁安置区转向新型城镇化建设新阶段的发展要求，加快推进搬迁人口市民化进程，强化产业就业支撑，帮助搬迁人口尽快解决稳定发展问题，适应新环境、融入新社区。（发展改革委、省级有关部门等负责）

（十五）优化行政区划设置。统筹新生城市培育和收缩型城市瘦身强体，按程序推进具备条件的非县级政府驻地特大镇设市，有序推进"县改市""县改区""市改区"，稳妥调减收缩型城市市辖区，审慎研究调整收缩型县（市）。全面完成各省（区、市）设镇设街道标准制定工作，合理推进"乡改镇""乡（镇）改街道"和乡镇撤并。（民政部、发展改革委、省级有关部门等负责）

四、提升城市综合承载能力

着眼于增强人口经济承载和资源优化配置等核心功能，健全城市可持续发展体制机制，提升城市发展质量。

（十六）补齐城市公共卫生短板。改革完善疾病预防控制体系，健全公共卫生重大风险研判、评估、决策、防控协同机制，完善重大疫情预警、救治和应急处置机制，强化重要物资储备，推动城市群、都市圈内城市建立联防联控机制。整治城市环境卫生死角，建立严格检疫、定点屠宰、冷鲜上市的畜禽产品供应体系，健全污水收集处理和生活垃圾分类处理设施。（卫生健康委、发展改革委、应急管理部、工业和信息化部、住房城乡建设部、省级有关部门等负责）

（十七）改善城市公用设施。健全城市路网系统，完善公交专用道、非机动车和行人交通系统、行人过街设施。完善市政管网和排水防涝设施。健全停车场、智能快件箱、社区菜市场等便民设施。扩大普惠性养老、幼儿园和托育服务供给。实施全民健康保障工程、全民健身提升工程、智慧广电公共服务工程。（住房城乡建设部、发展改革委、教育部、民政部、卫生健康委、商务部、体育总局、广电总局、省级有关部门等负责）

（十八）实施新型智慧城市行动。完善城市数字化管理平台和感知系统，打通社区末端、织密数据网格，整合卫生健康、公共安全、应急管理、交通运输等领域信息系统和数据资源，深化政务服务"一网通办"、城市运行"一网统管"，支撑城市健康高效运行和突发事件快速智能响应。（发展改革委、卫生健康委、公安部、住房城乡建设部、应急管理部、交通运输部、省级有关部门等负责）

（十九）加快推进城市更新。改造一批老旧小区，完善基础设施和公共服务配套，引导发展社区便民服务。改造一批老旧厂区，通过活化利用工业遗产和发展工业旅游等方式，将"工业锈带"改造为"生活秀带"、双创空间、新型产业空间和文化旅游场地。改造一批老旧街区，引导商业步行街、文化街、古城古街打造市民消费升级载体，因地制宜发展新型文旅商业消费聚集区。改造一批城中村，探索在政府引导下工商资本与农民集体合作共赢模式。开展城市更新改造试点，提升城市品质和人居环境质量。（住房城乡建设部、发展改革委、民政部、自然资源部、商务部、文化和旅游部、工业和信息化部、农业农村部、省级有关部门等负责）

（二十）改革建设用地计划管理方式。推动建设用地资源向中心城市和重点城市群倾斜。鼓励盘活低效存量建设用地，控制人均城市建设用地面积。修改土地管理法实施条例并完善配套制度，分步实现城乡建设用地指标使用更多由省级政府负责，将由国务院行使的农用地转为建设用地审批权以及永久基本农田、永久基本农田以外的耕地超过 35 公顷、其他土地超过 70 公顷的土地征收审批权，授权省级政府或委托试点地区的省级政府实施。探索建立全国性的建设用地、补充耕地指标跨区域交易机制。（发展改革委、自然资源部、省级有关部门等负责）

（二十一）改革城市投融资机制。在防范化解地方政府债务风险、合理处置存量债务的前提下，完善与新型城镇化建设相匹配的投融资工具。支持符合条件企业发行企业债券，用于新型城镇化建设项目、城乡融合典型项目、特色小镇和特色小城镇建设项目等。鼓励开发性政策性金融机构按照市场化原则和职能定位，对投资运营上述项目的企业进行综合授信，加大中长期贷款投放规模和力度。（人民银行、银保监会、财政部、发展改革委、开发银行、农业发展银行、省级有关部门等负责）

（二十二）改进城市治理方式。推动城市政府向服务型转变、治理方式向精细化转型、配套资源向街道社区下沉。加强和创新社区治理，引导社会组织、社会工作者和志愿者等参与，大幅提高城市社区综合服务设施覆盖率。提高国土空间规划水平，顺应城市发展逻辑和文化传承，落实适用、经济、绿色、美观的新时期建筑方针，加强建筑设计和城市风貌管理，提高城市绿色建筑占新建建筑比重。（民政部、住房城乡建设部、发展改革委、自然资源部、省级有关部门等负责）

五、加快推进城乡融合发展

突出以城带乡、以工促农，健全城乡融合发展体制机制，促进城乡生产要素双向自由流动和公共资源合理配置。

（二十三）加快推进国家城乡融合发展试验区改革探索。指导试验区分别制定实施方案。推动试验区在健全城乡人口迁徙制度、完善农村产权抵押担保权能、搭建城乡产业协同发展平台等方面先行先试，引导县级土地储备公司和融资平台公司参与相关农村产权流转及抵押，加快探索行之有效的改革发展路径。（发展改革委、公安部、自然资源部、人民银行、有关省级部门等负责）

（二十四）全面推开农村集体经营性建设用地直接入市。出台农村集体经营性建设用地入市指导意见。允许农民集体妥善处理产权和补偿关系后，依法收回农民自愿退出的闲置宅基地、废弃的集体公益性建设用地使用权，按照国土空间规划确定的经营性用途入市。启动新一轮农村宅基地制度改革试点。（自然资源部、农业农村部、住房城乡建设部、省级有关部门等负责）

（二十五）加快引导工商资本入乡发展。开展工商资本入乡发展试点。发挥中央预算内投资和国家城乡融合发展基金作用，支持引导工商资本和金融资本入乡发展。培育一批城乡融合典型项目，形成承载城乡要素跨界配置的有效载体，在长江流域开展生态产品价值实现机制试点。允许符合条件的入乡就业创业人员在原籍地或就业创业地落户并依法享有相关权益。（中央统战部、全国工商联、发展改革委、人民银行、公安部、农业农村部、省级有关部门等负责）

（二十六）促进城乡公共设施联动发展。推进实施城乡统筹的污水垃圾收集处理、城乡联结的冷链物流、城乡农贸市场一体化改造、城乡道路客运一体化发展、城乡公共文化设施一体化布局、市政供水供气供热向城郊村延伸、乡村旅游路产业路等城乡联动建设项目，加快发展城乡教育联合体和县域医共体。（发展改革委、住房城乡建设部、教育部、卫生健康委、文化和旅游部、省级有关部门等负责）

六、组织实施

（二十七）强化部际协同。国家发展改革委依托城镇化工作暨城乡融合发展工作部际联席会议制度，强化统筹协调和指导督促，并总结推广第三批国家新型城镇化综合试点等典型经验。各有关部门要细化制定具体措施，调动本系统力量扎实推进。

（二十八）压实地方责任。省级发展改革委要牵头会同省级其他有关部门，结合实际做好组织调度和任务分解。市县级政府要将各项任务落实到事，确保任务落地生效。

财政部关于印发《住宅专项维修资金会计核算办法》的通知

(财会〔2020〕7号)

住房城乡建设部,各省、自治区、直辖市、计划单列市财政厅(局),新疆生产建设兵团财政局,有关单位:

  为了规范住宅专项维修资金的会计核算,保证会计信息质量,根据《中华人民共和国会计法》、《物业管理条例》、《住宅专项维修资金管理办法》等法律法规,我们制定了《住宅专项维修资金会计核算办法》(以下简称《办法》),现予印发,自2021年1月1日起施行。

  单位在首次执行日,应当按照《办法》的规定设立新账,将原账资产、负债和净资产会计科目期末余额进行重分类后转入新账相关会计科目,并基于《办法》的核算基础对新账相关会计科目期初余额进行调整。执行《办法》的首个报告年度无需编制上年比较财务报表。

  执行中有何问题,请及时反馈我部。

附件:住宅专项维修资金会计核算办法

财政部
2020年4月20日

附件:

住宅专项维修资金会计核算办法

目录

第一部分 总说明

第二部分 会计科目名称和编号

第三部分 会计科目使用说明

第四部分　财务报表格式
第五部分　财务报表编制说明

第一部分　总　说　明

一、为了规范住宅专项维修资金的会计核算，保证会计信息质量，根据《中华人民共和国会计法》、《物业管理条例》、《住宅专项维修资金管理办法》等法律法规，制定本办法。

二、本办法所称住宅专项维修资金，是指《住宅专项维修资金管理办法》规定的专项用于住宅共用部位、共用设施设备保修期满后的维修和更新、改造的资金。

三、《住宅专项维修资金管理办法》规定的代管机构和管理机构（以下统称代管机构）负责管理的住宅专项维修资金的会计核算依照本办法执行。

已划转至业主大会管理的住宅专项维修资金，可参照执行本办法。

四、住宅专项维修资金应当作为独立的会计主体进行会计核算。

五、代管机构应当将其管理的住宅专项维修资金按照商品住宅、已售公有住房分别建账、分别核算。确需合并建账的，应当在有关会计科目下按照商品住宅和已售公有住房进行明细核算。

六、住宅专项维修资金的会计核算采用收付实现制，但按照本办法规定应当采用权责发生制的除外。

七、住宅专项维修资金的会计要素包括资产、负债、净资产、收入和支出。

八、住宅专项维修资金的会计记账采用借贷记账法。

九、住宅专项维修资金的会计核算应当划分会计期间，分期结算账目和编制财务报表。会计期间的起迄日期采用公历制。

十、住宅专项维修资金的会计核算应当遵循下列基本原则：

（一）住宅专项维修资金的会计核算应当以实际发生的经济业务为依据，如实反映住宅专项维修资金的财务状况和收支情况等信息，保证会计信息真实可靠、内容完整。

（二）住宅专项维修资金的会计核算应当采用规定的会计政策，确保会计信息口径一致、相互可比。

（三）住宅专项维修资金的会计核算应当及时进行，不得提前或者延后。

十一、代管机构对住宅专项维修资金应当按照下列规定运用会计科目：

（一）代管机构应当按照本办法的规定设置和使用会计科目。

（二）代管机构应当执行本办法统一规定的会计科目编号，以便于填制会计凭证、登记账簿、查阅账目，实行会计信息化管理。

（三）代管机构在填制会计凭证、登记会计账簿时，应当填列会计科目的名称，或者同时填列会计科目的名称和编号，不得只填列会计科目编号、不填列会计科目名称。

（四）代管机构可以根据核算和管理工作需要，对明细科目设置予以补充，但不得违反本办法的规定。

十二、代管机构应当按照下列规定编制住宅专项维修资金财务报表：

（一）住宅专项维修资金可以区分商品住宅、已售公有住房分别编制财务报表，具备会计核算条件的还可以按小区或幢编制财务报表。

（二）住宅专项维修资金财务报表包括资产负债表、收支表、净资产变动表及附注。

（三）住宅专项维修资金财务报表应当按照月度和年度编制。

（四）住宅专项维修资金财务报表应当根据登记完整、核对无误的账簿记录和其他有关资料编制，做到数字真实、计算准确、内容完整、编报及时。

十三、住宅专项维修资金相关会计基础工作、会计档案管理以及内部控制等，应当按照《中华人民共和国会计法》、《会计基础工作规范》、《会计档案管理办法》及国家有关内部控制规范等相关法律法规规定执行。

住宅专项维修资金相关会计信息化工作，应当符合财政部制定的相关会计信息化工作规范和标准，确保利用现代信息技术手段开展会计核算及生成的会计信息符合本办法的规定。

十四、本办法自 2021 年 1 月 1 日起施行。

第二部分 会计科目名称和编号

序号	科目编号	科目名称
一、资产类		
1	1001	银行存款
2	1101	国债投资
3	1201	备用金
二、负债类		
4	2001	应付房屋灭失返还资金
三、净资产类		
5	3001	商品住宅维修资金
6	3002	已售公有住房维修资金
7	3101	待分配累计收益
四、收入类		
8	4001	交存收入
9	4101	存款利息收入
10	4102	国债利息收入
11	4201	经营收入
12	4301	共用设施处置收入
13	4901	其他收入
五、支出类		
14	5001	维修支出
15	5101	返还支出
16	5901	其他支出

第三部分　会计科目使用说明

一、资产类

1001　银行存款

一、本科目核算住宅专项维修资金按规定存入维修资金专户的各种存款。

二、本科目可以根据实际情况按照开户银行、存款种类、存储期限等进行明细核算。

三、银行存款的主要账务处理如下：

（一）将款项存入维修资金专户，按照实际存入的金额，借记本科目，贷记"交存收入"、"经营收入"、"共用设施处置收入"、"国债投资"等科目。

（二）收到银行存款利息，按照实际收到的金额，借记本科目，贷记"存款利息收入"科目。

（三）收到分期付息的国债利息，按照实际收到的利息金额，借记本科目，贷记"国债利息收入"科目。

（四）以银行存款支付相关款项，按照实际支付的金额，借记"维修支出"、"返还支出"、"应付房屋灭失返还资金"等科目，贷记本科目。

（五）退回本年交存的住宅专项维修资金，按照实际退回的金额，借记"交存收入"科目，贷记本科目。退回以前年度多交的住宅专项维修资金，按照实际退回的金额，借记"商品住宅维修资金"、"已售公有住房维修资金"科目，贷记本科目。

（六）收到维修单位退回本年的维修支出，按照实际收到的金额，借记本科目，贷记"维修支出"科目。收到维修单位退回以前年度的维修支出，按照实际收到的金额，借记本科目，贷记"商品住宅维修资金"、"已售公有住房维修资金"科目。

（七）将住宅专项维修资金划转至业主大会等管理，按照实际划转转出的金额，借记"商品住宅维修资金"、"已售公有住房维修资金"等科目，贷记本科目。划转转入住宅专项维修资金的，做相反会计分录。

四、本科目应当按照开户银行、存款种类等，分别设置"银行存款日记账"，由出纳人员根据收付款凭证，按照业务的发生顺序逐笔登记，每日终了应结出余额。"银行存款日记账"应定期与"银行对账单"核对，至少每月核对一次。月度终了，银行存款日记账账面余额与银行对账单余额之间如有差额，应当逐笔查明原因并进行处理，按月编制"银行存款余额调节表"，调节相符。

五、本科目期末借方余额，反映住宅专项维修资金实际存放在维修资金专户的款项。

1101　国债投资

一、本科目核算住宅专项维修资金按规定购入国债的成本。

二、本科目应当按照国债的种类进行明细核算。

三、国债投资的主要账务处理如下：

（一）按规定购买国债，按照实际支付的金额（包括购买价款以及税金、手续费等相关税费），借记本科目，贷记"银行存款"科目。

（二）到期收回国债本息，按照实际收回或收到的金额，借记"银行存款"科目，按照债券账面余额，贷记本科目，按照其差额，贷记"国债利息收入"科目。

四、本科目期末借方余额，反映住宅专项维修资金持有的国债购入成本。

1201　备用金

一、本科目核算代管机构拨付给分支机构的备用金。

实行备用金制度的代管机构设置和使用本科目。

二、分支机构使用备用金以后应当及时报销并补足备用金。

三、备用金的主要账务处理如下：

（一）代管机构核定并向分支机构拨付备用金，按照实际拨付的金额，借记本科目，贷记"银行存款"科目。

（二）代管机构根据分支机构报销数补足备用金定额，按照实际报销的金额，借记"维修支出"、"返还支出"等科目，贷记"银行存款"科目。除了增加或减少拨付的备用金外，使用和报销备用金时不再通过本科目核算。

（三）代管机构收回备用金，按照实际收回的金额，借记"银行存款"科目，贷记本科目。

四、本科目期末借方余额，反映代管机构拨付给分支机构的备用金。

二、负债类

2001　应付房屋灭失返还资金

一、本科目核算房屋灭失后，按规定应返还业主、售房单位或上缴国库的住宅专项维修资金。

二、本科目可按照返还的对象进行明细核算。

三、应付房屋灭失返还资金的主要账务处理如下：

（一）房屋灭失，按规定应将住宅专项维修资金返还业主、售房单位或上缴国库的，按照应返还的金额，借记"返还支出"科目，贷记本科目。

（二）支付房屋灭失返还资金，按照实际支付的金额，借记本科目，贷记"银行存款"科目。

四、本科目期末贷方余额，反映应当支付但尚未支付的房屋灭失返还资金。

三、净资产类

3001　商品住宅维修资金

一、本科目核算商品住宅应明确到户的住宅专项维修资金。

二、本科目可按照小区、幢、房屋户门号等进行明细核算或辅助核算。

三、商品住宅维修资金的主要账务处理如下：

（一）期末，将"交存收入"、"经营收入"、"共用设施处置收入"科目的本期发生额转入商品住宅维修资金，借记"交存收入"、"经营收入"、"共用设施处置收入"科目，贷记本科目；将"维修支出"、"返还支出"科目的本期发生额转入商品住宅维修资金，借记本科目，贷记"维修支出"、"返还支出"科目。

（二）按规定将待分配累计收益转入商品住宅维修资金（如将利息分配到户等），按照转入的金额，借记"待分配累计收益"科目，贷记本科目。

（三）退回以前年度多交的商品住宅维修资金，按照实际退回的金额，借记本科目，贷记"银行存款"科目。

（四）收到维修单位退回以前年度的维修支出，按照实际收到的金额，借记"银行存款"科目，贷记本科目。

（五）将商品住宅维修资金划转至业主大会等管理，按照实际划转转出的金额，借记本科目，贷记"银行存款"科目。划转转入商品住宅维修资金的，做相反会计分录。

四、本科目期末贷方余额，反映商品住宅应明确到户的住宅专项维修资金的结余。

3002　已售公有住房维修资金

一、本科目核算已售公有住房应明确到户或幢的住宅专项维修资金。

二、本科目应当设置"售房单位"、"业主"明细科目，并可在"售房单位"明细科目下按照具体单位进行明细核算或辅助核算。本科目可按照小区、幢、房屋户门号等进行明细核算或辅助核算。

三、已售公有住房维修资金的主要账务处理如下：

（一）期末，将"交存收入"、"经营收入"、"共用设施处置收入"科目的本期发生额转入已售公有住房维修资金，借记"交存收入"、"经营收入"、"共用设施处置收入"科目的相关明细科目，贷记本科目的相关明细科目；将"维修支出"、"返还支出"科目的本期发生额转入已售公有住房维修资金，借记本科目的相关明细科目，贷记"维修支出"、"返还支出"科目的相关明细科目。

（二）按规定将待分配累计收益转入已售公有住房维修资金（如将利息分配到户或幢等），按照转入的金额，借记"待分配累计收益"科目，贷记本科目。

（三）退回以前年度多交的已售公有住房维修资金，按照实际退回的金额，借记本科目，贷记"银行存款"科目。

（四）收到维修单位退回以前年度的维修支出，按照实际收到的金额，借记"银行存款"科目，贷记本科目。

（五）将已售公有住房维修资金划转至业主大会等管理，按照实际划转转出的金额，借记本科目，贷记"银行存款"科目。划转转入已售公有住房维修资金的，做相反会计分录。

四、本科目期末贷方余额，反映已售公有住房应明确到户或幢的住宅专项维修资金的结余。

3101　待分配累计收益

一、本科目核算住宅专项维修资金尚未分配到商品住宅或已售公有住房维修资金的累计收益。

二、待分配累计收益的主要账务处理如下：

（一）期末，将"存款利息收入"、"国债利息收入"、"其他收入"科目的本期发生额转入待分配累计收益，借记"存款利息收入"、"国债利息收入"、"其他收入"科目，贷记本科目；将"其他支出"科目的本期发生额转入待分配累计收益，借记本科目，贷记"其他支出"科目。

（二）按规定将待分配累计收益转入商品住宅或已售公有住房维修资金（如将利息分配到户或幢等），借记本科目，贷记"商品住宅维修资金"、"已售公有住房维修资金"科目。

三、本科目期末贷方余额，反映住宅专项维修资金尚未分配到商品住宅或已售公有住房维修资金的累计收益。

四、收入类

4001　交存收入

一、本科目核算业主、公有住房售房单位等按规定交存的住宅专项维修资金收入。

二、在核算已售公有住房时，本科目应当设置"售房单位"、"业主"明细科目，并在"售房单位"明细科目下按照具体单位进行明细核算。

本科目可按照所归属的小区、幢、房屋户门号等进行明细核算或辅助核算。

三、交存收入的主要账务处理如下：

（一）收到业主等交存的属于业主所有的维修资金，按照实际收到的金额，借记"银行存款"科目，贷记本科目（业主）。

收到公有住房售房单位交存的从售房款中一次性提取的住宅专项维修资金，按照实际收到的金额，借记"银行存款"科目，贷记本科目（售房单位）。

（二）退回本年交存的住宅专项维修资金，按照实际退回的金额，借记本科目，贷记"银行存款"科目。

（三）期末，将本科目本期发生额转入商品住宅或已售公有住房维修资金，借记本科目，贷记"商品住宅维修资金"、"已售公有住房维修资金"科目。

四、期末结转后，本科目应无余额。

4101　存款利息收入

一、本科目核算住宅专项维修资金取得的银行存款利息收入。

二、存款利息收入的主要账务处理如下：

（一）收到银行存款利息，按照实际收到的利息金额，借记"银行存款"科目，贷记本科目。

（二）期末，将本科目本期发生额转入待分配累计收益，借记本科目，贷记"待分配累计收益"科目。

三、期末结转后，本科目应无余额。

4102　国债利息收入

一、本科目核算住宅专项维修资金购买国债取得的利息收入。

二、国债利息收入的主要账务处理如下：

（一）收到分期付息的国债利息，按照实际收到的利息金额，借记"银行存款"科目，贷记本科目。

（二）到期收回国债本息，按照实际收回或收到的金额，借记"银行存款"科目，按照债券账面余额，贷记"国债投资"科目，按照其差额，贷记本科目。

（三）期末，将本科目本期发生额转入待分配累计收益，借记本科目，贷记"待分配累计收益"科目。

三、期末结转后，本科目应无余额。

4201　经营收入

一、本科目核算按规定转入住宅专项维修资金的，利用住宅共用部位、共用设施设备进行经营的业主所得收益。

二、经营收入的主要账务处理如下：

（一）按规定转入利用住宅共用部位、共用设施设备进行经营的业主所得收益，按照实际转入的金额，借记"银行存款"科目，贷记本科目。

（二）期末，将本科目本期发生额转入商品住宅或已售公有住房维修资金，借记本科目，贷记"商品住宅维修资金"、"已售公有住房维修资金"科目。

三、期末结转后，本科目应无余额。

4301　共用设施处置收入

一、本科目核算按规定转入住宅专项维修资金的，住宅共用设施设备报废后回收的残值收入。

按规定转入住宅专项维修资金的住宅共用部位的拆迁补偿款,也通过本科目核算。

二、共用设施处置收入的主要账务处理如下:

(一)按规定转入住宅共用设施设备报废后回收的残值收入、住宅共用部位的拆迁补偿款等,按照实际转入的金额,借记"银行存款"科目,贷记本科目。

(二)期末,将本科目本期发生额转入商品住宅或已售公有住房维修资金,借记本科目,贷记"商品住宅维修资金"、"已售公有住房维修资金"科目。

三、期末结转后,本科目应无余额。

4901　其他收入

一、本科目核算住宅专项维修资金取得的除交存收入、存款利息收入、国债利息收入、经营收入、共用设施处置收入以外的各项收入。

二、其他收入的主要账务处理如下:

(一)收到其他收入,按照实际收到的金额,借记"银行存款"科目,贷记本科目。

(二)期末,将本科目本期发生额转入待分配累计收益,借记本科目,贷记"待分配累计收益"科目。

三、期末结转后,本科目应无余额。

五、支出类

5001　维修支出

一、本科目核算将住宅专项维修资金用于住宅共用部位、共用设施设备保修期满后的维修和更新、改造的支出。

维修和更新、改造过程中发生的相关税费支出,也通过本科目核算。

二、在核算已售公有住房时,本科目应当设置"售房单位"、"业主"明细科目,并在"售房单位"明细科目下按照具体单位进行明细核算。

本科目可按照支出的类别以及分摊的小区、幢、房屋户门号等进行明细核算或辅助核算。

三、维修支出的主要账务处理如下:

(一)使用住宅专项维修资金进行维修和更新、改造,按照实际支付的金额,借记本科目,贷记"银行存款"科目。

(二)收到维修单位退回本年的维修支出,按照实际收到的金额,借记"银行存款"科目,贷记本科目。

(三)期末,将本科目本期发生额转入商品住宅或已售公有住房维修资金,借记"商品住宅维修资金"、"已售公有住房维修资金"科目,贷记本科目。

四、期末结转后,本科目应无余额。

5101　返还支出

一、本科目核算因业主退房、房屋灭失将住宅专项维修资金返还业主、售房单位等的支出。

二、在核算已售公有住房时,本科目应当设置"售房单位"、"业主"明细科目,并在"售房单位"明细科目下按照具体单位进行明细核算。

本科目可按照所归属的小区、幢、房屋户门号等进行明细核算或辅助核算。

三、返还支出的主要账务处理如下：

（一）因业主退房退回以前年度交存的住宅专项维修资金，按照实际退回的金额，借记本科目，贷记"银行存款"科目。

（二）房屋灭失，按规定应将住宅专项维修资金返还业主、售房单位或上缴国库的，按照应返还的金额，借记本科目，贷记"应付房屋灭失返还资金"科目。

（三）期末，将本科目本期发生额转入商品住宅或已售公有住房维修资金，借记"商品住宅维修资金"、"已售公有住房维修资金"科目，贷记本科目。

四、期末结转后，本科目应无余额。

5901　其他支出

一、本科目核算住宅专项维修资金发生的除维修支出、返还支出以外的各项支出。

二、本科目应当按照支出的类别进行明细核算。

三、其他支出的主要账务处理如下：

（一）发生其他支出，按照实际支出的金额，借记本科目，贷记"银行存款"科目。

（二）期末，将本科目本期发生额转入待分配累计收益，借记"待分配累计收益"科目，贷记本科目。

四、期末结转后，本科目应无余额。

第四部分　财务报表格式

编号	财务报表名称	编制期
会住维01表	资产负债表	月度、年度
会住维02表	收支表	月度、年度
会住维03表	净资产变动表	年度

资产负债表

资金名称：XX住宅专项维修资金　　　　　　　　　　　　　　　　　　　　　　　　会住维01表
编制单位：_____　　　　　　　　　____年__月__日　　　　　单位：元

资产	年初余额	期末余额	负债和净资产	年初余额	期末余额
一、资产：			二、负债：		
银行存款			应付房屋灭失返还资金		
国债投资			负债合计		
备用金			三、净资产：		
			维修资金		
			其中：商品住宅		
			已售公有住房		
			待分配累计收益		
			净资产合计		
资产总计			负债和净资产总计		

收支表

资金名称：XX 住宅专项维修资金
编制单位：_____
____年__月
会住维 02 表
单位：元

项目	本月数	本年累计数
一、本期收入		
交存收入		
存款利息收入		
国债利息收入		
经营收入		
共用设施处置收入		
其他收入		
二、本期支出		
维修支出		
返还支出		
其他支出		
三、本期收支差额		

净资产变动表

资金名称：XX 住宅专项维修资金
编制单位：_____
____年
会住维 03 表
单位：元

项目	商品住宅维修资金	已售公有住房维修资金	待分配累计收益	净资产合计
一、上年年末余额				
二、以前年度调整（减少以"-"号填列）				
三、本年年初余额				
四、本年变动金额（减少以"-"号填列）				
（一）本年收支差额				
（二）本年分配累计收益				
（三）本年划转				
五、本年年末余额				

注：不同时管理商品住宅和已售公有住房维修资金的，不设置非适用维修资金相关栏目。

第五部分　财务报表编制说明

一、资产负债表编制说明

（一）本表反映住宅专项维修资金在某一特定日期全部资产、负债和净资产的情况。

（二）本表"年初余额"栏内各项数字，应当根据上年年末资产负债表"期末余额"栏内数字填列。

如果本年度发生了调整以前年度净资产的事项，还应当对"年初余额"栏中的有关项目金额进行相应调整。

（三）本表中"资产总计"项目期末（年初）余额应当与"负债和净资产总计"项目期末（年初）余额相等。

（四）本表"期末余额"栏各项目的内容和填列方法如下：

1. "银行存款"项目，反映住宅专项维修资金期末存款余额。本项目应当根据"银行存款"科目期末借方余额填列。

2. "国债投资"项目，反映住宅专项维修资金期末持有的国债的账面余额。本项目应当根据"国债投资"科目期末借方余额填列。

3. "备用金"项目，反映期末代管机构拨付给分支机构的备用金。本项目应当根据"备用金"科目期末借方余额填列。

4. "资产总计"项目，反映住宅专项维修资金期末资产的合计数。本项目应当根据本表中"银行存款"、"国债投资"、"备用金"项目金额的合计数填列。

5. "应付房屋灭失返还资金"项目，反映房屋灭失后，按规定应返还业主、售房单位或上缴国库但尚未支付的住宅专项维修资金。本项目应当根据"应付房屋灭失返还资金"科目期末贷方余额填列。

6. "负债合计"项目，反映住宅专项维修资金期末负债的合计数。本项目应当根据本表中"应付房屋灭失返还资金"项目金额填列。

7. "维修资金"项目，反映期末应明确到户或幢的住宅专项维修资金的结余。本项目应当根据"商品住宅维修资金"和"已售公有住房维修资金"科目期末贷方余额的合计数填列。

本项目下"商品住宅"项目反映期末商品住宅应明确到户的住宅专项维修资金的结余，应当根据"商品住宅维修资金"科目期末贷方余额填列。

本项目下"已售公有住房"项目反映期末已售公有住房应明确到户或幢的住宅专项维修资金的结余，应当根据"已售公有住房维修资金"科目期末贷方余额填列。

8. "待分配累计收益"项目，反映住宅专项维修资金期末尚未分配的累计收益。本项目应根据"待分配累计收益"科目期末贷方余额填列。

9. "净资产合计"项目，反映住宅专项维修资金期末净资产的合计数。本项目应当根据本表中"维修资金"、"待分配累计收益"项目金额的合计数填列。

10. "负债和净资产总计"项目，反映住宅专项维修资金期末负债和净资产的合计数。本项目应当根据本表中"负债合计"、"净资产合计"项目金额的合计数填列。

二、收支表编制说明

（一）本表反映住宅专项维修资金在某一会计期间（月度、年度）内发生的收入、支出及当期收支差额情况。

（二）本表"本月数"栏反映各项目的本月实际发生数。编制年度收支表时，应当将本栏改为"本年数"，反映本年度各项目的实际发生数。

本表"本年累计数"栏反映各项目自年初至报告期期末的累计实际发生数。编制年度收支表时，应当将本栏改为"上年数"，反映上年度各项目的实际发生数，"上年数"栏应当根据上年年度收支表中"本年数"栏内所列数字填列。

（三）本表"本月数"栏各项目的内容和填列方法如下：

1. "本期收入"项目，反映住宅专项维修资金本期收入总额。本项目应当根据本表中"交存收入"、"存款利息收入"、"国债利息收入"、"经营收入"、"共用设施处置收入"、"其他收入"项目金额的合计数填列。

2. "交存收入"项目，反映本期业主、公有住房售房单位等按规定交存的住宅专项维修资金收入总额。本项目应当根据"交存收入"科目的本期发生额填列。

3. "存款利息收入"项目，反映本期住宅专项维修资金取得的银行存款利息收入。本项目应当根据"存款利息收入"科目的本期发生额填列。

4. "国债利息收入"项目，反映本期住宅专项维修资金购买国债取得的利息收入。本项目应当根据"国债利息收入"科目的本期发生额填列。

5. "经营收入"项目，反映本期按规定转入住宅专项维修资金的，利用住宅共用部位、共用设施设备进行经营的业主所得收益。本项目应当根据"经营收入"科目的本期发生额填列。

6. "共用设施处置收入"项目，反映本期按规定转入住宅专项维修资金的，住宅共用设施设备报废后回收的残值收入和住宅共用部位的拆迁补偿款。本项目应当根据"共用设施处置收入"科目的本期发生额填列。

7. "其他收入"项目，反映本期住宅专项维修资金取得的除以上收入项目外的其他收入的总额。本项目应当根据"其他收入"科目的本期发生额填列。

8. "本期支出"项目，反映本期住宅专项维修资金支出总额。本项目应当根据本表中"维修支出"、"返还支出"、"其他支出"项目金额的合计数填列。

9. "维修支出"项目，反映本期使用住宅专项维修资金，用于住宅共用部位、共用设施设备保修期满后的维修和更新、改造的支出。本项目应当根据"维修支出"科目的本期发生额填列。

10. "返还支出"项目，反映本期因业主退房、房屋灭失将住宅专项维修资金返还业主、售房单位等的支出。本项目应当根据"返还支出"科目的本期发生额填列。

11. "其他支出"项目，反映本期住宅专项维修资金发生的除以上支出项目外的其他支出的总额。本项目应当根据"其他支出"科目的本期发生额填列。

12. "本期收支差额"项目，反映本期住宅专项维修资金收入扣除支出后的净额。本项目应当根据本表中"本期收入"项目金额减去"本期支出"项目金额后的差额填列；如为负数，以"–"号填列。

三、净资产变动表编制说明

（一）本表反映住宅专项维修资金在某一会计年度内净资产项目的变动情况。

（二）本表各项目的内容和填列方法如下：

1. "上年年末余额"行，反映住宅专项维修资金净资产各项目上年年末的余额。本行各项目应当根据"商品住宅维修资金"、"已售公有住房维修资金"、"待分配累计收益"科目上年年末余额填列。

2. "以前年度调整"行，反映退回以前年度多交的住宅专项维修资金，以及收到维修单位退回以前年度的维修支出等事项对净资产进行调整的金额。本行各项目应当根据"商品住宅维修资金"、"已售公有住房维修资金"、"待分配累计收益"科目的相关信息分析填列，如为减少以"–"号填列。

3. "本年年初余额"行，反映经过以前年度调整后，住宅专项维修资金净资产各项目的本年年初余额。

本行各项目应当根据其各自在"上年年末余额"、"以前年度调整"行对应项目金额的合计数填列。

4. "本年变动金额"行，反映住宅专项维修资金净资产各项目本年变动总金额。本行"商品住宅维修资金"、"已售公有住房维修资金"、"待分配累计收益"项目应当根据其各自在"本年收支差额"、"本年分配累计收益"、"本年划转"行对应项目金额的合计数填列。

5. "本年收支差额"行，反映住宅专项维修资金本年发生的收入、支出对净资产的影响。本行"商品住宅维修资金"、"已售公有住房维修资金"项目，应当分别根据本年由"交存收入"、"经营收入"、"共用设施处置收入"、"维修支出"、"返还支出"科目转入"商品住宅维修资金"、"已售公有住房维修资金"科目的金额填列，如为减少以"-"号填列。本行"待分配累计收益"项目，应当根据本年由"存款利息收入"、"国债利息收入"、"其他收入"、"其他支出"科目转入"待分配累计收益"科目的金额填列。

6. "本年分配累计收益"行，反映本年按规定将待分配累计收益转入商品住宅或已售公有住房维修资金对净资产的影响。本行"商品住宅维修资金"、"已售公有住房维修资金"、"待分配累计收益"项目应当分别根据从"待分配累计收益"科目转入"商品住宅维修资金"、"已售公有住房维修资金"科目的金额分析填列；本行"待分配累计收益"项目以"-"号填列。

7. "本年划转"行，反映本年划转住宅专项维修资金对净资产的影响。本行各项目应当根据"商品住宅维修资金"、"已售公有住房维修资金"、"待分配累计收益"科目的相关信息分析填列，如为减少以"-"号填列。

8. "本年年末余额"行，反映住宅专项维修资金本年各净资产项目的年末余额。本行各项目应当根据其各自在"本年年初余额"、"本年变动金额"行对应项目金额的合计数填列。

9. 本表各行"净资产合计"项目，应当根据所在行"商品住宅维修资金"、"已售公有住房维修资金"、"待分配累计收益"项目金额的合计数填列。

四、附注

附注是住宅专项维修资金财务报表的重要组成部分，由代管机构根据住宅专项维修资金相关管理和财务制度要求编制，所披露的信息应当包括但不限于：

（一）财务报表列示的重要项目的进一步说明，包括其主要构成、增减变动情况等。

（二）其他支出的具体类别和相应的金额。

（三）未能在财务报表中列示项目的说明。

（四）国家政策和会计政策变动对财务报表影响的说明。

（五）其他对财务报表数据有重大影响的事项说明。

中共北京市委办公厅 北京市人民政府办公厅印发《关于加强北京市物业管理工作提升物业服务水平三年行动计划（2020—2022年）》的通知

各区委、区政府，市委各部委办，市各国家机关，各国有企业，各人民团体，各高等院校：

经市委、市政府同意，现将《关于加强北京市物业管理工作提升物业服务水平三年行动计划（2020—2022年）》印发给你们，请结合实际认真贯彻落实。

中共北京市委办公厅
北京市人民政府办公厅
2020年7月12日

关于加强北京市物业管理工作提升物业服务水平三年行动计划（2020—2022年）

为构建党建引领社区治理框架下的物业管理体系，切实提升物业服务水平，建设和谐宜居社区，依据《北京市物业管理条例》（以下简称《条例》），结合实际，制定本行动计划。

一、总体要求

（一）指导思想

以习近平新时代中国特色社会主义思想为指导，全面贯彻党的十九大和十九届二中、三中、四中全会精神，深入贯彻落实习近平总书记对北京重要讲话精神，坚持以人民为中心的发展理念，完善物业管理体制机制，加强精细化管理，切实提升服务水平，持续改善人居环境，推进首都城市治理体系和治理能力现代化，不断增强人民群众获得感、幸福感、安全感。

（二）基本原则

1. 坚持党建引领。充分发挥基层党组织的战斗堡垒作用和党员的先锋模范作用，加强街道（乡镇）、社区党组织对物业服务企业、业主委员会（物业管理委员会）的政治引领、组织引领、能力引领、机制引领，使其成为党联系服务群众、加强基层治理的重要力量。

2. 坚持将物业管理纳入社区治理体系。将物业管理作为社区治理的重要内容，依法有序推进权力下放、力量下沉，充分发挥街道（乡镇）、社区作用，建立简约高效的管理体制机制。

3. 坚持服务导向。寓管理于服务，围绕解决群众身边的操心事、烦心事、揪心事，规范物业管理各方主体行为，提升管理能力和服务水平。

4. 坚持依靠群众、发动群众。转变治理理念，创新治理模式，引导居民积极参与管理小区事务，激发基层治理活力，实现共建共治共享。

（三）工作目标

通过三年努力，物业管理体制机制基本健全、政策标准体系基本完善，物业管理领域突出问题得到有效治理，党委领导、政府主导、居民自治、多方参与、协商共建、科技支撑的工作格局基本形成，物业服务水平显著提高，群众满意度大幅提升。

2020年，以《条例》出台为契机，巩固新冠肺炎疫情防控中党的工作全覆盖成果，搭建市、区、街道（乡镇）、社区物业管理的监督管理组织架构，优化力量配置，完善配套政策和标准规范，形成落实《条例》的良好开局。

2021年，业主委员会（物业管理委员会）组建率、物业服务覆盖率、党的组织覆盖率明显提高，党建引领社区治理框架下的物业管理体系进一步健全，街道（乡镇）指导物业管理工作的能力进一步增强，老旧小区物业服务取得突破，物业行业突出问题治理取得显著成效。

2022年，全面建成党建引领社区治理框架下的物业管理体系，街道（乡镇）、社区管理力量和能力全面增强，物业管理长效机制基本形成。业主委员会（物业管理委员会）、物业服务、党的组织实现广泛覆盖。

二、主要任务

（一）健全市、区、街道（乡镇）、社区的监督管理工作机制

1. 市级加强统筹协调。全市街道工作和"吹哨报到"改革专班统筹协调《条例》落实工作，加强协调调度，强化督查考核。建立加强物业管理市级联席会议制度，成员单位包括市住房城乡建设委、市委城市工作办、市委组织部、市委社会工委市民政局、市司法局等部门以及各区委区政府（含北京经济技术开发区党工委、管委会，下同），各成员单位按照职责负责物业管理相关监督管理和执法检查工作，水、电、气、热等市政公用服务企业按照职责做好相关工作。

2. 各区加强组织领导。各区要把物业管理相关工作作为"一把手"工程，建立健全相应综合协调推进机制，制定年度计划，明确工作目标，组织街道（乡镇）、社区统筹推进物业管理的监督管理各项工作，并加

强检查考核；组织开展业主委员会（物业管理委员会）委员培训。

3. 街道（乡镇）落实主体责任。街道（乡镇）要建立"一把手"亲自抓的工作机制，结合管理体制改革，明确物业管理的监督管理工作机构，优化力量配置，统筹做好辖区内物业管理的监督管理工作；组织、协调、指导业主委员会（物业管理委员会）组建，提高业主委员会（物业管理委员会）组建率、物业服务覆盖率、党的组织覆盖率；充分利用"吹哨报到"工作机制，做好"接诉即办""未诉先办"工作，协调解决群众反映的物业管理问题，并加大综合执法力度。

4. 社区抓好具体落实。社区党组织引导建立议事协商机制，组织居民委员会、业主委员会（物业管理委员会）、物业服务企业、驻区单位、居民代表等定期开展议事协商，推动在业主委员会（物业管理委员会）、物业服务企业建立党组织，协调解决物业管理问题，调解矛盾纠纷；协助街道（乡镇）对业主委员会（物业管理委员会）履职情况、物业服务企业履约情况进行考评；积极引导业主自治管理，监督业主委员会（物业管理委员会）运作。

（二）提高业主委员会（物业管理委员会）组建率、物业服务覆盖率、党的组织覆盖率

5. 提高业主委员会（物业管理委员会）组建率。加强分类指导，积极推动党建引领下业主委员会（物业管理委员会）组建工作。尚不具备成立业主委员会条件的小区，要积极组建物业管理委员会。街道（乡镇）、社区党组织要积极引导党员业主参与管理小区公共事务，在基层治理中发挥先锋模范作用。着力提高有物业服务企业管理的小区业主委员会（物业管理委员会）组建率，重点做好商品房小区业主委员会（物业管理委员会）组建工作。2020 年底前新成立业主委员会（物业管理委员会）2000 个以上；业主委员会（物业管理委员会）组建率达到 30% 以上，2021 年达到 70% 以上，2022 年达到 90% 以上。（责任单位：各区委区政府、市住房城乡建设委、市委组织部、市委社会工委市民政局）

6. 提高物业服务覆盖率。街道（乡镇）、社区要推动召开业主大会，引导小区居民通过民主决策，共同决定从自行管理、委托物业服务企业统一管理、委托专业单位进行专项服务、委托其他物业管理人进行管理等多种形式中选择合适的物业服务形式，逐步扩大住宅小区特别是老旧小区物业服务覆盖率。2020 年物业服务覆盖率达到 60% 以上，2021 年达到 70% 以上，2022 年达到 90% 以上。（责任单位：各区委区政府、市住房城乡建设委、市委组织部、市委社会工委市民政局）

7. 提高党的组织覆盖率。街道（乡镇）、社区党组织要把业主委员会（物业管理委员会）、物业服务企业党建工作列入议事日程，加大工作推进力度，抓好党组织组建工作。对无物业服务的小区，提供基本物业服务、生活服务和安全管理，率先把党组织建起来。全面落实"双向进入、交叉任职"，在业主委员会成立和换届时引导和支持业主中的党员积极参选业主委员会委员，通过法定程序担任业主委员会委员。2020 年，在党的工作全覆盖基础上，实现党的组织覆盖率达到 30% 以上，2021 年达到 70% 以上，2022 年达到 90% 以上。（责任单位：各区委区政府、市委组织部、市住房城乡建设委、市委社会工委市民政局）

（三）完善配套政策和标准规范

8. 完善配套政策。结合《条例》实施和物业管理工作实际，加快制定物业管理委员会组建办法、物业服务项目交接管理办法、物业服务企业履约考评管理办法等文件，修订《北京市住宅区业主大会和业主委员会指导规则》等，逐步形成相互衔接、相互支撑的政策体系。（责任单位：市住房城乡建设委等相关部门）

9. 健全标准规范。制定住宅小区物业服务项目清单、物业服务项目成本信息和计价规则、收支公示规

则等,修订《住宅物业服务标准》等,建立规则统一、要求明确、公开透明、具有可操作性的物业服务管理标准。制定管理规约示范文本、业主大会议事规则示范文本、物业服务合同示范文本、前期物业服务合同示范文本等,规范参与物业服务各方的行为。(责任单位:市住房城乡建设委等相关部门)

(四)促进物业服务市场健康发展

10. 培育市场环境。研究制定促进物业行业健康发展的指导意见,建立和完善公开透明、质价相符的物业服务市场机制,推动物业服务专业化、连锁化、品牌化发展。鼓励物业服务企业多样化、多元化经营,采用现代信息技术手段,大力发展智慧物业。建立优质物业服务企业发展激励机制,支持其承担社会责任。(责任单位:各区委区政府、市住房城乡建设委)

11. 加强市场监管。做好对物业服务企业的日常监管,健全常态化监管机制,加强执法检查,发现问题及时督促整改。通过履约考评完善物业服务企业信用评价体系,建立分类奖惩制度。搭建物业服务招投标平台,完善物业服务企业退出机制,加强物业服务企业选聘和退出管理。按照扫黑除恶专项斗争工作部署,持续开展物业管理行业乱象整治,推动行业健康有序发展。(责任单位:市住房城乡建设委、市委政法委、市公安局、各区委区政府)

12. 发挥行业协会作用。鼓励、支持物业服务企业加入行业协会,实行自律管理,调解矛盾纠纷,开展业务培训,提高专业能力和服务水平。鼓励物业服务企业组成区域性物业服务联盟,推动企业联合,促进优势互补,形成品牌效应。(责任单位:市住房城乡建设委、各区委区政府)

(五)推动解决重点难点问题

13. 推进老旧小区建立物业管理机制。老旧小区实施综合整治前,通过党建引领组建业主委员会(物业管理委员会),组织业主就物业服务标准、收费标准达成一致意见,因地制宜选择适合的物业服务模式,并签订物业服务协议;协调物业服务企业全程参与综合整治;结合综合整治同步补建、续筹住宅专项维修资金。相关市属国有企业要落实所属未移交老旧小区的物业管理责任,建立长效机制,做好物业服务。完善老旧小区应急物业服务机制。(责任单位:各区委区政府、市住房城乡建设委、市发展改革委、市财政局、市规划自然资源委、市城市管理委、市国资委、市住房资金管理中心、相关市属国有企业)

14. 深化住宅专项维修资金改革。坚持问题导向,加快完善住宅专项维修资金管理相关政策,重点围绕完善基础数据、提高使用效率、改善存储方式、推进维修资金补建和续筹等方面健全机制,进一步提高资金使用管理水平。(责任单位:市住房城乡建设委、市财政局、市规划自然资源委、市国资委、市住房资金管理中心)

15. 持续抓好"接诉即办""吹哨报到",推动物业管理相关工作。按照"小事不出社区(村),大事不出街道(乡镇),难事部门能报到"的原则,完善"接诉即办"工作机制,督促、指导社区和物业服务企业及时解决群众反映的问题。充分发挥"吹哨报到"工作机制作用,对群众长期反映的突出问题,建立台账,挂账督办;对存在的共性、难点问题,及时研究解决措施。各区要结合12345市民服务热线物业管理投诉情况,对环境脏、乱、差等问题开展专项整治,做好生活垃圾分类管理;对私搭乱建、私装地锁、侵占绿地等行为加大综合执法力度;及时排查消除老旧管线、电梯、消防设施等存在的安全隐患;制定街道(乡镇)落实物业管理工作评价指标体系,加强对街道(乡镇)的考核督促。(责任单位:市住房城乡建设委、市政务服务局、各区委区政府)

16. 试点推进破解难题。各区要围绕物业管理难点问题，进一步筛选试点项目，充分发挥主动性、创造性，探索物业管理新模式，提高物业服务水平。（责任单位：各区委区政府，市住房城乡建设委、市委组织部、市委社会工委市民政局等相关部门）

（六）全面提升物业管理信息化水平

17. 夯实基础信息。收集、整合和修正住宅类房屋信息，完善住宅小区房屋数量、面积、户数、建成年代、维修资金建立情况等基本信息，充实住宅类房屋和住宅小区管理数据库。（责任单位：市住房城乡建设委、市委社会工委市民政局、各区委区政府）

18. 健全信息系统。充分利用信息化手段加强物业管理，在住房城乡建设、规划自然资源、住房资金管理等部门已有数据平台基础上，建成涵盖政府管理、房屋信息、业主信息、企业信用、业主委员会（物业管理委员会）运行、维修资金管理等模块的物业管理信息服务系统，实现分级管理、部门间数据共享、动态更新。进一步完善"北京市业主共同决策手机投票系统"功能，加大推广应用力度。（责任单位：市住房城乡建设委、市财政局、市经济和信息化局、市规划自然资源委、市住房资金管理中心、市委社会工委市民政局）

三、保障措施

（一）加强组织领导。各区要加强对物业管理工作的组织领导，主要领导亲自抓，结合本行动计划和各自职责，抓紧制定细化措施，形成层层抓落实的工作机制；要按照赋权、下沉、增效的工作要求，在资金、人员力量等方面加大对街道（乡镇）的支持力度，确保各项工作顺利开展。

（二）积极改革创新。鼓励基层结合实际，主动探索实践，大胆改革创新，及时总结提升，形成一批有代表性、可复制的经验在全市推广。

（三）做好宣传培训。有关部门要加强宣传引导，利用全媒体手段，积极宣传物业管理先进典型，营造良好氛围；要制定专项培训计划，建立分层级、分领域的培训制度，加强对物业管理工作人员以及业主委员会（物业管理委员会）、物业服务企业的政策指导和培训，使其更好地发挥作用，推动工作落实。

北京市物业管理条例

（2020年3月27日北京市第十五届人民代表大会常务委员会第二十次会议通过）

目录

第一章　总则

第二章　物业管理区域

第三章　前期物业

第四章　业主、业主组织和物业管理委员会

第一节　业主和业主大会

第二节　业主委员会

第三节　物业管理委员会

第五章　物业服务

第六章　物业的使用和维护

第七章　法律责任

第八章　附则

第一章　总　则

第一条　为了构建党建引领社区治理框架下的物业管理体系，建设和谐宜居社区，规范物业管理，维护物业管理相关主体的合法权益，保障物业的依法、安全、合理使用，根据相关法律法规，结合本市实际，制定本条例。

第二条　本市行政区域内的住宅物业管理活动适用本条例；非住宅物业管理参照执行。

本条例所称物业管理，是指业主通过自行管理或者共同决定委托物业服务人的形式，对物业管理区域内的建筑物、构筑物及其配套的设施设备和相关场地进行维修、养护、管理，维护环境卫生和相关秩序的活动。物业服务人包括物业服务企业、专业单位和其他物业管理人。

第三条　本市物业管理纳入社区治理体系，坚持党委领导、政府主导、居民自治、多方参与、协商共建、科技支撑的工作格局。建立健全社区党组织领导下居民委员会、村民委员会、业主委员会或者物业管理委员会、业主、物业服务人等共同参与的治理架构。

推动在物业服务企业、业主委员会、物业管理委员会中建立党组织，发挥党建引领作用。

第四条　物业管理相关主体应当遵守权责一致、质价相符、公平公开的物业服务市场规则，维护享受物业服务并依法付费的市场秩序，优化市场环境。

支持社会资本参与老旧小区综合整治和物业管理。

第五条 本市支持在物业管理区域内成立业主大会、选举产生业主委员会决定物业管理区域内的重大事项及有关共有部分利用和管理等事项。

第六条 市住房和城乡建设主管部门履行下列职责：

（一）制定本市物业管理相关政策并组织实施；

（二）指导和监督区住房和城乡建设或者房屋主管部门开展物业管理的监督管理工作；

（三）指导和监督本市住宅专项维修资金的筹集、管理和使用；

（四）建立健全业主委员会、物业管理委员会委员培训制度；

（五）制定临时管理规约、管理规约、业主大会议事规则、物业服务合同等示范文本和相关标准；

（六）建立全市统一的物业管理信用信息、业主电子共同决策等信息系统；

（七）指导行业协会制定和实施自律性规范；

（八）实施物业管理方面的其他监督管理职责。

区住房和城乡建设或者房屋主管部门履行下列职责：

（一）贯彻执行物业管理相关政策和制度；

（二）监督管理辖区内物业服务企业和从业人员；

（三）指导、监督辖区内住宅专项维修资金的筹集、管理和使用；

（四）组织对辖区内业主委员会、物业管理委员会委员开展培训；

（五）指导街道办事处、乡镇人民政府实施与物业管理相关工作；

（六）落实物业管理方面的其他监督管理职责。

发展改革、民政、财政、规划自然资源、城市管理、水务、市场监管、园林绿化、人防等相关主管部门，按照各自职责，负责物业管理相关监督管理工作。

第七条 区人民政府应当加强对本辖区内物业管理工作的组织领导，建立物业管理综合协调工作机制，组织辖区内街道办事处、乡镇人民政府、住房和城乡建设或者房屋主管部门及相关部门和单位，统筹推进辖区内物业管理各项工作，协调解决辖区内物业管理重大问题。

第八条 街道办事处、乡镇人民政府组织、协调、指导本辖区内业主大会成立和业主委员会选举换届、物业管理委员会组建，并办理相关备案手续；指导、监督业主大会、业主委员会、物业管理委员会依法履行职责，有权撤销其作出的违反法律法规和规章的决定；参加物业承接查验，指导监督辖区内物业管理项目的移交和接管，指导、协调物业服务人依法履行义务，调处物业管理纠纷，统筹协调、监督管理辖区内物业管理活动。

居民委员会、村民委员会在街道办事处、乡镇人民政府的指导下开展具体工作，建立党建引领下的物业管理协商共治机制；有权就业主反映的物业管理事项向业主大会、业主委员会进行询问，引导规范运作；指导、监督物业服务人依法履行义务，调解物业管理纠纷。

第九条 街道办事处、乡镇人民政府根据市人民政府确定的行政执法事项清单，依法行使行政执法权，建立综合执法工作机制，加强对住宅小区内违法行为的巡查、检查和处理。

第十条 突发事件应对期间，街道办事处、乡镇人民政府负责落实市人民政府依法采取的各项应急措施；指导物业服务人开展相应级别的应对工作，并给予物资和资金支持。

物业服务人应当按照要求服从政府统一指挥，在街道办事处、乡镇人民政府指导下积极配合居民委员会、村民委员会开展工作，依法落实应急预案和各项应急措施。

第十一条 业主大会和业主委员会,对任意弃置垃圾、排放污染物或者噪声、违反规定饲养动物、违法搭建、侵占通道、拒付物业费等损害他人合法权益的行为,有权依照法律法规以及管理规约,要求行为人停止侵害、排除妨碍、消除危险、恢复原状、赔偿损失。

第十二条 本市支持物业管理、专业评估机构等行业协会依法制定和组织实施自律性规范,实行自律管理,编制团体标准,调解行业纠纷,组织业务培训,维护企业合法权益,推动行业健康有序发展。

支持、鼓励物业服务企业加入行业协会。

第十三条 本市支持法律、会计、工程、评估、咨询等专业服务机构和人员参与物业管理和服务活动,为物业管理相关主体提供公正、专业的咨询、培训、评价、检验、监督和审计等服务。支持非营利性社会组织参与物业服务活动。

业主、物业使用人、物业服务人因物业管理事项需要法律咨询的,可以向公共法律服务机构咨询;符合法律援助条件的,可以依法申请法律援助。

第十四条 本市建立健全人民调解、行业调解、行政调解、司法调解构成的多元纠纷解决机制,化解物业管理纠纷。

第二章 物业管理区域

第十五条 物业管理区域的划分应当符合法律法规的规定,综合考虑建设用地宗地范围、共用设施设备、建筑物规模和类型、社区建设等因素,以利于服务便利、资源共享、协商议事。

规划城市道路、城市公共绿地、城市河道等公共区域不得划入物业管理区域。

第十六条 新开发建设项目的土地使用权划拨、出让前,住房和城乡建设主管部门应当就物业管理区域的划分提出意见,纳入区域规划综合实施方案、土地出让合同或者划拨文件,并向社会公布。

建设单位应当在房屋买卖合同中明示核定的物业管理区域。

第十七条 已投入使用、尚未划分物业管理区域或者划分的物业管理区域确需调整的,物业所在地的街道办事处、乡镇人民政府会同区住房和城乡建设或者房屋主管等部门,结合物业管理实际需要,征求业主意见后确定物业管理区域并公告。

第十八条 新开发建设项目,一个物业管理区域内应当配建独立且相对集中的物业服务用房,满足物业管理设施设备、办公及值班需求,具体面积按照本市公共服务设施配置指标执行。物业服务用房的面积、位置应当在规划许可证、房屋买卖合同中载明。

已投入使用但是未配建物业服务用房的,建设单位或者产权单位应当通过提供其他用房、等值的资金等多种方式提供;建设单位和产权单位已不存在的,由街道办事处、乡镇人民政府统筹研究解决。

第三章 前期物业

第十九条 建设单位承担前期物业服务责任。建设单位销售房屋前,应当选聘前期物业服务人,签订前期物业服务合同。

前期物业服务合同应当就前期物业服务是否收费、服务内容以及收费标准进行约定,约定的内容作为房屋买卖合同的附件或者直接纳入房屋买卖合同。

前期物业服务合同期限最长不超过二年，具体期限在前期物业服务合同中约定。期限届满前三个月，由业主共同决定是否继续使用前期物业服务人。期限届满，业主与新物业服务人签订的物业服务合同生效之前，前期物业服务人继续提供服务；期限未满或者未约定前期物业服务期限，业主与新物业服务人签订的物业服务合同生效的，前期物业服务合同终止。

第二十条 建设单位与前期物业服务人应当在区住房和城乡建设或者房屋主管部门的指导、监督下，共同确认物业管理区域，对物业管理区域内的共用部位、共用设施设备进行查验，确认现场查验结果，形成查验记录，签订物业承接查验协议，并向业主公开查验的结果。

承接查验协议应当对物业承接查验基本情况、存在问题、解决方法及其时限、双方权利义务、违约责任等事项作出约定。对于承接查验发现的问题，建设单位应当在三十日内予以整改，或者委托前期物业服务人整改。

未经业主同意，建设单位不得占用物业管理区域内的共用部位、共用设施设备。

第二十一条 在办理物业承接查验手续时，建设单位应当向前期物业服务人移交下列资料：

（一）物业管理区域划分相关文件；

（二）竣工总平面图，单体建筑、结构、设备的竣工图，配套设施、地下管网工程竣工图等竣工验收资料；

（三）设施设备的安装、使用和维护保养等技术资料；

（四）物业质量保修文件和物业使用说明文件；

（五）物业管理必需的其他资料。

物业已投入使用，上述资料未移交的，应当移交；资料不全的，应当补齐。

第二十二条 前期物业服务合同生效之日至出售房屋交付之日的当月发生的物业费，由建设单位承担。

出售房屋交付之日的次月至前期物业服务合同终止之日的当月发生的物业费，由业主按照房屋买卖合同的约定承担；房屋买卖合同未约定的，由建设单位承担。

第二十三条 建设单位在销售物业前，应当制定临时管理规约，对有关物业的使用、维护、管理，业主的共同利益，业主应当履行的义务，违反临时管理规约应当承担的责任等事项依法作出约定，并在销售场所显著位置公示。临时管理规约不得侵害物业买受人的合法权益。

市住房和城乡建设主管部门应当制定并发布临时管理规约的示范文本。

第二十四条 前期物业服务合同期限届满前六个月，街道办事处、乡镇人民政府应当组织业主成立业主大会，选举产生业主委员会或者组建物业管理委员会，就物业管理事项进行表决。

第四章　业主、业主组织和物业管理委员会

第一节　业主和业主大会

第二十五条 房屋的所有权人为业主。

公房尚未出售的，产权单位是业主；已出售的，购房人是业主。

本条例所称业主还包括：

（一）尚未登记取得所有权，但是基于买卖、赠与、拆迁补偿等旨在转移所有权的行为已经合法占有建筑物专有部分的单位或者个人；

（二）因人民法院、仲裁机构的生效法律文书取得建筑物专有部分所有权的单位或者个人；

（三）因继承取得建筑物专有部分所有权的个人；

（四）因合法建造取得建筑物专有部分所有权的单位或者个人；

（五）其他符合法律法规规定的单位或者个人。

第二十六条 物业管理区域内的以下部分属于业主共有：

（一）道路、绿地，但是属于城市公共道路、城市公共绿地或者明示属于私人所有的除外；

（二）占用业主共有的道路或者其他场地用于停放汽车的车位；

（三）建筑物的基础、承重结构、外墙、屋顶等基本结构部分，通道、楼梯、大堂等公共通行部分，消防、公共照明等附属设施、设备，避难层、架空层、设备层或者设备间等；

（四）物业服务用房和其他公共场所、共用设施；

（五）法律法规规定或者房屋买卖合同依法约定的其他共有部分。

第二十七条 业主在物业管理活动中，享有下列权利：

（一）自行管理物业；

（二）要求物业服务人按照物业服务合同的约定提供服务；

（三）提议召开业主大会，并就物业管理的有关事项提出建议；

（四）提出制定和修改临时管理规约、管理规约、业主大会议事规则的建议；

（五）参加业主大会会议，行使投票权；

（六）选举业主委员会委员，并享有被选举权；

（七）监督业主大会筹备组、业主委员会或者物业管理委员会的工作；

（八）监督物业服务人履行物业服务合同；

（九）对共用部位、共用设施设备和相关场地使用享有知情权、监督权和收益权；

（十）监督专项维修资金的管理和使用；

（十一）法律法规规定的其他权利。

业主行使权利不得危及物业的安全，不得损害其他业主的合法权益。

第二十八条 业主应当履行下列义务：

（一）遵守临时管理规约、管理规约和业主大会议事规则；

（二）遵守物业管理区域内共用部位和共用设施设备的使用、公共秩序和环境卫生的维护以及应对突发事件等方面的制度要求；

（三）执行业主大会的决定和业主大会授权业主委员会或者物业管理委员会作出的决定；

（四）配合物业服务人实施物业管理；

（五）按照国家和本市有关规定交纳专项维修资金；

（六）按时足额交纳物业费；

（七）履行房屋安全使用责任；

（八）按照规定分类投放生活垃圾；

（九）法律法规规定的其他义务。

业主对建筑物专有部分以外的共有部分，享有权利，承担义务；不得以放弃权利不履行义务。

第二十九条 业主可以成立业主大会。业主大会由物业管理区域内全体业主组成，代表和维护物业管理区域内全体业主在物业管理活动中的合法权益。

一个物业管理区域成立一个业主大会。

第三十条 一个物业管理区域内，已交付业主的专有部分达到建筑物总面积百分之五十以上的，百分之五以上的业主、专有部分占建筑物总面积百分之五以上的业主或者建设单位均可以向街道办事处、乡镇人民政府提出成立业主大会的申请，居民委员会、村民委员会也可以组织达到前述条件的业主或者建设单位提出成立业主大会的申请。

第三十一条 街道办事处、乡镇人民政府应当在接到成立业主大会书面申请后三十日内，对提出申请的业主身份和申请进行审核，对符合业主大会成立条件的，指定居民委员会、村民委员会工作人员担任筹备组组长。

筹备组组长应当于三十日内组织业主代表、建设单位、产权单位、街道办事处、乡镇人民政府、社区党组织、居民委员会、村民委员会代表召开首次筹备组会议，成立筹备组。

筹备组中的业主代表可以由业主自荐或者居民委员会、村民委员会推荐产生，由街道办事处、乡镇人民政府确定；业主代表资格应当参照适用本条例第三十九条有关业主委员会委员候选人资格的规定。

筹备组人数应当为单数，其中业主代表人数不低于筹备组人数的二分之一。

筹备组成立七日内，筹备组组长应当将筹备组成员名单、分工、联系方式等在物业管理区域内显著位置公示。

第三十二条 筹备组应当开展以下工作，并就其确定的事项在首次业主大会会议召开十五日前在物业管理区域内显著位置公示：

（一）确认业主身份、人数及所拥有的专有部分面积；

（二）制定首次业主大会会议召开方案；

（三）拟订管理规约和业主大会议事规则草案；

（四）制定业主委员会委员候选人产生办法，确定业主委员会委员候选人名单；

（五）制定业主委员会选举办法；

（六）完成召开首次业主大会会议的其他准备工作。

前款规定的业主大会议事规则，至少应当包括业主大会的议事方式、表决程序，业主委员会的组成、任期、罢免和递补等事项，并不得违反法律法规的强制性规定。

业主对公示内容有异议的，筹备组应当研究处理并在首次业主大会会议召开前作出答复。

筹备组应当自成立之日起六十日内，组织召开首次业主大会会议。

第三十三条 首次业主大会应当通过管理规约、业主大会议事规则，选举产生业主委员会委员和候补委员。

第三十四条 业主大会依照法律法规的规定召开，决定下列事项：

（一）制定或者修改管理规约、业主大会议事规则；

（二）选举或者更换业主委员会委员和候补委员；

（三）确定或者调整物业服务方式、服务内容、服务标准和服务价格；

（四）选聘、解聘物业服务人或者不再接受事实服务；

（五）筹集、管理和使用专项维修资金；

（六）申请改建、重建建筑物及其附属设施；

（七）决定共用部分的经营方式，管理、使用共用部分经营收益等共有资金；

（八）确定业主委员会委员津贴或者补助的标准，对业主委员会主任实施任期、离任经济责任审计；

（九）改变或者撤销业主委员会作出的与业主大会决定相抵触的决议；

（十）有关共有和共同管理权利的其他重大物业管理事项。

业主委员会应当就前款规定的决定事项向业主大会提出讨论方案。

第三十五条 业主大会会议分为定期会议和临时会议。

业主大会定期会议应当按照业主大会议事规则的规定召开，每年至少召开一次。经百分之二十以上业主提议，业主委员会应当组织召开业主大会临时会议。

业主大会会议可以采用书面形式或者通过互联网方式召开；采用互联网方式表决的，应当通过市住房和城乡建设主管部门建立的电子投票系统进行。

召开业主大会会议的，业主委员会应当于会议召开十五日前通知全体业主，将会议议题及其具体内容、时间、地点、方式等在物业管理区域内显著位置公示，并报物业所在地的居民委员会、村民委员会。居民委员会、村民委员会应当派代表列席会议。

业主大会会议不得就已公示议题以外的事项进行表决。

第三十六条 业主委员会未按照规定召集业主大会会议的，业主可以请求物业所在地的街道办事处、乡镇人民政府责令限期召集；逾期仍未召集的，由物业所在地的街道办事处、乡镇人民政府组织召集。

第三十七条 业主大会会议依法作出的决定，对本物业管理区域内的全体业主具有约束力。

业主大会会议的决定应当自作出之日起三日内在物业管理区域内显著位置公示。

物业使用人应当依法遵守业主大会会议的决定。物业使用人，是指除业主以外合法占有、使用物业的单位或者个人，包括但是不限于物业的承租人。

第三十八条 业主大会可以委托街道办事处、乡镇人民政府或者居民委员会、村民委员会代为保管业主大会印章；需要使用业主大会印章的，由业主委员会向街道办事处、乡镇人民政府或者居民委员会、村民委员会提出。

第二节　业主委员会

第三十九条 业主委员会由五人以上单数组成，具体人数根据本物业管理区域的实际情况确定。户数一百户以下的住宅小区，业主委员会可以由三人组成。候补委员人数按照不超过业主委员会委员人数确定。

业主委员会委员、候补委员应当为本物业管理区域的自然人业主或者单位业主授权的自然人代表。

业主是自然人的，应当符合下列条件：

（一）遵纪守法、热心公益事业、责任心强、具有一定组织能力；

（二）具有完全民事行为能力；

（三）符合业主委员会委员候选人产生办法中关于居住期限的要求；

（四）按时足额交纳物业费、不存在欠缴专项维修资金及其他需要业主共同分担费用的情况；

（五）本人、配偶及其直系亲属与物业服务人无直接的利益关系；

（六）未被列为失信被执行人；

（七）未有本条例规定的房屋使用禁止规定的行为；

（八）未有法律法规规定的其他不宜担任业主委员会委员的情形。

第四十条 业主委员会委员候选人通过下列方式产生：

（一）社区党组织推荐；

(二)居民委员会、村民委员会推荐;

(三)业主自荐或者联名推荐。

筹备组根据业主委员会委员候选人产生办法从按照前款方式推荐的人员中确定业主委员会委员候选人名单,报社区党组织。

社区党组织引导和支持业主中的党员积极参选业主委员会委员,通过法定程序担任业主委员会委员。

第四十一条 业主委员会委员实行任期制,每届任期不超过五年,可以连选连任。

业主委员会委员具有同等表决权。

任期内业主委员会委员出现空缺的,由候补委员递补剩余任期。具体递补办法由业主大会议事规则约定。

第四十二条 业主委员会应当自选举产生之日起七日内召开首次会议,在业主委员会委员中推选业主委员会主任和副主任,并在推选完成之日起三日内,在物业管理区域内显著位置公示业主委员会主任、副主任和其他委员的名单。

第四十三条 业主委员会应当自选举产生之日起三十日内,持下列材料向物业所在地的街道办事处、乡镇人民政府申请备案:

(一)首次业主大会会议记录和会议决定;

(二)业主大会议事规则;

(三)管理规约;

(四)业主委员会首次会议记录和会议决定;

(五)业主委员会委员和候补委员的名单、基本情况。

街道办事处、乡镇人民政府对以上材料的真实性、规范性进行核实,符合要求的,五个工作日内予以备案,并出具业主大会、业主委员会备案证明和印章刻制证明,解散筹备组。

业主委员会可持备案证明和印章刻制证明向公安机关申请刻制业主大会印章和业主委员会印章。

业主委员会印章由业主委员会保管,需要使用业主委员会印章的,应当有业主委员会过半数委员签字。

第四十四条 业主委员会应当执行业主大会的决定,接受业主大会和业主的监督,并履行下列职责:

(一)召集业主大会会议,报告年度物业管理的实施情况、业主委员会履职情况;

(二)代表业主与业主大会选聘的物业服务人签订物业服务合同,与解聘的物业服务人进行交接;

(三)拟定共有部分、共有资金使用与管理办法;

(四)监督专项维修资金的使用以及组织专项维修资金的补建、再次筹集;

(五)及时了解业主、物业使用人的意见和建议,督促业主交纳物业费,监督物业服务人履行物业服务合同;

(六)监督管理规约的实施,对业主、物业使用人违反管理规约的行为进行制止;

(七)制作和保管会议记录、共有部分的档案、会计凭证和账簿、财务报表等有关文件;

(八)定期向业主通报工作情况,每半年公示业主委员会委员、候补委员交纳物业费、停车费情况;

(九)协调解决因物业使用、维护和管理产生的纠纷;

(十)在物业管理区域内配合行政执法机关开展执法工作;

(十一)配合、支持居民委员会、村民委员会依法履行职责,并接受其指导和监督;

(十二)业主大会赋予的其他职责。

业主委员会不得擅自决定本条例第三十四条第一款规定事项;业主大会不得授权业主委员会决定本条例

第三十四条第一款规定事项。

第四十五条 业主委员会会议分为定期会议和临时会议。业主委员会定期会议应当按照业主大会议事规则的规定召开,至少每两个月召开一次;经三分之一以上业主委员会委员提议,业主委员会应当召开临时会议。

定期会议和临时会议应当有过半数委员参加,委员不得委托他人参会。

业主委员会应当在会议召开五日前将会议议题告知物业所在地的居民委员会、村民委员会,并听取意见和建议。居民委员会、村民委员会可以根据情况派代表参加。

业主委员会确定的事项应当经过半数委员签字同意。会议结束后三日内,业主委员会应当将会议情况以及确定事项在物业管理区域内显著位置公示。

业主委员会主任、副主任无正当理由不召集业主委员会会议的,业主委员会其他委员或者业主可以请求物业所在地的居民委员会、村民委员会或者街道办事处、乡镇人民政府责令限期召集;逾期仍未召集的,由物业所在地的居民委员会、村民委员会或者街道办事处、乡镇人民政府组织召集,并重新推选业主委员会主任、副主任。

第四十六条 业主委员会委员有下列情形之一的,委员资格自情形发生之日起自然终止,由业主委员会向业主公示,并提请业主大会确认:

(一)不再是本物业管理区域内业主;

(二)以书面形式向业主委员会提出辞职;

(三)因健康等原因无法履行职责且未提出辞职。

业主委员会委员一年内累计缺席业主委员会会议总次数一半以上,或者不再符合本条例第三十九条规定的委员条件的,业主委员会应当提请业主大会罢免其委员资格;业主委员会未提请的,街道办事处、乡镇人民政府可以责令业主委员会提请业主大会罢免有关委员资格。在委员资格被罢免前,业主委员会应当停止该委员履行职责,并向业主公示。

第四十七条 业主委员会委员、候补委员不得实施下列行为:

(一)阻挠、妨碍业主大会行使职权或者不执行业主大会决定;

(二)虚构、篡改、隐匿、毁弃物业管理活动中形成的文件资料;

(三)拒绝、拖延提供物业管理有关的文件资料,妨碍业主委员会换届交接工作;

(四)擅自使用业主大会、业主委员会印章;

(五)违反业主大会议事规则或者未经业主大会授权与物业服务人签订、修改物业服务合同;

(六)将业主共有财产借给他人或者设定担保等挪用、侵占业主共有财产;

(七)与物业服务人有可能影响其公正履行职务的经济往来或者利益交换;

(八)泄露业主信息;

(九)侵害业主合法权益的其他行为。

业主委员会委员、候补委员有前款规定的第(一)项至第(五)项行为的,街道办事处、乡镇人民政府责令业主委员会提请业主大会罢免有关委员资格。在委员资格被罢免前,业主委员会应当停止该委员履行职责,并向业主公示。

第四十八条 一个任期内,出现业主委员会委员经递补人数仍不足总数的二分之一等无法正常履行职责的情形,或者业主委员会拒不履行职责的,物业所在地的居民委员会、村民委员会或者街道办事处、乡镇人民政府应当组织召开业主大会临时会议,重新选举业主委员会。

第四十九条 业主委员会任期届满前六个月，应当书面报告街道办事处、乡镇人民政府。街道办事处、乡镇人民政府应当在收到书面报告之日起六十日内组建换届小组，并在业主委员会任期届满前，由换届小组组织召开业主大会会议选举产生新一届业主委员会。业主委员会未按规定提出申请的，街道办事处、乡镇人民政府应当督促其履行职责。

街道办事处、乡镇人民政府也可以应业主书面要求组建换届小组。

换届小组依照筹备组的人员构成组建。

第五十条 业主委员会的名称、委员、业主大会议事规则和管理规约发生变更的，业主委员会或者物业管理委员会应当在三十日内向街道办事处、乡镇人民政府办理变更备案手续。

因物业管理区域调整、房屋灭失等客观原因致使业主大会、业主委员会无法存续的，街道办事处、乡镇人民政府应当办理业主大会、业主委员会注销手续，并公告其印章作废。

第五十一条 业主大会、业主委员会应当依法履行职责。街道办事处、乡镇人民政府对业主大会、业主委员会作出的违反法律法规和规章的决定，应当责令限期改正或者撤销其决定，并通告全体业主。

第三节　物业管理委员会

第五十二条 街道办事处、乡镇人民政府负责组建物业管理委员会。物业管理委员会作为临时机构，依照本条例承担相关职责，组织业主共同决定物业管理事项，并推动符合条件的物业管理区域成立业主大会、选举产生业主委员会。

第五十三条 有下列情形之一的，可以组建物业管理委员会：

（一）不具备成立业主大会条件；

（二）具备成立业主大会条件，但是确有困难未成立；

（三）业主大会成立后，未能选举产生业主委员会。

第五十四条 物业管理委员会由居民委员会、村民委员会、业主、物业使用人代表等七人以上单数组成，其中业主代表不少于物业管理委员会委员人数的二分之一。

物业管理委员会主任由居民委员会、村民委员会代表担任，副主任由居民委员会、村民委员会指定一名业主代表担任。物业管理委员会委员名单应当在物业管理区域内显著位置公示。

第五十五条 成立业主大会但是尚未成立业主委员会的，物业管理委员会自成立之日起三十日内，持下列材料向物业所在地的街道办事处、乡镇人民政府申请备案：

（一）业主大会会议记录和会议决定；

（二）业主大会议事规则；

（三）管理规约。

街道办事处、乡镇人民政府对以上材料进行核实，符合要求的，五个工作日内予以备案，并出具业主大会备案证明和印章刻制证明。物业管理委员会持业主大会备案证明和印章刻制证明向公安机关申请刻制业主大会印章，持街道办事处、乡镇人民政府出具的成立证明申请刻制物业管理委员会印章。

未成立业主大会的，物业管理委员会持街道办事处、乡镇人民政府出具的成立证明申请刻制物业管理委员会印章。

第五十六条 成立业主大会但是尚未成立业主委员会的，物业管理委员会组织业主大会按照本条例第三十四条的规定履行职责，并组织执行业主大会的决定。

未成立业主大会的，物业管理委员会组织业主行使本条例第三十四条和第四十四条规定的业主大会和业主委员会的职责。

第五十七条 物业管理委员会会议由主任或者由主任委托副主任召集和主持，三分之一以上委员提出召开物业管理委员会会议的，主任应当组织召开会议。

会议应当有过半数委员且过半数业主代表委员参加，业主代表委员不能委托代理人参加会议。

物业管理委员会按照本条例第五十六条确定的事项应当经过半数委员签字同意。会议结束后三日内，物业管理委员会应当将会议情况以及确定事项在物业管理区域内显著位置公示十个工作日。

第五十八条 物业管理委员会的任期一般不超过三年。期满仍未推动成立业主大会、选举产生业主委员会的，由街道办事处、乡镇人民政府重新组建物业管理委员会。

第五十九条 已成立业主大会、选举产生业主委员会，并按照本条例第四十三条规定备案的，或者因物业管理区域调整、房屋灭失等其他客观原因致使物业管理委员会无法存续的，街道办事处、乡镇人民政府应当在三十日内解散物业管理委员会，并在物业管理区域内显著位置公示。

第六十条 物业管理委员会组建的具体办法，由市住房和城乡建设主管部门制定。

第五章 物 业 服 务

第六十一条 业主可以自行管理物业，也可以委托他人管理；委托物业服务企业提供物业服务的，一个物业管理区域应当选定一个物业服务企业提供物业服务。

电梯、消防等具有专业技术要求的设施设备的维修和养护，应当由符合资质的专业机构或者人员实施。

第六十二条 接受委托提供物业服务的企业应当具有独立法人资格，拥有相应的专业技术人员，具备为业主提供物业管理专业服务的能力，有条件在物业管理区域设立独立核算的服务机构。

第六十三条 业主委员会或者物业管理委员会应当代表业主与业主共同选聘的物业服务人签订书面合同，就物业服务内容和标准、费用、物业服务用房、合同期限、违约责任等内容进行约定。

业主与物业服务人对收费标准未能达成一致意见的，双方可以委托专业评估机构评估；双方对委托专业评估机构未能达成一致意见的，可以从区住房和城乡建设或者房屋主管部门确定的专业评估机构目录中随机选定。

物业服务合同签订或者变更之日起十五日内，物业服务人应当将物业服务合同报街道办事处、乡镇人民政府、区住房和城乡建设或者房屋主管部门备案。

市住房和城乡建设主管部门应当会同有关部门、协会制定物业服务合同示范文本，并向社会公布。

第六十四条 业主共同决定由物业服务企业提供物业服务的，可以授权业主委员会或者物业管理委员会进行招标，继续聘用原物业服务企业的除外。

鼓励业主通过市住房和城乡建设主管部门建立的招投标平台选聘物业服务企业。

第六十五条 物业服务人应当按照物业服务合同的约定提供物业服务，并且遵守下列规定：

（一）提供物业服务符合国家和本市规定的标准、规范；

（二）及时向业主、物业使用人告知安全、合理使用物业的注意事项；

（三）定期听取业主的意见和建议，接受业主监督，改进和完善服务；

（四）对违法建设、违规出租房屋、私拉电线、占用消防通道等行为进行劝阻、制止，劝阻、制止无效的，

及时报告行政执法机关;

(五)发现有安全风险隐患的,及时设置警示标志,采取措施排除隐患或者向有关专业机构报告;

(六)对业主、物业使用人违反临时管理规约、管理规约的行为进行劝阻、制止,并及时报告业主委员会或者物业管理委员会;

(七)不得泄露在物业服务活动中获取的业主信息;

(八)履行生活垃圾分类管理责任人责任,指导、监督业主和物业使用人进行生活垃圾分类;

(九)配合街道办事处、乡镇人民政府、行政执法机关和居民委员会、村民委员会做好物业管理相关工作。

第六十六条 物业服务企业应当指派项目负责人。项目负责人应当在到岗之日起三日内到项目所在地的居民委员会、村民委员会报到,在居民委员会、村民委员会的监督、指导下参与社区治理工作。

第六十七条 区住房和城乡建设或者房屋主管部门、街道办事处、乡镇人民政府、居民委员会、村民委员会可以根据物业服务标准和社区治理要求,委托专业评估机构对物业服务企业参与社区治理情况和共用部分管理状况进行评估。

物业管理相关主体可以委托专业评估机构对物业承接和查验、物业服务标准和费用测算、专项维修资金使用方案、物业服务质量等进行评估。具体办法由市住房和城乡建设主管部门制定。

专业评估机构应当按照本市相关规定提供专业服务,提供客观、真实、准确的评估报告。

第六十八条 市住房和城乡建设主管部门应当根据物业服务合同履行、投诉处理和日常检查等情况,对物业服务企业实施分类监管,建立激励和惩戒制度。具体办法由市住房和城乡建设主管部门制定。

第六十九条 物业服务人可以将物业服务合同中的专项服务事项委托给专业服务企业,但是不得将物业服务合同约定的全部事项一并委托给第三方。

第七十条 物业服务人应当在物业管理区域内显著位置设置公示栏,如实公示、及时更新下列信息,并且可以通过互联网方式告知全体业主:

(一)物业服务企业的营业执照、项目负责人的基本情况、联系方式以及物业服务投诉电话;

(二)物业服务内容和标准、收费标准和方式等;

(三)电梯、消防等具有专业技术要求的设施设备的日常维修保养单位名称、资质、联系方式、维保方案和应急处置方案等;

(四)上一年度物业服务合同履行及物业服务项目收支情况、本年度物业服务项目收支预算;

(五)上一年度公共水电费用分摊情况、物业费、公共收益收支与专项维修资金使用情况;

(六)业主进行房屋装饰装修活动的情况;

(七)物业管理区域内车位、车库的出售和出租情况;

(八)其他应当公示的信息。

业主对公示内容提出异议的,物业服务人应当予以答复。

第七十一条 物业服务人应当建立、保存下列档案和资料:

(一)小区共有部分经营管理档案;

(二)小区监控系统、电梯、水泵、有限空间等共用部位、共用设施设备档案及其管理、运行、维修、养护记录;

(三)水箱清洗记录及水箱水质检测报告;

（四）住宅装饰装修管理资料；

（五）业主名册；

（六）签订的供水、供电、垃圾清运等书面协议；

（七）物业服务活动中形成的与业主利益相关的其他资料。

第七十二条 业主应当根据物业服务合同约定的付费方式和标准，按时足额交纳物业费。业主逾期不交纳物业费的，业主委员会或者物业管理委员会应当督促其交纳；拒不交纳的，物业服务人可以依法提起诉讼或者申请仲裁。业主拒不执行人民法院生效法律文书的，人民法院可以依法对业主作出限制消费令、纳入失信被执行人名单。

采取酬金制交纳物业费的，物业服务企业应当与业主委员会或者物业管理委员会建立物业费和共用部分经营收益的共管账户。业主委员会或者物业管理委员会可以委托第三方对物业服务收支情况进行审计。

第七十三条 物业服务收费实行市场调节价并适时调整。

市住房和城乡建设主管部门应当发布住宅小区物业服务项目清单，明确物业服务内容和标准。物业管理行业协会应当监测并定期发布物业服务项目成本信息和计价规则，供业主和物业服务人在协商物业费时参考。

第七十四条 物业服务人利用共用部分从事经营活动的，应当将公共收益单独列账。

公共收益归全体业主所有。专项维修资金余额不足首期应筹集金额百分之三十的，百分之五十以上的公共收益金额应当优先用于补充专项维修资金，剩余部分的使用由业主共同决定。

第七十五条 物业服务合同期限届满前六个月，业主委员会或者物业管理委员会应当组织业主共同决定续聘或者另聘物业服务人，并将决定书面告知原物业服务人。原物业服务人接受续聘的，双方应当在物业服务合同届满前重新签订物业服务合同。物业服务人不接受续聘的，应当提前九十日书面告知业主委员会或者物业管理委员会。

物业服务合同期限届满、业主没有共同作出续聘或者另聘物业服务人决定，物业服务人按照原合同继续提供服务的，原合同权利义务延续。在合同权利义务延续期间，任何一方提出终止合同的，应当提前六十日书面告知对方。

第七十六条 业主共同决定解聘物业服务人的，物业服务人应当自接到通知之日起三十日内履行下列交接义务，并且退出物业管理区域：

（一）移交物业共用部分；

（二）移交本条例第二十一条、第七十一条规定的档案和资料；

（三）结清预收、代收的有关费用；

（四）物业服务合同约定的其他事项。

原物业服务人不得以业主欠交物业费、对业主共同决定有异议等为由拒绝办理交接，不得以任何理由阻挠新物业服务人进场服务。原物业服务人拒不移交有关资料或者财物的，或者拒不退出物业管理区域的，业主委员会或者物业管理委员会可以向街道办事处、乡镇人民政府、区住房和城乡建设或者房屋主管部门报告，并向辖区内公安机关请求协助，或者依法向人民法院提起诉讼，要求原物业服务人退出物业管理区域。物业所在地的街道办事处、乡镇人民政府、区住房和城乡建设或者房屋主管部门应当加强对物业服务人交接工作的监管。

原物业服务人应当在办理交接至退出物业管理区域期间，维持正常的物业管理秩序。

新物业服务人不得强行接管物业,按照约定承接物业时,应当对共用部位、共用设施设备进行查验。

第七十七条 本市建立应急物业服务机制。物业管理区域突发失管状态时,街道办事处、乡镇人民政府应当组织有关单位确定应急物业服务人,提供供水、垃圾清运、电梯运行等维持业主基本生活服务事项的应急服务。

提供应急物业服务的,街道办事处、乡镇人民政府应当将服务内容、服务期限、服务费用等相关内容在物业管理区域内显著位置公示。应急物业服务期限不超过六个月,费用由全体业主承担。

应急物业服务期间,街道办事处、乡镇人民政府应当组织业主共同决定选聘新物业服务人,协调新物业服务人和应急物业服务人做好交接。

第六章 物业的使用和维护

第七十八条 业主、物业使用人应当遵守法律法规和规章的规定以及临时管理规约、管理规约的约定,按照规划用途合理、安全使用物业。

业主、物业使用人、物业服务人等不得实施下列行为:

(一)损坏、擅自拆改建筑物承重结构、主体结构;

(二)擅自利用共用部位、共用设施设备进行经营;

(三)违法搭建建筑物、构筑物、障碍物或者私挖地下空间;

(四)违反国家规定,制造、储存、使用、处置爆炸性、毒害性、放射性、腐蚀性物质或者传染病病原体等危险物质;

(五)违规私拉电线、电缆为电动汽车、电动自行车、电动摩托车和电动三轮车等充电;

(六)擅自拆改供水、排水、再生水等管线;

(七)从建筑物中抛掷物品;

(八)制造超标噪音;

(九)侵占绿地、毁坏绿化植物和绿化设施;

(十)擅自通过设置地锁、石墩、栅栏等障碍物和乱堆乱放杂物等方式,占用、堵塞、封闭消防通道、疏散通道等共用部位,或者损坏消防设施等共用设施设备;

(十一)擅自改变物业规划用途;

(十二)违反规定饲养动物;

(十三)违反规定出租房屋。

发生本条第二款规定行为的,利害关系人有权投诉、举报,业主委员会或者物业管理委员会、物业服务人应当及时劝阻;劝阻无效的,应当向街道办事处、乡镇人民政府或者行政执法机关报告。

第七十九条 业主、物业使用人装饰装修房屋的,应当事先告知物业服务人,与物业服务人签订装饰装修服务协议,并配合其进行必要的现场检查。协议应当包括装饰装修工程的禁止行为、垃圾堆放和清运要求以及费用、施工时间等内容。

业主、物业使用人或者物业服务人应当将装饰装修的时间、地点等情况在拟装饰装修的物业楼内显著位置公示。

物业服务人应当加强对装饰装修活动的巡查和监督。业主或者物业使用人未签订装饰装修服务协议或者违反相关规定及装饰装修服务协议的，物业服务人应当及时劝阻；拒不改正的，物业服务人应当及时向有关主管部门报告。

第八十条 物业管理区域内规划用于停放车辆的车位、车库，应当首先满足业主的需要。用于出售的，应当优先出售给本物业管理区域内的业主；不出售或者尚未售出的，应当提供给本物业管理区域内的业主使用。满足业主需要后仍有空余的，可以临时按月出租给物业管理区域外的其他人。

第八十一条 物业买受人应当遵守国家有关专项维修资金制度，按照规定足额交纳专项维修资金。

业主转让物业、办理转移登记后，转让物业的专项维修资金余额随物业一并转让，业主无权要求返还；因征收或者其他原因造成物业灭失的，专项维修资金余额归业主所有。

已售公房的业主转让公房前，应当按照届时适用的商品房标准补足公房的专项维修资金；因继承、赠予、执行生效法律文书而发生已售公房产权人变更的，继承人、受赠人、受偿人应当按照届时适用的商品房标准补足专项维修资金。

第八十二条 国家实施专项维修资金制度之前的未售公房，没有专项维修资金的，产权单位应当按照规定建立并足额交纳专项维修资金。

国家实施专项维修资金制度之后出售的公房，业主和售房单位应当按照国家和本市规定的比例交纳专项维修资金；未按规定交纳专项维修资金的，业主和售房单位应当足额补交，未足额补交的，已出售的公房不得再次转让。

第八十三条 专项维修资金余额不足首期筹集金额百分之三十的，业主委员会或者物业管理委员会应当及时通知、督促业主按照届时适用的标准补足专项维修资金。

业主申请不动产转移登记或者抵押登记时，应当向不动产登记机构提供已足额交纳专项维修资金的相关凭证。

第八十四条 未选举产生业主委员会的，专项维修资金由市住房资金管理部门代管，存入银行专用账户。

选举产生业主委员会的，业主大会可以决定自行管理专项维修资金，或者委托市住房资金管理部门代管。业主大会决定自行管理的，应当以自己名义设立专用账户，区住房和城乡建设或者房屋主管部门应当监督、指导专项维修资金的使用管理。

业主大会可以委托具有资质的中介机构对共有资金进行财务管理。业主大会或者业主委员会自行管理共有资金的，应当每季度公布一次自行管理账目。

第八十五条 专项维修资金属于业主共有，应当专项用于共用部位、共用设施设备保修期满后的维修、更新和改造，不得挪作他用。

第八十六条 维修、更新和改造共用部位、共用设施设备，需要使用专项维修资金的，应当按照下列规定分摊：

（一）商品住宅之间或者商品住宅和非住宅之间共用部位、共用设施设备的维修、更新和改造费用，由相关业主按照各自专有物业建筑面积比例分摊。

（二）售后公房之间共用部位、共用设施设备的维修、更新和改造费用，由相关业主和售房单位按照所交存专项维修资金的比例分摊；其中，应当由业主承担的，再由相关业主按照各自专有物业建筑面积的比例分摊。

（三）售后公房与商品房住宅或者非住宅之间共用部位、共用设施设备的维修、更新和改造费用，先按照建筑面积比例分摊到各相关物业，再按照第（一）项、第（二）项的规定比例分摊。

共用部位、共用设施设备需要维修、更新和改造，但是没有专项维修资金的，维修、更新和改造费用按照前款的规定由业主共同分摊。

第八十七条　新开发建设项目，建设单位可以接受专业设施设备专业运营单位委托，按照国家技术标准和专业技术规范建设物业管理区域内业主专有部分以外的水、电、气、热以及通讯等专业设施设备；经验收合格，将专业设施设备及工程图纸等资料交由专业运营单位承担维修、养护和更新改造责任。

已入住项目，物业管理区域内业主专有部分以外的水、电、气、热以及通讯等专业设施设备发生故障、不能正常使用的，物业服务人应当立即报告相关专业运营单位；专业运营单位应当及时采取措施，排除故障。

专业运营单位对专业设施设备进行维修、养护和更新改造，进入物业管理区域的，业主、物业使用人和物业服务人应当予以配合，不得以任何方式阻挠、妨碍其正常作业。

第八十八条　物业服务人应当对物业管理区域内的电梯、消防设施等易于发生安全风险的设施设备和部位加强日常巡查和定期养护；采取必要的安全保障措施，防止建筑物、构筑物或者其他设施及其搁置物、悬挂物发生脱落、坠落。

排除安全风险隐患需要使用专项维修资金的，按照本市相关规定办理。

第八十九条　建筑物专有部分存在安全隐患，危及公共利益或者他人合法权益的，相关业主应当及时采取修缮以及其他消除危险的安全治理措施。

业主不履行维修养护义务的，可以由物业服务人报经业主委员会、物业管理委员会同意，或者按照临时管理规约、管理规约的约定，代为维修养护或者采取应急防范措施，费用由业主承担。

经鉴定为停止使用、整体拆除的危险房屋的，业主或者物业使用人应当停止使用，立即搬出；拒不搬出的，区住房和城乡建设或者房屋主管部门应当书面责令业主或者物业使用人搬出，情况紧急危及公共安全的，区人民政府可以责成有关部门组织强制搬出，并妥善安置。

第七章　法　律　责　任

第九十条　违反本条例第二十一条规定，建设单位不移交或者补齐资料的，由区住房和城乡建设或者房屋主管部门责令限期改正；逾期不改的，处五万元以上十万元以下的罚款。

第九十一条　违反本条例第六十三条规定，物业服务人未按规定将物业服务合同报街道办事处、乡镇人民政府、区住房和城乡建设或者房屋主管部门备案的，由街道办事处、乡镇人民政府责令限期改正，给予警告；逾期不改的，处五千元以上一万元以下的罚款。

第九十二条　违反本条例第六十五条第（一）项至第（六）项规定，物业服务人提供服务未遵守相关规定的，由区住房和城乡建设或者房屋主管部门给予警告，处五千元以上一万元以下的罚款；违反第（七）项规定，物业服务人泄露业主个人信息的，由公安机关依法处理；违反第（八）项规定，物业服务人未履行生活垃圾分类管理责任人责任的，由城市管理综合行政执法部门依照生活垃圾管理法律法规予以处理。

第九十三条　违反本条例第六十六条规定，物业服务企业项目负责人未按时报到的，由街道办事处、乡镇人民政府责令限期改正；逾期不改的，处五千元以上一万元以下的罚款。

第九十四条　违反本条例第七十条规定，物业服务人未按照规定如实公示有关信息的，由区住房和城乡建设或者房屋主管部门责令限期改正，给予警告；逾期不改的，处一千元以上五千元以下的罚款。

第九十五条 违反本条例第七十一条规定，物业服务人未建立、保存相关档案和资料的，由区住房和城乡建设或者房屋主管部门责令限期改正，处二万元以上五万元以下的罚款。

第九十六条 违反本条例第七十四条规定，物业服务人挪用、侵占公共收益的，由区住房和城乡建设或者房屋主管部门责令退还，并处挪用、侵占金额二倍以下的罚款。

第九十七条 物业服务人违反本条例第七十六条第一款规定的，由区住房和城乡建设或者房屋主管部门责令限期改正；逾期不改的，对物业服务人予以通报，对拒不移交有关资料或者财物的，处一万元以上十万元以下的罚款；拒不退出物业管理区域的，自规定时间届满次日起处每日一万元的罚款。物业服务人有违反治安管理行为的，由公安机关依法给予治安管理处罚。

第九十八条 物业管理区域内有下列行为之一的，由有关主管部门按照下列规定予以查处：

（一）违反本条例第七十八条第二款第（一）项规定的，由区住房和城乡建设或者房屋主管部门责令限期改正，处五万元以上十万元以下的罚款；

（二）违反本条例第七十八条第二款第（二）项规定的，由区住房和城乡建设或者房屋主管部门责令限期改正，给予警告，对单位处五万元以上二十万元以下的罚款；对个人处一千元以上一万元以下的罚款；有违法所得的，责令退还违法所得；

（三）违反本条例第七十八条第二款第（三）项规定的，由城市管理综合行政执法部门依照城乡规划法律法规给予责令拆除或者回填、罚款等处罚；

（四）违反本条例第七十八条第二款第（四）项规定的，由公安机关依照治安管理处罚法律法规予以处罚；

（五）违反本条例第七十八条第二款第（五）项规定的，由消防救援机构责令改正，拒不改正的，处五百元以上五千元以下的罚款；

（六）违反本条例第七十八条第二款第（六）项规定的，由水主管部门责令限期改正，处一万元以上三万元以下的罚款；

（七）违反本条例第七十八条第二款第（七）项规定的，由公安机关给予警告，处五百元以上五千元以下的罚款；

（八）违反本条例第七十八条第二款第（八）项规定的，由公安机关责令改正，拒不改正的，处二百元以上五百元以下的罚款；

（九）违反本条例第七十八条第二款第（九）项规定的，由城市管理综合行政执法部门责令改正，拒不改正的，处五百元以上五千元以下的罚款；

（十）违反本条例第七十八条第二款第（十）项规定，占用、堵塞、封闭消防通道、疏散通道，或者损坏消防设施的，由消防救援机构责令改正，对单位处五千元以上五万元以下的罚款，对个人处五百元的罚款；占用、堵塞、封闭其他共用部位，或者损坏其他共用设施设备的，由城市管理综合行政执法部门责令改正，给予警告，对单位处二千元以上二万元以下的罚款，对个人处二百元以上五百元以下的罚款；

（十一）违反本条例第七十八条第二款第（十一）项规定的，由规划自然资源主管部门责令当事人限期改正、按照实际使用用途类型应当缴纳的土地使用权地价款数额的二倍处以罚款；情节严重的，依法无偿收回土地使用权；

（十二）违反本条例第七十八条第二款第（十二）项、第（十三）项规定的，由公安机关依照治安管理处罚法律法规予以处罚。

第九十九条 违反本条例第八十条规定，将车位、车库提供给业主以外的其他人的，由区住房和城乡建

设或者房屋主管部门责令限期改正，有违法出租所得的，责令退还违法所得，按每个违法出租车位处五千元以上一万元以下的罚款；拒不改正的，按每个违法出租车位处每月二千元的罚款。

第一百条 物业服务人违反本条例第八十八条第一款规定的，由区住房和城乡建设或者房屋主管部门责令限期改正，处二万元以上五万元以下的罚款。

第一百零一条 本条例规定退还的违法所得，应当用于物业管理区域内共用部位、共用设施设备的维修、养护，剩余部分按照业主大会的决定使用。

第一百零二条 违反本条例规定，造成他人损失的，依法承担民事责任；构成违反治安管理行为的，依法给予治安管理处罚；构成犯罪的，依法追究刑事责任。

第一百零三条 行政执法机关应当将物业管理相关主体受到行政处罚或者行政强制的情况共享到本市的公共信用信息平台。行政机关根据本市关于公共信用信息管理规定可以对其采取惩戒措施。

第八章 附 则

第一百零四条 本条例自 2020 年 5 月 1 日起施行。

行业相关数据

2019年全国宏观经济数据（单月）

类别	1月	2月	3月	4月	5月	6月	7月	8月	9月	10月	11月	12月
工业增加值同比增幅（%）	—	—	8.5	5.4	5.0	6.3	4.8	4.4	5.8	4.7	6.2	6.9
固定资产投资额（亿元）	—	44849	57022	53876	61808	81545	49792	51736	60576	49676	22838	17760
同比增幅（%）	—	6.1	6.3	6.1	5.6	5.8	5.7	5.5	5.4	5.2	5.2	5.4
进口总额（亿美元）	1784	1311	1660	1796	1722	1619	1769	1800	1785	1699	1834	1911
同比增幅（%）	-1.6	-5.2	-7.6	4.0	-8.5	-7.3	-5.3	-5.6	-8.5	-6.2	0.8	16.5
出口总额（亿美元）	2176	1352	1987	1935	2138	2128	2216	2148	2181	2129	2213	2383
同比增幅（%）	9.3	-20.8	14.2	-2.7	1.1	-1.3	3.3	-1.0	-3.2	-0.8	-1.3	7.9
社会消费品零售总额（亿元）	—	66064	31726	30586	32956	33878	33073	33896	34495	38104	38094	38777
同比增幅（%）	—	8.2	8.7	7.2	8.6	9.8	7.6	7.5	7.8	7.2	8.0	8.0
生产价格指数（PPI）同比增幅（%）	0.1	0.1	0.4	0.9	0.6	0.0	-0.3	-0.8	-1.2	-1.6	-1.4	-0.5
居民消费价格指数（CPI）同比增幅（%）	1.7	1.5	2.3	2.5	2.7	2.7	2.8	2.8	3.0	3.8	4.5	4.5
制造业采购经理指数（PMI）（%）	49.5	49.2	50.5	50.1	49.4	49.4	49.7	49.5	49.8	49.3	50.2	50.2
城镇调查失业率（%）	5.1	5.3	5.2	5.0	5.0	5.1	5.3	5.2	5.2	5.1	5.1	5.2

注：2月固定资产投资总额、社会消费品零售总额为1—2月份累计值。

数据来源：国家统计局。

2019年全国宏观经济数据（月度累计）

类别	1—2月	1—3月	1—4月	1—5月	1—6月	1—7月	1—8月	1—9月	1—10月	1—11月	1—12月
工业增加值累计增幅（%）	5.3	6.5	6.2	6.0	6.0	5.8	5.6	5.6	5.6	5.6	5.7
固定资产投资额（亿元）	44849	101871	155747	217555	299100	348892	400628	461204	510880	533718	551478
同比增幅（%）	6.1	6.3	6.1	5.6	5.8	5.7	5.5	5.4	5.2	5.2	5.4
进口总额累计（亿美元）	3093	4754	6552	8279	9900	11674	13478	15267	16974	18820	20771
同比增幅（%）	-3.2	-4.8	-2.5	-3.7	-4.3	-4.4	-4.6	-5.0	-5.1	-4.6	-2.7
出口总额累计（亿美元）	3532	5517	7446	9583	11712	13926	16070	18251	20379	22601	24990
同比增幅（%）	-4.6	1.4	0.2	0.4	0.1	0.6	0.4	-0.1	-0.2	-0.3	0.5
社会消费品零售总额（亿元）	66064	97790	128376	161332	195210	228283	262179	296674	334779	372872	411649
同比增幅（%）	8.2	8.3	8.0	8.1	8.4	8.3	8.2	8.2	8.1	8.0	8.0

数据来源：国家统计局。

2019年国内生产总值及同比增幅数据（季度累计）

类别	绝对值（亿元）				同比增幅（%）			
	一季度	上半年	前三季度	全年	一季度	上半年	前三季度	全年
国内生产总值	218063	460637	712845	990865	6.4	6.3	6.2	6.1
第一产业	8769	23207	43005	70467	2.7	3.0	2.9	3.1
第二产业	81807	179122	276913	386165	6.1	5.8	5.6	5.7

续表

类别	绝对值（亿元）				同比增幅（%）			
	一季度	上半年	前三季度	全年	一季度	上半年	前三季度	全年
第三产业	127487	258308	392928	534233	7.0	7.0	7.0	6.9
农林牧渔业	9249	24358	44987	73567	2.9	3.2	3.1	3.2
工业	71065	150885	230387	317109	6.1	5.8	5.6	5.7
制造业	60357	128399	195223	269175	6.5	6.0	5.6	5.7
建筑业	11143	29097	47832	70904	6.2	5.5	5.8	5.6
批发和零售业	21959	45056	69050	95846	5.8	5.9	5.8	5.7
交通运输、仓储和邮政业	9387	20248	31558	42802	7.3	7.3	7.4	7.1
住宿和餐饮业	4235	8358	12968	18040	6.0	6.2	6.4	6.3
金融业	19650	38715	58103	77077	7.1	7.4	7.2	7.2
房地产业	15979	33464	50833	69632	2.6	2.6	3.1	3.0
信息传输、软件和信息技术服务业	8425	16820	24348	32690	21.2	20.6	19.8	18.7
租赁和商务服务业	7665	15262	23671	32934	8.5	8.0	8.2	8.7
其他行业	39306	78373	119108	160266	5.5	5.6	5.8	5.9

数据来源：国家统计局。

2015—2019 年国内（地区）生产总值　　　　单位：亿元

地区	2015 年	2016 年	2017 年	2018 年	2019 年
全国	676708	744127	827122	900310	990865
北京	23014.59	25669.13	28014.94	30320.00	35371.30
天津	16538.19	17885.39	18549.19	18809.64	14104.28
河北	29806.11	32070.45	34016.32	36010.30	35104.50
上海	25123.45	28178.65	30632.99	32679.87	38155.32
江苏	70116.38	77388.28	85869.76	92595.40	99631.52
浙江	42886.49	47251.36	51768.26	56197.00	62351.74
福建	25979.82	28810.58	32182.09	35804.04	42395.00
山东	63002.33	68024.49	72634.15	76469.70	71067.50
广东	72812.55	80854.91	89705.23	97277.77	107671.07
海南	3702.76	4053.20	4462.54	4832.05	5308.94
山西	12766.49	13050.41	15528.42	16818.10	17026.68
安徽	22005.63	24407.62	27018.00	30006.82	37114.00
江西	16723.78	18499.00	20006.31	21984.80	24757.50
河南	37002.16	40471.79	44552.83	48055.86	54259.20
湖北	29550.19	32665.38	35478.09	39366.55	45828.31
湖南	28902.21	31551.37	33902.96	36425.80	39752.10
内蒙古	17831.51	18128.10	16096.21	17289.20	17212.50

续表

地区	2015年	2016年	2017年	2018年	2019年
广西	16803.12	18317.64	18523.26	20352.51	21237.14
重庆	15717.27	17740.59	19424.73	20363.19	23605.77
四川	30053.10	32934.54	36980.22	40678.10	46615.82
贵州	10502.56	11776.73	13540.83	14806.45	16769.34
云南	13619.17	14788.42	16376.34	17881.12	23223.75
西藏	1026.39	1151.41	1310.92	1477.63	1697.82
陕西	18021.86	19399.59	21898.81	24438.32	25793.17
甘肃	6790.32	7200.37	7459.90	8246.10	8718.30
青海	2417.05	2572.49	2624.83	2865.23	2965.95
宁夏	2911.77	3168.59	3443.56	3705.18	3748.48
新疆	9324.80	9649.70	10881.96	12199.08	13597.11
辽宁	28669.02	22246.90	23409.24	25315.40	24909.50
吉林	14063.13	14776.80	14944.53	15074.62	11726.82
黑龙江	15083.67	15386.09	15902.68	16361.60	13612.70

数据来源：国家及各地统计局。

2015—2019年全国及各地区城镇居民人均可支配收入　　　　　单位：元

地区	2015年	2016年	2017年	2018年	2019年
全国	31195	33616	36396	39251	42359
北京	52859	57275	62406	67990	73849
天津	34101	37110	40278	42976	46119
河北	26152	28249	30548	32997	35738
上海	52962	57692	62596	68034	73615
江苏	37173	40152	43622	47200	51056
浙江	43714	47237	51261	55574	60182
福建	33275	36014	39001	42121	45620
山东	31545	34012	36789	39549	42329
广东	34757	37684	40975	44341	48118
海南	26356	28453	30817	33349	36017
山西	25828	27352	29132	31035	33262
安徽	26936	29156	31640	34393	37540
江西	26500	28673	31198	33819	36546
河南	25576	27233	29558	31874	34201
湖北	27051	29386	31889	34455	37601
湖南	28838	31284	33948	36698	39842
内蒙古	30594	32975	35670	38305	40782
广西	26416	28324	30502	32436	34745
重庆	27239	29610	32193	34889	37939

续表

地区	2015年	2016年	2017年	2018年	2019年
四川	26205	28335	30727	33216	36154
贵州	24580	26743	29080	31592	34404
云南	26373	28611	30996	33488	36238
西藏	25457	27802	30671	33797	37410
陕西	26420	28440	30810	33319	36098
甘肃	23767	25693	27763	29957	32323
青海	24542	26757	29169	31515	33830
宁夏	25186	27153	29472	31895	34328
新疆	26275	28463	30775	32764	34664
辽宁	31126	32876	34993	37342	39777
吉林	24901	26530	28319	30172	32299
黑龙江	24203	25736	27446	29191	30945

数据来源：国家及各地统计局。

2015—2019年全国及各地区城镇居民人均消费支出　　　　单位：元

地区	2015年	2016年	2017年	2018年	2019年
全国	21392	23079	24445	26112	28063
北京	36642	38256	40346	42926	46358
天津	26230	28345	30284	32655	34811
河北	17587	19106	20600	22127	23483
上海	36946	39857	42304	46015	48272
江苏	24966	26433	27726	29462	31329
浙江	28661	30068	31924	34598	37508
福建	23520	25006	25981	28145	30946
山东	19854	21495	23072	24798	26731
广东	25673	28613	30198	30924	34424
海南	18448	19016	20372	22971	25317
山西	15819	16993	18404	19790	21159
安徽	17234	19606	20740	21523	23782
江西	16732	17696	19245	20760	22714
河南	17154	18088	19422	20989	21972
湖北	18192	20040	21276	23996	26422
湖南	19501	21420	23163	25064	26924
内蒙古	21877	22745	23638	24437	25383
广西	16321	17269	18349	20159	21591
重庆	19742	21031	22759	24154	25785
四川	19277	20660	21991	23484	25367
贵州	16914	19202	20348	20788	21402

续表

地区	2015年	2016年	2017年	2018年	2019年
云南	17675	18622	19560	21626	23455
西藏	17022	19441	21088	23029	25637
陕西	18464	19369	20388	21966	23514
甘肃	17451	19539	20659	22606	24454
青海	19201	20853	21473	22998	23799
宁夏	18984	20364	20220	21977	24161
新疆	19415	21229	22797	24191	25594
辽宁	21557	24996	25379	26448	27355
吉林	17973	19166	20051	22394	23394
黑龙江	17152	18145	19270	21036	22165

数据来源：国家及各地统计局。

2014—2018年全国人口情况

类别	2014年	2015年	2016年	2017年	2018年
总人口（万人）	136782	137462	138271	139008	139538
男（万人）	70079	70414	70815	71137	71351
比重（%）	51.23	51.22	51.21	51.17	51.13
女（万人）	66703	67048	67456	67871	68187
比重（%）	48.77	48.78	48.79	48.83	48.87
城镇（万人）	74916	77116	79298	81347	83137
比重（%）	54.77	56.10	57.35	58.52	59.58
乡村（万人）	61866	60346	58973	57661	56401
比重（%）	45.23	43.90	42.65	41.48	40.42
0～14岁人口（万人）	22558	22715	23008	23348	23523
比重（%）	16.5	16.5	16.7	16.8	16.9
15～64岁人口（万人）	100469	100361	100260	99829	99357
比重（%）	73.4	73.0	72.5	71.8	71.2
65岁及以上（万人）	13755	14386	15003	15831	16658
比重（%）	10.1	10.5	10.8	11.4	11.9
出生率（‰）	12.37	12.07	12.95	12.43	10.94
死亡率（‰）	7.16	7.11	7.09	7.11	7.13
自然增长率（‰）	5.21	4.96	5.86	5.32	3.81
人户分离人口（亿人）	2.98	2.94	2.92	2.91	2.86
流动人口（亿人）	2.53	2.47	2.45	2.44	2.42

数据来源：国家统计局。

2014—2018年各地区年末常住人口数　　单位：万人

地区	2014年	2015年	2016年	2017年	2018年
北京	2152	2171	2173	2171	2154
天津	1517	1547	1562	1557	1560
河北	7384	7425	7470	7520	7556
上海	2426	2415	2420	2418	2424
江苏	7960	7976	7999	8029	8051
浙江	5508	5539	5590	5657	5737
福建	3806	3839	3874	3911	3941
山东	9789	9847	9947	10006	10047
广东	10724	10849	10999	11169	11346
海南	903	911	917	926	934
山西	3648	3664	3682	3702	3718
安徽	6083	6144	6196	6255	6324
江西	4542	4566	4592	4622	4648
河南	9436	9480	9532	9559	9605
湖北	5816	5852	5885	5902	5917
湖南	6737	6783	6822	6860	6899
内蒙古	2505	2511	2520	2529	2534
广西	4754	4796	4838	4885	4926
重庆	2991	3017	3048	3075	3102
四川	8140	8204	8262	8302	8341
贵州	3508	3530	3555	3580	3600
云南	4714	4742	4771	4801	4830
西藏	318	324	331	337	344
陕西	3775	3793	3813	3835	3864
甘肃	2591	2600	2610	2626	2637
青海	583	588	593	598	603
宁夏	662	668	675	682	688
新疆	2298	2360	2398	2445	2487
辽宁	4391	4382	4378	4369	4359
吉林	2752	2753	2733	2717	2704
黑龙江	3833	3812	3799	3789	3773

数据来源：国家统计局。

2014—2018年各地区年末城镇常住人口数　　　　　单位：万人

地区	2014年	2015年	2016年	2017年	2018年
北京	1858	1878	1880	1878	1863
天津	1248	1278	1295	1291	1297
河北	3642	3811	3983	4136	4264
上海	2173	2116	2127	2121	2136
江苏	5191	5306	5417	5521	5604
浙江	3573	3645	3745	3847	3953
福建	2352	2403	2464	2534	2594
山东	5385	5614	5871	6062	6147
广东	7292	7454	7611	7802	8022
海南	486	502	521	537	552
山西	1962	2016	2070	2123	2172
安徽	2990	3103	3221	3346	3459
江西	2281	2357	2438	2524	2604
河南	4265	4441	4623	4795	4967
湖北	3238	3327	3419	3500	3568
湖南	3320	3452	3599	3747	3865
内蒙古	1491	1514	1542	1568	1589
广西	2187	2257	2326	2404	2474
重庆	1783	1838	1908	1971	2032
四川	3769	3913	4066	4217	4362
贵州	1404	1483	1570	1648	1711
云南	1967	2055	2148	2241	2309
西藏	82	90	98	104	107
陕西	1985	2045	2110	2178	2246
甘肃	1080	1123	1166	1218	1258
青海	290	296	306	317	328
宁夏	355	369	380	395	405
新疆	1059	1115	1159	1207	1266
辽宁	2944	2952	2949	2949	2968
吉林	1509	1523	1530	1539	1556
黑龙江	2224	2241	2249	2250	2268

数据来源：国家统计局。

2014—2018 年各地区年末城镇常住人口数比重　　　　　　　　　　单位：%

地区	2014 年	2015 年	2016 年	2017 年	2018 年
北京	86.35	86.50	86.50	86.50	86.50
天津	82.27	82.64	82.93	82.93	83.15
河北	49.33	51.33	53.32	55.01	56.43
上海	89.60	87.60	87.90	87.70	88.10
江苏	65.21	66.52	67.72	68.76	69.61
浙江	64.87	65.80	67.00	68.00	68.90
福建	61.80	62.60	63.60	64.80	65.82
山东	55.01	57.01	59.02	60.58	61.18
广东	68.00	68.71	69.20	69.85	70.70
海南	53.76	55.12	56.78	58.04	59.06
山西	53.79	55.03	56.21	57.34	58.41
安徽	49.15	50.50	51.99	53.49	54.69
江西	50.22	51.62	53.10	54.60	56.02
河南	45.20	46.85	48.50	50.16	51.71
湖北	55.67	56.85	58.10	59.30	60.30
湖南	49.28	50.89	52.75	54.62	56.02
内蒙古	59.51	60.30	61.19	62.02	62.71
广西	46.01	47.06	48.08	49.21	50.22
重庆	59.60	60.94	62.60	64.08	65.50
四川	46.30	47.69	49.21	50.79	52.29
贵州	40.01	42.01	44.15	46.02	47.52
云南	41.73	43.33	45.03	46.69	47.81
西藏	25.75	27.74	29.56	30.89	31.14
陕西	52.57	53.92	55.34	56.79	58.13
甘肃	41.68	43.19	44.69	46.39	47.69
青海	49.78	50.30	51.63	53.07	54.47
宁夏	53.61	55.23	56.29	57.98	58.88
新疆	46.07	47.23	48.35	49.38	50.91
辽宁	67.05	67.35	67.37	67.49	68.10
吉林	54.81	55.31	55.97	56.65	57.53
黑龙江	58.01	58.80	59.20	59.40	60.10

数据来源：国家统计局。

2014—2018年各地区年末乡村人口数　　　　　　　　　　单位：万人

地区	2014年	2015年	2016年	2017年	2018年
北京	294	293	293	293	291
天津	269	269	267	266	263
河北	3741	3614	3487	3383	3292
上海	252	299	293	297	288
江苏	2769	2670	2582	2508	2447
浙江	1935	1894	1845	1810	1784
福建	1454	1436	1410	1377	1347
山东	4404	4233	4076	3944	3900
广东	3432	3395	3388	3367	3324
海南	418	409	396	389	382
山西	1686	1648	1612	1579	1546
安徽	3093	3041	2975	2909	2865
江西	2261	2209	2154	2098	2044
河南	5171	5039	4909	4764	4638
湖北	2578	2525	2466	2402	2349
湖南	3417	3331	3223	3113	3034
内蒙古	1014	997	978	961	945
广西	2567	2539	2512	2481	2452
重庆	1209	1178	1140	1105	1070
四川	4371	4291	4196	4085	3979
贵州	2104	2047	1985	1932	1889
云南	2747	2687	2623	2559	2521
西藏	236	234	233	233	237
陕西	1791	1748	1703	1657	1618
甘肃	1511	1477	1444	1408	1379
青海	293	292	287	281	275
宁夏	307	299	295	287	283
新疆	1240	1245	1239	1238	1221
辽宁	1447	1431	1429	1420	1391
吉林	1244	1230	1203	1178	1148
黑龙江	1609	1571	1550	1538	1505

数据来源：国家统计局。

2014—2018年各地区年末乡村人口数比重　　　　　　单位：%

地区	2014年	2015年	2016年	2017年	2018年
北京	13.65	13.50	13.50	13.50	13.50
天津	17.73	17.36	17.07	17.07	16.85
河北	50.67	48.67	46.68	44.99	43.57
上海	10.40	12.40	12.10	12.30	11.90
江苏	34.79	33.48	32.28	31.24	30.39
浙江	35.13	34.20	33.00	32.00	31.10
福建	38.20	37.40	36.40	35.20	34.18
山东	44.99	42.99	40.98	39.42	38.82
广东	32.00	31.29	30.80	30.15	29.30
海南	46.24	44.88	43.22	41.96	40.94
山西	46.21	44.97	43.79	42.66	41.59
安徽	50.85	49.50	48.01	46.51	45.31
江西	49.78	48.38	46.90	45.40	43.98
河南	54.80	53.15	51.50	49.84	48.29
湖北	44.33	43.15	41.90	40.70	39.70
湖南	50.72	49.11	47.25	45.38	43.98
内蒙古	40.49	39.70	38.81	37.98	37.29
广西	53.99	52.94	51.92	50.79	49.78
重庆	40.40	39.06	37.40	35.92	34.50
四川	53.70	52.31	50.79	49.21	47.71
贵州	59.99	57.99	55.85	53.98	52.48
云南	58.27	56.67	54.97	53.31	52.19
西藏	74.25	72.26	70.44	69.11	68.86
陕西	47.43	46.08	44.66	43.21	41.87
甘肃	58.32	56.81	55.31	53.61	52.31
青海	50.22	49.70	48.37	46.93	45.53
宁夏	46.39	44.77	43.71	42.02	41.12
新疆	53.93	52.77	51.65	50.62	49.09
辽宁	32.95	32.65	32.63	32.51	31.90
吉林	45.19	44.69	44.03	43.35	42.47
黑龙江	41.99	41.20	40.80	40.60	39.90

数据来源：国家统计局。

2014—2018 年全国就业基本情况

类别	2014	2015	2016	2017	2018
劳动力（万人）	79690	80091	80694	80686	80567
就业人员合计（万人）	77253	77451	77603	77640	77586
第一产业	22790	21919	21496	20944	20258
第二产业	23099	22693	22350	21824	21390
第三产业	31364	32839	33757	34872	35938
就业人员构成（%）					
第一产业	29.5	28.3	27.7	27	26.1
第二产业	29.9	29.3	28.8	28.1	27.6
第三产业	40.6	42.4	43.5	44.9	46.3
按城乡分就业人员（万人）					
城镇就业人员	39310	40410	41428	42462	43419
国有单位	6312	6208	6170	6064	5740
城镇集体单位	537	481	453	406	347
股份合作单位	103	92	86	77	66
联营单位	22	20	18	13	12
有限责任公司	6315	6389	6381	6367	6555
股份有限公司	1751	1798	1824	1846	1875
私营企业	9857	11180	12083	13327	13952
港澳台商投资单位	1393	1344	1305	1290	1153
外商投资单位	1562	1446	1361	1291	1212
个体	7009	7800	8627	9348	10440
乡村就业人员	37943	37041	36175	35178	34167
私营企业	4533	5215	5914	6554	7424
个体	3575	3882	4235	4878	5597
城镇登记失业人数（万人）	952	966	982	972	974
城镇登记失业率(%)	4.09	4.05	4.02	3.90	3.80

数据来源：国家统计局。

2014—2018 年分行业城镇非私营单位就业人员年末人数　　　　单位：万人

类别	2014	2015	2016	2017	2018
合计	18277.8	18062.5	17888.1	17643.8	17258.2
农、林、牧、渔业	284.6	270.0	263.2	255.4	192.6
采矿业	596.5	545.8	490.9	455.4	414.4
制造业	5243.1	5068.7	4893.8	4635.5	4178.3
电力、热力、燃气及水生产和供应业	403.7	396.0	387.6	377.0	369.2
建筑业	2921.2	2796.0	2724.7	2643.2	2710.9
批发和零售业	888.6	883.3	875.0	842.8	823.3
交通运输、仓储和邮政业	861.4	854.4	849.5	843.9	819.0

续表

类别	2014	2015	2016	2017	2018
住宿和餐饮业	289.3	276.1	269.7	265.9	269.8
信息传输、软件和信息技术服务业	336.3	349.9	364.1	395.4	424.3
金融业	566.3	606.8	665.2	688.8	699.3
房地产业	402.2	417.3	431.7	444.8	466.0
租赁和商务服务业	449.4	474.0	488.4	522.6	529.5
科学研究和技术服务业	408.0	410.6	419.6	420.4	411.5
水利、环境和公共设施管理业	269.1	273.3	269.6	268.5	260.6
居民服务、修理和其他服务业	75.4	75.2	75.4	78.2	77.4
教育	1727.3	1736.5	1729.2	1730.4	1735.6
卫生和社会工作	810.4	841.6	867.0	897.9	912.4
文化、体育和娱乐业	145.5	149.1	150.8	152.2	146.6
公共管理、社会保障和社会组织	1599.3	1637.8	1672.6	1725.6	1817.5

数据来源：国家统计局。

2014—2018年分行业城镇非私营单位就业人员平均工资　　　　　　　　　　　　单位：元

类别	2014	2015	2016	2017	2018
平均工资	56360	62029	67569	74318	82413
农、林、牧、渔业	28356	31947	33612	36504	36466
采矿业	61677	59404	60544	69500	81429
制造业	51369	55324	59470	64452	72088
电力、热力、燃气及水生产和供应业	73339	78886	83863	90348	100162
建筑业	45804	48886	52082	55568	60501
批发和零售业	55838	60328	65061	71201	80551
交通运输、仓储和邮政业	63416	68822	73650	80225	88508
住宿和餐饮业	37264	40806	43382	45751	48260
信息传输、软件和信息技术服务业	100845	112042	122478	133150	147678
金融业	108273	114777	117418	122851	129837
房地产业	55568	60244	65497	69277	75281
租赁和商务服务业	67131	72489	76782	81393	85147
科学研究和技术服务业	82259	89410	96638	107815	123343
水利、环境和公共设施管理业	39198	43528	47750	52229	56670
居民服务、修理和其他服务业	41882	44802	47577	50552	55343
教育	56580	66592	74498	83412	92383
卫生和社会工作	63267	71624	80026	89648	98118
文化、体育和娱乐业	64375	72764	79875	87803	98621
公共管理、社会保障和社会组织	53110	62323	70959	80372	87932

数据来源：国家统计局。

2014—2018年各地区城镇非私营单位就业人员平均工资　　　　单位：元

地区	2014	2015	2016	2017	2018
北京	102268	111390	119928	131700	145766
天津	72773	80090	86305	94534	100731
河北	45114	50921	55334	63036	68717
上海	100251	109174	119935	129795	140400
江苏	60867	66196	71574	78267	84688
浙江	61572	66668	73326	80750	88883
福建	53426	57628	61973	67420	74316
山东	51825	57270	62539	68081	73593
广东	59481	65788	72326	79183	88636
海南	49882	57600	61663	67727	75885
山西	48969	51803	53705	60061	65917
安徽	50894	55139	59102	65150	74378
江西	46218	50932	56136	61429	68573
河南	42179	45403	49505	55495	63174
湖北	49838	54367	59831	65912	73777
湖南	47117	52357	58241	63690	70221
内蒙古	53748	57135	61067	66679	73835
广西	45424	52982	57878	63821	70606
重庆	55588	60543	65545	70889	78928
四川	52555	58915	63926	69419	77686
贵州	52772	59701	66279	71795	78316
云南	46101	52564	60450	69106	75701
西藏	61235	97849	103232	108817	116015
陕西	50535	54994	59637	65181	71983
甘肃	46960	52942	57575	63374	70695
青海	57084	61090	66589	75701	85379
宁夏	54858	60380	65570	70298	78384
新疆	53471	60117	63739	67932	75457
辽宁	48190	52332	56015	61153	67324
吉林	46516	51558	56098	61451	68533
黑龙江	44036	48881	52435	56067	60780

数据来源：国家统计局。

2019年全国房地产开发投资情况

类别	绝对量（亿元）		比上年增长(%)	比重(%)	
	自年初累计	上年		自年初累计	上年
完成投资	132194.26	120263.51	9.9	100.0	100.0
一、按工程用途分：					
住宅	97070.74	85192.25	13.9	73.4	70.8
其中：90平方米及以下住房	19568.49	20539.08	-4.7	14.8	17.1
144平方米以上住房	17288.31	16275.52	6.2	13.1	13.5
其中：别墅、高档公寓	3875.71	4419.02	-12.3	2.9	3.7
办公楼	6162.60	5996.33	2.8	4.7	5.0
商业营业用房	13225.85	14177.09	-6.7	10.0	11.8
其他	15735.07	14897.84	5.6	11.9	12.4
二、按构成分：					
建筑工程	75248.12	67318.84	11.8	56.9	56.0
安装工程	6714.39	8673.16	-22.6	5.1	7.2
设备工器具购置	1713.48	1524.58	12.4	1.3	1.3
其他费用	48518.27	42746.94	13.5	36.7	35.5
其中：土地购置费	41675.39	36387.01	14.5	31.5	30.3
计划总投资	839883.16	740022.33	13.5		
新增固定资产	43009.57	37017.72	16.2		

数据来源：国家统计局。

2019年全国房地产数据（单月） 单位：亿元、万平方米

类别	1—2月	3月	4月	5月	6月	7月	8月	9月	10月	11月	12月
房地产开发投资额	12090	11713	10415	11857	15534	11234	11746	13419	11596	11662	10929
住宅开发投资额	8711	8545	7669	8855	11387	8299	8720	9959	8520	8566	7838
开发企业到位资金	24497	14451	13518	14222	18277	14835	13923	16847	14580	15381	18077
土地购置面积	1545	998	1039	1588	2866	1726	2475	3218	2929	3337	4103
土地成交价款	690	503	396	680	1542	984	1579	1812	1735	2039	2749
房屋新开工面积	18814	19915	19824	21231	25725	20207	19417	20574	19928	19560	21959
住宅新开工面积	13597	14870	14868	15790	18873	14829	14227	15255	14628	14511	16016
房屋竣工面积	12500	5974	4090	4143	5719	4905	4280	5138	7463	9635	32095
住宅竣工面积	8926	4118	2997	2795	4094	3445	2962	3748	5390	6800	22737
全国商品房销售面积	14102	15727	12257	13433	20268	12997	13066	17330	14072	15654	22653
住宅销售面积	12320	13634	10842	11912	17472	11575	11654	15240	12483	13673	19339
全国商品房销售额	12803	14235	12102	12632	18925	12464	12211	16118	12926	14589	20719
住宅销售额	11028	12212	10630	11151	16324	11086	10886	14179	11451	12758	17734
国房景气指数（当月）	100.60	100.82	100.95	100.87	100.91	100.90	100.93	101.08	101.14	101.15	101.13

数据来源：根据国家统计局整理。

2019年全国房地产数据（月度累计）　　单位：亿元、万平方米、%

类别	1—2月	1—3月	1—4月	1—5月	1—6月	1—7月	1—8月	1—9月	1—10月	1—11月	1—12月
房地产开发投资额	12090	23803	34217	46075	61609	72843	84589	98008	109603	121265	132194
同比增幅	11.6	11.8	11.9	11.2	10.9	10.6	10.5	10.5	10.3	10.2	9.9
住宅开发投资额	8711	17256	24925	33780	45167	53466	62187	72146	80666	89232	97071
同比增幅	18.0	17.3	16.8	16.3	15.8	15.1	14.9	14.9	14.6	14.4	13.9
开发企业到位资金	24497	38948	52466	66689	84966	99800	113724	130571	145151	160531	178609
同比增幅	2.1	5.9	8.9	7.6	7.2	7.0	6.6	7.1	7.0	7.0	7.6
土地购置面积	1545	2543	3582	5170	8035	9761	12236	15454	18383	21720	25822
同比增幅	-34.1	-33.1	-33.8	-33.2	-27.5	-29.4	-25.6	-20.2	-16.3	-14.2	-11.4
土地成交价款	690	1194	1590	2269	3811	4795	6374	8186	9921	11960	14709
同比增幅	-13.1	-27.0	-33.5	-35.6	-27.6	-27.6	-22.0	-18.2	-15.2	-13.0	-8.7
房屋施工面积	674946	699444	722569	745286	772292	794207	813156	834201	854882	874814	893821
同比增幅	6.8	8.2	8.8	8.8	8.8	9.0	8.8	8.7	9.0	8.7	8.7
住宅施工面积	466340	484560	501832	518617	538284	554111	568025	583683	598802	613566	627673
同比增幅	8.3	9.7	10.4	10.4	10.3	10.4	10.1	10.1	10.4	10.1	10.1
房屋新开工面积	18814	38728	58552	79784	105509	125716	145133	165707	185634	205194	227154
同比增幅	6.0	11.9	13.1	10.5	10.1	9.5	8.9	8.6	10.0	8.6	8.5
住宅新开工面积	13597	28467	43335	59125	77998	92826	107053	122308	136937	151447	167463
同比增幅	4.3	11.5	13.8	11.4	10.5	9.6	8.9	8.8	10.5	9.3	9.2
房屋竣工面积	12500	18474	22564	26707	32426	37331	41610	46748	54211	63846	95942
同比增幅	-11.9	-10.8	-10.3	-12.4	-12.7	-11.3	-10.0	-8.6	-5.5	-4.5	2.6
住宅竣工面积	8926	13043	16040	18835	22929	26374	29336	33084	38474	45274	68011
同比增幅	-7.8	-8.1	-7.5	-10.9	-11.7	-10.5	-9.6	-8.5	-5.5	-4.0	3.0
全国商品房销售面积	14102	29829	42085	55518	75786	88783	101849	119179	133251	148905	171558
同比增幅	-3.6	-0.9	-0.3	-1.6	-1.8	-1.3	-0.6	-0.1	0.1	0.2	-0.1
住宅销售面积	12320	25954	36796	48708	66181	77756	89410	104650	117133	130805	150144
同比增幅	-3.2	-0.6	0.4	-0.7	-1.0	-0.4	0.6	1.1	1.5	1.6	1.5
全国商品房销售额	12803	27039	39141	51773	70698	83162	95373	111491	124417	139006	159725
同比增幅	2.8	5.6	8.1	6.1	5.6	6.2	6.7	7.1	7.3	7.3	6.5
住宅销售额	11028	23239	33870	45021	61345	72431	83317	97497	108948	121706	139440
同比增幅	4.5	7.5	10.6	8.9	8.4	9.2	9.9	10.3	10.8	10.7	10.3

数据来源：国家统计局。

2015—2019年全国及各地区房屋施工面积　　　　　　　　　　单位：万平方米

地区	2015年	2016年	2017年	2018年	2019年
全国	735693.37	758974.80	781483.73	822300.24	893820.89
东部地区	322915.58	332477.08	345151.87	364740.59	389869.74
北京	12993.08	12976.00	12412.74	12962.61	12514.99
天津	10230.22	9349.76	8795.82	10324.37	11453.43
河北	30434.76	30476.78	30318.32	28172.06	29852.97
上海	15095.33	15111.24	15362.25	14672.37	14802.97
江苏	58118.44	58761.73	59464.23	62673.47	65686.75
浙江	41687.33	41609.78	41236.24	44537.06	49604.61
福建	30891.14	31064.14	31939.55	32825.97	34140.18
山东	57206.44	59957.07	63563.24	69063.06	75767.42
广东	57941.86	64233.80	72492.10	79935.06	86824.87
海南	8316.98	8936.78	9567.39	9574.56	9221.56
中部地区	162885.57	176520.75	186593.39	200599.23	218133.96
山西	15734.48	17069.25	16473.40	16949.56	19548.55
安徽	34244.67	35645.44	39169.24	41128.34	43591.15
江西	15293.60	16427.25	18806.79	20738.65	23556.98
河南	40994.40	47359.55	49942.29	54685.56	57567.10
湖北	28296.28	29879.88	30510.48	31315.60	33825.07
湖南	28322.13	30139.38	31691.19	35781.53	40045.12
西部地区	196632.21	200949.79	201615.78	210075.83	238184.78
内蒙古	17641.28	16906.28	15815.41	15053.71	15889.08
广西	18608.36	21134.65	22689.62	25399.02	29807.03
重庆	28985.67	27363.39	25960.99	27226.56	27986.64
四川	38981.36	41532.14	41294.89	44065.92	49113.75
贵州	20877.67	20352.24	20385.43	21953.33	27775.07
云南	20722.20	20593.19	21085.35	21800.41	26314.05
西藏	380.62	348.77	229.85	358.61	764.16
陕西	20752.16	22297.53	23630.10	24618.05	27728.39
甘肃	8586.18	8933.24	9153.46	9428.51	10977.33
青海	2585.59	2847.71	2936.71	2549.21	2922.38
宁夏	7045.68	7110.06	6836.71	6047.78	5936.59
新疆	11465.44	11530.59	11597.26	11574.72	12970.30
东北地区	53260.01	49027.18	48122.69	46884.60	47632.41
辽宁	29283.18	26364.11	25906.89	24216.83	23787.49
吉林	11566.47	11797.33	11887.33	12079.52	12403.73
黑龙江	12410.35	10865.75	10328.47	10588.25	11441.20

数据来源：国家统计局。

2019年全国各地区施工面积（月度累计）

单位：万平方米

地区	1—2月	1—3月	1—4月	1—5月	1—6月	1—7月	1—8月	1—9月	1—10月	1—11月	1—12月
全国	674945.94	699444.22	722569.23	745285.67	772292.42	794207.48	813156.49	834201.18	854881.80	874813.93	893820.89
东部地区	300958.29	310332.30	321217.66	329766.89	340710.15	349937.18	357026.19	365543.65	373336.55	381533.16	389869.74
北京	11007.31	11191.87	11340.04	11542.27	11661.65	11903.88	11995.45	12077.27	12148.14	12350.02	12514.99
天津	7721.50	8735.30	9252.45	9576.95	9981.63	10311.16	10349.37	10715.95	10877.00	11040.86	11453.43
河北	20643.67	21274.63	22090.35	23073.71	24687.73	25758.97	26714.98	27529.26	28482.59	29384.48	29852.97
上海	11495.28	11765.80	12134.49	12539.10	12804.54	13185.46	13420.07	13650.05	14027.33	14525.89	14802.97
江苏	52443.73	53670.35	55465.63	56558.94	58057.94	59716.39	61092.06	62313.92	63473.80	64997.56	65686.75
浙江	37795.47	38471.32	39981.13	41242.56	42675.71	44029.47	44590.40	45791.24	46938.81	47996.46	49604.61
福建	27920.19	28547.07	29276.62	29898.48	30590.08	31046.43	31700.34	32617.60	33100.17	33712.84	34140.18
山东	54153.96	56956.62	59787.85	62016.32	64678.12	66927.13	68629.59	70437.09	72319.61	73818.33	75767.42
广东	69570.33	71500.64	73542.23	74898.62	77013.35	78432.52	79791.68	81619.07	83070.85	84592.67	86824.87
海南	8206.85	8218.69	8346.86	8419.93	8559.40	8625.78	8742.26	8792.21	8898.26	9114.06	9221.56
中部地区	163746.77	170037.65	175774.87	181156.75	187788.47	192794.41	197607.94	203035.12	208145.58	213269.08	218133.96
山西	14562.00	15142.10	15655.18	16226.81	16883.82	17441.38	17831.69	18484.63	18794.80	19255.39	19548.55
安徽	33942.45	34890.86	35960.48	37173.87	38246.22	39158.03	40029.97	40861.86	41723.96	42528.61	43591.15
江西	17976.20	18566.29	19012.95	19488.60	20062.10	20668.51	21371.84	21993.33	22638.04	23085.60	23556.98
河南	42840.72	44564.75	46152.08	47678.84	49733.50	51091.48	52381.81	53500.68	54786.62	56072.52	57567.10
湖北	25535.87	26499.15	27567.92	28244.88	29245.41	29891.29	30598.08	31609.24	32312.93	33176.33	33825.07

续表

地区	1—2月	1—3月	1—4月	1—5月	1—6月	1—7月	1—8月	1—9月	1—10月	1—11月	1—12月
湖南	28889.54	30374.51	31426.27	32343.74	33617.41	34543.71	35394.54	36585.38	37889.23	39150.62	40045.12
西部地区	171803.84	180211.87	186023.94	193118.10	200738.37	207441.40	213516.92	219573.88	226626.17	232608.81	238184.78
内蒙古	11132.94	11924.17	12192.10	12833.76	13350.66	14315.93	14827.61	15182.18	15440.82	15796.37	15889.08
广西	21703.04	22341.80	23147.74	24122.97	25080.96	25502.92	26253.40	27009.88	27710.19	28815.60	29807.03
重庆	22347.59	22964.81	23625.60	24320.14	25080.18	25420.26	25862.05	26477.68	27087.40	27566.92	27986.64
四川	33896.32	37334.82	38762.97	40137.29	41910.63	42829.75	44225.73	45437.37	46903.15	48052.72	49113.75
贵州	19132.54	20025.90	20700.30	21432.47	22538.70	24011.78	24706.25	25449.45	26414.87	27207.73	27775.07
云南	18703.72	19392.30	20153.67	20702.51	21400.71	22022.79	22710.56	23453.10	24104.26	24921.78	26314.05
西藏	309.47	334.74	340.46	393.26	507.03	579.08	626.06	656.17	720.74	749.79	764.16
陕西	20762.42	21443.89	21936.55	22892.85	23606.27	24327.99	24962.82	25524.01	26640.92	27143.34	27728.39
甘肃	7178.86	7646.25	8028.84	8421.17	8985.30	9334.30	9645.82	10127.63	10551.85	10751.34	10977.33
青海	2068.32	2096.75	2154.69	2341.17	2342.16	2571.82	2674.69	2774.15	2805.96	2895.17	2922.38
宁夏	4725.21	4799.85	4915.57	5103.13	5174.22	5383.00	5492.40	5629.40	5748.15	5838.48	5936.59
新疆	9843.42	9906.60	10065.46	10417.39	10761.54	11141.77	11529.54	11852.85	12497.84	12869.57	12970.30
东北地区	38437.03	38862.40	39552.76	41243.93	43055.43	44034.49	45005.44	46048.54	46773.50	47402.87	47632.41
辽宁	19950.76	20560.22	20961.55	21443.72	22324.62	22720.15	23054.83	23225.19	23464.50	23733.60	23787.49
吉林	9650.30	9412.47	9572.35	10504.08	10886.54	11272.73	11534.16	12001.74	12253.99	12365.68	12403.73
黑龙江	8835.98	8889.71	9018.87	9296.13	9844.27	10041.60	10416.45	10821.61	11055.01	11303.58	11441.20

2015—2019年全国及各地区住宅施工面积　　　　　　　　　　　单位：万平方米

地区	2015年	2016年	2017年	2018年	2019年
全国	511569.52	521310.22	536443.96	569986.66	627673.42
东部地区	221396.91	225814.36	234383.86	249438.55	269203.48
北京	6261.21	5857.61	5390.89	5877.06	5640.11
天津	6968.75	6311.70	5911.03	7151.20	8156.94
河北	23674.38	23407.19	23200.01	21452.64	23023.40
上海	8372.12	8073.94	8013.80	7520.39	7446.43
江苏	42315.98	43002.93	43554.54	46328.92	49010.85
浙江	25117.15	24709.37	24760.01	27437.16	31175.94
福建	19558.92	19436.54	20378.76	21031.59	22456.97
山东	42276.51	44158.11	46742.06	50789.55	55941.98
广东	40388.82	44171.00	49450.82	54791.17	59664.36
海南	6463.07	6685.96	6981.94	7058.88	6686.50
中部地区	118766.20	127337.11	135103.46	147485.69	162703.71
山西	11449.97	12222.32	11817.12	12314.82	14323.76
安徽	23233.38	24115.13	26858.99	29191.11	31953.75
江西	11157.74	12000.47	13659.14	15246.86	17661.43
河南	31210.56	35579.02	37518.01	41349.89	43971.26
湖北	20906.65	21803.01	22479.79	23397.47	25540.84
湖南	20807.90	21617.17	22770.42	25985.55	29252.68
西部地区	132932.00	133002.07	132391.33	139238.04	161506.24
内蒙古	11554.23	11141.41	10394.39	9925.98	10808.28
广西	13750.52	15339.29	16453.90	18522.84	22061.19
重庆	19390.32	17932.69	16747.92	17859.42	18466.12
四川	25300.45	26425.45	26272.05	28540.40	32151.96
贵州	13592.65	12847.14	12789.65	13985.42	18426.52
云南	13867.01	13324.64	13534.43	14243.51	17531.69
西藏	259.94	232.59	132.51	225.04	549.81
陕西	15558.06	16164.28	16958.61	17479.71	20154.62
甘肃	6087.70	6191.65	6087.85	6167.60	7473.29
青海	1650.31	1753.44	1735.76	1582.56	1931.17
宁夏	4550.38	4555.28	4346.91	3821.19	3789.29
新疆	7370.42	7094.22	6937.35	6884.37	8162.30
东北地区	38474.40	35156.68	34565.30	33824.38	34259.99
辽宁	21406.76	19104.64	18784.00	17742.31	17429.59
吉林	8282.66	8305.99	8349.19	8398.11	8614.03
黑龙江	8784.98	7746.05	7432.11	7683.95	8216.36

数据来源：国家统计局。

2019年全国各地区住宅施工面积（月度累计）

单位：万平方米

地区	1—2月	1—3月	1—4月	1—5月	1—6月	1—7月	1—8月	1—9月	1—10月	1—11月	1—12月
全国	466339.67	484559.91	501831.69	518616.68	538284.01	554111.38	568024.70	583683.17	598802.16	613565.66	627673.42
东部地区	204981.13	212200.50	220212.41	226294.16	234162.75	240613.79	245691.72	251908.70	257522.26	263280.70	269203.48
北京	5000.63	5121.03	5179.46	5229.79	5294.31	5355.27	5419.28	5478.11	5507.45	5570.72	5640.11
天津	5323.19	6139.42	6530.36	6793.15	7078.36	7292.97	7288.58	7589.67	7700.64	7808.73	8156.94
河北	15760.54	16262.33	16921.14	17709.92	18980.91	19791.43	20559.51	21180.00	21932.74	22640.15	23023.40
上海	5728.26	5863.14	6100.42	6268.21	6406.05	6623.76	6794.64	6923.19	7080.41	7306.27	7446.43
江苏	38669.50	39685.88	41046.51	41837.49	42986.07	44212.23	45278.49	46295.21	47242.90	48470.12	49010.85
浙江	23443.75	23843.97	24906.41	25806.57	26679.14	27597.50	27962.67	28719.36	29394.75	30095.23	31175.94
福建	17935.91	18397.18	18932.90	19346.20	19903.85	20262.80	20663.74	21366.14	21711.33	22132.14	22456.97
山东	39486.91	41840.54	43937.57	45627.69	47540.59	49199.43	50476.92	51760.88	53244.61	54351.17	55941.98
广东	47698.61	49085.56	50596.50	51574.60	53092.32	54022.37	54901.59	56219.52	57244.10	58283.94	59664.36
海南	5933.81	5961.43	6061.14	6100.53	6201.15	6256.04	6346.32	6376.62	6463.64	6622.24	6686.50
中部地区	120292.17	125049.31	129547.70	133958.80	138782.87	142714.71	146397.27	150655.49	154750.42	158838.03	162703.71
山西	10452.73	10864.86	11272.63	11726.65	12210.83	12660.81	12950.88	13467.03	13709.88	14084.02	14323.76
安徽	24425.14	25192.12	26029.96	27017.10	27825.59	28503.15	29174.13	29770.21	30442.01	31122.38	31953.75
江西	13250.76	13724.84	14053.54	14434.80	14863.87	15345.17	15862.00	16371.93	16908.87	17265.48	17661.43
河南	32271.94	33653.73	34986.82	36215.46	37698.34	38752.35	39780.01	40680.15	41730.92	42754.59	43971.26
湖北	19085.82	19810.30	20607.52	21189.21	21921.75	22456.80	23006.34	23799.34	24360.93	25043.87	25540.84

续表

地区	1—2月	1—3月	1—4月	1—5月	1—6月	1—7月	1—8月	1—9月	1—10月	1—11月	1—12月
湖南	20805.77	21803.46	22597.24	23375.58	24262.49	24996.44	25623.91	26566.82	27597.80	28567.69	29252.68
西部地区	113490.90	119570.57	123685.18	128767.00	134358.26	139133.71	143579.65	147992.13	152928.70	157386.47	161506.24
内蒙古	7154.56	7769.93	7984.45	8515.81	8918.07	9614.36	10017.62	10264.53	10416.89	10714.32	10808.28
广西	15799.36	16288.68	16941.98	17708.42	18388.64	18726.32	19298.24	19884.45	20428.01	21339.02	22061.19
重庆	14536.60	14946.73	15410.37	15813.94	16360.59	16596.16	16948.08	17361.79	17773.75	18134.22	18466.12
四川	21725.44	24061.81	24948.38	25914.78	27147.30	27766.12	28723.10	29607.65	30569.84	31345.69	32151.96
贵州	12269.99	12835.54	13319.99	13836.37	14668.12	15666.60	16157.38	16710.28	17417.93	17980.39	18426.52
云南	12142.36	12717.30	13209.95	13613.16	14151.09	14561.53	15070.33	15583.05	15988.13	16550.38	17531.69
西藏	187.09	203.55	207.27	255.98	362.48	432.65	461.16	478.40	521.82	541.37	549.81
陕西	14848.81	15434.63	15789.55	16452.70	16993.45	17546.54	18033.57	18490.37	19325.55	19745.80	20154.62
甘肃	4716.47	5072.06	5380.62	5631.62	6029.19	6286.15	6498.16	6849.80	7158.51	7297.90	7473.29
青海	1288.53	1307.29	1356.72	1515.70	1530.17	1678.69	1759.59	1824.23	1836.17	1912.32	1931.17
宁夏	2925.79	2989.37	3068.08	3195.33	3250.13	3418.72	3495.26	3604.12	3686.74	3751.28	3789.29
新疆	5895.89	5943.67	6067.84	6313.19	6559.03	6839.87	7117.15	7333.45	7805.36	8073.78	8162.30
东北地区	27575.48	27739.53	28386.41	29596.73	30980.13	31649.16	32356.06	33126.85	33600.79	34060.45	34259.99
辽宁	14589.08	14964.66	15282.65	15670.85	16372.87	16629.08	16856.87	17001.69	17165.78	17378.53	17429.59
吉林	6609.11	6388.92	6622.24	7246.58	7533.66	7799.52	8007.45	8330.90	8489.36	8575.42	8614.03
黑龙江	6377.28	6385.95	6481.52	6679.29	7073.59	7220.56	7491.74	7794.25	7945.65	8106.51	8216.36

数据来源：国家统计局。

2015—2019年全国及各地区办公楼施工面积　　　　　单位：万平方米

地区	2015年	2016年	2017年	2018年	2019年
全国	33044.37	35029.37	36014.62	35842.23	37251.82
东部地区	18492.55	19616.36	20575.14	20571.16	21118.05
北京	2409.63	2447.26	2428.40	2220.52	1951.02
天津	872.41	723.32	693.83	623.55	562.40
河北	641.45	858.69	829.75	690.06	684.94
上海	1978.49	2180.50	2282.08	2139.02	2130.54
江苏	2342.87	2281.90	2503.74	2466.10	2456.54
浙江	2963.96	3016.91	2845.86	2817.41	2864.84
福建	2150.88	2262.87	2203.83	2227.70	2030.75
山东	2364.71	2434.79	2574.61	2681.25	3018.86
广东	2607.81	3206.43	3965.06	4480.20	5159.27
海南	160.35	203.69	247.98	225.35	258.89
中部地区	5455.95	5992.75	6220.02	6104.93	6487.74
山西	502.20	607.47	548.93	495.84	554.04
安徽	1184.59	1205.03	1330.35	1232.57	1268.31
江西	533.71	574.30	616.15	582.35	598.24
河南	1568.02	1698.99	1699.76	1791.97	1856.95
湖北	921.05	1048.39	1157.25	1154.29	1173.24
湖南	746.39	858.57	867.57	847.92	1036.96
西部地区	7774.68	8114.28	7948.62	7884.68	8355.91
内蒙古	624.55	565.76	556.87	463.74	387.59
广西	536.45	743.68	735.52	764.06	835.57
重庆	1145.29	1020.20	907.70	809.16	727.73
四川	1489.51	1584.66	1487.57	1689.40	2029.80
贵州	850.35	812.79	752.50	747.85	824.39
云南	770.80	763.01	840.36	781.72	929.18
西藏	20.81	15.85	9.17	6.51	20.05
陕西	1033.44	1171.05	1224.76	1301.74	1420.03
甘肃	241.60	276.95	298.59	303.83	278.90
青海	151.72	164.12	167.68	103.96	87.56
宁夏	333.83	368.59	357.92	299.90	264.58
新疆	576.32	627.61	609.97	612.79	550.53
东北地区	1321.19	1305.98	1270.84	1281.46	1290.11
辽宁	648.78	595.51	535.05	518.23	526.03
吉林	423.26	473.76	497.41	532.30	549.75
黑龙江	249.14	236.71	238.39	230.94	214.33

数据来源：国家统计局。

2019年全国各地区办公楼施工面积（月度累计）

单位：万平方米

地区	1—2月	1—3月	1—4月	1—5月	1—6月	1—7月	1—8月	1—9月	1—10月	1—11月	1—12月
全国	30633.70	31277.54	32055.49	32622.60	33584.95	34416.34	34881.60	35354.73	36174.02	36782.22	37251.82
东部地区	17573.41	17799.80	18304.08	18619.81	19098.20	19551.07	19734.32	20014.48	20420.88	20798.97	21118.05
北京	1859.52	1852.34	1891.77	1923.56	1932.60	1974.88	1962.75	1910.10	1910.28	1920.34	1951.02
天津	489.82	512.18	523.20	536.23	550.23	566.22	566.22	579.58	579.62	580.01	562.40
河北	513.76	522.16	528.23	538.22	579.57	590.22	592.62	614.05	649.51	674.22	684.94
上海	1727.51	1774.00	1794.04	1864.65	1912.88	1929.75	1933.29	1939.33	2026.14	2109.19	2130.54
江苏	2143.10	2168.26	2234.60	2263.85	2327.52	2402.79	2418.75	2430.04	2453.58	2465.58	2456.54
浙江	2400.61	2428.12	2473.59	2493.11	2580.81	2639.31	2653.34	2700.64	2783.30	2833.01	2864.84
福建	1878.71	1908.73	1939.01	1973.70	1984.70	1982.26	2034.10	2040.74	2043.27	2047.49	2030.75
山东	2247.40	2230.68	2374.26	2465.31	2567.20	2695.60	2742.15	2796.27	2864.70	2938.73	3018.86
广东	4097.26	4189.07	4331.08	4340.90	4437.27	4544.47	4603.84	4766.68	4864.83	4981.30	5159.27
海南	215.72	214.25	214.30	220.29	225.41	225.57	227.27	237.06	245.64	249.11	258.89
中部地区	5209.29	5427.68	5515.50	5551.58	5863.54	6013.68	6110.24	6191.62	6298.34	6370.35	6487.74
山西	479.67	495.23	498.05	506.37	520.56	523.92	531.14	534.11	541.56	543.66	554.04
安徽	1042.06	1068.52	1078.63	1100.53	1131.32	1171.64	1188.14	1217.72	1226.80	1217.63	1268.31
江西	523.95	526.29	551.09	553.39	561.43	574.14	586.49	591.81	605.76	607.22	598.24
河南	1457.05	1496.19	1509.06	1519.35	1687.49	1758.05	1763.99	1796.04	1817.89	1850.76	1856.95
湖北	983.12	1024.38	1040.79	1044.37	1072.22	1080.01	1095.70	1104.18	1116.27	1146.22	1173.24

续表

地区	1—2月	1—3月	1—4月	1—5月	1—6月	1—7月	1—8月	1—9月	1—10月	1—11月	1—12月
湖南	723.45	817.07	837.89	827.57	890.52	905.93	944.77	947.75	990.07	1004.86	1036.96
西部地区	6768.23	6965.52	7141.08	7320.06	7458.95	7636.03	7795.04	7892.99	8166.35	8312.89	8355.91
内蒙古	363.45	377.41	378.22	376.57	380.40	389.97	391.33	391.08	396.77	397.42	387.59
广西	721.03	727.96	741.96	752.18	760.23	764.68	800.91	805.39	811.49	835.45	835.57
重庆	645.04	637.96	640.63	650.04	662.96	672.22	682.78	685.29	699.96	722.09	727.73
四川	1520.25	1641.12	1739.06	1787.55	1837.45	1846.00	1897.01	1933.03	2008.96	2055.06	2029.80
贵州	688.47	738.10	742.32	750.45	751.86	785.94	793.29	808.49	821.61	846.12	824.39
云南	628.43	639.95	670.07	698.25	713.94	772.92	783.87	802.27	854.37	867.83	929.18
西藏	6.61	6.51	8.40	8.64	8.64	10.10	11.08	9.94	17.20	17.24	20.05
陕西	1116.15	1115.15	1138.44	1186.45	1227.55	1260.89	1280.73	1292.62	1384.86	1395.06	1420.03
甘肃	232.41	234.28	236.12	249.05	255.76	257.11	274.33	274.79	275.40	277.11	278.90
青海	82.63	82.93	80.40	82.86	81.71	87.17	87.17	87.17	87.17	87.17	87.56
宁夏	255.38	255.52	255.34	260.69	258.98	258.96	257.28	257.43	257.46	259.00	264.58
新疆	508.38	508.65	510.12	517.34	519.46	530.08	535.25	545.50	551.12	553.32	550.53
东北地区	1082.77	1084.54	1094.83	1131.16	1164.25	1215.56	1242.00	1255.64	1288.46	1300.01	1290.11
辽宁	455.94	460.67	473.55	468.78	471.06	491.45	501.19	503.18	523.31	525.36	526.03
吉林	453.50	450.91	448.28	489.04	506.65	536.90	548.19	559.32	560.36	560.37	549.75
黑龙江	173.33	172.96	173.00	173.36	186.55	187.20	192.62	193.13	204.79	214.28	214.33

数据来源：国家统计局。

2015—2019年全国及各地区商业营业用房施工面积　　　　　　单位：万平方米

地区	2015年	2016年	2017年	2018年	2019年
全国	100111.38	104571.86	105232.50	102629.22	100389.49
东部地区	38373.12	39382.80	39361.83	38246.35	36854.17
北京	1326.24	1354.82	1246.34	1160.15	1051.99
天津	1163.11	1162.28	994.93	929.56	1057.83
河北	3183.02	3238.84	3229.34	2974.65	2528.83
上海	1944.02	1990.81	2016.16	1876.24	1775.50
江苏	7569.39	7392.75	7067.92	6847.07	6401.33
浙江	5198.93	5264.16	5014.84	4819.35	4693.46
福建	3875.01	3764.97	3534.90	3484.18	3253.89
山东	7121.65	7239.74	7492.12	7335.83	7095.24
广东	6208.54	7006.00	7599.47	7680.99	7846.26
海南	783.22	968.43	1165.82	1138.34	1149.84
中部地区	22552.82	24823.52	25419.31	25177.72	24944.94
山西	1915.07	2150.13	1979.85	1856.51	1993.94
安徽	6364.11	6696.89	6694.49	6132.90	5516.10
江西	2193.82	2368.53	2775.35	2921.66	3029.94
河南	4831.74	5630.64	5926.85	6224.08	6130.07
湖北	3747.75	3873.15	3761.84	3448.72	3323.36
湖南	3500.32	4104.19	4280.94	4593.84	4951.54
西部地区	30551.05	32366.70	32748.52	31957.15	31525.81
内蒙古	3522.03	3295.88	3074.62	2862.89	2647.65
广西	2112.66	2454.80	2601.65	2733.66	2831.24
重庆	4111.50	4193.65	3988.08	3836.44	3474.74
四川	5664.03	6223.91	6186.89	5882.13	5704.08
贵州	3644.04	3755.27	3908.58	3922.74	4253.08
云南	3208.14	3320.12	3447.33	3433.26	3611.36
西藏	58.15	59.39	49.00	71.08	106.40
陕西	2556.18	3010.38	3109.85	3167.74	3112.35
甘肃	1395.17	1476.47	1605.00	1631.91	1563.49
青海	472.65	565.63	640.18	524.55	500.32
宁夏	1289.90	1314.02	1290.28	1099.12	972.72
新疆	2516.62	2697.18	2847.06	2791.64	2748.38
东北地区	8634.39	7998.85	7702.84	7248.00	7064.57
辽宁	4767.07	4445.32	4319.76	3779.17	3568.52
吉林	1754.17	1840.53	1813.98	1860.68	1767.04
黑龙江	2113.14	1713.00	1569.10	1608.16	1729.01

数据来源：国家统计局。

2019年全国各地区商业营业用房施工面积（月度累计）

单位：万平方米

地区	1—2月	1—3月	1—4月	1—5月	1—6月	1—7月	1—8月	1—9月	1—10月	1—11月	1—12月
全国	82936.80	84969.07	86638.16	88579.39	90931.13	92863.80	94496.33	96144.38	97836.93	99428.63	100389.49
东部地区	31010.88	31507.29	32256.31	32883.89	33690.51	34407.45	34902.66	35419.77	35934.09	36564.78	36854.17
北京	951.04	952.84	962.59	990.55	993.68	1031.07	1028.71	1025.49	1040.14	1061.65	1051.99
天津	730.65	790.41	847.07	862.13	890.84	962.71	968.54	995.64	1016.12	1051.90	1057.83
河北	1959.78	2009.44	2055.03	2105.53	2236.36	2304.15	2347.83	2401.25	2456.91	2519.97	2528.83
上海	1514.44	1521.32	1536.28	1584.09	1580.56	1611.66	1615.56	1656.03	1693.86	1755.23	1775.50
江苏	5597.26	5652.63	5801.64	5911.23	5995.20	6127.60	6227.20	6279.46	6356.95	6489.26	6401.33
浙江	3915.00	3952.22	4063.56	4140.21	4273.27	4386.72	4430.44	4500.02	4578.01	4589.76	4693.46
福建	2943.33	2948.95	2980.19	3018.58	3049.01	3057.12	3112.42	3148.57	3171.93	3223.38	3253.89
山东	5681.96	5839.39	6046.61	6153.15	6419.99	6539.19	6697.48	6854.64	6961.55	7067.75	7095.24
广东	6693.37	6815.97	6920.45	7058.49	7185.18	7317.30	7390.63	7467.11	7558.51	7682.70	7846.26
海南	1024.05	1024.11	1042.89	1059.94	1066.41	1069.92	1083.85	1088.55	1100.12	1123.17	1149.84
中部地区	20408.94	21022.83	21479.03	21869.30	22497.09	22843.89	23287.31	23778.92	24121.79	24546.05	24944.94
山西	1636.14	1711.44	1742.67	1778.44	1813.56	1831.03	1859.33	1915.62	1947.03	1977.52	1993.94
安徽	4724.81	4789.20	4895.49	4969.43	5093.77	5149.42	5231.26	5356.84	5389.36	5449.10	5516.10
江西	2489.02	2549.60	2584.21	2628.01	2695.94	2748.89	2839.26	2894.37	2953.40	3002.27	3029.94
河南	4988.18	5117.87	5231.03	5354.03	5517.97	5612.86	5704.44	5787.05	5885.18	5999.00	6130.07
湖北	2720.51	2791.06	2884.49	2919.72	3030.01	3079.88	3128.36	3188.50	3216.74	3264.45	3323.36

续表

地区	1—2月	1—3月	1—4月	1—5月	1—6月	1—7月	1—8月	1—9月	1—10月	1—11月	1—12月
湖南	3850.27	4063.66	4141.13	4219.66	4345.84	4421.81	4524.67	4636.54	4730.09	4853.71	4951.54
西部地区	25529.14	26272.86	26744.83	27462.35	28160.61	28907.27	29494.67	30040.19	30801.97	31271.94	31525.81
内蒙古	2236.22	2284.00	2302.69	2348.42	2388.97	2475.66	2526.81	2582.13	2629.60	2640.69	2647.65
广西	2224.49	2323.85	2379.27	2458.38	2565.29	2604.31	2644.32	2676.83	2736.74	2776.16	2831.24
重庆	3147.66	3203.19	3264.62	3355.16	3411.85	3391.35	3396.51	3456.11	3510.77	3523.42	3474.74
四川	4351.27	4641.44	4758.25	4851.63	5031.66	5173.97	5284.99	5381.40	5536.14	5670.34	5704.08
贵州	3260.81	3379.26	3453.33	3536.02	3661.82	3887.21	3977.62	4045.75	4152.04	4235.96	4253.08
云南	2941.44	2991.03	3035.37	3094.45	3141.12	3210.60	3280.78	3370.75	3438.85	3492.43	3611.36
西藏	66.48	68.68	70.46	72.95	73.06	73.43	83.59	89.64	104.17	106.25	106.40
陕西	2528.59	2558.22	2602.23	2738.94	2785.87	2835.82	2901.36	2938.21	3033.12	3069.91	3112.35
甘肃	1206.92	1244.79	1262.59	1310.49	1379.57	1424.49	1458.20	1495.96	1528.76	1548.71	1563.49
青海	402.30	401.82	406.11	416.80	394.25	441.84	455.65	472.51	491.06	498.84	500.32
宁夏	860.77	866.37	879.27	897.78	899.75	912.48	931.21	942.17	949.77	961.31	972.72
新疆	2302.19	2310.22	2330.62	2381.34	2427.41	2476.13	2553.64	2588.72	2690.95	2747.93	2748.38
东北地区	5987.84	6166.09	6158.00	6363.85	6582.91	6705.19	6811.69	6905.51	6979.08	7045.86	7064.57
辽宁	3104.04	3269.82	3313.29	3348.92	3430.40	3484.88	3530.81	3534.81	3548.07	3572.89	3568.52
吉林	1518.86	1509.34	1463.91	1582.68	1623.81	1671.54	1681.40	1717.85	1751.87	1759.57	1767.04
黑龙江	1364.94	1386.93	1380.80	1432.25	1528.70	1548.77	1599.49	1652.84	1679.13	1713.40	1729.01

数据来源：国家统计局。

2015—2019年全国及各地区房屋新开工面积　　　　　　　　　　单位：万平方米

地区	2015年	2016年	2017年	2018年	2019年
全国	154453.68	166928.13	178653.77	209341.79	227153.58
东部地区	65035.02	72254.58	78426.96	92604.55	94806.76
北京	2706.91	2795.57	2361.51	2321.11	2073.21
天津	2817.19	2511.47	2334.62	2479.34	2544.84
河北	7219.81	8161.30	8417.21	8390.07	9452.68
上海	2605.08	2840.95	2618.00	2687.17	3063.44
江苏	11542.56	13670.83	13739.10	16821.27	16227.47
浙江	6533.77	7282.02	10117.49	12879.28	12730.92
福建	5244.85	4875.06	5528.75	7205.35	6398.36
山东	12043.38	13293.69	14424.99	18732.25	22658.90
广东	12676.74	14847.51	16775.55	19144.08	18437.38
海南	1644.72	1976.16	2109.74	1944.64	1219.56
中部地区	39268.23	45308.54	49295.39	54824.26	58337.72
山西	3700.64	3854.78	3305.84	3872.55	4879.09
安徽	7759.35	8586.37	11398.66	10849.59	11117.46
江西	3704.87	3875.01	4954.33	5801.49	5862.57
河南	10974.12	14669.72	13628.78	14677.65	15836.53
湖北	6734.67	6850.10	7771.87	8495.32	8708.85
湖南	6394.58	7472.56	8235.91	11127.65	11933.23
西部地区	41205.56	41509.10	42996.95	52978.58	64473.48
内蒙古	2341.67	2563.70	2359.70	3024.31	3706.06
广西	3850.07	4984.18	4912.21	6059.30	8218.52
重庆	5810.85	4875.16	5680.04	7386.16	6725.40
四川	9587.21	10825.16	11521.59	14094.44	15325.50
贵州	4206.12	3467.55	3310.77	5689.20	7239.89
云南	3841.29	3453.98	4017.34	4738.28	8018.51
西藏	119.87	57.01	61.07	193.06	416.89
陕西	3964.44	4483.64	4279.08	5451.76	6431.21
甘肃	2312.66	2331.71	2374.63	2443.03	3307.26
青海	785.52	870.10	714.37	513.83	865.90
宁夏	1391.12	1391.34	1187.61	994.55	1185.67
新疆	2994.75	2205.57	2578.54	2390.67	3032.66
东北地区	8944.87	7855.91	7934.47	8934.40	9535.63
辽宁	4699.42	3733.61	3806.88	3961.71	4142.51
吉林	2063.66	2115.99	1907.88	2477.96	2947.01
黑龙江	2181.79	2006.31	2219.72	2494.74	2446.11

数据来源：国家统计局。

2019年全国各地区新开工面积（月度累计）

单位：万平方米

地区	1—2月	1—3月	1—4月	1—5月	1—6月	1—7月	1—8月	1—9月	1—10月	1—11月	1—12月
全国	18813.78	38728.43	58552.34	79783.53	105508.60	125715.88	145133.07	165706.71	185634.42	205194.43	227153.58
东部地区	8657.32	17151.68	26056.49	34607.02	45065.62	53669.25	61501.33	69782.36	77401.93	85517.84	94806.76
北京	156.72	370.94	526.61	737.55	971.09	1185.24	1386.52	1525.77	1609.20	1816.77	2073.21
天津	133.24	662.79	1017.01	1269.08	1584.50	1762.70	1817.48	2105.01	2252.79	2395.75	2544.84
河北	218.62	820.46	1640.99	2647.43	4290.88	5473.74	6423.05	7194.63	8096.63	8912.76	9452.68
上海	163.08	415.40	712.70	1077.09	1339.14	1643.57	1905.00	2151.71	2475.31	2843.82	3063.44
江苏	2195.07	3703.34	5208.19	6270.49	7727.73	9185.22	10657.51	11982.02	13108.38	14651.04	16227.47
浙江	1261.03	1966.87	3273.14	4488.70	5816.58	6962.05	7623.44	8764.45	9836.69	11033.95	12730.92
福建	561.26	1041.24	1598.18	2205.36	2898.56	3334.48	3984.97	4761.79	5227.82	5827.23	6398.36
山东	2141.99	4549.56	6760.81	9098.94	11589.06	13707.50	15722.69	17381.34	19246.83	20792.64	22658.90
广东	1720.66	3472.23	5120.40	6545.42	8430.83	9944.76	11399.90	13286.39	14735.50	16230.70	18437.38
海南	105.64	148.86	198.45	266.96	417.26	470.00	580.77	629.23	812.76	1013.19	1219.56
中部地区	5324.99	10918.35	15933.60	21262.53	27585.62	32445.78	37145.72	42487.25	47461.81	52508.91	58337.72
山西	77.27	592.25	1032.38	1596.68	2237.40	2709.23	3086.64	3732.87	4027.04	4486.89	4879.09
安徽	1226.39	2236.92	3316.66	4520.39	5606.64	6585.17	7514.70	8389.08	9230.72	10042.26	11117.46
江西	751.04	1229.12	1573.95	1981.54	2454.97	3024.44	3565.99	4171.32	4753.48	5161.79	5862.57
河南	1455.58	3168.84	4571.81	6099.56	8098.95	9353.13	10688.15	11807.57	13092.99	14332.75	15836.53
湖北	825.37	1741.44	2439.78	3114.33	4074.34	4731.19	5396.68	6341.21	7013.60	7877.01	8708.85

续表

地区	1—2月	1—3月	1—4月	1—5月	1—6月	1—7月	1—8月	1—9月	1—10月	1—11月	1—12月
湖南	989.34	1949.77	2999.02	3950.03	5113.33	6042.62	6893.56	8045.21	9343.98	10608.21	11933.23
西部地区	4784.60	9954.97	15118.13	21089.57	28324.69	34111.36	39956.19	45665.99	52206.24	58021.43	64473.48
内蒙古	0.05	126.47	373.58	734.09	1238.19	2103.66	2541.70	2892.93	3205.17	3475.66	3706.06
广西	913.00	1272.59	1923.01	2924.52	3770.78	4207.67	4865.42	5581.92	6272.78	7315.04	8218.52
重庆	1017.82	1702.11	2294.40	2941.80	3641.94	3971.32	4398.78	4949.95	5546.15	6052.25	6725.40
四川	1457.49	3530.67	4877.11	6142.61	7884.25	8784.23	10126.11	11258.87	12694.38	13870.06	15325.50
贵州	585.33	1091.23	1521.07	1997.08	2791.64	3695.34	4426.57	4960.05	5776.18	6517.69	7239.89
云南	486.83	1064.44	1841.61	2366.99	3095.08	3683.34	4417.08	5140.60	5776.34	6683.64	8018.51
西藏	—	2.88	15.88	50.54	164.31	238.48	275.85	308.92	373.48	402.53	416.89
陕西	278.47	748.46	1093.01	1893.74	2567.88	3264.42	3871.13	4408.19	5330.23	5809.69	6431.21
甘肃	17.54	171.14	476.18	805.97	1332.87	1664.27	1976.65	2458.82	2869.43	3067.34	3307.26
青海	2.63	85.07	225.25	298.97	458.59	554.86	615.35	720.02	754.99	840.09	865.90
宁夏	21.15	85.07	203.20	354.50	457.54	663.20	785.27	918.24	1024.21	1113.12	1185.67
新疆	4.29	74.84	273.84	578.78	921.61	1280.57	1656.28	2067.47	2582.90	2874.32	3032.66
东北地区	46.88	703.44	1444.13	2824.42	4532.67	5489.50	6529.82	7771.11	8564.44	9146.25	9535.63
辽宁	19.73	530.36	882.13	1348.57	2214.57	2587.35	3019.49	3388.05	3747.08	4016.19	4142.51
吉林	27.15	98.10	357.21	993.79	1317.99	1714.16	2035.16	2502.74	2709.87	2821.57	2947.01
黑龙江	—	74.99	204.79	482.05	1000.11	1187.99	1475.17	1880.32	2107.48	2308.49	2446.11

数据来源：国家统计局。

2015—2019年全国及各地区住宅新开工面积　　　　　单位：万平方米

地区	2015年	2016年	2017年	2018年	2019年
全国	106651.30	115910.60	128097.78	153352.57	167463.43
东部地区	44927.67	50284.19	55959.78	66809.34	68224.43
北京	1158.17	1199.43	1159.64	1233.58	1003.72
天津	1966.85	1943.39	1822.72	1862.93	1973.81
河北	5542.98	6190.29	6568.03	6443.62	7404.40
上海	1560.28	1436.13	1402.91	1473.17	1572.90
江苏	8819.98	10534.34	10263.87	12902.27	12478.43
浙江	3746.31	4516.71	6653.70	8765.56	8345.91
福建	3185.57	3168.77	3826.31	5073.73	4615.00
山东	8984.21	9747.12	10918.39	13940.76	17096.90
广东	8681.76	10165.64	11694.46	13593.10	12904.92
海南	1281.55	1382.36	1649.76	1520.62	828.44
中部地区	28725.40	32689.52	37216.34	42417.05	45652.70
山西	2624.64	2654.28	2411.22	2957.24	3771.70
安徽	5254.68	6007.40	8601.75	8454.68	8704.45
江西	2603.26	2855.03	3712.08	4454.65	4666.64
河南	8375.26	10954.03	10439.82	11431.06	12607.65
湖北	5120.37	4946.70	5961.79	6698.65	6849.43
湖南	4747.20	5272.08	6089.67	8420.77	9052.83
西部地区	26459.61	27100.63	28889.42	37397.71	46449.92
内蒙古	1683.29	1742.40	1734.67	2154.03	2783.87
广西	2793.57	3577.13	3662.39	4672.08	6533.95
重庆	3668.92	2998.92	3759.63	5145.20	4593.17
四川	6026.32	6941.73	7604.00	9734.54	10294.70
贵州	2381.20	2172.14	2208.59	3983.80	5235.85
云南	2517.28	2201.34	2632.02	3386.83	5695.45
西藏	80.88	35.53	31.58	128.55	333.99
陕西	2526.73	3106.22	3102.33	3979.58	4873.52
甘肃	1547.13	1587.23	1442.96	1611.52	2406.64
青海	493.51	524.82	381.29	331.84	640.42
宁夏	863.70	875.41	815.15	681.57	883.85
新疆	1877.08	1337.76	1514.81	1588.18	2174.49
东北地区	6538.62	5836.26	6032.24	6728.46	7136.38
辽宁	3604.71	2800.75	2942.01	3118.63	3190.97
吉林	1457.98	1493.55	1412.47	1752.84	2169.83
黑龙江	1475.92	1541.95	1677.77	1857.00	1775.59

数据来源：国家统计局。

2019年全国各地区住宅新开工面积（月度累计）

单位：万平方米

地区	1—2月	1—3月	1—4月	1—5月	1—6月	1—7月	1—8月	1—9月	1—10月	1—11月	1—12月
全国	13596.56	28466.61	43334.64	59124.72	77997.85	92826.47	107052.97	122308.45	136936.72	151447.40	167463.43
东部地区	6080.13	12526.56	19131.01	25308.39	32900.04	39005.92	44541.91	50450.07	55945.00	61703.94	68224.43
北京	88.10	228.38	293.59	366.67	510.27	594.41	708.69	774.80	811.07	881.57	1003.72
天津	81.59	538.88	836.43	1044.93	1260.35	1414.26	1452.63	1682.34	1786.03	1870.16	1973.81
河北	142.19	630.73	1288.76	2099.53	3395.07	4276.44	5036.97	5619.11	6322.00	6967.62	7404.40
上海	80.54	203.48	391.79	561.15	676.14	853.94	1022.17	1136.88	1268.23	1469.13	1572.90
江苏	1650.49	2846.60	3986.37	4792.76	5934.66	6991.97	8085.68	9144.45	10064.07	11305.66	12478.43
浙江	847.64	1276.47	2183.63	3059.95	3874.81	4613.10	5049.08	5768.22	6443.72	7218.41	8345.91
福建	360.97	745.92	1150.20	1552.50	2112.98	2460.27	2865.40	3463.18	3788.45	4217.30	4615.00
山东	1570.78	3493.21	5220.64	6993.44	8826.19	10419.36	11854.13	13042.10	14510.77	15667.93	17096.90
广东	1191.55	2469.96	3660.11	4679.45	6044.27	7069.41	8066.10	9389.52	10384.21	11399.76	12904.92
海南	66.29	92.92	119.49	158.01	265.28	312.77	401.05	429.46	556.42	706.41	828.44
中部地区	4099.51	8350.25	12375.40	16686.70	21351.92	25204.59	28816.87	33005.21	37002.78	41016.36	45652.70
山西	54.01	418.25	767.75	1214.46	1685.59	2068.66	2347.69	2859.28	3090.16	3466.18	3771.70
安徽	948.22	1738.73	2614.64	3606.04	4440.45	5205.23	5914.41	6520.74	7177.57	7851.99	8704.45
江西	580.37	967.69	1217.22	1542.01	1901.76	2347.66	2763.97	3259.65	3747.45	4077.14	4666.64
河南	1167.25	2544.06	3736.12	4964.77	6423.02	7403.97	8459.59	9359.50	10410.20	11389.65	12607.65
湖北	620.47	1341.69	1899.45	2461.90	3161.99	3709.48	4238.79	4993.75	5531.72	6215.04	6849.43

续表

地区	1—2月	1—3月	1—4月	1—5月	1—6月	1—7月	1—8月	1—9月	1—10月	1—11月	1—12月
湖南	729.19	1339.83	2140.21	2897.53	3739.11	4469.59	5092.42	6012.28	7045.68	8016.36	9052.83
西部地区	3380.08	7066.92	10754.05	15008.12	20295.72	24500.42	28781.39	33007.95	37567.82	41882.86	46449.92
内蒙古	0.05	86.77	284.78	562.91	951.58	1570.87	1914.53	2173.06	2375.84	2610.73	2783.87
广西	776.35	1067.15	1610.20	2397.19	2994.21	3350.51	3858.23	4410.91	4962.42	5836.78	6533.95
重庆	675.63	1128.63	1555.79	1937.91	2410.87	2680.17	3023.18	3380.71	3785.36	4149.47	4593.17
四川	906.93	2287.37	3135.62	4019.71	5229.21	5839.19	6760.42	7599.64	8540.90	9311.78	10294.70
贵州	418.96	754.90	1060.44	1410.28	2022.80	2632.30	3124.50	3557.70	4166.42	4695.78	5235.85
云南	358.97	802.10	1316.34	1700.55	2265.63	2653.54	3206.03	3718.54	4118.39	4755.26	5695.45
西藏	—	0.60	12.35	42.98	154.38	224.67	248.27	262.63	306.00	325.55	333.99
陕西	214.82	619.63	876.76	1432.08	1946.20	2480.17	2969.89	3405.18	4062.57	4447.96	4873.52
甘肃	10.53	128.43	378.19	588.84	977.01	1218.82	1430.07	1781.86	2080.35	2222.73	2406.64
青海	1.32	64.96	176.12	237.59	345.73	420.16	465.91	535.73	546.78	622.36	640.42
宁夏	14.27	70.39	148.57	253.44	332.64	499.89	585.78	694.72	773.13	835.37	883.85
新疆	2.24	56.00	198.88	424.65	665.46	930.12	1194.59	1487.28	1849.66	2069.09	2174.49
东北地区	36.84	522.88	1074.18	2121.50	3450.17	4115.54	4912.80	5845.22	6421.14	6844.24	7136.38
辽宁	13.43	393.49	673.27	1051.16	1741.04	1982.56	2308.43	2616.69	2885.83	3095.67	3190.97
吉林	23.40	75.83	255.23	726.08	993.06	1267.76	1514.18	1837.63	1995.44	2080.84	2169.83
黑龙江	—	53.56	145.68	344.26	716.08	865.23	1090.20	1390.91	1539.87	1667.73	1775.59

数据表来源：国家统计局。

2015—2019年全国及各地区办公楼新开工面积　　　　单位：万平方米

地区	2015年	2016年	2017年	2018年	2019年
全国	6569.12	6415.29	6139.66	6049.04	7083.59
东部地区	3556.87	3548.93	3680.45	3387.00	3800.64
北京	585.56	464.41	364.61	221.31	170.50
天津	210.63	41.48	67.49	19.64	44.00
河北	186.40	342.23	142.51	157.75	209.36
上海	304.87	384.49	368.84	310.84	388.87
江苏	398.71	385.10	626.70	441.55	397.26
浙江	449.02	370.04	467.18	484.66	506.87
福建	345.68	272.90	241.34	236.26	201.67
山东	496.60	439.26	502.61	613.77	765.91
广东	566.83	795.96	883.58	863.77	1063.16
海南	12.58	53.08	15.60	37.44	53.04
中部地区	1126.68	1312.53	1229.03	1131.92	1388.26
山西	94.04	157.73	73.93	52.91	73.87
安徽	285.39	238.51	270.11	230.38	265.68
江西	98.89	139.22	110.73	77.40	104.11
河南	329.73	331.61	360.93	361.30	428.14
湖北	178.93	230.77	267.58	260.69	203.42
湖南	139.70	214.68	145.74	149.24	313.04
西部地区	1685.15	1385.41	1095.50	1343.07	1660.75
内蒙古	29.85	20.14	37.03	29.76	36.75
广西	141.37	239.56	67.49	96.03	81.07
重庆	157.43	160.79	94.86	132.72	126.42
四川	337.88	278.00	315.09	513.74	657.40
贵州	206.77	81.06	76.19	97.78	122.33
云南	86.45	144.40	104.38	91.52	258.56
西藏	4.81	1.66	0.05	1.21	14.21
陕西	375.61	225.09	161.32	223.48	268.85
甘肃	88.76	40.42	71.85	53.39	31.86
青海	47.29	47.97	45.31	7.48	7.99
宁夏	84.24	72.11	21.85	10.56	5.18
新疆	124.69	74.20	100.08	85.39	50.14
东北地区	200.42	168.41	134.68	187.05	233.93
辽宁	55.03	57.01	66.37	32.74	80.70
吉林	81.40	87.27	36.11	100.54	115.44
黑龙江	64.00	24.12	32.20	53.77	37.79

数据来源：国家统计局。

2019年全国各地区办公楼新开工面积（月度累计）

单位：万平方米

地区	1—2月	1—3月	1—4月	1—5月	1—6月	1—7月	1—8月	1—9月	1—10月	1—11月	1—12月
全国	723.32	1301.93	1920.87	2451.40	3265.23	3930.09	4480.40	5010.19	5814.71	6347.93	7083.59
东部地区	335.23	606.22	955.68	1264.51	1659.58	2008.80	2281.39	2633.13	3030.87	3346.64	3800.64
北京	3.01	3.01	38.77	65.98	80.19	91.30	95.96	108.90	109.23	122.55	170.50
天津	2.66	14.36	14.52	27.54	41.55	29.70	29.70	43.06	43.06	43.44	44.00
河北	28.41	37.03	40.54	57.76	98.82	115.69	119.37	140.76	176.23	200.85	209.36
上海	24.53	65.52	76.62	127.80	188.68	207.35	223.11	239.15	324.79	357.44	388.87
江苏	27.90	67.19	112.80	137.20	174.50	238.22	275.43	305.97	330.23	340.86	397.26
浙江	58.27	83.56	121.51	130.51	201.29	264.32	279.66	332.41	390.92	440.72	506.87
福建	19.27	42.42	71.64	106.34	117.25	112.83	164.78	171.22	173.75	177.97	201.67
山东	72.35	105.61	159.91	252.51	326.43	426.91	502.76	560.89	625.52	694.44	765.91
广东	96.17	184.84	316.64	350.16	417.04	508.37	576.49	706.87	817.27	925.12	1063.16
海南	2.67	2.69	2.73	8.72	13.84	14.11	14.12	23.91	39.87	43.26	53.04
中部地区	141.60	340.21	415.93	481.08	740.20	863.05	974.98	1057.34	1175.35	1259.98	1388.26
山西	0.46	15.44	19.66	27.16	40.62	43.95	51.17	54.14	61.57	63.67	73.87
安徽	44.56	83.88	90.49	112.68	131.00	141.44	164.93	202.98	226.02	228.76	265.68
江西	26.05	28.12	48.82	49.49	51.85	64.55	76.94	81.86	93.26	94.80	104.11
河南	21.06	60.21	71.40	81.69	241.99	315.17	331.75	363.80	385.65	418.51	428.14
湖北	39.33	60.64	72.58	76.16	104.56	112.35	125.75	134.22	146.27	176.20	203.42

续表

地区	1—2月	1—3月	1—4月	1—5月	1—6月	1—7月	1—8月	1—9月	1—10月	1—11月	1—12月
湖南	10.14	91.91	112.99	133.91	170.18	185.59	224.44	220.34	262.58	278.04	313.04
西部地区	245.40	347.15	492.53	643.13	778.28	920.20	1057.29	1136.70	1392.33	1513.62	1660.75
内蒙古	—	13.28	14.09	12.44	15.12	24.80	26.06	29.55	35.08	35.64	36.75
广西	3.31	4.17	11.35	22.67	29.63	31.52	61.08	65.56	71.67	81.81	81.07
重庆	48.44	50.61	51.88	65.77	78.69	82.50	89.72	92.23	106.91	114.74	126.42
四川	150.89	211.15	310.06	363.26	412.92	425.62	468.62	504.34	568.57	614.00	657.40
贵州	28.83	46.44	49.79	52.60	53.66	67.12	76.83	79.07	92.20	119.36	122.33
云南	7.71	15.07	33.22	49.92	64.75	120.16	130.51	137.32	188.00	204.05	258.56
西藏	—	—	0.23	0.48	0.48	2.73	3.47	4.10	11.36	11.40	14.21
陕西	6.15	3.84	12.32	48.91	89.79	121.47	134.02	145.62	234.85	244.96	268.85
甘肃	0.02	1.45	3.05	12.00	12.14	13.43	30.65	31.17	31.16	31.38	31.86
青海	—	0.82	0.82	3.28	7.14	7.59	7.59	7.59	7.59	7.59	7.99
宁夏	—	—	0.20	1.46	1.49	1.49	2.06	2.21	2.24	3.78	5.18
新疆	0.05	0.32	5.52	10.34	12.47	21.76	26.67	37.45	42.72	44.92	50.14
东北地区	1.08	8.35	56.73	62.67	87.17	138.04	166.74	183.02	216.16	227.69	233.93
辽宁	0.89	8.16	20.88	21.26	23.56	43.96	53.02	57.47	77.92	79.94	80.70
吉林	0.19	0.19	35.82	40.67	53.33	83.58	97.81	108.95	109.99	110.00	115.44
黑龙江	—	—	0.04	0.74	10.27	10.49	15.91	16.60	28.26	37.74	37.79

数据来源：国家统计局。

2015—2019年全国及各地区商业营业用房新开工面积　　单位：万平方米

地区	2015年	2016年	2017年	2018年	2019年
全国	22530.29	22316.63	20483.93	20065.69	18936.28
东部地区	7762.20	7724.96	7124.76	7176.68	6782.06
北京	343.62	278.50	156.30	108.32	139.55
天津	292.38	228.70	166.68	187.29	215.14
河北	764.65	849.33	810.22	805.20	602.31
上海	307.57	401.78	297.68	206.93	286.83
江苏	1278.80	1422.47	1283.04	1418.72	1237.21
浙江	1004.46	838.03	893.53	856.27	911.42
福建	684.68	433.30	432.02	557.08	331.54
山东	1357.86	1437.37	1367.65	1488.74	1603.25
广东	1573.31	1596.87	1481.36	1403.85	1283.32
海南	154.87	238.61	236.29	144.29	171.50
中部地区	5842.28	6365.64	5803.68	5558.44	5035.20
山西	484.91	494.28	329.29	318.84	360.38
安徽	1457.58	1459.81	1302.52	955.27	903.23
江西	663.27	576.39	704.69	711.53	581.76
河南	1452.39	1791.85	1568.69	1643.45	1298.68
湖北	892.37	872.28	903.24	678.24	690.78
湖南	891.77	1171.02	995.25	1251.10	1200.38
西部地区	7421.30	7066.18	6520.85	6115.20	6092.76
内蒙古	359.09	525.00	333.75	462.19	324.00
广西	455.30	556.47	574.18	523.36	566.65
重庆	1037.72	899.94	768.10	725.19	579.82
四川	1537.60	1649.58	1631.17	1366.53	1534.99
贵州	1020.76	732.19	583.36	712.73	774.32
云南	758.45	529.77	593.19	569.56	754.86
西藏	16.18	13.46	11.12	38.90	37.63
陕西	685.97	683.84	497.32	633.69	553.06
甘肃	443.25	454.64	492.58	393.88	314.31
青海	130.33	191.01	174.24	91.96	109.18
宁夏	254.25	276.92	203.41	149.36	109.08
新疆	722.41	553.37	658.44	447.85	434.87
东北地区	1504.50	1159.85	1034.64	1215.37	1026.26
辽宁	693.15	554.09	457.38	464.06	404.58
吉林	349.38	341.48	270.81	364.46	280.84
黑龙江	461.97	264.28	306.45	386.84	340.85

数据来源：国家统计局。

2019年全国各地区商业营业用房新开工面积（月度累计）

单位：万平方米

地区	1—2月	1—3月	1—4月	1—5月	1—6月	1—7月	1—8月	1—9月	1—10月	1—11月	1—12月
全国	1774.14	3360.63	4868.68	6666.60	8876.19	10585.33	12172.41	13941.52	15505.00	17134.35	18936.28
东部地区	732.52	1215.02	1849.45	2483.64	3275.88	3937.10	4462.91	5101.04	5576.96	6218.69	6782.06
北京	4.96	11.34	21.09	43.48	62.38	93.14	98.36	99.56	113.29	134.71	139.55
天津	16.60	42.87	60.14	71.12	94.77	113.70	115.36	142.16	161.92	199.40	215.14
河北	9.82	46.21	99.94	149.67	282.36	377.08	420.86	471.74	524.67	581.23	602.31
上海	27.89	39.73	60.99	106.15	121.93	145.77	159.59	215.89	233.70	266.44	286.83
江苏	190.32	290.16	436.71	524.25	599.49	740.29	865.48	941.13	1018.82	1161.03	1237.21
浙江	88.73	145.82	254.55	349.24	467.89	585.02	623.71	689.59	758.08	812.05	911.42
福建	34.89	38.74	66.34	104.47	134.57	140.03	186.11	220.98	244.07	292.97	331.54
山东	198.36	326.23	473.93	610.74	842.66	947.90	1106.33	1264.55	1360.54	1476.49	1603.25
广东	131.46	240.08	325.79	458.71	596.16	719.49	801.63	965.52	1057.02	1167.22	1283.32
海南	29.48	33.84	49.98	65.82	73.67	74.67	85.49	89.92	104.85	127.16	171.50
中部地区	619.77	1168.37	1558.65	1962.47	2546.59	2884.55	3259.24	3754.72	4064.13	4488.48	5035.20
山西	7.17	73.59	100.03	136.68	171.94	186.61	214.62	270.06	294.30	324.10	360.38
安徽	120.74	207.37	306.17	376.08	495.49	567.62	637.72	768.51	781.35	840.84	903.23
江西	89.59	142.67	173.26	213.17	273.80	325.54	375.24	429.54	483.52	529.31	581.76
河南	165.20	294.02	405.62	528.61	680.23	759.54	844.48	927.01	1025.17	1138.41	1298.68
湖北	103.93	171.73	216.73	265.83	372.40	421.73	459.68	519.72	545.19	594.97	690.78

续表

地区	1—2月	1—3月	1—4月	1—5月	1—6月	1—7月	1—8月	1—9月	1—10月	1—11月	1—12月
湖南	133.14	278.99	356.84	442.10	552.73	623.51	727.50	839.88	934.59	1060.85	1200.38
西部地区	420.17	885.55	1295.10	1903.43	2555.45	3144.98	3728.53	4250.60	4958.64	5458.95	6092.76
内蒙古	—	9.46	27.15	56.03	95.50	166.73	211.92	249.51	297.02	304.60	324.00
广西	57.19	87.32	122.94	199.64	291.13	327.26	359.24	395.26	453.32	489.07	566.65
重庆	79.83	139.72	172.51	277.55	335.28	334.22	351.52	411.58	462.25	497.17	579.82
四川	156.67	344.38	467.80	551.54	734.94	857.19	973.38	1073.24	1227.44	1381.13	1534.99
贵州	60.75	126.75	170.85	218.63	275.30	422.87	527.87	555.43	645.27	729.55	774.32
云南	37.80	95.47	152.73	202.60	246.28	304.89	373.06	482.65	546.04	613.51	754.86
西藏	—	0.34	0.71	3.12	3.66	5.23	12.29	20.87	35.40	37.48	37.63
陕西	18.04	33.12	59.21	180.12	225.09	271.87	326.25	362.43	454.82	489.64	553.06
甘肃	6.02	24.98	36.77	78.87	132.43	175.89	209.45	247.31	276.19	293.23	314.31
青海	0.55	6.03	16.77	24.69	47.40	55.61	65.81	82.68	101.69	108.30	109.18
宁夏	1.41	6.32	21.70	37.14	44.31	57.04	76.47	85.69	92.74	104.20	109.08
新疆	1.89	11.67	45.98	73.49	124.12	166.19	241.27	283.96	366.46	411.07	434.87
东北地区	1.69	91.69	165.48	317.05	498.27	618.70	721.72	835.16	905.27	968.23	1026.26
辽宁	0.74	64.43	99.74	133.94	212.04	268.43	311.62	334.64	359.73	387.54	404.58
吉林	0.95	10.80	37.18	104.46	112.93	161.01	187.20	223.65	246.19	256.59	280.84
黑龙江	—	16.46	28.56	78.65	173.30	189.26	222.90	276.86	299.35	324.10	340.85

数据来源：国家统计局。

2015—2019年全国及各地区房屋竣工面积　　　　　　　　单位：万平方米

地区	2015年	2016年	2017年	2018年	2019年
全国	100039.10	106127.71	101486.41	93550.11	95941.53
东部地区	47238.66	50309.10	48918.80	45935.88	47775.65
北京	2631.45	2369.95	1466.67	1557.90	1343.28
天津	2903.57	2914.25	2023.41	2092.22	1655.50
河北	4039.31	4287.78	3416.00	2390.41	2679.96
上海	2647.18	2550.64	3387.56	3115.76	2669.67
江苏	10296.96	10073.96	9581.73	8536.27	9369.08
浙江	5892.86	7925.40	6884.18	5189.67	5738.82
福建	3436.56	3665.25	4266.69	3739.02	2882.29
山东	8277.76	8253.50	8429.06	10512.57	10179.25
广东	6044.43	6593.75	8196.34	7615.25	9955.54
海南	1068.59	1674.61	1267.16	1186.81	1302.26
中部地区	21705.56	23662.83	22077.51	21518.31	23748.92
山西	2114.49	2683.59	1969.92	1407.95	2739.22
安徽	5537.74	5382.95	4747.71	4488.40	5673.90
江西	1907.89	1635.61	1854.40	2031.76	2230.76
河南	5390.32	6299.44	6201.71	6655.23	6571.21
湖北	2785.17	3127.49	3219.72	2773.99	2558.60
湖南	3969.96	4533.74	4084.05	4160.98	3975.24
西部地区	23645.74	25719.23	24571.80	21098.64	20173.08
内蒙古	1697.16	1664.02	1714.24	1415.72	950.56
广西	1675.18	1735.05	1856.24	2192.94	2037.85
重庆	4630.29	4421.30	5055.73	4083.45	5069.17
四川	4545.71	7050.24	5620.73	5635.30	4580.04
贵州	2582.68	1901.45	1171.70	1279.64	954.85
云南	2546.74	2115.08	2419.63	1447.28	1844.49
西藏	92.27	31.53	43.57	49.94	18.87
陕西	1681.50	2431.70	2392.05	1524.66	1782.13
甘肃	962.24	991.73	847.91	752.34	674.14
青海	454.41	386.67	440.90	319.91	133.27
宁夏	1168.98	1294.55	1328.62	1213.98	1011.05
新疆	1608.58	1695.91	1680.48	1183.49	1116.66
东北地区	7449.14	6436.55	5918.30	4997.28	4243.88
辽宁	3237.53	2709.29	2788.28	2273.85	1817.63
吉林	1287.40	1351.65	1478.85	1519.96	1222.17
黑龙江	2924.21	2375.61	1651.17	1203.46	1204.08

数据来源：国家统计局。

2019年全国各地区竣工面积（月度累计）

单位：万平方米

地区	1—2月	1—3月	1—4月	1—5月	1—6月	1—7月	1—8月	1—9月	1—10月	1—11月	1—12月
全国	12499.76	18474.09	22563.93	26706.90	32425.77	37330.75	41610.27	46748.28	54211.14	63846.49	95941.53
东部地区	6399.37	9049.48	10916.20	12960.30	15793.91	18457.12	20420.25	22640.18	26188.08	30979.78	47775.65
北京	56.67	119.54	122.07	147.12	241.89	392.06	450.05	543.59	627.39	786.58	1343.28
天津	91.48	126.78	179.36	240.87	305.45	410.01	397.66	438.80	463.23	671.70	1655.50
河北	188.97	368.33	487.95	540.70	781.73	991.62	1130.65	1246.06	1425.17	1881.79	2679.96
上海	606.10	734.14	875.44	981.70	1139.44	1275.91	1393.51	1471.09	1795.68	2123.64	2669.67
江苏	1490.11	1923.37	2293.88	2797.55	3426.08	4134.94	4521.00	5006.16	5809.76	6682.06	9369.08
浙江	886.31	1310.11	1562.34	1730.79	2095.06	2371.93	2615.87	2930.17	3490.51	4080.34	5738.82
福建	495.34	687.05	802.11	941.23	1029.70	1149.91	1393.16	1662.49	1844.05	2143.53	2882.29
山东	865.25	1334.38	1659.17	2250.97	2892.78	3377.52	3712.13	4008.48	4612.79	5322.18	10179.25
广东	1582.79	2305.04	2550.97	2910.06	3414.05	3855.07	4228.14	4694.77	5338.98	6213.30	9955.54
海南	136.35	140.74	382.91	419.30	467.74	498.15	578.08	638.57	780.53	1074.66	1302.26
中部地区	3041.15	4731.80	5567.42	6501.45	8085.96	9135.34	10220.49	11563.65	13069.55	15430.11	23748.92
山西	84.84	138.67	168.18	251.98	308.73	376.54	483.85	536.46	845.36	1108.63	2739.22
安徽	886.53	1112.83	1286.47	1427.94	1840.47	2117.63	2372.80	2700.84	3049.17	3768.28	5673.90
江西	443.64	620.33	699.75	776.76	863.86	976.43	1105.40	1188.75	1310.31	1530.30	2230.76
河南	550.17	1058.33	1296.70	1577.92	2105.53	2378.39	2691.89	3054.36	3355.30	3861.95	6571.21
湖北	406.79	749.35	895.21	1095.51	1337.33	1433.16	1550.89	1685.48	1782.84	1906.86	2558.60

续表

地区	1—2月	1—3月	1—4月	1—5月	1—6月	1—7月	1—8月	1—9月	1—10月	1—11月	1—12月
湖南	669.18	1052.30	1221.11	1371.34	1630.03	1853.18	2015.66	2397.75	2726.56	3254.08	3975.24
西部地区	2737.29	4111.46	5172.63	6181.36	7276.33	8168.25	9051.64	10349.08	12157.27	14127.76	20173.08
内蒙古	71.59	126.24	157.82	263.03	366.67	528.28	569.55	630.50	695.53	758.78	950.56
广西	340.70	554.20	652.35	768.02	844.19	884.64	963.22	1145.61	1251.72	1457.06	2037.85
重庆	644.88	817.40	972.00	1192.44	1641.29	1877.96	2113.36	2338.64	2672.57	3054.96	5069.17
四川	833.46	1161.41	1510.53	1706.55	1864.76	2042.93	2265.42	2493.71	2847.54	3259.90	4580.04
贵州	210.34	312.82	370.80	387.23	443.71	460.71	476.25	536.13	610.77	701.24	954.85
云南	198.86	403.76	550.77	706.75	753.24	801.54	882.48	1063.18	1135.17	1478.66	1844.49
西藏	15.72	0.86	2.81	4.95	5.76	2.73	5.60	20.52	18.87	18.87	18.87
陕西	190.41	256.50	302.97	331.86	442.05	529.11	573.16	708.37	1088.87	1196.53	1782.13
甘肃	72.48	107.22	142.13	163.63	193.08	207.10	263.30	320.40	411.54	507.77	674.14
青海	—	—	16.74	22.32	24.51	39.08	50.90	55.34	60.31	125.31	133.27
宁夏	86.58	204.39	259.56	293.35	313.58	354.31	386.51	416.06	676.26	775.71	1011.05
新疆	72.28	166.66	234.16	341.23	383.49	439.88	501.89	620.62	688.13	792.98	1116.66
东北地区	321.94	581.35	907.67	1063.80	1269.57	1570.04	1917.90	2195.38	2796.25	3308.83	4243.88
辽宁	244.62	379.41	568.00	682.38	767.87	820.10	891.06	1001.73	1231.48	1350.32	1817.63
吉林	70.81	138.56	209.99	208.91	262.76	379.20	605.30	696.74	935.64	1115.64	1222.17
黑龙江	6.50	63.38	129.68	172.51	238.94	370.75	421.54	496.92	629.13	842.88	1204.08

数据来源：国家统计局。

2015—2019年全国及各地区住宅竣工面积　　　　单位：万平方米

地区	2015年	2016年	2017年	2018年	2019年
全国	73777.36	77185.19	71815.12	66015.75	68011.11
东部地区	34184.13	36032.52	34094.51	31916.69	33012.49
北京	1378.22	1267.06	604.04	731.20	583.20
天津	2182.99	2189.14	1433.24	1522.27	1186.69
河北	3226.91	3352.61	2730.13	1917.23	2042.67
上海	1588.95	1532.88	1862.74	1730.27	1453.28
江苏	7930.21	7602.69	7089.80	6360.00	6968.89
浙江	3938.03	5091.95	4338.91	3047.84	3551.11
福建	2398.99	2420.45	2891.33	2347.24	1813.90
山东	6185.56	6358.16	6406.46	8057.09	7734.65
广东	4435.40	4773.04	5784.01	5216.15	6578.17
海南	918.87	1444.53	953.86	987.39	1099.94
中部地区	16724.03	18128.37	16410.22	16029.96	18057.61
山西	1574.68	2042.22	1413.83	1094.50	1985.29
安徽	4099.21	4047.73	3424.98	3184.19	4250.81
江西	1531.36	1316.26	1365.86	1510.51	1670.19
河南	4237.92	5015.23	4701.53	5074.09	5162.69
湖北	2193.44	2348.38	2433.72	2091.69	2019.29
湖南	3087.42	3358.54	3070.28	3074.98	2969.35
西部地区	17212.34	18048.78	16859.68	14331.76	13732.54
内蒙古	1281.45	1203.26	1265.15	1013.97	689.74
广西	1310.52	1373.27	1478.96	1654.54	1515.99
重庆	3185.90	3084.00	3316.37	2784.64	3400.08
四川	3149.25	4677.37	3675.76	3707.61	2940.11
贵州	1927.37	1283.25	785.00	841.59	634.50
云南	1896.56	1433.86	1554.70	1047.65	1225.40
西藏	70.54	25.20	26.65	38.74	8.12
陕西	1351.57	1922.84	1873.42	1036.15	1281.67
甘肃	765.12	730.25	619.44	498.67	470.51
青海	320.84	231.21	229.45	187.38	86.28
宁夏	746.78	931.25	883.54	843.82	718.11
新疆	1206.44	1153.02	1151.25	677.01	762.03
东北地区	5656.86	4975.52	4450.71	3737.34	3208.46
辽宁	2529.29	2210.06	2214.31	1711.44	1374.26
吉林	1000.75	1008.37	1030.46	1105.37	893.27
黑龙江	2126.82	1757.09	1205.94	920.53	940.93

数据来源：国家统计局。

2019年全国各地区住宅竣工面积（月度累计）

单位：万平方米

地区	1—2月	1—3月	1—4月	1—5月	1—6月	1—7月	1—8月	1—9月	1—10月	1—11月	1—12月
全国	8925.56	13043.11	16040.11	18834.63	22929.10	26373.69	29336.15	33084.32	38474.17	45274.19	68011.11
东部地区	4540.79	6251.97	7604.33	8856.16	10870.94	12663.83	13908.73	15483.43	18005.96	21345.29	33012.49
北京	35.38	75.77	73.30	83.62	135.16	182.07	209.96	226.20	278.29	350.98	583.20
天津	77.17	97.96	115.70	161.83	212.56	260.60	247.94	284.10	311.40	451.83	1186.69
河北	127.82	277.66	379.02	408.83	580.75	749.96	869.02	966.86	1120.27	1471.36	2042.67
上海	382.71	425.66	497.02	550.75	645.78	695.42	755.88	813.58	993.65	1145.82	1453.28
江苏	1096.62	1395.31	1705.43	2049.77	2541.97	3075.04	3351.31	3772.09	4386.08	4999.34	6968.89
浙江	555.09	772.02	928.95	1003.31	1239.56	1416.84	1546.04	1733.10	2067.78	2487.57	3551.11
福建	290.57	420.89	497.23	576.19	652.71	731.17	884.36	1048.46	1179.41	1372.13	1813.90
山东	627.91	991.02	1242.51	1639.57	2119.40	2477.78	2721.52	2945.96	3416.08	3948.05	7734.65
广东	1240.54	1681.49	1859.92	2047.28	2362.73	2667.85	2861.28	3178.70	3602.04	4213.34	6578.17
海南	106.98	114.20	305.24	335.01	380.33	407.12	461.42	514.38	650.96	904.87	1099.94
中部地区	2289.51	3596.00	4252.54	5029.97	6228.98	7063.28	7918.99	8972.68	10062.76	11815.21	18057.61
山西	65.35	116.15	135.24	192.94	240.42	297.43	377.59	410.06	629.39	809.04	1985.29
安徽	646.47	810.27	952.39	1043.67	1355.76	1581.88	1770.14	2029.94	2278.34	2845.97	4250.81
江西	354.13	490.87	543.19	612.72	670.47	752.66	858.31	920.57	998.08	1130.86	1670.19
河南	420.92	866.70	1063.21	1294.02	1723.46	1958.75	2216.72	2510.24	2740.37	3153.15	5162.69
湖北	326.53	561.25	675.73	848.14	1034.11	1114.47	1211.69	1322.68	1404.00	1479.18	2019.29

续表

地区	1—2月	1—3月	1—4月	1—5月	1—6月	1—7月	1—8月	1—9月	1—10月	1—11月	1—12月
湖南	476.10	750.76	882.77	1038.49	1204.75	1358.08	1484.54	1779.20	2012.59	2427.00	2969.35
西部地区	1849.78	2741.46	3466.14	4119.09	4833.14	5427.41	6042.39	6935.41	8258.33	9599.39	13732.54
内蒙古	44.94	75.55	98.58	183.35	247.46	364.94	391.75	439.57	484.99	532.69	689.74
广西	268.31	427.82	511.62	581.47	645.37	682.77	743.49	910.89	985.78	1126.21	1515.99
重庆	465.96	576.25	680.92	804.86	1111.71	1242.28	1407.02	1550.98	1780.29	2054.77	3400.08
四川	492.47	690.38	892.97	1012.85	1103.55	1218.94	1396.06	1536.20	1771.23	2042.60	2940.11
贵州	153.85	205.24	250.29	261.85	303.00	313.38	322.58	348.07	406.50	470.66	634.50
云南	130.08	276.32	370.49	478.75	500.60	536.77	591.12	697.08	753.37	965.16	1225.40
西藏	11.59	0.86	1.73	2.97	3.78	1.73	4.49	11.75	8.12	8.12	8.12
陕西	122.18	168.56	206.00	225.08	285.80	359.66	377.57	480.06	805.65	889.36	1281.67
甘肃	53.43	69.22	101.52	117.62	136.14	148.08	187.00	224.43	291.18	348.16	470.51
青海	—	—	15.81	20.13	22.31	28.69	38.21	41.40	44.80	79.03	86.28
宁夏	58.74	140.05	172.67	196.02	209.09	223.70	244.63	266.09	465.73	544.83	718.11
新疆	48.23	111.21	163.55	234.16	264.33	306.49	338.47	428.90	460.70	537.79	762.03
东北地区	245.49	453.68	717.11	829.41	996.04	1219.17	1466.04	1692.79	2147.12	2514.29	3208.46
辽宁	181.41	284.73	428.41	514.30	589.30	629.43	691.47	790.91	969.34	1055.56	1374.26
吉林	58.12	110.48	170.66	163.57	200.01	284.32	430.39	502.58	669.83	791.64	893.27
黑龙江	5.96	58.46	118.05	151.53	206.74	305.43	344.19	399.30	507.95	667.09	940.93

数据来源：国家统计局

2015—2019年全国及各地区办公楼竣工面积　　　　单位：万平方米

地区	2015年	2016年	2017年	2018年	2019年
全国	3419.49	3629.27	4006.54	3884.04	3923.39
东部地区	2233.40	2353.31	2450.63	2457.10	2565.34
北京	385.38	343.74	321.18	249.87	290.28
天津	171.18	143.22	138.64	113.42	41.99
河北	90.00	101.67	84.41	42.11	76.54
上海	219.23	279.31	444.83	413.46	259.36
江苏	324.46	280.30	340.64	275.49	357.66
浙江	295.95	473.59	391.97	383.68	332.85
福建	142.78	182.15	144.64	261.45	177.59
山东	355.49	293.08	279.91	354.35	381.42
广东	237.18	252.67	258.62	349.31	640.10
海南	11.74	3.57	45.79	13.94	7.54
中部地区	478.43	542.09	677.82	611.41	692.93
山西	52.16	42.04	84.57	16.04	83.51
安徽	155.24	121.04	235.08	190.95	160.05
江西	28.39	37.96	56.69	50.56	54.60
河南	143.35	163.38	166.97	187.97	240.06
湖北	27.16	67.27	61.78	91.76	70.04
湖南	72.14	110.40	72.73	74.14	84.67
西部地区	624.44	648.12	744.42	660.52	572.55
内蒙古	33.44	23.80	39.18	25.48	21.46
广西	32.61	29.86	31.32	36.92	59.21
重庆	195.72	100.97	142.01	129.04	99.11
四川	109.05	194.08	171.18	165.89	131.98
贵州	81.86	113.75	29.77	34.84	26.61
云南	47.71	23.04	58.57	16.37	53.89
西藏	4.06	6.05	2.34	—	—
陕西	35.98	48.01	84.12	69.20	89.51
甘肃	14.49	10.21	26.17	32.70	12.49
青海	21.56	34.39	51.42	15.15	10.02
宁夏	26.53	28.67	64.07	40.58	31.35
新疆	21.45	35.30	44.28	94.36	36.92
东北地区	83.22	85.75	133.67	155.01	92.58
辽宁	22.44	26.71	35.91	30.59	39.60
吉林	34.57	18.19	58.76	73.55	35.82
黑龙江	26.21	40.85	38.99	50.86	17.15

数据来源：国家统计局。

2019年全国各地区办公楼竣工面积（月度累计）

单位：万平方米

地区	1—2月	1—3月	1—4月	1—5月	1—6月	1—7月	1—8月	1—9月	1—10月	1—11月	1—12月
全国	431.67	650.87	760.32	952.02	1199.65	1407.47	1543.50	1739.70	2033.69	2356.87	3923.39
东部地区	274.10	426.82	499.45	674.67	816.90	982.21	1046.65	1167.03	1337.93	1577.29	2565.34
北京	2.49	2.51	9.87	18.58	26.04	82.92	85.40	121.07	126.17	161.84	290.28
天津	0.01	2.45	7.78	7.78	7.78	7.77	7.77	7.77	11.89	27.25	41.99
河北	3.05	7.16	11.39	7.13	35.85	41.27	40.45	40.60	41.67	48.43	76.54
上海	43.09	78.83	92.51	103.23	111.40	151.75	153.25	149.69	181.48	210.98	259.36
江苏	50.01	62.58	61.80	79.14	110.98	135.61	141.72	147.80	164.16	223.75	357.66
浙江	38.92	95.43	118.54	142.74	155.28	157.34	169.14	183.55	236.32	256.07	332.85
福建	41.06	41.80	47.28	69.97	70.60	74.41	84.40	115.08	116.88	120.15	177.59
山东	54.01	58.62	63.75	139.94	162.43	189.44	190.27	192.69	213.87	239.47	381.42
广东	39.21	75.19	84.25	103.89	134.27	139.42	170.31	204.82	239.95	283.54	640.10
海南	2.26	2.26	2.27	2.27	2.27	2.27	3.96	3.96	5.55	5.80	7.54
中部地区	77.75	114.34	120.04	122.03	159.39	170.69	196.54	236.83	306.85	343.20	692.93
山西	0.08	0.13	3.17	3.17	3.17	3.87	4.30	18.81	54.26	57.15	83.51
安徽	34.62	40.51	40.79	48.29	52.27	52.34	65.44	66.57	70.04	83.71	160.05
江西	6.50	4.17	4.18	4.48	6.95	6.95	8.11	9.25	25.75	27.72	54.60
河南	10.53	11.86	14.12	15.82	20.95	23.23	23.26	37.47	48.96	53.72	240.06
湖北	5.31	16.77	16.77	17.15	28.78	29.08	40.06	41.07	41.07	47.47	70.04

续表

地区	1—2月	1—3月	1—4月	1—5月	1—6月	1—7月	1—8月	1—9月	1—10月	1—11月	1—12月
湖南	20.71	40.89	40.99	33.11	47.27	55.23	55.37	63.66	66.76	73.42	84.67
西部地区	76.62	103.47	129.36	137.63	205.49	231.36	253.33	288.82	324.71	361.27	572.55
内蒙古	—	1.05	1.05	1.05	5.96	17.72	19.67	20.67	21.46	21.46	21.46
广西	0.63	4.08	4.11	8.40	8.49	8.81	8.86	10.21	12.73	15.32	59.21
重庆	6.40	11.93	14.56	14.57	27.05	29.73	37.33	37.39	42.27	49.41	99.11
四川	41.51	45.03	66.74	68.84	74.83	75.05	77.63	84.57	94.57	101.71	131.98
贵州	0.39	6.02	6.02	6.27	6.76	8.95	8.95	22.75	23.61	26.65	26.61
云南	1.94	4.12	6.25	6.25	24.60	22.07	23.50	26.46	26.60	29.93	53.89
西藏	—	—	—	—	—	—	—	—	—	—	—
陕西	14.77	15.43	15.52	15.90	40.16	41.33	41.33	49.99	57.37	57.47	89.51
甘肃	0.15	0.76	0.81	1.07	1.14	1.73	2.42	2.42	2.51	4.18	12.49
青海	—	—	—	—	—	3.07	3.07	3.07	3.25	10.02	10.02
宁夏	4.78	7.60	7.60	8.57	9.80	9.78	9.82	9.82	13.36	18.08	31.35
新疆	6.05	7.44	6.69	6.71	6.71	13.13	20.76	21.48	26.99	27.05	36.92
东北地区	3.19	6.25	11.47	17.70	17.88	23.21	46.98	47.01	64.21	75.12	92.58
辽宁	3.14	3.82	9.05	15.28	15.32	16.62	16.62	16.59	17.35	17.85	39.60
吉林	0.05	0.05	0.05	0.01	0.18	0.38	24.12	24.12	39.74	49.74	35.82
黑龙江	—	2.37	2.37	2.37	2.37	6.21	6.25	6.31	7.11	7.53	17.15

数据来源：国家统计局。

2015—2019年全国及各地区商业营业用房竣工面积　　　　单位：万平方米

地区	2015年	2016年	2017年	2018年	2019年
全国	12026.67	12518.08	12670.26	11258.68	10814.18
东部地区	4780.16	5099.94	5314.09	4749.03	4773.74
北京	259.92	171.61	166.94	162.83	98.60
天津	247.78	293.59	209.21	119.33	147.51
河北	360.64	395.32	293.26	253.79	275.30
上海	306.45	266.06	387.73	341.05	324.55
江苏	1141.39	1172.03	1085.87	989.85	937.56
浙江	566.27	780.45	739.72	629.84	576.56
福建	341.16	457.34	390.35	374.56	367.91
山东	981.21	816.36	1028.10	1088.91	1022.04
广东	504.54	641.07	858.66	701.16	939.51
海南	70.79	106.11	154.26	87.72	84.19
中部地区	2823.55	2913.87	2939.08	2687.09	2732.76
山西	242.30	298.42	228.03	127.41	358.07
安徽	856.80	719.53	638.96	631.50	628.09
江西	239.70	165.80	287.88	303.69	358.71
河南	688.87	748.05	824.27	792.40	694.09
湖北	387.07	466.52	474.61	352.46	247.42
湖南	408.82	515.54	485.34	479.63	446.39
西部地区	3253.73	3638.24	3588.50	3138.44	2780.54
内蒙古	254.27	259.68	252.54	220.41	125.25
广西	145.16	189.14	150.96	270.24	198.02
重庆	606.07	634.46	724.40	509.48	613.18
四川	646.92	923.43	816.43	814.77	612.25
贵州	409.69	250.17	195.67	242.10	164.00
云南	317.64	313.08	380.08	192.10	296.86
西藏	10.94	0.23	11.75	4.60	7.16
陕西	158.91	307.98	298.58	184.06	257.73
甘肃	131.51	162.11	134.54	137.11	124.22
青海	70.10	65.94	87.78	87.64	20.63
宁夏	230.67	170.51	235.19	196.32	152.69
新疆	271.86	361.51	300.58	279.61	208.56
东北地区	1169.22	866.03	828.58	684.12	527.13
辽宁	483.39	307.37	327.72	351.05	254.61
吉林	153.09	213.22	243.86	186.26	143.71
黑龙江	532.74	345.43	257.00	146.81	128.81

数据来源：国家统计局。

2019年全国各地区商业营业用房竣工面积（月度累计）

单位：万平方米

地区	1—2月	1—3月	1—4月	1—5月	1—6月	1—7月	1—8月	1—9月	1—10月	1—11月	1—12月
全国	1476.73	2270.70	2786.55	3329.84	3927.23	4457.85	4987.73	5532.58	6336.17	7481.22	10814.18
东部地区	635.97	952.04	1163.55	1412.84	1646.11	1924.79	2195.53	2387.22	2734.55	3177.87	4773.74
北京	4.33	4.59	4.59	6.00	13.47	19.42	32.96	46.83	52.67	60.13	98.60
天津	0.84	10.73	38.43	40.21	45.11	85.42	85.07	85.07	72.27	81.12	147.51
河北	48.94	57.23	65.32	86.08	105.23	124.02	133.83	146.85	157.83	187.80	275.30
上海	38.05	61.66	91.57	106.76	125.05	140.40	155.90	155.96	197.97	250.12	324.55
江苏	165.27	224.22	253.57	297.27	341.45	396.64	437.80	466.01	559.51	648.56	937.56
浙江	114.17	156.75	189.29	223.35	256.52	294.03	333.22	360.64	402.74	442.09	576.56
福建	63.99	84.48	93.73	106.31	108.72	124.28	155.59	182.37	205.27	251.45	367.91
山东	114.58	181.73	206.98	267.80	322.18	371.94	432.26	468.44	533.46	602.53	1022.04
广东	75.34	159.36	184.84	242.01	290.81	330.64	384.83	427.23	502.30	580.20	939.51
海南	10.48	11.29	35.23	37.05	37.57	37.99	44.06	47.83	50.54	73.87	84.19
中部地区	389.09	598.45	706.40	806.46	998.73	1111.94	1214.94	1331.96	1513.67	1871.89	2732.76
山西	2.79	3.74	10.99	21.16	27.04	29.11	38.25	39.64	64.23	115.66	358.07
安徽	107.97	145.01	161.65	193.76	242.74	271.65	295.47	321.46	366.04	455.39	628.09
江西	66.63	91.53	113.72	119.92	143.84	164.91	173.69	182.43	191.78	266.63	358.71
河南	81.28	118.70	149.25	183.12	232.26	261.70	301.64	336.89	383.31	440.43	694.09
湖北	49.93	106.15	117.95	132.90	156.17	159.06	164.44	176.02	182.90	213.96	247.42

续表

地区	1—2月	1—3月	1—4月	1—5月	1—6月	1—7月	1—8月	1—9月	1—10月	1—11月	1—12月
湖南	80.49	133.32	152.85	155.60	196.68	225.51	241.45	275.52	325.41	379.82	446.39
西部地区	407.57	649.98	822.66	988.25	1141.62	1251.59	1361.04	1558.26	1757.21	2037.76	2780.54
内蒙古	13.58	26.85	32.52	43.73	60.58	75.77	83.34	89.91	99.15	107.25	125.25
广西	45.83	68.52	75.87	87.29	93.70	92.88	93.31	98.06	118.13	154.12	198.02
重庆	74.93	96.16	130.71	164.17	204.45	228.48	249.33	283.57	314.09	348.07	613.18
四川	141.51	205.66	252.21	283.41	319.15	340.74	365.24	405.64	430.84	485.45	612.25
贵州	30.32	49.53	52.68	54.67	64.68	68.85	73.13	85.54	92.86	109.43	164.00
云南	36.30	74.30	116.16	138.24	143.44	151.74	158.16	204.61	208.85	265.98	296.86
西藏	0.35	—	1.07	1.22	1.22	1.00	1.11	5.18	7.16	7.16	7.16
陕西	26.00	35.82	39.06	47.69	62.79	74.32	83.45	101.13	138.12	156.86	257.73
甘肃	11.49	22.62	24.54	27.99	38.52	37.82	49.88	60.75	81.63	107.13	124.22
青海	—	—	0.49	1.07	1.07	3.59	5.17	6.03	7.14	19.94	20.63
宁夏	17.02	37.13	50.68	58.80	63.15	83.22	90.32	92.55	114.04	118.57	152.69
新疆	10.24	33.39	46.67	79.99	88.86	93.17	108.60	125.28	145.21	157.81	208.56
东北地区	44.10	70.23	93.95	122.30	140.78	169.53	216.23	255.14	330.74	393.71	527.13
辽宁	35.69	54.93	72.15	91.18	98.20	103.38	106.82	114.05	152.72	175.59	254.61
吉林	7.87	13.27	16.59	21.73	26.64	41.01	73.54	90.23	115.60	128.14	143.71
黑龙江	0.54	2.03	5.21	9.38	15.94	25.14	35.86	50.85	62.43	89.98	128.81

数据来源：国家统计局。

卷首语

巩固深化主题教育成果，开创协会党建工作新局面

文_王 鹏

按照中央和国家机关行业协会商会主题教育领导小组统一部署，在中央和国家机关行业协会商会主题教育第12巡回指导组的全程指导下，中国物业管理协会党支部（以下简称党支部）自2019年9月至12月开展了"不忘初心、牢记使命"主题教育。

回顾三个月以来主题教育情况，党支部始终把开展主题教育作为重大政治任务来抓，认真贯彻"守初心、担使命，找差距、抓落实"总要求，突出融会贯通，强化问题导向，统筹抓好学习教育、调查研究、检视问题、整改落实四项重点措施。主题教育期间，围绕中国共产党人的初心、新时代中国物协的使命任务、加强协会党建工作、破解协会发展难题等专题开展了集中研讨；开展"不忘初心、牢记使命"主题党日活动，瞻仰香山革命纪念地，感悟初心、使命，汲取前行的力量；举办"壮丽70年，奋斗新时代"物业管理成就展，组织参观"伟大历程 辉煌成就——庆祝中华人民共和国成立70周年大型成就展"；通过全程网络直播形式，面向2700余家会员单位，举办全行业学习党的十九届四中全会精神宣讲报告会；专题调研北京市老旧小区物业管理工作、中国物协分支机构发展难题、杭州市物业管理基层党建工作、湖南省物业管理行业发展难题、合肥市物业服务费调价机制等工作，采取谈心谈话、座谈交流、发放征求意见表等方式广泛征集意见，形成党支部班子检视剖析材料，并制定出整改落实问题清单，在聚焦解决问题中践行初心使命，通过系列工作推动主题教育取得实效。

党支部开展主题教育各项工作围绕中心、服务大局，进展有序、扎实深入，进一步深化了对习近平新时代中国特色社会主义思想的理解，进一步提高了运用党的创新理论指导协会事业发展的能力，进一步激发了履职尽责、担当作为的使命意识，进一步推动了对行业、协会发展深层次问题的研究和破解，取得了较好的成效。

一是理论学习有收获。党支部坚持把学习教育贯穿始终，组织党员深入学习主题教育规定的学习书目和文章，及时跟进学习习近平总书记最新重要讲话精神。深入思考学、融会贯通学、联系实际学，进一步加深了对习近平新时代中国特色社会主义思想重大意义、科学体系、丰富内涵、实践要求的理解，增强了政治认同、思想认同、情感认同，提高了理论指导实践、知信行合一的能力，激发了运用马克思主义立场、观点、方法指导实践、改革创新、推动发展的动力。

二是思想政治受洗礼。通过主题教育，进一步坚定了对马克思主义、社会主义和共产主义的信仰。支部全体党员深刻认识到，只有坚定不移地学习贯彻好习近平新时代中国特色社会主义思想，认真执行好党中央决策部署，才能不断增强"四个意识"、坚定"四个自信"、做到"两个维护"，自觉在思想上政治上行动上同以习近平同志为核心的党中央保持高度一致，始终忠于党、忠于人民、忠于马克思主义，自觉做共产主义远大理想和中国特色社会主义共同理想的坚定信仰者和忠诚实践者，不断掸去思想上的灰尘、淬炼政治上的坚定，筑牢信仰之基，补足精神之钙，把稳思想之舵。

三是干事创业敢担当。通过理论学习、集中研讨、调查研究、参观考察，党支部树立了勇于干事的担当精神，真抓实干的创业精神，敢碰雷区、敢啃硬骨的奋斗精神，甘于寂寞、深入钻研的研究精神，坚持把检视问题贯穿始终，把焕发出来的干事创业热情，转化为推动协会高质量工作的强大动力，

转化为思想再解放、工作再落实的实际成效。以时不我待的使命感和责任感，努力把本职工作做好做实，继续推进物业管理行业的高质量发展的相关工作。

四是为民服务解难题。通过学习党员干部树立了明确的问题导向，坚定了以人民为中心的发展理念，把发现问题和解决问题作为调查研究的出发点和落脚点，带着思考、带着问题开展调研，着力在为民服务解难题上下功夫求实效，从物业管理领域最突出的问题着手，从最具体的工作抓起，通堵点、疏痛点、消盲点，着力提升为会员单位服务能力和着力破解行业发展的新情况新问题。进一步认识到要着力维护群众利益，为群众解决实际问题，坚守办会宗旨，坚持群众路线，积极发挥协会在创新社会治理、化解社会矛盾、维护社会秩序、促进社会和谐等方面的作用，将调研成果转化为解决问题的具体行动，为行业发展创造更加有利的条件。

五是清正廉洁做表率。党支部紧紧围绕"守初心、担使命，找差距、抓落实"的总要求，组织党员干部以正视问题的自觉和刀刃向内的勇气，积极对照党章党规找差距，把自己摆进去，把职责摆进去，把工作摆进去，自觉对标对表，努力把问题找实，把根源找深，明确努力方向。严肃开展批评与自我批评，逐项对照18个"是否"，全面查找偏离初心和使命的问题，深刻剖析了深层次原因，提出了整改措施，进一步端正了思想，提高了站位，坚定了意志。坚决与各种不良行为划清界限，与错误思想作斗争。党员干部提高了清正廉洁、自觉接受监督、干净做事、老实做人的认识。

在充分肯定主题教育成绩的同时，党支部也清醒地看到存在的问题，主要是理论学习不深、不透、不系统，学思用贯通不够，运用党的创新理论推动协会工作的能力不足；对持续推动党建工作与业务工作深度融合发展的研究和实践存在差距；推动党支部工作上水平，充分发挥党支部作用方面还有待加强。对于这些问题，党支部要深刻反思、持续提升，不断增强正视问题的自觉和刀刃向内的勇气，找准找实持续深化整改的重点和方向，确保主题教育的成果经得起行业、会员、实践检验。

党的十九届四中全会明确提出"建立不忘初心、牢记使命的制度"的重大任务，要求把不忘初心、牢记使命作为加强党的建设的永恒课题和全体党员、干部的终身课题，形成长效机制，坚持不懈锤炼党员、干部忠诚干净担当的政治品格。正如习近平总书记在"不忘初心、牢记使命"主题教育总结大会的讲话中所言，"凡是过往，皆为序章。全党要以这次主题教育为新的起点，不断深化党的自我革命，持续推动全党不忘初心、牢记使命"。党支部也将以此为工作目标，对主题教育进行认真总结、巩固提升、保持常态、确保长效，形成推动党员干部践行初心使命，干事创业的不竭动力。

一要坚持政治统领。中国特色社会主义最本质的特征是中国共产党领导，中国特色社会制度最大的优势是中国共产党的领导，中国最大的国情是中国共产党的领导。党政军民学，东西南北中，党是领导一切的。在今后的工作中，党支部要进一步提高政治站位、强化政治责任，把管党治党作为第一职责，在推动协会改革发展进程中，同步加强党对协会的领导，不断提高从政治上认识把握改革发展大局的能力，引导党员和从业人员听党话、跟党走，增强"四个意识"，坚定"四个自信"，做到"两个维护"，不断巩固党长期执政的政治基础。

二要持续深入学习。学习习近平新时代中国特色社会主义思想是一项长期的、必须持续抓好的根本任务。当前，党支部要结合学习贯彻党的十九届四中全会精神，认真总结这次主题教育行之有效的好做法，着力建立和完善学习制度，建立长效机制。引导党员进一步培养良好的理论学习习惯，确保在今后日常工作生活中自觉抓好学习。注重创新形式，利用好新媒体，以党员喜闻乐见的方式开展学习，使党的理论真正入脑入心。要按照习近平总书记要求，自觉主动学、及时跟进学、联系实际学、笃信笃行学。注重学用结合、做好转化，坚持问题导向和目标导向，把学习成果转化为实实在在的工作思

路和举措,转化为破解难题、推动发展的实际能力,转化为干事创业的劲头和担当。

三要抓好整改落实。主题教育成效如何,最终要看问题解决的怎么样。主题教育期间,党支部通过学习查找问题、开门征求意见、调研了解情况、深入检视剖析,以及专题组织生活会上开展批评与自我批评,形成了5大类22条问题清单。有的问题已经立行立改,有的问题一时不太容易整改,也都明确了整改措施、责任人和时限。对这些还未完成的整改任务,要以钉钉子精神盯住不放,确保逐一销账。要深刻检视反思,深挖思想根源,增强责任感和紧迫感,一件一件落到底。紧盯关键问题和薄弱环节,把当下改与长久立结合起来,该立的规章制度要抓紧立起来,对已经不适应新时代、新形势、新任务的尽快修订完善,实践证明行之有效的好经验、好做法及时上升固化为制度,建立长效机制。及时公开后续整改进展情况,自觉接受群众监督,努力向社会、向行业、向会员交出一份满意答卷。

四要夯实党建基础。党支部是党的全部工作和战斗力的基础,担负直接教育、管理、监督党员和组织、宣传、凝聚、服务群众的职责。这次主题教育期间,协会党支部按照巡回指导组要求,高标准开展党组织书记讲党课、主题党日活动、专题组织生活会、民主评议党员等工作,经历了规范组织生活、强化组织功能的一次"练兵"。在今后工作中,党支部要按照政治功能强、支部班子强、党员队伍强、作用发挥强的"四强"要求,进一步加强党支部标准化、规范化、制度化建设,严格落实"三会一课"等基本组织生活制度,严肃党内政治生活;进一步提升组织力,强化党支部教育、管理、监督党员的职责作用,有效提升党支部建设质量;进一步以"党员先锋岗""党员责任区""党员承诺践诺"等措施为抓手,促进党员立足岗位、履职尽责,使党员真正发挥先锋模范作用,党支部成为党旗高高飘扬的战斗堡垒。

"不忘初心、牢记使命"主题教育只有进行时,没有完成时,什么时候都不能有"停一停、歇歇脚"思想。党支部要以主题教育总结工作为新的起点,在思想上、政治上、能力上、作风上持续提升,做起而行之的行动者、攻坚克难的奋斗者、实干之风的践行者,在中央和国家机关工委的领导下,将主题教育成果转化为促进中国物协发展的强大动力,开创协会党建工作新局面!

(作者系中央国家机关行业协会商会住建联合党委委员,中国物业管理协会党支部书记、副会长兼秘书长)

相信口罩摘下的那一天不再遥远
——致敬战疫一线勇敢逆行的物业人

■ 文_中国物业管理协会

2020年春天，一场不期而遇的疫情让物业人投身于没有硝烟的战场。在党中央、国务院和政府主管部门的坚强领导下，全国物业管理行业深入学习贯彻习近平总书记重要讲话和一系列重要指示精神，积极开展防疫工作。中国物业管理协会及各地方协会第一时间下发《关于全力做好物业管理区域新型冠状病毒疫情防控工作的倡议书》，号召全行业把疫情防控作为当前最重要的政治任务，积极配合政府部门构筑联防联治的严密防线。1000多万物业"逆行者"昼夜奋战在疫情防控第一线，不顾安危、不讲条件、不辞辛苦，为守护人民群众的健康安全做出了重要贡献，彰显了物业管理专业服务的价值！在此，中国物协向你们和你们的家人致以最亲切的慰问和最崇高的敬意！

一、致敬坚守防疫一线的物业人

融入"联防联控"坚守社区防线

2月10日，习近平总书记在北京调研指导新冠肺炎疫情防控工作时指出，社区是疫情联防联控的第一线，也是外防输入、内防扩散最有效的防线。

在街道社区的组织协调下，物业人积极融入"联防联控"工作，配合政府部门把区域治理、社区治理、单位治理有机结合起来，构筑起了联防联控的防护网络，全国近65万个城乡社区留下了物业人最美"逆行"的身影。在武汉市15个市辖区，每天有近7万余名物业人坚守物业服务工作岗位；在深圳市，1473家物业服务企业，近60万名物业人坚守岗位。

为了打赢疫情防控阻击战，是他们不畏严寒，坚守在社区一线；是他们走遍千家万户，叩开每一扇门，排查核对居民信息、摸清返回人员底数；是他们用一条条微信推送、一张张宣传单、一声声"喇叭"广播、一个个"硬核"标语，不厌其烦地宣传防疫知识；是他们冒着被感染的危险，第一时间将发热病人及时隔离、妥善安置；是他们甘当"快递员"，为特殊人群和困难家庭送菜送粮送药……

近日，新华财经刊发了经济分析报告——《强化物业管理构建社区疫情防控"安全线"》。该报告指出，物业公司与街道、社区等联动，严格执行人员排查、消毒防疫等防控措施，极大地弥补了街道和社区防疫工作人手不足、信息渠道不畅的短板，在保障群众生活物资、引导居民科学防疫等方面发挥了不可替代的作用。

与医护人员携手鏖战医院防控一线

2月3日，当位于武汉市知音湖畔的火神山医院开始收治第一批患者时，迎接他们的不仅有来自全国各地的医生和护士，还有来自武汉市和全国的物业服务工作人员。此前，已有分别来自中建三局、珠江管理、医管家、贵阁、惠之美、万科、金地、东原等物业服务企业的物业人提前进入工作岗位，站在了全国瞩目的火神山医院、雷神山医院的建设和服务队伍中，站在了这场战疫中的最前线。此事经媒体报道后，引发了社会对这群站在白衣天使身后的"蓝衣天使"的广泛关注。

目前，全国共有3.3万余家医院，作为战斗在医院后勤服务岗位的物业人，与广大医务工作者一样，站在了抗击疫情的第一线。特别是服务于全国3041家集中收治定点医院、23家新（改）建定点医院和方舱医院、2588家集中收治隔离点的物业服务企业，全体在岗员工放弃春节假期，他们身处险境，以专业服务为医生救治病患及医院正常运转提供了重要保障。他们不仅负责医院的环境保洁、秩序维护、设备工程运维、停车管理等物业服务工作，还承担起了消毒、废物处理、垃圾转运、病人接送转运、送标本、送药等辅医工作。

正如中日友好医院援助湖北医疗队临床救治组副组长詹庆元在接受央视记者采访时所说的：医护人员在救治前线付出了巨大的努力和牺牲，但这只是冰山一角，后勤保障是前线硬仗的强力支撑。这其中，就有物业人勇敢无畏的坚守。

为节后安全复工保驾护航

2月10日以来，全国各地迎来疫情期间的首轮复工潮。这段时间，也被称为商写物业疫情防控的"大考"。密集人群共处写字楼内密闭空间办公、用餐，无形中将增加了防疫难度和风险。几周过去了，全国各地写字楼逐步恢复正常工作状态，人们原本担忧的事情没有发生，这得益于前期政府主管部门的有力措施，以及各开工单位良好的防控举措，同样离不开写字楼的"贴身管家"——物业管理的专业服务。

万科物业与戴德梁行合资成立的公司万物梁行，在大中华区服务着超过1000个商务写字楼项目，面对集中复工给物业服务带来的巨大挑战，万物梁行制作并下发《万物梁行应对新型冠状病毒肺炎防疫操作手册》和《复工标准动作手册》，并在开工前对中央空调进行集中维保作业，对空调送回风口、风管、空调冷却水系统及滤网进行全面消毒；中航物业致力于机构物业服务，服务着100多个企业总部大楼。针对写字楼的防疫特点，根据中国物协发布的《写字楼新型冠状病毒肺炎疫情防控工作操作指引》，中航物业详细制定客户宣传和引导、出入管理、人员密集流动时段管理、人员密集场所、通风管理、给排水消毒、垃圾管理等方面的防控和服务保障工作方案，总结发明了写字楼防疫"十字工作法"；中海物业海纳万商制作并下发《商业物业管理防控新型冠状病毒疫情工作指引》更新2.0版本，对各商业管理业态进行细分，并在复工前向商业项目客户发出《防疫公约倡议书》，开展疫情风险识别，制定具体详细的管控措施，以"高、精、尖"为标准，下发至在管项目进行落地；明德物业承担编写了《高校物业管理区域新型冠状病毒肺炎疫情防控工作操作指引（试行）》，为全国高校物业疫情防控工作提供指引，还将相应防疫指引向教育部发展规划司推荐，在高校业态进行了推广；南都物业发布《南都物业服务集团商写复工疫情防控操作手册》，在登记、问询、消毒等严格的出入管理制度和措施基础上，依托智能技术，使用热成像仪快速识别，高效管控，有效提升了复工防疫工作效率，筑牢了安全防护墙。

在写字楼之外，在城市综合体、产业园区等人员密集地方，在车站、机场、码头和高校等人员流动性大场所，物业人同样承担着疫情防控的工作职责，不仅做好疫情监测、排查、预警、防控等工作，还积极配合政府部门把区域治理、社区治理、单位治理有机结合起来，构筑起了"联防联控"的防护网络，切实提高了疫情防控的科学性和有效性。

二、致敬为疫情防控工作赋能的物业人

抗击疫情不仅需要勇气，更需要专业和科技支撑，也正是有了一位位幕后英雄默默无闻的付出和赋能，行业的防疫工作才得以更科学、更规范、更高效。

疫情发生后，中国物协及时组织业界专家编写了《物业管理区域新型冠状病毒肺炎疫情防控工作操作指引（试行）》简称《操作指引》。《操作指引》共分为住宅、写字楼、产业园区、高校、医院五类物业业态。自2月1日起，《操作指引》相继在中国物协微信号发布。同时，中国物协还组织编写了《疫情期公共建筑空调通风系统运行管理技术指南（试行）》《物业服务企业在疫情防控中的法律风险防范指引》及《新型冠状病毒肺炎疫情防治适用法律法规汇编》。

《操作指引》系列文件发布后，吸引了近50万人关注，阅读近60万人次，也引起了地方政府

主管部门的重视，纷纷发文要求各物业服务企业积极落实《操作指引》，并结合当地实际情况，制定地方版《操作指引》。与此同时，有关行业协会和行业头部企业也纷纷参照中国物协发布的《操作指引》，编制了地方版和企业版的《操作指引》。《操作指引》系列文件的编写为奋战在防控疫情一线的广大物业人提供了专业的指导，也开了物业管理行业制定疫情防控工作标准的先河。这背后，是众多专家们夜以继日、加班加点的辛苦付出。

在每年的中国国际物业管理产业博览会上，都会展出大量的科技产品和智能科技应用，成为行业科技产品和技术交流的前沿。这一次疫情发生后，中国物协积极推荐博览会展商中的科技企业展商，为行业提供科技防疫产品和技术支持，同时，动员有条件的物业服务企业，尽可能减少易感染岗位人员配置，增加技术手段抗击疫情。

依托园区服务体系，绿城服务对服务的1000余个小区启动了"封闭式"管理，其智慧社区服务平台上线"园区住户行程收集"调查工具，累计收集近两万份问卷反馈，有效助力物业一线服务人员对涉足重要疫情区域的住户进行重点排查，极大地降低了园区业主感染率，也确保了在岗员工零感染；碧桂园服务借助科技打造智能防护体系，其通过智能监控云平台应用场景，实现人脸识别进入小区，在社区内则使用无人机消毒，在电梯内安装感应紫外线消毒灯开展清洁消毒工作；建业新生活充分发挥自身的智慧化优势，开通建业物业呼叫指挥中心"抗击新型肺炎疫情"绿色通道，为业主提供更科学、更专业的问题解答；运用建业+后台大数据，将疫情防控需求与业主日常生活需求紧密结合，为业主提供更为科学的居家生活解决方案，实现对业主的主动关怀；同时协调建业大服务体系各大板块资源，全省联动实现优质商业资源共享，为业主带来实惠方便的便民生活服务体验；恒大金碧物业除了每天给小区各区域进行全面喷洒消毒外，还采用紫外线照射的方式进行深度消毒，同时与全国近200家蔬菜供应商合作，线上为近75万户业主提供新鲜蔬菜瓜果订购。

另外，彩生活、保利物业、招商局物业、长城物业、金科物业、蓝光嘉宝服务、新大正物业，永升物业、越秀物业等企业，纷纷利用"智慧物业"平台的"集控中心"系统、智慧车场、FBA系统等线上服务平台，为业主平安健康保驾护航，并通过"天眼"系统进行远程视频监控，在管小区的疫情抗击情况一览无余。

三、致敬为物业人抗击疫情提供支持和帮助的所有人

抗击疫情是一场立体战，在战疫的关键时刻，来自政府部门的支持和助力，给物业人的防控工作带来了极大的鼓励和信心。2月7日，深圳市人民政府发文，要求各区政府对辖区物业服务企业按在管面积每平方米0.5元的标准实施两个月财政补助；2月9日，杭州市委、市政府发文明确对参与属地疫情防控工作的住宅小区物业服务企业，政府将按照在管面积每平方米0.5元的标准给予两个月补助；2月14日，陕西省住房和城乡建设厅发文，明确加大对物业服务企业扶持力度。对参与属地疫情防控工作的住宅小区物业服务企业，各地政府要按照适当标准给予两个月补助；2月18日，山东省人民政府办公厅发文，明确要求各市可对疫情期间参与属地疫情防控工作的住宅小区物业服务企业给予适当补贴；2月19日，海南省住房和城乡建设厅、海南省财政厅发文，明确按照在管户数每户10元/月的标准补助给企业2个月，并将物业服务企业和小区防疫物资纳入全省防疫物资统筹分配范围，通过集中配发、特许优先购买等方式，充分保障物业防疫物资供应；2月20日，宁波市发文明确对参与属地疫情防控的物业服务企业，按在管面积每月每平方米0.5元的标准给予2个月财政补助；2月21日，成都市发文明确年营业收入1000万元及以上，或年末从业人员50人及以上的物业服务企业，可获30%不超过10万元的防疫物资补助……另外，北京、上海、重庆、河北、山西、内蒙古、广东、陕西、新疆等25个省市的住建委、住建厅发文，指导物

业管理行业开展防疫工作。

疫情发生后，中国物协及时成立了"疫情防控宣传小组"，由协会秘书处、《中国物业管理》杂志社、中物研协、武汉市物协及有关单位的宣传骨干组成了核心工作队伍，对抗击疫情宣传工作进行了整体安排部署。同时，发动和组织 300 余家全国物业管理行业媒体协作网成员单位，开展了覆盖全行业的舆论宣传工作。各行业媒体广泛报道各地物业管理行业疫情防控的有力举措和硬实招法，生动讲述疫情防控一线物业人的先进事迹和感人故事，营造了万众一心、众志成城的舆论氛围。据统计，截至 2 月 20 日，仅中国物协官方网站"万众一心 做好防控"专题版块刊发资讯 380 篇；中国物协微信公众号推出相关报道 355 篇，阅读量达到 150 万次。全行业媒体共计发布各类资讯超过 30 万条，讲述行业抗击疫情故事数以千计。

在新闻媒体关注全民抗击疫情的视角和镜头下，物业人用行动赢得了前所未有的关注与赞誉。人民日报、新华社、央视、人民网、新华网……各大主流媒体纷纷点赞物业人在抗疫工作中的突出贡献。1 月 29 日，人民日报的微信号"人民数字"发文："物业辛苦啦，给你们点赞"；2 月 19 日以来，新华社发布经济分析报告《强化物业管理构建社区疫情防控"安全线"》，并发布多篇新闻报道聚焦住宅小区物业防控和写字楼物业防控，各省市媒体也对物业防控工作做了多角度的专题报道；2 月 9 日、11 日、13 日，央视《新闻联播》多次关注物业管理行业抗疫工作，先后报道了金台物业、保利物业、万科物业等企业在社区、商办、公共服务全业态的防疫工作，特别是对奋战在全国近 65 万个城乡社区的物业人，给予了高度评价；2 月 6 日、8 日，CCTV-13 新闻频道《战疫情专题报道》《新闻直播间》分别关注物业管理行业社区排查防控工作与物业服务企业为业主提供"代购"服务；2 月 11 日，中视记者走进广州无线电集团广电平云广场，直播报道园区复产复工的具体情况，介绍了广电城市服务开展的防疫相关举措，并在央视新闻客户端的《共同战"疫"》特别节目播出；2 月 18 日，人民日报发表评论，向奋战在一线的社区工作者致敬，称物业工作人员是打赢疫情防控阻击战的排头兵……

在这一次物业人抗击疫情的战疫中，还有来自方方面面的爱心助力。特别是中国物协发布《关于紧急向武汉市物业管理协会捐赠新型冠状病毒肺炎疫情防治所需医护物资的倡议书》后，得到了业内和社会的广泛响应，一时间，这些爱心凝聚起了一股跨越行业的强大力量。以武汉市物业管理协会为例，截至 2020 年 2 月 14 日，其共收到来自全国各地 70 余家单位和个人的援助物资。这其中，有业内的行业协会、物业服务企业，还有行业外的公司和个人，以及海外学子。目前，这些防疫捐赠物资已发放至武汉市 15 个区域共 846 家物业服务企业近 2000 个项目。

2 月 14 日，空军某部在自身防疫人员短缺的情况下，依然组织 8 名战士协助北京天鸿宝地物业公司管理的莲玉嘉园项目开展居民排查、返京登记等工作，并且每日派遣多名战士协助进行出入口检查、车库进出检查工作，大大缓解了物业项目部的防控压力，在社区防疫中织起了一张军民共建、联防联控、紧密严实的疫情"防空网"。在金地物业服务的熙园项目小区，业委会发出向金地物业表达慰问和感谢的倡议书，业主们两天时间共筹集了 20 多万元的资金。龙湖智慧服务近日收到了来自全国各地业主的 628 份爱心援助，这些援助最少的只有几只口罩，或是 1 瓶消毒水。为了协助各地物业服务企业科学快捷做好测温工作，北京安杰新时代信息科技有限公司于近日向武汉、北京、上海、广州、深圳等十几个城市的行业协会、有关机关捐赠 40 台红外高精人体测温安检门，市场价值 300 万元。阿里云联合支付宝、钉钉也推出了免费社区防疫系统，支持物业/社区快速生成小区防疫小程序，实现智能化的疫情防控。

近日，中央政治局委员、北京市委书记蔡奇，中央政治局委员、上海市委书记李强，陕西省委书记胡和平等领导先后视察社区疫情防控工作，对物业服务企业开展的防控举措给予了充分肯定。之前，中共中央政治局委员、广东省委书记李希到珠海视察华发新城的防疫工作后，连夸了三个好，"小区环境好、防疫氛围好、效果好！"住房和城乡建设部倪虹副部长在文件批示中，也充分肯定了物业管理行业在疫情防控工作中发挥的重要作用，并提出了相关工作要求，极大地鼓舞了物业管理从业人员抗击疫情的信心和斗志。

四季轮转，冬去春来，东湖之畔的樱花又将绽放。

我们相信，口罩摘下的那一天已不再遥远。

我们还没走完这一代

■ 文 _ 朱保全

在过去 39 年的中国现代物业管理史中，近 5 年尤显特殊，好似完成了一次代际革命。如果说 1981 到 2001 是 20 年的萌芽期，2001 到 2015 则是伴随房地产爆发的近 15 年的成长期，而 2015 到 2025 则可能是长达 10 年的重塑期。过去 5 年，资本市场加科技应用催生行业如火如荼，然而剥开现象会发现利益相关人关系并未本质改变。站在股东角度看物业服务，关注的是价值置换；站在物业公司角度看物业，关注的是价值认同；站在业主角度看物业，关注的是物权保障；站在政府角度看物业，关注的是社会治理。视角如此不同，说明各方对物业管理的专业价值有不同的解读和期许；这或许是个问题，或许是个机会，说明物业管理行业要真正成为现代服务业还有很长的路要走。

2014 年底，万科集团同意万科物业再次市场化。与很多第三方物业公司不同，万科物业、中海物业、金地物业等都经历过 2001 年那一次从定位为售后到市场化，从市场化又回归地产的反复。2014 年的时候还没有那么多家物业公司上市，经历过往复会知道物业管理的市场化随时可能被地产集团叫停。那次被叫停直接导致了万科陈之平、中海李立新两位前辈的离职创业，那次叫停也让公司变得更加内化。好处是让业主区分了好物业口碑，让公司壮大队伍，不足是让行业相关各方之于物权以及物权义务问题的解决整整落后了 10 年。二次走向市场的万科物业胆战心惊，对内、对外均要小心谨慎。当时的策略是：不能跟万科地产形成竞争，所以尽量不接新项目；少与同行竞争，所以尽量不接业委会项目。这两个约束条件，倒逼出我们在市场上的一个合作模型"睿服务"，也就是不改变原物业合同主体关系，万科物业帮助原物业公司改善客户关系与经营。但事与愿违，睿服务一代合作并不成功，直到今天迭代到第三版才算走上正轨。尽管如今热闹的话题是上市和科技，但之于行业，过去 5 年的真正意义是传统玩家从和谐的行业大会进入到面对面的市场竞争。

平衡被打破，市场就会遇到问题，问题的焦点是新老物业交接。交接中的同行不再是觥筹交错，时而听到的信报则是短兵相接。在南京一项目交接时，万科物业南京市场负责人被拘留；在佛山一项目交接时，对方物业管理层被拘留；在长沙一项目换签，业委会委员从家里用吊篮把合同顺到楼下；在深圳一项目，业委会把万科物业请进来又准备请出去。市场碰撞出问题，而问题的背后真是利益之争吗？

有业主认为老物业不愿意离开，是觊觎公共资源，甚至在朋友圈里出现各种指责的文章，但没有人分析业主的物业欠费到底该怎么处理。物业费的定义与用途，维修资金的定义与用途，公共资源收益的定义与用途，酬金包干制度的定义与用途，都太长时间没有更新了。物业费的大比例支出用在员工工资，员工工资在劳动法保护下刚性增长，留给设施设备与房屋本体可支出的余量少之又少，业主因为客户服务不恰当而拒交物业费，导致项目支出捉襟见肘，相互失信带来对公共资源的争端，公共资源的引入与支出又带来权力机构可能的寻租。这一切问题在市场的碰撞中逐现端倪，进而引发对前期物业服务合同的生疑，对业主大会制度的批判。

都说房地产进入了存量时代，都说存量时代遍地黄金，面对政府再次投向老旧小区的万亿资金，作为存量的玩家之一，物业公司更应该给上方建言。所谓救火无痕方为"上医"——物业费由发改委限制价格的机制要彻底改变了，物业费要限制的是下线，而非上线。2007年全国人大颁布了《物权法》，随之带来业主对物权的追逐，但随着房价高企，却少有人谈及物权背后的义务。如果从建设性角度，如今的物业费应该分为用在物业的物业费与用在客户服务的物业费，前者归属物权义务，后者归属市场选择，公共资源收益应该归属于前者。常有人问，为何新加坡每隔几年就可以翻新一次楼宇立面，而在国内却要政府出资？归根结底是当下缺少与物权法配套的支持政策。用在物业服务的物业费就是这类义务，同时也是真正该被监管的对象，对于在设施设备、房屋本体投入的违规者，物业管理行业可以设置禁入机制。相反，用在客户服务的物业费，则是市场的选择，不论保洁大姐每日清扫次数，还是保安大哥的身高与微笑，客服妹子的音容笑貌，业主可以根据自己的喜好和支付能力而选择。

1992年，深圳天景花园因电费纠纷，形成万科物业与部分业主代表协商达成一致的机制，在"业主自治与专业服务相结合"的物业管理新模式下成立了中国第一家业主委员会。其本意是一种代议机制，一种低成本协商机制，同时，在今天更促进了市场的流动机制，但反面又有演绎为"权利之争"的趋势。2019年5G的横空出世与区块链获最高认可，之于物业管理行业真如同薛定谔的猫，相信技术的进步对于行业信任建立会起到质变的作用，5G会让监督透明便捷，区块链会为投票与合约增信。信任机制的改变，会改变已经延续近30年的业委会机制，会促进各地政府《物业管理条例》的出台与迭代更新。

感谢中国物业管理协会给予我"卷首语"这个有影响力的平台，向谢家瑾、沈建忠两位会长致敬，向市场中相遇的同行致敬。同时也对于万科物业在部分城市初入市场的莽撞深表歉意，相对于沧海桑田，过去5年只是时代的一点。资本撬动了市场，市场显现了问题，我们这一代还真的没走完。

但我隐隐感知，并愿意与行业同侪共同努力，到2025年，把行业推进新一代更久的春天。

（作者系中国物业管理协会副会长，万科物业首席执行官）

上市物企的善治之道探索

■ 文_杨掌法

3月31日，习近平总书记视察杭州城市大脑运营指挥中心，强调通过大数据、云计算、人工智能等手段推进城市治理现代化，让城市变得更"聪明"。

治理一家公司如治理一座城市。时时、刻刻、处处都要思考：如何实现治理高效，怎样达成互动共鸣、与时代同行，以求获得良法善治，有质量可持续的发展大道。

公司治理是企业发展的必修课

为了更好实现行业所被托付的期望，近年来，一批物业服务企业步入资本通道，站在上市平台上，按下公司发展的快进键，发展速度清晰可见。

欲戴桂冠，必承其重。上市公司的治理，比布衣轻履的自然发展状态，更考验管理者的智慧，也更像一座公众型城市的治理模型要求。

绿城服务自2016年7月于香港联交所主板上市以来，已过四年。四年之中，历经了一个三年战略规划，又启动新一轮的三年规划。规划以三年计，就是为了更敏捷适应市场变化，带动组织管理的更新迭代。

公司治理的三个经济维度

经济学家约瑟夫·熊彼特说过，人们可以用三种方式去研究经济：通过理论、通过统计和通过历史。

研究一个企业的发展与治理经历，也形同此理。绿城服务上市伊始，便定下了发展理论基石：幸福生活服务商。这个阶段公司的治理，主要围绕业主美好生活的向往与生活服务供应质量之间的矛盾展开。为此，我们将公司业务设定为咨询服务、物业服务与园区服务"三驾马车"组合。三驾马车既自驱向前，又协同发力，三股专业力量拓宽了发展路径，理论愿景又聚合指向发展目的地。这个愿景目标与党的十九大提出的"美好生活"概念不谋而合，更是激发了理论的活力，为公司治理描绘了一个宏大而确信的时代背景，这一点极为重要。当然，在理论支撑下，我们也逐渐清晰认识到，公司治理的一个终极目标，不是从自身条件出发，设定发展模型，而是基于客户群体创造自身的条件，倒推模型过程中便付诸执行，将理论之因，转化为获得之果。

约瑟夫·熊彼特的"统计"，在当下语境中，可以称之为"算法"。而算法又基于大数据。运用大数据提升国家治理现代化水平，就是运用算法得出的结果，来创新决策机制，增强政策执行力。绿城服务布局的智慧园区服务体系，就是从服务端实现数据与工作的协同，继而实现智能联动。智能联动是为了改变服务效能，提升行业内在价值，而从公司治理端，这个"智能联动"可以转化为"职能联动"，继而实现数据"流动"中的"联动"。绿城服务总部所在的杭州，明确提出"打造数字经济第一城"的概念，此次新冠肺炎疫情过程中，率先推出的"健康码"，便是数据驱动城市治理的一个鲜亮典型。而在复工复产阶段，绿城服务也适时推出了"复工码"，针对写字楼实现客户实现健康智能管理服务。这并非是偶然为之，而是公司在实施以数据为核心治理理念下的必然之举。过去强调办公自动化，现在管理层强调办公数据化，通过实施不同管理层级的数据驾驶舱，实现数据穿透共享与管理决策、抵达。如果物业管理行业让数据成为资产，最有效的途径是用其来提升效能，而数据管理又是实现提质增效的关键。上市以来，绿城服务加大了对数据建设的投入，此举既成为对外赋能的资本，又可将数据管理做深入、透明。从而，塑造了管理者既善管控又可赋能，不仅胜任还要创造的能力空间。

绿城服务将过去三年的战略规划复盘时发现，公司实现服务产品化时，一些好的产品，实现了产品品牌化，即"历史"沉淀成经验。透过"历史"来看待公司治理，主要是看如何将这些"经验"价值，运用管理手段，投放到新的战略周期中来，甚至成为带动整个管理链条的新动能。疫情防控期间，公司将工程技术中心投放在一线，他们从工程物理角度，持续反思，国内疫情防控转折点过后，工程条线管理者组织沉于一线力量，洗练数据，形成了一个《房产营造关于疫情防控关注点的反思报告》，从空气传播防控、水传播防控、接触传播防控以及智能化应用防控等关注点入手，有理有据有数字，成为物业服务核心服务能力的印证，众多开发商邀请网上分享，以期借鉴为未来打造一个"戴口罩"的房产品。将工程端的力量巧妙运用，为市场端的管理赋能，同时又为品牌端助力，形成了联动效能。而这种将管理经验转化的案例，在绿城服务的各个领域都有出现，这也遵循了"今天的管理，就是明天的历史，就是后天的经验，就是未来的价值"这一管理思维逻辑。当然，经验有可能是阻挠创新的绊脚石，在这一点上，企业应该按照互联网企业的迭代法则，将经验加以审视与取舍，始终以经验的生命力与成长性为应用原则。

公司治理离不开文化基因的养成

绿城服务上市之后的业绩，一直秉持稳健的基本面。我们在此过程中修炼公司治理策略，除了理论正确引导，数字化治理，总结与应用历史经验值之外，还有最主要的一条是，将绿城文化贯穿在管理行为之中。打开上市公告可以看到，上市之后，绿城服务规模化发展也算基本要义，却审慎进行收购项目，并非市场没有匹配的标的，而是在实践中发现，文化鸿沟可以通过治理手段搭桥架路，但是文化基因的养成，却非一蹴而就。文化基因是管理中一个特别重要的因素，即绿城文化信奉的"同道共识，方为同仁"的律条。文化筑堤，也相当于拓宽了其服务与管理基因品质的护城河。

公司的良法善治，从来都是一个过程。物业服务在整个经济序列中，是一个既传统又崭新的行业。公司在上市后变得公开透明，治理效果的影响面更大，更深，而每个公司的文化基因又不一样，绿城服务在公司治理之路上，也仅是一种探索实践，道路千万条，愿与更多优秀公司一起探索、共进。

（作者系中国物业管理协会副会长、绿城物业服务集团董事长）

建业新生活：新型生活方式服务商再启程

■ 文_沈建忠

5月中旬，建业新生活成功登陆港交所，成为港股又一令人瞩目的物业服务企业，也成为胡葆森在港股缔造的第三家公司，相比于他同时代的好友，这份事业心和成就，令人尊敬。

建业新生活作为华中地区最大的新型生活方式服务商，同时也是一家扎根于华中地区的综合服务提供商，以丰富多元的服务板块及"新型生活方式服务商"的定位备受瞩目。1994年成立的建业物业，是建业新生活的前身，也是国内最早成立的物业服务企业之一。从开始管理的第一个小区建业金水花园，一直到2019年底覆盖河南全省18个地级市及81个县级城市，服务的312个物业项目和100多万业主及住户，这家企业实现了多维度的纵深发展。

犹记得去年参加建业物业25周年活动，并走访了建业的小区，感触很多，对"建业+"幸福生态系统印象深刻。借此建业新生活上市之机，对于这家探索新型生活方式服务商的企业谈一点自己的思考。

启示一：坚守与创新

我与建业集团董事长胡葆森结识已久，对胡总的敬佩源于他所领导的建业"在坚守中寻求创新和变化，在变化中坚守初心"的那份执着。建业的核心价值观是"根植中原，造福百姓"，从"让河南人民都住上好房子"到"让河南人民都过上好生活"，建业集团扎根中原二十余载，始终践行着这样的价值观和使命。

2015年，围绕人民日益增长的美好生活需要，建业开启了"新蓝海战略"转型，逐步打造和完善"建业+"幸福生态系统。目前，建业新生活的主营业务已覆盖物业管理及增值服务、生活服务、商业物业管理及咨询服务三大板块，涵盖物业管理、优选生活、品质居住、定制旅游、农业发展等多元业务。

坚守让建业在过去的20多年有了非常深厚的积淀，而创新则使建业在关键时刻作出了正确的战略抉择。

曾经有业主把对建业的评价归纳为，"把简单的事做好就是不简单，把平凡的事做好就是不平凡"。看似朴素的话语中包含了深刻的哲理，也很好诠释了建业新生活的服务精神和工作态度。

在建业的转型过程中，建业新生活及其物业板块成为其内部商业生态系统的重要支撑点和连接纽带，为建业向新型生活方式服务商转型提供了服务入口，形成了独有的核心竞争力，在跨入亿级平方米企业俱乐部的同时，也为下一步市场化拓展打下了坚实的基础。

启示二：智慧物业服务

建业新生活将2019年定义为物业板块的"智慧服务升级年"，秉承"客户建业化、资源社会化"的理念，以深耕河南多年的用户资源、社会资源为独特优势，整合与建业价值观相同的优质资源，利用人工智能、云计算、大数据等技术，通过互联网、物联网和线下实体网络，为业主和客户提供新型生活服务。目前，人脸识别单元门禁、智能梯控、智能机器人、智能夜光跑道、无人超市、共享健身房、社区蚊控等这些看似虚拟的技术和科技化场景，已在研发和陆续投入试点运用中。

早在去年12月，"焕新服务 智享新生活"——建业物业25周年暨智慧升级发布会上，建业集团董事长胡葆森便在回顾建业物业25年成长历程时，用一段话明晰了其发展方向："未来，建业物业要持续拥抱大数据、拥抱人工智能、拥抱互联网、拥抱新科技，让业主过上更好的生活。"

对于物业服务企业来说，科技化的设备投入并非难度所在，难的是打通各个智能系统，形成一套智慧服务的闭环。在充分模拟客户需求的基础上，利用互联网和大数据技术，建业物业搭建起了"平台（智慧物业平台）+端（建业+APP、建业家、设备端）+集成智慧中心+呼叫指挥中心"智慧服务系统，实现统一服务入口、统一智慧调度、统一管理标准。

在建业总控部门，你会看到两个中央管控大屏，一个是建业物业远程监控指挥中心，为远程在线的监控体系，可以实时在线监控所有在管小区的关键点服务品质，如门岗、前台、主干道、监控中心等关键位置，品质监管人员可远程监督，有助于品质常态化，助力服务质的提升。另一个是建业物业集成指挥中心。它呈现了在管小区基础信息，以及收费率、报修响应率、处理及时率、投诉处结率、品质核查合格率、呼叫中心接通率、满意度等各类核心指标，同时还实时呈现设施设备在线数据，可以对设施设备情况一目了然，并对故障进行及时预警。

启示三：美好生活服务

2020年新年伊始，一场突如其来的疫情席卷全国。建业新生活物业板块在做好社区一线疫情防控基础工作的同时，也利用"建业+"幸福生态系统的丰富资源为业主生活提供了坚实保障。

通过线上、线下服务相结合，建业新生活打造"建业绿色基地自摘自采服务""建业+联盟商家供采服务""建业物业贴心管家私人定制代购服务"三级生活代购服务体系，全方位满足业主生活所需。不仅如此，建业物业、建业农业板块还联合开展了"流动餐车进社区"活动，将河南传统美食送到业主家门口。

这种内部生态系统在保持良性循环的同时，为客户提供了时间、区域、功能无盲点的生活服务，这一点在整个业界来说都是超前的。围绕业主生活、健康、娱乐、旅游、教育、金融等多元化需求，建业物业还开展创新型社区增值服务，形成由"建业+"幸福服务、家庭生活服务、园区产品服务、不动产服务组成的五大服务系统。利用雄厚资源优势，建业新生活优化物业管理产业全链条价值，推动生活服务数字智慧化发展的模式让人期待。

2020年是全面建成小康社会和"十三五"规划收官之年，作为现代服务业，物业管理承担着重要的使命和职责，也面临着重大的机遇和挑战。作为新型生活方式服务商的践行者与探索者，相信建业新生活的创新探索和成功上市，将为物业管理行业带来思考和启发。

（作者系中国物业管理协会会长）

物业管理开启《民法典》新时代

文＿李书剑

5月28日，十三届全国人大三次会议审议通过了《中华人民共和国民法典》（以下简称"《民法典》"），这是新中国成立以来第一部以"法典"命名的法律，是新时代我国社会主义法治建设的重大成果，对推进全面依法治国、加快建设社会主义法治国家，对坚持以人民为中心的发展思想、推进国家治理体系和治理能力现代化，都具有重大意义。

法律是治国之重器，良法是善治之前提。作为市场经济的基本法和社会生活的"百科全书"，7编1260条的《民法典》引起了社会的广泛关注和热烈讨论。其中，因为物权编、合同编、侵权责任编的相关内容涉及物业管理，在物业管理行业也掀起了学习、研究《民法典》的热潮。

早在2019年，中国物业管理协会成立法律政策工作委员会，沈建忠会长要求法律政策工作委员会落实全面依法治国和深化依法治国实践的新要求，深刻把握政策法规对物业管理行业的重大影响，推进物业管理行业法治化、规范化发展，推动物业管理行业良法善治，把法治思维和法治方式贯穿到行业创新发展、转型升级的全过程。

此次《民法典》颁布后，中国物业管理协会立即号召全行业深入学习，沈建忠会长、王鹏副会长兼秘书长先后就贯彻学习《民法典》提出指导意见，并安排中国物业管理协会网站和微信号、《中国物业管理》杂志及微信号，以及动员全国媒体协作网成员媒体，开展《民法典》专题宣传，推动行业对《民法典》的学习、认知、遵守和践行。

以下，结合《民法典》对物业管理行业的影响，谈一点思考和看法。

《民法典》加速行业法治化进程

在此次《民法典》编纂之前，我国曾于20世纪50年代、60年代、80年代和21世纪初四次尝试制定《民法典》，但均因社会转型和理论准备不足等多种原因被搁置。直到2014年11月党的十八届四中全会明确提出编纂《民法典》，历时5年，《民法典》的颁布，实现了几代人的夙愿。

再回顾中国物业管理的法制发展的进程，从1994年建设部的33号令《城市新建住宅小区管理办法》为起点，历经《物业管理条例》《物权法》《民法典》……目前已经走过了26年的历程，已经形成了一个内容全面、结构合理、注重实效、科学规范的物业管理政策法规体系。《民法典》中，物权、合同、侵权责任等均与物业管理行业密切相关，尤其是《民法典》为物业服务合同正名，从无名合同到有名合同，行业影响意义深远，物业管理行业也将就此开启《民法典》新时代。

此外，《民法典》作为全面依法治国的重要制度载体，同人民群众生产生活密不可分，并将作为"十四五"时期普法工作的重点来抓，必将引导全体社会成员都必须遵循的规范，养成自觉守法的意识，形成遇事找法的习惯，培养解决问题靠法的意识和能力。业主的权利意识进一步增强，无形中"倒逼"行业法治化进程加速。

法治带来的机遇与挑战

《民法典》是"社会生活的百科全书"，涉及民生的各个方面，同时对诸多社会热点、难点问题进行了规范。就物业管理行业而言，将物业服务合同上升为独立的合同类型，明确了业主与物业服务方的权利与义务，对于依法规范行业具有巨大的推动作用。一方面，新规降低业主共同管理事项与表决比例，尤其是使用建筑物及其附属设施维修资金的表决门槛，并增加了紧急情况下使用维修资金的特别程序，缓解了维修资金使用难的顽疾；另一方面，选聘和解聘物业服务企业表决比例降低及业主任意解除权的设置，会带来行业市场化进程加速和集中度提升。

近年来，与行业相关的争议、热点、难点案例，在《民法典》中均有不同程度的体现，如进一步明确利用业主的共有部分产生的收入归属，不能采取停止供水供电、供热、供燃气等方式催交物业费，对建筑物和物件损害责任、不明抛掷物、坠落物致害责任等都有明确的要求与责任界定。同时，自甘风险活动组织者的责任、机动车交通事故责任、安全保障义务责任人的责任、饲养动物损害责任、高度危险责任、用人单位、用工单位的责任等各类侵权责任都与物业日常运营管理息息相关，均要求物业服务企业规范服务，增强风险意识，防患于未然。法律政策工作委员会联合《中国物业管理》杂志特别开设了《民法典》专栏进行解读，在此不做赘述。

法治视角下的能力建设内涵

良法是为了善治，实施好《民法典》是坚持以人民为中心、保障人民权益实现和发展的必然要求。转换为行业视角，就是要以业主为中心、依法依约为业主提供"质价相符"的服务。

中国物业管理协会引导行业践行供给侧结构性改革，将2020年定位为"能力建设年"，坚持发挥行业专业优势，彰显物业管理新价值。

在《民法典》颁布的大背景下，能力建设有更为深刻的内涵：一是要做到学法、知法、守法、用法，做到"法定责任必须为""法无授权不可为"；二是坚守行业本质，遵循契约精神，严格履行物业服务合同；三是提升物业服务规范化、标准化水平，积极探索服务创新，增强物业服务信息化、数字化、智能化、智慧化水平，追求有温度、人性化的物业服务，提升业主满意度；四是积极参与社会治理，

融合共生，提升业主的获得感、幸福感、安全感，不断提升行业的价值属性。

借法治契机助推行业发展

5月29日，习近平总书记组织十九届中央政治局第二十次集体学习，对《民法典》进行了集体学习。习近平总书记指出，各级党和国家机关要带头宣传、推进、保障《民法典》实施，加强检查和监督，确保《民法典》得到全面有效执行。各级领导干部要做学习、遵守、维护《民法典》的表率，提高运用《民法典》维护人民权益、化解矛盾纠纷、促进社会和谐稳定能力和水平。

《民法典》是对物业管理行业现行法律法规的一次大梳理，产生的作用和影响更在于立法后。在此，呼吁、倡议行业同仁共同行动，以《民法典》为契机，进一步推动行业营商环境，助力行业健康发展。

一是加强《民法典》普法工作。"一切伟大的法律不是刻在大理石或者铜板上，而是铭记在公民们的心中。"《民法典》颁行后，法律政策工作委员会已着手利用网络平台、论坛、杂志专栏、自媒体等多渠道，组织开展系统性、针对性的培训、解读，呼吁各地方协会、法律机构、有实力的企业同步组织，将《民法典》的精神传递到一线基层管理者中去。

二是共同推动行业及地方立法。"法与时转则治"，《民法典》颁布实施，后续需要不断配套、补充、细化，倡议行业内外法律专家参与各级立法、政策性研究制定过程中去，为行业发声，建言献策。

三是积极参与执法司法活动。习近平总书记指出，要发挥人民调解、商事仲裁等多元化纠纷解决机制的作用……通过社会力量和基层组织务实解决民事纠纷，多方面推进《民法典》实施工作。推动行业矛盾纠纷多元预防调处化解机制的建立和完善是中国物业管理协会近年持续推动的重要工作，倡议各地方协会、法律机构积极响应、参与，助力执法落地。

四是以《民法典》为契机提升行业地位。有为才有位，有位更要有为。住房和城乡建设部法规司陈伟副司长在法律政策工作委员会成立大会上讲到，衡量一个行业的境界，预判一个行业的未来，要看他坚持什么样的价值观。物业管理可以兼有许多不同的价值观，但总有一种价值观是不可缺席且不能改变的，那就是：法治的价值观。因此，倡议各企业及行业从业人员以《民法典》为契机，进一步提升法治意识，提升自身专业化、规范化、标准化水平，良法善治，促进社会和谐发展，让社会更加尊重物业管理行业。

从公元前1776年古巴比伦国颁布的世界上第一部成文法典《汉谟拉比法典》，到1215年英国诺曼王朝的《自由大宪章》，再从《拿破仑法典》到德国《民法典》，这些标志性的制度成果伴随着人类文明的发展，世界大国实力体现的每一个高光时刻。而今，具有中国时代特征，充分反映当今大国地位的中国《民法典》，系统整合了新中国成立70多年来长期实践形成的民事法律规范，汲取了中华民族5000多年优秀法律文化，借鉴了人类法治文明建设有益成果，也必将成为"明珠"闪耀在中国制度文明史上。

法治是最好的营商环境。随着《民法典》的施行，物业管理行业必将迎来新时代、新契机、新发展。

（作者系中国物业管理协会名誉副会长、中国物协法律政策工作委员会主任，河南正美物业服务有限公司董事长）

千丁互联：智慧物业摆渡人的情怀与雄心

■ 文 _ 沈建忠

刚刚过去的 7 月 28 日，全国政协第十五次重点关切问题情况通报会把主题聚焦在了"加强社区物业管理 完善基层社会治理"上。物业服务企业是城镇基层治理体系的重要基础，是行政管理手段下沉的有效手段，新冠肺炎疫情防控让物业管理在社会治理中的作用和价值得到了前所未有的重视。而作为社区"科技防疫"的手段，依托人工智能、大数据、物联网等新技术，打通了"线下 + 线上"的立体布防和服务体系的智慧物业，也在其中凸显了明显优势。

在物业管理行业，借势这些年智慧城市和智慧社区建设的大力开展，一些头部企业在智慧物业的探索中也不断释放新招，新冠肺炎疫情和新基建浪潮的兴起一定程度上加速了物业管理行业数智化（数字化 + 智能化）的步伐。这其中，双湖资本以超大手笔布局社区经济成立的北京千丁互联科技有限公司（简称"千丁"）格外引人关注，千丁基于对行业的洞见，从底层思考物业服务企业的成本、效率、用户体验和战略，用软硬一体、即租即用、客户成功为特征的千丁云综合解决方案，帮助传统物业服务企业转型升级，获得了领先地位和客户认同。在中国物业管理协会主办的物业管理产业博览会和行业创新发展论坛上，千丁都曾有过精彩的展示和交流。近两年，我也几次深入千丁调研考察，收获不少。本期卷首语，结合千丁再次谈几点对智慧物业的思考。

智慧物业发展迎来新红利

早在 2016 年 3 月，杭州市启动"城市大脑"计划，由杭州市政府主导，包括阿里云在内的 13 家企业参与其中。当年 10 月，杭州市"城市大脑"1.0 版发布。随后，北京通州、河北雄安、苏州、乌镇等十余个城市启动"城市大脑"计划，截至 2019 年底，全国宣布要做"城市大脑"的城市已经超过了 500 个。

"城市大脑"也为共建共治共享智慧社区提供了技术条件，各城市加快了探索智慧城市和智慧社区的步伐。比如，浙江省发布《关于印发＜未来社区数字化操作系统白皮书＞的通知》，推进未来智慧社区、新型社区治理体系建设；重庆市住房和城乡建设委员会发布《关于印发〈智能建设工作方案（2018—2020 年）〉的通知》，大力推进智慧社区建设；在北京、上海、成都等城市，部分社区以智慧物业为圆心，结合社区网格化管理，以科技化的手段，打通了物业服务企业与社区居委会、派出所、卫生防疫、社会组织的快速联动通道，为探索社区基层治理网络全覆盖、城市治理下沉触达居民工作生活场景的最后 100 米，提供了参考样本。

从国家战略层面看，今年智慧物业正在迎来发展的新风口。3 月 4 日，中共中央政治局常务委员会召开会议，研究当前新冠肺炎疫情防控和稳定经济社会运行重点工作。会议强调要加快推进国家规划已明确的重大工程和基础设施建设，加大公共卫生服务、应急物资保障领域投入，加快 5G 网络、数据中心等新型基础设施建设进度。恒大研究院首席经济学家任泽平就此认为，应对疫情最简单有效的办法就是"新基建"，即包括 5G、人工智能、数据中心、互联网等科技创新领域基础设施，以及教育、医疗、社保等民生消费升级领域基础设施。就此意义上来看，借助"新基建"战略规划，特别是社区数字化的升级，未来智慧物业有更大的发展空间和资源优势。

而就在本月，国务院办公厅印发的《关于全面推进城镇老旧小区改造工作的指导意见》明确提出加强社区智慧化改造，丰富社区服务供给、提升居民生活品质；中共北京市委办公厅、北京市人民政府办公厅印发的《关于加强北京市物业管理工作提升物业服务水平三年行动计划（2020—2022年）》提出鼓励物业服务企业多样化、多元化经营，采用现代信息技术手段，大力发展智慧物业；重庆市印发的《重庆市全面推进城镇老旧小区改造和社区服务提升专项行动方案》提出，结合智慧社区建设，构建涵盖基层群众自治、公共教育、医疗卫生、公共文化体育、养老服务、残疾人服务等方面的社区基本公共服务设施。在社区建设及老旧小区改造中，政府逐渐开始考虑将智慧化基础设施纳入前期规划和考量，提前布局社区基础设施建设数字化，智慧物业建设的新一波红利已经来临。

智慧物业的千丁方案

随着智慧城市和智慧社区建设的快速推进，物业管理行业近些年也顺势而为，在智慧平台建设、技术赋能等方面做了大量探索，特别是物业服务企业渐次上市，随着资本和技术的双轮驱动，一大批智慧社区服务平台不断迭代，这其中包括像万科、长城、碧桂园、彩生活等在内的物业服务企业，也包括千丁这样的互联网科技公司，智慧物业平台建设在他们的推动下不断进化。

近日，看到千丁微信公众号推文，总结了智慧物业转型必经的三个阶段，表达了对智慧物业的独到见解。作为典型的劳动密集型行业，物业管理最大的成本来源是人力资源。千丁看到了现象背后更深层次的本质，即传统服务模式下人工成本背后的本质是高昂的信息流流转成本。被忽视的信息流成本在可见的人工成本掩盖下很难显现。但经信息化改造以后，情况就大不同了，一个云平台，为业主、物业、商家、政府多端用户所用，囊括社区运营过程中所有的人、物、设备，实现业主零成本生成工单、进度全透明＋员工在线抢单、提升服务满意度＋设备设施通过平台自动预警、零成本产生信息工单并流转，实现物业服务企业的员工与服务在线化。千丁建立这样的系统，让一个平台解决物业服务、生活服务以及部分政务服务等问题，通过战略的布局辐射，让信息流零成本运转，这无疑是物业管理转型升级的必经之路，更无疑是科技创造了这个可能性。

从服务模式上改善物业服务用户体验，正是时下物业管理跨入新时代需要做的。在此过程中，数字触点往往被物业服务忽视。业主的衣食住行育娱，映射到物业管理的工作场景中，如何通过流程再造实现触达？无疑需要智慧社区的顶层设计。

千丁互联将其分解为三个阶段：第一步，机器替代人工，提高劳动效率；第二步，通过万物互联提高对物的管理效率，通过移动互联提高服务的响应和提供效率；第三步，流程再造、集中管控提高运营效率。

三个步骤环环相扣，逐步深入。如果没有清晰认识到这个步骤，是很难正常推进的。千丁互联着眼于从系统看个体，从整体看横断面，在每个环节设计出相应的战术，让智慧社区有序生长。在这其中，千丁一直充当着提供全周期解决方案的摆渡人。

物业服务企业转型升级，就要打破过去的边界，从物业管理过渡到物业服务，再到未来的生活服务。随着社区经济蓝海的显现，千丁"社商云"为物业服务企业搭建可配置的社区级OMO商业平台，帮助商家有效下沉社区，商家通过开店、商品上架，可选择向不同社区进行发布。在丰富多彩的社区活动中，业主与物业服务企业、商家紧密相连，线上线下联动。通过立体覆盖高频宣传，多渠道精准触达，用户触达26次原则，使"丁老板"成为千丁面向物业服务企业的社区级官方服务平台，实现对物业和商家的双向赋能，构建社区服务新生态，共同掘金社区经济蓝海市场。

互联网时代的成长逻辑不是取决于你拥有多少资源，而是取决于你能整合利用多少资源。成功从来没有捷径，发现趋势、找准方向并学会整合利用资源，不断提升企业自身的服务能力与数字化运营能力，是当代物业服务企业应对行业变革的安身立命之本。

网络协同是智慧社区的未来

智慧物业应用场景广阔，近年来，这一行业也聚集起众多不同类型的"入局者"，由各类企业打造的诸多智慧物业平台，各自系统标准不一、接口协议互不通用，积累的数据资源便难以共享，也难以向智慧社区输送。为解决"信息孤岛"问题，企业之间开始寻求合作共赢，行业里也一直在探索各种共享资源的平台联盟，部分企业以并购、股权合作、业务联盟等方式，形成不同的企业集群，智慧物业正在从以头部企业为主的单个企业，发展到以部分头部企业为中心的一个个企业集群。

没有融合，就是孤岛。眼下及未来，都应构建起企业开放创新的生态体系，在这一过程中企业将不仅关注自身的资源、商业模式、竞争优势，更关注在生态系统中的定位与成员伙伴之间的关系，从而实现成员之间的资源互补、跨界创新、共生发展。智慧物业将从企业自用平台，逐步发展为一个面向全行业、开放的、共享的行业平台。

我了解到千丁目前已经有近2000家合作客户，"千丁云"微信公众平台经常分享一些合作客户智慧物业建设案例，这些案例都非常具有典型性。千丁的客户成功帮扶（CS）是其最大的特色之一，支持千丁云产品价值兑现的服务保障。其价值在于与AIoT万物互联、SaaS即租即用成为三位一体解决方案，通过19项标准动作、90天交付支持、全项目生命周期的陪伴，为物业拥有智慧化升级能力提供现场、远程、线上等多方位的业务支持，为智慧物业提供顾问服务，解决物业经营转型的难题，提供数字化背景下的物业管理专业人才培养，升级过程中对物业进行标准化培训，并针对物管问题提供定制化转型升级方案咨询服务，实现管理同频与技术共享，助力企业健康发展。

而千丁智慧物业摆渡人的情怀与雄心远不止于此。

从早期的科技应用到当下的智慧物业，我们看到了智慧物业发展的历程和内在逻辑。一是系统集成化，智慧物业的建设，正在从信息孤岛向信息集成方向发展，进而达到互联互通与数据资源协同共享；二是网络化，借助互联网和物联网技术，特别是5G时代来临，智慧物业正在实现真正的线上线下服务融合；三是设备智能化，随着智能科技的不断发展，设施设备正在向智能化方向发展，这也是智慧物业的基础支撑。在智慧物业建设的影响下，我们明显看到一部分企业物业服务线上线下一体化，物业服务的范围和边界发生变化，物业服务企业的组织方式也相应进行了改变。

网络协同是智慧社区的未来。智慧物业从借助智慧城市、智慧社区起步发展，到搭乘"新基建"战略快车，正逐步实现数字化、智慧化。但目前智慧物业与智慧社区、智慧城市之间依然存在割裂，相信构建基于智慧物业的城镇数字化新型基层治理平台是政府下一步的方向：一方面，打破从物业角度看智慧社区的局限，从规划设计、建设验收、服务运营的全生命周期来看待智慧社区建设；另一方面，通过智慧物业建设，加强信息化技术手段应用，与住建、城管、公安、消防等涉及物业管理活动的政府行政部门建立信息数据接口，畅通物业服务企业与街道等属地监督管理方的日常信息交互，以弥补传统手段无法实现的治理方式的补位和升级。

创新社会治理离不开智慧平台的支撑。希望越来越多像千丁这样的企业，通过智慧物业解决方案对中小型物业服务企业的赋能，助力智慧化基层治理网络的均衡铺设和快速应用，利用已有的客户资源和大数据积累，将智慧物业对外向社会延伸。相信不远的未来，智慧物业与智慧社区、智慧城市建设系统的打通，可以实现基于对公民数据管理的国家现代化治理机制的构建。

（作者系中国物业管理协会会长）

着力推进物业服务公司治理能力建设

■ 文 _ 沈建忠

最近连续参加一些活动，同行在一起聊起来，大都是资本技术驱动下的物业管理行业发展的话题，在感慨行业这几年快速发展变化的同时，也感叹某些上市公司的职业团队，因为各种原因主动或被动辞职了。某些企业高管迫于对赌式的业绩、盈利、市值增长的压力忙于公司事务，而遗憾缺席活动。某些企业为了半年财表更具亮点，满足市场预期而企业总动员，做着一切努力。

大家觉得现象的背后意味着时代的变革，随着资本的追逐、技术的迭代、模式的创新、混改的推进，公司治理能力建设正面临巨大的挑战。如何在创新服务模式的基础上，构建现代物业服务业新型商业生态的公司治理机制，已经成为紧迫而重要的课题。

这引起了我的关注，中央正在全力推动国家治理能力建设，今年也是中国物业管理协会确立的"能力建设年"，本期卷首语抛砖引玉，谈一点初步的思考。

分散股权时代公司治理结构的革新

2014年，我退休到中国物业管理协会工作那一年，适逢阿里巴巴、京东等到美国上市。同时，彩生活在香港上市，开启了物业管理行业变革之路。接下来的2015年，我国上市公司第一大股东平均持股比例首次低于相对控制权的三分之一，标志着分散股权时代的来临。当年就发生了震惊资本市场的万科股权之争，由此触发了理论界、企业界"关于如何防止野蛮人入侵、恶意并购，保持企业稳定发展，分散股权时代公司治理制度设计"的大讨论，也引起了行业内一些企业家的兴趣。

由此，绿城服务的李海荣董事长还特别向我推荐了一本书《从万科到阿里》，讲的就是分散股权时代的公司治理。她提到，随着物业管理行业上市公司数量的不断增加，公司治理变革已越来越重要。当时我没有读完，原因是觉得与行业关联不大。直到今年，随着上市物业服务企业的不断增多，似曾相识的现象在行业内出现，我才重新拾起来认真读了一遍，对物业服务公司治理结构的重要性也有了新的感悟。

早在1999年5月，由29个发达国家组成的经济合作与发展组织（OECD）共同起草了《公司治理结构原则》，开启了现代化公司资本社会化和经理人职业化的制度创新，核心的理念就是持股权代表对应的决策权。在这个教科书式的文件中，公司治理结构被称作为企业的神经系统，协调各方利益，解决权力平衡与制约。而此后的互联网技术的发展、新经济的崛起，Facebook、Google等美国公司首先开始向资本产业同股同权的经典理论发难，推出了AB股权双重股权设置。为什么当年阿里远走美国上市，也是因为港交所、上交所、深交所受法律限制无法接纳阿里公司治理变革的创新，即不对等的投票权、决策权。例如，阿里合伙人虽然占股13%，却对公司的人事任命拥有绝对的权力。

事实上，中国的公司治理问题一直争议不断，有文章评价"我国公司治理建设是从独权、争斗、虚伪、操纵到制衡、公平、透明、专业现代公司治理的转变"。著名经济学家吴敬琏曾一针见血提出，中国公司治理存在六大问题，一是股权结构不合理；二是"授权投资机构"与上市公司关系不明晰，使母公司"掏空"上市公司的丑闻时有发生；三是"多级法人制"，存在资金分散、内部利益冲突、利益输送的弊病；四是董事会、监事会存在缺陷；五是董事会与执行层之间关系不顺，董事会与执行层高度重合，导致"内部人控制"；六是公司执行机构有弊端。

最近轰动全球的瑞幸咖啡财务造假、长生生物因危及社会公众安全、严重违法被强制退市以及明天系的垮台，说明恶劣的公司治理框架会给社会带来多么大的危害，说明内部人控制机制一旦形成，必要的制衡、纠错及风险防控机制形同虚设，公司治理能力建设流于形式，为企业的一己之利，可以罔顾法律，漠视社会责任，侵害公众利益。

以最近上热搜的明天系为例，这家号称三万亿资产的企业，7月17号刚刚被银保监会宣布其旗下的九大风险类的金融机构整体被接管，涉及9000亿的资金，接管原因特别强调了两点：一是隐瞒持股比例；二是公司治理失衡。明天系曾经风光无限，在短短的20年的时间里，资产总量超过了很多城市GDP的产值。在金融方面长袖善舞，基本上涵盖了所有的金融领域（除了金融租赁），包括银行、保险、证券、期货、信托、基金、PE，其中仅银行就控股三家，关联的17家，其中控股的包商银行，通过向大股东的利益输送，豪取1560亿，全部变成不良资产。接管小组特别强调，包商银行公司治理失败的惨痛教训值得警醒，同时指出诸多企业风险及背后的根源在于公司治理。

鉴于此，为迎合公司治理结构变革创新，推动建设规范透明的公司治理机制，中国内地推出了科创板，港交所在2018年进行了最具颠覆性的上市制度变革，允许VIE双重股权架构的公司在香港上市，引发了大量中概股回归香港上市，包括阿里、小米，以及最近回归的京东。刘强东虽然只有15%的股权，却拥有近80%的投票权；雷军拥有31.4%的股权，拥有53.7%的表决权。从现实情况来看，公司治理结构变革创新的举措实施后，这些公司的发展状况都表现良好。

在国有制混改过程中，也出现了类似资本市场同股不同权，收益权与决策权不对称的公司治理制度安排。如备受关注的联通混改模式，董事会的组成允许战略投资者超额委派，形成股权结构上国资占优，董事会决策机构中外部投资人占优的不对称创新模式，为国企混改解决所有者缺位、管理者激励不到位提供了新思路。而在云南白药的混改中，则通过引入民营资本买断国企高官行政级别，转身为职业经理人的方式，解决了其薪酬与业绩挂钩的问题。国内著名的家电制造巨头美的集团，采取核心管理层持股计划，股权激励机制及事业合伙人制度安排，将公司长期价值紧紧捆绑在一起，协调平衡职业经理人与股东的利益，堪称家族企业向职业经理人转型公司治理制度的成功范例。近几年物业管理行业发生了相当多的并购案，多数业绩表现靓丽，很重要的一点在公司治理制度安排上，原经营管理团队拥有绝对的决策权，形成了团队与投资者之间长期合伙合约关系，实现了各关系人之间专业化的深度分工，避免了并购磨合过程中形成的各种隐性和显性成本增加，以及团队出走带来的市场资源流失。事实证明，这样的公司治理制度性安排，有利于保证企业并购后的相对稳定，有利于提高管理效率和长远发展，更好地体现公司使命、愿景和价值的可持续性，有利于投资者权益的保护。由于管理团队不受被辞退调整的压力，又可以获资本市场加持，因此受到中小企业的青睐和欢迎。

公司治理经验教训对物业服务企业的启示

今年《董事会》杂志第二期刊载了一篇文章，题目叫《从15个案例看我国公司治理走过这15年》，作者选取15个不同的典型公司治理案例，梳理了我国公司治理中的是与非，这些成功或失败的案例，对于今天的物业服务公司治理结构改革创新，有哪些值得关注的启示？物业服务企业转型升级过程中如何构建适应资本技术驱动，并与服务模式高度融合的现代服务业新型商业生态的公司治理机制？我认为至少以下几点很关键。

一是在现代市场经济条件下，产业升级、技术创新、商业模式变革已经成为企业增长的主要驱动因素。

要保证企业在险恶的商业竞争中持续发展，需要有责任、有能力的专业团队，同时更需要健全的企业治理制度保驾护航。马云设立合伙人制度的潜在好处，除了实现对公司的控制外，还可以避免官僚主义和等级制度，有利于保证合伙人全力以赴，确保公司使命愿景和价值观的可持续发展。任正非最近接受采访时特别讲道：财富在公司每个人的脑袋里，公司靠员工的脑袋创造财富，要让脑袋去为企业创造财富有可持续性，就要有好的股份制度去激励，共同分享更好的成果。从圆方集团党建经验看，强化党组织在公司治理中的作用和地位，有利于企业更好履行社会责任，激发员工的积极性，将制度优势转化为治理效能。

二是要重新认识人力资本的价值。

资本市场越来越接受这种看起来不对等的同股不同权的制度变革，实际上是资本对人力资本支付的对价（溢价），是资本市场对人力资本的尊重和敬畏，是人力资本在创造超额财富后应该获得的一份合理回报。投资者只有以提升企业的长远价值为己任，明智地扮演好资方角色，才能实现收益权、决策权的合理分配，才能获得更高回报。软银的孙正义放弃阿里的 31.8% 的股权投票权，作为外部投资者，他获得了更多看得见摸得着的财富。也有人认为，这是劳动雇佣资本时代的开启，意味着资本不再拥有绝对的话语权，在创新的公司治理架构下，对职业经理人而言不再是卖身契，在经营权、决策权方面，拥有更多的话语权，从而让企业更具成长性。

三是要以更有效平衡各方利益为出发点。

达成权利与义务责任的平衡，既体现股东权益、股东关切，又体现公司意志、企业关切，还要在权力制衡下更好地发挥企业经管团队的积极性和创造力。刚刚出版的《中国物业管理》杂志第 7 期上有一篇文章，披露某投资公司，相继收购了众多物业公司，但是对这些被收购的物业公司而言，并没有得到事实上的利益，反而因为投资公司的盲目扩张，引发债务危机，把收购的物业公司再次变卖。假如按照 AB 股的理念，是否就可以避免资本独大的局面？这正是《从万科到阿里》这本书给出的结论：活跃的资本只有站在巨人的肩膀上，才能创造更多的神话。

行业的发展离不开资本的推动，但更重要的是人力资本。因此，协调好两者的关系，是当今公司治理的难点，也是关键点，更是确保企业健康发展的必经之路。

东吴物业的毛波杰曾在第四期杂志中提出，提升物业服务企业治理能力现代化，有利于从根子上提升管理和服务水平，树立企业形象，而这决定着企业的根本竞争力。可以预见，物业管理的创新发展必然带来行业公司治理和人才结构的洗牌，唯有重构公司治理结构、人力体系，并从思维方式、知识体系和技术革新上迈出突破性的一步，才能在未来的资本技术红利中获取先机，掌握制胜之道。

（作者系中国物业管理协会会长）

以"四化"为抓手 提升核"芯"能力

文_李健辉

近日,华为"芯片"事件备受关注,也给我们带来了深刻的警示:核心能力是一家企业乃至一个行业的安身立命之本。

这也让我想到了物业管理,我们行业的核心能力应该是设施设备管理能力。中国物协将2020年定义为"能力建设年",意在以供给侧结构性改革为主线,抓重点,补短板,强弱项,切实提高贯彻新发展理念的能力水平,推动行业高质量发展。处于行业"芯片"地位的物业设施设备管理团队自然责无旁贷,理应积极发挥引领作用,多措并举,通过精准施策,精确布局,提升行业内在专业价值。为此,我们要推动物业设施设备管理的规范化、标准化、专业化和智慧(能)化(下简称"四化")建设,提升行业设施设备管理能力。

规范化建设的核心是确保安全生产

规范化建设,要以安全生产为核心,不断完善物业设施设备运行维护管理制度、操作规程,加强应急突发事件处理能力建设。同时,规范化建设也是围绕物业设施设备全生命周期规范运行管理和科学维护的基本功,以及全面防范并化解风险和保障人民群众生命财产安全的基本要求。近年来,因消防系统维护保养缺失发生火警而系统无法正常投入以及各类原因造成的电梯安全责任事故频发,都给行业的发展环境造成了不利的影响。特别是2019年年底,中消协发布的《国内部分住宅小区物业服务调查体验报告》中,所展示部分住宅小区存在消防设施设备残缺瘫痪、门禁系统常年失修和供电、供水、供气安全隐患严重等问题,也反映了行业部分物业服务企业对设施设备运行维护的应知应会应做的基本工作缺失,行业物业设施设备规范化建设亟待加强。

标准化建设要提升设施设备管理水平

标准化建设,是指在物业设施设备运行维护规范化建设基础上,建立健全一整套适宜、充分和有效的物业设施设备运行维护的团体标准化体系。标准化建设是以行业优秀的企业标准为样本依据,遵循行业标准化建设的要求,从物业设施设备"八大"专业系统运行管理和科学维护两个维度,加快建设可推广可复制的物业设施设备管理团体标准,支撑物业设施设备整体管理水平的提升。2019年以来,按照中国物协的统一部署,在做好设施设备标准化建设总体规划的顶层设计基础上,设施设备技术委员会一方面发挥头部企业标准化建设的引领作用,充分激活企业自主制定标准的活力;另一方面与标准化委员会合作,编制了首个物业设施设备《供配电机房管理规范》团体标准,已进入最后评审待颁布实施阶段,开启了物业设施设备运行维护团体标准建设的元年。

专业化建设推动行业转型升级

专业化建设,是指培养行业设施设备专业化人才队伍,提升设施设备管理技能和新技术的应用能力,以及创新智慧物业、大数据应用等带来的管理机制、模式等,这也是体现行业专业价值并推动行业转型升级的着力点。如今年设施设备技术委员会适时组建超高层专业工作组并组织开展的广州、苏州系列对标学习、调研活动,正是立足于超高层建筑设施设备运行维护的专业化建设实践活动之一,通过对超高层建筑的物联网管理平台、能源中心、建筑智能化系统运维、智能建筑云平台、无人值守

仓储管理云平台、基于物联网的报警云平台、室内空气处理及其质量监测系统等专业化调研、交流和分享，推动了行业超高层建筑设施设备管理能力的专业化建设。

智慧化建设提升设施设备运行效率

物业设施设备管理的智慧（能）化建设，一是顺应当今社会步入信息技术、绿色运行、区块链等新技术广泛应用的必然选择；二是通过借助互（物）联网、区块链技术应用，有效提升运行效率；三是可以依托人工智能、云端平台等智（慧）能化技术，推动行业价值链升级。事实上，近年来行业部分头部企业做了大胆尝试，并取得了领先的优势。如碧桂园推出基于"AI+物联"的人工智能解决方案；招商积余搭建"π平台""招商通"两大智慧系统；蓝光嘉宝围绕"智慧社区+全屋智能"，全面落地AI人脸识别、ECM设备状态远程监控等数字化管控系统等，都为行业智慧（能）化发展开创了先河，积累了经验。深信"AI+机器人"、物业设施设备远程在线监测和云计算、节能减排和绿色发展等技术，在物业管理行业一定大有可为，未来可期。

一直以来，中国物协设施设备技术委员会通过开展以《物业设施设备管理指南》和《物业承接查验操作指南》为教材的技能培训、全国职业技能竞赛等，加强技术人才体系建设；通过举办专业（含绿色发展）论坛、加强与国际设施设备专业社团组织的交流合作，开展物业设施设备管理现状摸查和行业热点难点课题的研究，以及人工智能等新技术在设施设备运行管理领域应用研究等，推动行业转型升级。

今年，设施设备技术委员会还承担了《物业设施设备安全管理的研究》重点课题和《物业消防设施设备管理规范》团体标准制订等工作，既是围绕安全生产为中心，有效解决物业设施设备运行维护所面临的热点难点问题，更是推动物业设施设备规范化、标准化、专业化和智慧（能）化的"四化"建设的重要举措，并通过"四化"建设，进一步提升自身的专业能力，彰显行业的专业价值。

（作者系中国物业管理协会副会长、设施设备技术委员会主任）

加强四个能力，让行业与时代同频共振

■ 文_余绍元

中国物业管理行业发展近40年，与改革开放历史成就共生共长，映照出奋斗不息、创新不止的一面。看似平凡的每一步努力，都无形中铸就了今天的成绩。在10月14日深圳经济特区建立40周年庆祝大会上，习近平总书记指出，当今世界正面临百年未有之大变局。对广大新兴市场国家和发展中国家而言，这个世界既充满机遇，也存在挑战。在新一轮科技革命和产业变革深入发展的背景下，在人工智能、机器人技术、虚拟现实以及量子科技等蓬勃发展的今天，创新服务经济更显得尤为重要，全球经济的变化更需要服务去创造经济的潜力。新时代的服务经济将深度改变人类生产和生活方式，对变局发展产生重要的影响。中国物业管理行业的创新创造活力喷涌也支撑和决定着一个行业未来的发展及竞争力，可以说时代的巨大红利，让我们走向有更广阔天地的中国服务，并将其打造成世界瞩目的中国物业管理服务品牌。

这几年资本潮在行业里一直方兴未艾，资本对中国物业管理行业的关注不仅为行业注入资金，也注入活力，更重要的是促进了行业市场化的进展，让市场竞争变成主流。所以在时代和大资本的背景下，整个行业无论是横向还是纵向的延展度都在提高，2018年行业经营收入9066.1亿元，《2020中国物业管理行业发展指数报告》中预测今年将到达1.18万亿，近3千亿的增长说明行业整体规模增长的同时，也在慢慢渗透社会化服务的其他"领地"，也预示着行业在未来定有巨大的潜力和创新服务的延展空间。

新的历史形势和行业的特殊背景下，一定会催生大量新产业、新业态和新模式，给全球发展和人类生产生活带来翻天覆地的变化。2020年正是中国物业管理行业的能力建设年，新的历史形势是契机也是加速行业进步的助推器，中国物业管理行业肩负着新时代的历史使命应势而生，为现代服务经济的创新发展，作出开拓性的努力，取得创新性的成果。而产品本身和服务能力则是承担时代重担的基础，提高产品竞争力、开发好产品、服务好顾客，让人们切实享受到创新服务的成果，受益于产品带来的便捷和愉悦，感受到服务的专业和价值，才能让行业更健康的发展，才是"真机会"。

加强物业服务企业的能力建设，首先要明确行业发展方向，找到企业的战略目标，度量市场、定位产品、规划资源。其次是以规范化、标准化建设为抓手，让市场竞争有的放矢。第三是在能力建设过程中以人才建设为核心，通过有效管理手段实现组织赋能。最后是在能力建设过程中强调数字技术的作用。这是行业企业在能力建设上的使命所在、价值所在，更是企业不断发展、稳定的重要保证。

对于今天的物业服务企业如何加强能力建设，在发展中不断探索前进，向行业最终价值迈进，我们有几个方面的经验供大家参考。

首先是加强组织能力建设。组织能力是支撑战略实现所需的一系列能力的统称，一个组织里的"人"的创新能力、服务能力和专业化是企业前行的最重要能力，没有之一。无论是过去的海尔还是今天的华为，都是我们认为的伟大企业，伟大在从企业价值链的角度去分解，这些企业的本质都是与未来的生态化战略相适应的，他们的组织所具备的能力是可以为战略规划、产品研发、市场开拓、生产管理、财务管理和技术支撑去助力，所以不管行业怎么发展，拥有什么技术，人首先是重要的，一个企业的管理能力体现在如何让一个组织中的人有共同的目标，有学习的动力，有善于服务的专业能力，有健康积极的、乐意服务创新的心态，而物业服务企业利用适合企业发展的人才竞争机制、文化的同步、行而有效的绩效系统、保证有竞争力的回报机制、系统的专业修炼，去驱动组织成长，形成的组织管理系统，一定是一个拥有无限竞争力的组织。

其次是商业模式的创新能力。企业需要根据自身的特性、组织特点、分布区域和顾客特征，定位属于自己的有竞争力的发展模式，让"创新优势"取代传统的"竞争优势"。然而要在市场中获得持续的成功，在产品或服务方面作单一的创新是远远不够的。客户会通过一个组织提供的整体"价值"去判断其优劣，而这种"价值"包涵了产品、服务、流程等一系列复杂而又系统的解决方案，优化的商业模式恰好在这个系统中起到了决定性的作用，各种业态的商业发展模式，解决不同的问题，让效率更高，投入比更高，优化的商业模式也更具竞争力。我们需要按照不同的专业领域和不同的顾客需求，把创新应用到产品、服务、管理、组织、技术上，变成灵活的、顾客驱动的商业模式系统，以一种整合的方式为客户提供增值服务，并且针对不同的群体，例如，老人的需求是健康和陪伴，而社区养老机构恰好可以弥补；家务工作者需要的是实惠和便捷，而社区商业机构的研究方向应该是家庭消费行为，按照她们的需求去设计服务产品和选择商品去提供给顾客；社区资产需要的是持续的增值和保值，而设备设施的专业化管理能保证这一点；行业内大量的小微物业服务企业需要的是顾客满意度的提升和服务能力的提升，而自身的能力却无法解决这个问题，这时候一套有竞争力的顾客服务大数据系统恰好可以弥补中小微物业服务企业的不足，解决他们的痛点。这就是不同顾客需求下的商业模式设计原则。

再次是产品管理能力。物业服务的产品设计无非是怎么管理好现场、怎么服务好顾客，立体的多维度的产品结构策略可以精准应对目标客群的需求，我们从产品的划分上进行创新，根据不同的业态和项目发展阶段去研发产品，利用有效的数据化工具去实施，然后去推行和落地，内部管理机制让产品的实施过程透明，同时进行问题整理、分析，不断调整流程和标准，形成顾客服务数据报告，最后优化产品和技术创新，一定要形成一个产品闭环。

最后是数字化运用的能力。组织的不断优化、商业模式的不断推演、产品根据顾客需求不断的更迭，这都需要数字化的工具，通过数字化管理提高效率，可以把物业服务大数据生态圈打通，随着技术的成熟，数字化的商业应用一定会呈爆发式的增长，物业服务企业应厘清未来战略目标，尽早布局系统的数字化建设，构建新的竞争优势。数字化能力在物业服务企业运营和产品创新上的价值是巨大的，根据企业自身的战略目标，尽早着手数字化能力在各个垂直业务线的应用，完成商业模式的突破，就是为企业的未来打下坚实基础。

四个能力，是物业服务企业的内驱动力，是行业与时代同频共振的价值密钥。行业进步不可估量，未来不可估量！

（作者系中国物业管理协会副会长）

提升法治能力，加强行业建设

■ 文 _ 沈建忠

12月4日是国家宪法日，而就在不久前，中央全面依法治国工作会议刚刚在北京召开。习近平总书记在会上发表重要讲话，强调坚定不移走中国特色社会主义法治道路，在法治轨道上推进国家治理体系和治理能力现代化，为全面建设社会主义现代化国家、实现中华民族伟大复兴的中国梦提供有力法治保障。物业管理行业在参与社区治理和服务群众、服务社会方面肩负重要的使命和责任，应当坚持以习近平新时代中国特色社会主义思想为指导，紧密结合中央全面依法治国工作，形成全行业学法、知法、懂法、守法、用法的新风尚，让法治精神贯穿物业管理行业工作的始终。

党的十九届五中全会强调我国发展仍然处于重要战略机遇期，站在新的历史节点上，物业管理行业应在深入分析行业特性、抓住成长机遇、进一步提升工作能力的同时，不断加强法治能力建设，结合物业管理行业"能力建设年"主题，不断推动物业管理行业良好有序地发展，将物业管理行业打造成组织放心、人民满意、能力过硬的服务尖兵。

以制度促提升，加强行业体制机制建设

习近平总书记在中央全面依法治国工作会议上强调，全面依法治国最广泛、最深厚的基础是人民，必须坚持为了人民、依靠人民。要把体现人民利益、反映人民愿望、维护人民权益、增进人民福祉落实到全面依法治国各领域全过程。

物业服务企业与人民群众紧密联系，每天都要同业主打交道，管理范围涉及社区维护、管理和其他的社会性有偿服务，因为面临成本不断增加的问题，难免产生矛盾。以物业服务费为例，在一些小区物业服务费市场化定价，居民能享受较好的物业服务，但更多小区的物业服务费几年甚至十几年调不了，而人力资源成本却一直在增加，导致服务质量下降或业主对物业服务不满意，对双方来说这都是不愿意看到的结果。因此想要形成良好的物业服务关系、保障物业管理行业的健康发展，就必须从制度入手，让制度引导物业服务企业发展，适应市场经济规律和群众需求。

要进一步推动建立物业服务企业评价机制。物业纠纷大多是由于物业服务企业与业主之间存在服务标准不明确，服务结果不满意的问题导致的，想要解决此类问题，就要促使物业服务企业的标准更透明，物业管理行业需要形成机制，按照物业服务合同的约定，对物业服务企业综合管理、秩序维护、清洁卫生、绿化管理、共用设施设备日常管理等工作进行检查，结合信息化、大数据方式，从多个维度直观地评价企业履约情况，给出评级分数供社会参考，能够公开透明地评价物业服务企业的能力水平，从而促进公平、公开、公正的市场竞争机制形成。

以规范促提升，加强行业自律规范建设

习近平总书记在中央全面依法治国工作会议上强调，推进全面依法治国是国家治理的一场深刻变革，必须以科学理论为指导，加强理论思维，不断从理论和实践的结合上取得新成果，总结好、运用好党关于新时代加强法治建设的思想理论成果，更好指导全面依法治国各项工作。物业从业人员应当带头严格遵守《中华人民共和国民法典》《物业管理条例》等国家、地方有关物业管理方面的法律、法规、政策，认真履行各项法定义务，心系人民群众。同时还要遵守行业标准和服务规范，严格按照物业服务合同约定，依法经营服务项目，为业主和物业

使用人提供专业化、规范化的物业服务。物业服务企业不能擅自减免服务内容、降低服务标准、扩大收费范围、提高收费标准或重复收费。

人无信不立，业无信不兴。物业管理行业与人民生活息息相关，近年来，行业快速发展，部分物业服务企业存在失信行为，引发了许多的问题，推进诚信制度建设，加快在物业管理行业构建信用体系显得十分重要。因此行业自律规范应当从建立诚信体系入手，开展物业服务企业信用等级评定，定期向社会公布，加大企业失信惩戒力度，制定行业行规，坚决杜绝恶性竞争，构建和维护良好的物业服务市场秩序。通过建立健全诚信体系等机制来实现物业服务企业优胜劣汰，构建诚信可视化的物业管理行业。

同时，物业服务企业要积极签署并遵守《物业管理行业自律公约》，通过自律公约规范服务活动，规范企业行为，维护行业整体利益，保护业主合法权益，促进行业持续健康发展。

以公开促提升，加强行业内外监督建设

物业服务企业特别是企业负责人也必须坚决贯彻落实党中央关于全面依法治国的重大决策部署，带头尊崇法治、敬畏法律，了解法律、掌握法律。

物业服务企业应本着诚信公平原则，主动接受业主监督，保障服务质量并不断改进。即将于2021年1月1日施行的《中华人民共和国民法典》明确了物业服务企业或者其他管理人根据业主的委托，依照民法典第三编有关物业服务合同的规定管理建筑区划内的建筑物及其附属设施，接受业主的监督，并及时答复业主对物业服务情况提出的询问。同时也明确了建设单位、物业服务企业或者其他管理人等利用业主的共有部分产生的收入，在扣除合理成本之后，属于业主共有。物业服务企业应当畅通沟通渠道和反馈渠道，主动接受业主反馈，积极地回应业主的诉求和疑问，依照法律要求积极推进业主大会和业主委员会的成立工作，从每一个小事入手，构建和谐的物业服务关系。

除此之外，物业服务企业也要对分包机构服务进行监督，专业公司的服务主要是通过物业公司人员日常检查和住户的满意程度表现出来的。特别是住户反映、检查发现的问题，物业服务企业要做好登记及跟踪，同时在一定的时间进行汇总，及时评估各项技术服务质量是否合格及服务是否到位。

以教育促提升，加强行业法治意识建设

《民法典》物权编与合同编进一步明确了业主的权利，包括业主对共有部分的所有权、管理权、收益权，对车位车库优先使用权，对共有部分管理、物业服务合同履行情况具有知情权、监督权、询问权等。同时也对物业服务企业提出了更高要求，如物业服务企业或者其他管理人应当执行政府依法实施的应急处置措施和其他管理措施，积极配合开展相关工作，明确了物业服务人应当对共有部分承担维修养护、环境卫生、秩序维护等责任，同时负有保护业主人身、财产安全的职责。

物业服务企业是由每一个员工构成的，法治意识建设就要从物业服务企业员工入手，每一名物业服务企业成员都应当认真学习包括《民法典》《物业管理条例》在内的法律法规和规章，学法不仅仅是学习法律条文、法律内容，更重要的是在学习中贯彻法治精神，掌握法治内涵，增强自身法治思维观念，从而推动物业服务企业、物业管理行业良法善治，把法治思维贯穿到行业的创新发展全过程中去，推动物业管理行业健康发展。

当前我国社会主要矛盾已经转化为人民日益增长的美好生活需要和不平衡不充分的发展之间的矛盾，物业服务工作是紧密联系群众的最前沿，做好物业服务工作将有利于增强人民群众的舒适感、满足感、幸福感，有利于解决好我国当前主要社会矛盾。让我们提高法治思维，坚持依法服务，不忘初心，砥砺前行，为人民群众带来更加美好的生活。

（作者系中国物业管理协会会长）

物业管理正在迎来最好的时代

■ 文＿罗传嵩

受疫情影响，全球经济衰退，各行各业在艰难中寻求复苏。

与此形成鲜明对比的是，中国内地物业管理行业，在资本市场书写传奇故事，年内先后有18家物业服务企业在港股上市，这似乎证明了一种可能性：无论外部环境如何变化，市场竞争多么激烈，只要坚持初心，与时俱进，终会迎来星辰大海。

11月17日，金科智慧服务集团股份有限公司（09666.HK，以下简称"金科服务"）正式于香港联交所主板挂牌上市，这是今年第11家港股上市的物业服务企业，也是特别具有样本价值的一家企业。

一路走来，金科服务以"服务+科技""服务+生态"为发展战略，凭借"大服务、大生态、大科技"的探索，在港股成功上市，引起了行业的广泛关注，也带给业界企业良多思考。

一是从深耕到生根，打造"幸福"社区

物业管理改革发展近40年，一个个楼宇和社区在全国各地经受住了岁月洗礼，它们美好如初，甚至历久弥新。这得益于优质的物业服务：从社区环境保养、设备改造、业主生活氛围营造，等等，对社区进行了内容、格局、体验上的全方位升级。

以金科服务为例，在无锡金科·观天下，52%绿化率和7000m²园林，让人看不出它已经有12年房龄，收获了"优秀住宅小区""平安小区""和谐小区"等无数荣誉；在重庆金科·太阳海岸，金科服务投入130余万元用于美好升级，成为重庆首批认证"智能物业示范小区"，业主满意度也连续8年达到92%。而在重庆，金科服务进驻的非自建的100多个小区，整体续签率超过98%，令很多物业服务企业头疼的收费率、满意度难题都迎刃而解。

截至2020年6月30日，金科服务已进入全国24个省份的133个城市，签约面积约2.56亿平方米，签约项目843个，服务全国160万户中产家庭，业主满意度连续9年超过90%。

当下，业内众多物业服务企业都很重视幸福社区的打造，纷纷推出各具特色的"睦邻文化"，组织邻里亲情活动，在社区塑造温情的文化和生活方式，赢得了广大业主的认同。

二是从社区到城市，向高维服务转型升级

随着城市化发展不断提速，改善城市区域生态，进行城市产业升级是众多城市的共性需求。为此，行业头部企业纷纷加速走出社区的步伐，赋能城市发展。

2018年，金科服务战略携手江苏盐城高新区，揭开了金科服务城市级合作历程的序幕。截至2020年，湖北利川、安徽宣城、西藏昌都以及四川内江经开区、雅安名山区、陕西西咸新区等8个城市区域均与金科服务签订了全面战略协议。

凭借精细化、高品质、全生命周期的资产管理等极致服务标准，金科服务还打动了保时捷、京东、海康威视等一大批知名企业，成为京东亚洲一号、海康威视安防产业园、太平洋保险南方基地、西南最大的保时捷中心以及各种产业园区的服务商。目前，金科服务已经为商业楼宇、产业园区、政府公建、轨道交通、高校医院、文旅景区、企事业单位在内的全球数百个合作伙伴，提供智慧服务综合解决方案。

可以预见，未来的物业管理，更像是个城市运

行的保障者和美好生活的服务者，从楼宇到小区、从小区到街区、从街区到城市，用优质服务支撑城市的欣欣向荣。

三是用科技为服务赋能，开启智慧服务新时代

随着大数据、物联网、人工智能等前沿技术的成熟与发展，智慧时代走入现实。物业管理亟待乘风扬帆，开启从传统物业管理向智慧生态物业管理的转型之路。

早在2016年，金科服务就开始探索智慧化升级，并成为国内第一批完成智慧社区领域知识产权贯标的社区服务商。同年8月，金科服务与微软中国联手打造了国内首个全业态、全实时的数据中心——天启大数据中心，至今已进行了4次迭代。经过多年的技术积累，金科服务围绕"智慧、健康、关爱"三大核心，打造出一套拥有256个科技价值点的生命建筑智慧小区方案。目前，金科服务已经完成了全国数百个小区的智慧化升级，安装了4000多台云监控设备、近2300个智能门禁，打造了200多个无人停车场，将智慧社区服务深入应用到了业主生活的每个场景。

借助资本的力量，循着"大服务，大科技，大生态"发展模式，金科服务正在构建城市空间、美好生活、智慧科技三大核心能力，加快物业服务、美好生活、城市、邻里社交、数智科技、成长孵化六条赛道的打造，真正实现由家庭走向城市，由社区走向社会，由科技内部赋能走向公共赋能。

随着房地产行业进入"白银时代"，作为"被忽略的蓝海市场"，物业管理正在迎来最好的时代。而从金科服务的样本不难看出，其追寻的"服务心悦、生活美好、城市活力、邻里美善、科技数智、共生成长"的奋斗目标，不正是城市生活的理想模样吗？

（作者系中国物业管理协会副会长）

疫情防控

物业荣光

习近平总书记给郑州圆方集团职工回信勉励广大劳动群众向全国各族劳动群众致以节日的问候

新华社北京4月30日电 在"五一"国际劳动节来临之际，中共中央总书记、国家主席、中央军委主席习近平4月30日给郑州圆方集团全体职工回信，向他们并向全国各族劳动群众致以节日的问候。

习近平在回信中表示，新冠肺炎疫情发生后，你们在集团党委带领下，一直坚守保洁、物业等岗位，不少同志主动请战驰援武汉等地的医院，以实际行动为抗击疫情作出了贡献。大家辛苦了！

习近平指出，伟大出自平凡，英雄来自人民。面对这次突如其来的疫情，从一线医务人员到各个方面参与防控的人员，从环卫工人、快递小哥到生产防疫物资的工人，千千万万劳动群众在各自岗位上埋头苦干、默默奉献，汇聚起了战胜疫情的强大力量。希望广大劳动群众坚定信心、保持干劲，弘扬劳动精神，克服艰难险阻，在平凡岗位上续写不平凡的故事，用自己的辛勤劳动为疫情防控和经济社会发展贡献更多力量。

圆方集团是河南省郑州市一家综合服务型民营企业，现有员工6万人，其中党员500多名。近日，党的十九大代表、圆方集团党委书记薛荣给习近平总书记写信，代表全体职工汇报了坚守本职岗位、积极参与抗疫的情况，表达了共担责任、共克时艰的决心。

习总书记的回信让物业人备受鼓舞。我国物业管理行业的劳动者，是战疫一线的重要组成，他们用抗"疫"的亲身经历，为物业管理行业的发展史增添了意义非凡的一笔。

物业人牢牢守住疫情防控的第一道防线
——来自国务院联防联控机制新闻发布会的声音

2020年3月10日上午10时，国务院联防联控机制举行新闻发布会，住房城乡建设部党组成员、副部长倪虹参加发布会，介绍住房城乡建设部参与疫情防控、服务复工复产有关情况，并答记者问。

住房城乡建设部党组成员、副部长倪虹在发言中介绍了物业管理行业在疫情防控工作中的贡献："全国700多万物业服务人员为住宅小区提供了不间断的日常服务，在社区党组织统一领导下，积极参与社区联防联控，牢牢守住疫情防控的第一道防线，得到了居民的理解和肯定。"

以下为倪虹副部长的发言实录：女士们、先生们，媒体朋友们，真诚地感谢大家长期以来对住房城乡建设工作的关心理解和支持。住房和城乡建设部坚决贯彻落实习近平总书记在统筹推进新冠肺炎疫情防控和经济社会发展工作部署会议上的重要讲话精神，按照党中央、国务院的决策部署，积极行动，履职尽责，指导住房和城乡建设领域扎实开展疫情防控和有序推进企业复工复产。下面，我从两个方面来介绍有关情况：

一、扎实做好疫情防控的四个保障

一是保供给。全国市政行业200多万职工加强巡检维护，做好应急值守，保障了全国3000多家燃气企业、5000多座自来水厂、4300多座污水处理厂的正常运转。春节和疫情期间，供水、供气、供热保持基本稳定，保障了人民群众日常生活和疫情防控的需要。

二是保清洁。全国180多万环卫职工，疫情发生以来全力投入城市道路和公共设施保洁消杀工作、生活垃圾收运处理等工作，60多万城管执法人员坚守一线，有效地维护了疫情防控期间的整洁有序。

三是保安全。全国700多万物业服务人员为住宅小区提供了不间断的日常服务，在社区党组织统一领导下，积极参与社区联防联控，牢牢守住疫情防控的第一道防线，得到了居民的理解和肯定。

四是保急需。无论是中建三局、中建五局、中建七局这些国字号的企业，还是武汉建工、北京建工、广西建工、宁夏建工等地方企业，无论是在建设火神山医院、雷神山医院，还是在当地版的"小汤山医院"等医疗应急设施过程中，不讲条件，攻坚克难，按时保质完成了建设任务，为抗击疫情作出了贡献。

二、分区分级有序推动工程建设项目复工复产

一是守住两个到位的底线。建筑工地的疫情防控责任落实到位和建筑工程的质量安全监管责任落实到位，是有序复工复产的底线。全国各地有不少好的做法，安徽省用人脸识别+电子围栏技术严格管理施工人员出入施工区域；陕西省开展复工前安全生产条件复查，并运用远程视频技术监督现场安全作业等。

二是分区分级精准复工复产。针对不同地区疫情对建筑工程、市政基础设施工程建设等工作的影响程度，要求各地有序推动复工复产，统筹做好建筑工人返岗、建材供应、建筑工地疫情防控和安全生产等工作。如浙江省采取"一图一码"，以县域为单位制定五色图，分级制定防控策略，利用大数据建立个人健康码，动态掌握个人健康信息，为复工复产提供了引导和保障。

三是出台政策支持企业复工复产。第一，自动延续企业资质。对勘察设计、建筑施工、工程监理等企业资质，有效期在6月30日前期满的，自动延续到7月31日。在此期间，可继续参加工程建设和招投标等活动。第二，鼓励以银行保函等替代保证金，减少企业资金占用；同时鼓励银行对资信良好的建筑企业在授信额度、贷款利率等方面给予支持。第三，大力推行工程建设项目审批线上全流程办理，采用在线申报，在线审批模式，对其承诺的提交材料可在疫情后补交。

初步统计，截至3月8日，全国房屋建筑和市政基础设施工程在建项目共19.25万个，已开复工11.19万个，开复工率达到58.15%。

他们代表千万物业从业人员接受国家表彰

9月8日上午，全国抗击新冠肺炎疫情表彰大会在北京人民大会堂隆重举行，中共中央总书记、国家主席、中央军委主席习近平向国家勋章和国家荣誉称号获得者颁授勋章奖章并发表重要讲话。习近平总书记科学概括了伟大抗疫精神，深刻阐明了伟大抗疫精神的精神实质和丰富内涵，强调要在全社会大力弘扬伟大抗疫精神，使之转化为全面建设社会主义现代化国家、实现中华民族伟大复兴的强大力量。

大会还对全国抗击新冠肺炎疫情先进个人、先进集体、全国优秀共产党员、全国先进基层党组织进行了表彰。物业管理行业代表光荣接受表彰：郑州圆方集团党委、武汉地产集团东方物业管理有限公司、北京国联同利物业管理中心荣获"全国抗击新冠肺炎疫情先进集体"；郑州圆方集团党委荣获"全国先进基层党组织"。宜昌市佳维物业有限公司党支部书记、总经理周敬，重庆金科物业开州分公司职工高勇，西安联诚行物业管理有限公司项目经理白杨荣获"全国抗击新冠肺炎疫情先进个人"。

郑州圆方集团党委荣获"全国抗击新冠肺炎疫情先进集体"和"全国先进基层党组织"两项殊荣。圆方集团党委书记薛荣登台领奖

武汉地产集团东方物业管理有限公司荣获"全国抗击新冠肺炎疫情先进集体"

西安联诚行物业管理有限公司项目经理白杨荣获"全国抗击新冠肺炎疫情先进个人"

宜昌市佳维物业有限公司党支部书记、总经理周敬荣获"全国抗击新冠肺炎疫情先进个人"

重庆金科物业开州分公司职工高勇荣获"全国抗击新冠肺炎疫情先进个人"

新冠肺炎疫情发生以来，在习近平总书记关于防控新型冠状病毒感染肺炎疫情的重要指示和党中央、国务院的决策部署下，全国20多万家物业服务企业、1000多万物业人积极行动为抗疫防疫做出巨大努力。精准有效的联防联控举措，让全社会更加理解和认识到物业管理行业在疫情防控工作中的重要作用。正如今年五一劳动节前夕习近平总书记给圆方集团全体职工的回信中所指出的，"伟大出自平凡，英雄来自人民""千千万万劳动群众在各自岗位上埋头苦干、默默奉献，汇聚起了战胜疫情的强大力量。"正是因为每一份不离不弃的坚持，每一份温暖善良的付出，每一份平凡而伟大的努力，才取得全国本土疫情防控阶段性重要成效。

习近平总书记在全国抗击新冠肺炎疫情表彰大会上指出，"在这场同严重疫情的殊死较量中，中国人民和中华民族以敢于斗争、敢于胜利的大无畏气概，铸就了生命至上、举国同心、舍生忘死、尊重科学、命运与共的伟大抗疫精神。""伟大抗疫精神，同中华民族长期形成的特质禀赋和文化基因一脉相承，是爱国主义、集体主义、社会主义精神的传承和发展，是中国精神的生动诠释，丰富了民族精神和时代精神的内涵。"

今天，我们致敬伟大抗疫精神，就是致敬勠力同心、锐意进取，就是致敬不畏险阻、英勇斗争。而最好的致敬，莫如从我做起、躬身践行，以不弃微末、久久为功的姿态接续奋斗，把精神的力量转化为攻坚克难的澎湃动能！

第一道防线上的物业英雄

2020年4月16日,国内首部记录物业管理行业抗击新冠肺炎疫情的电视专题片《物业英雄》在央视《经济半小时》栏目播出,#物业英雄#话题迅速登上微博热搜榜,人民网、新华网、中国日报、中国建设报等近300多家影响力媒体热烈报道。4月17日,国内首部全景记录物业人战疫的纪录片《第一道防线》和反映全国物业管理协会在疫情紧要关头第一时间驰援武汉物协的纪实短片《援汉》在全网播出。

系列专题片记录了中国物业人在抗疫期间坚守岗位的点滴,包括在医院最前线、在社区、在交通枢纽与商业写字楼等场所的重点防疫,透过多个典型人物和群像的镜头,真实记录了物业人平凡而又非凡的一面。

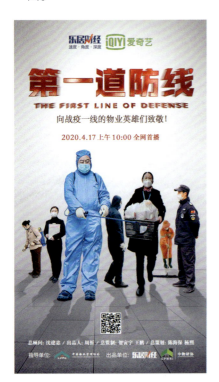  

扫描观看《物业英雄》《第一道防线》

扫描观看《援汉》

协会通知

中国物业管理协会

中物协函〔2020〕5号

关于全力做好物业管理区域新型冠状病毒肺炎疫情防控工作的倡议书

全体会员单位：

自新型冠状病毒疫情发生以来，物业管理行业迅速投入到疫情防控工作中去，为人民群众的生命安全和身体健康全力守护，展现了高度的政治自觉和强烈的责任担当。中国物协向奋战在疫情防控一线的物业服务企业和从业人员致以最崇高的敬意和最诚挚的问候！当前，新型冠状病毒疫情防控形势依然非常严峻。疫情就是命令，防控就是责任，在疫情防控的关键时刻，为坚定不移把党中央各项决策部署落到实处，切实做好物业管理区域疫情防控工作，中国物协面向全体会员单位发出如下倡议：

一、提高政治站位，把疫情防控工作作为当前最重要的工作来抓。深刻认识疫情防控工作的重要性和紧迫性，切实把思想和行动统一到习近平总书记关于疫情防控工作的重要指示精神上来，以对党和人民高度负责的责任感和使命感，把疫情防控作为当前物业管理行业最紧迫、最重要的政治任务，把人民群众生命安全和身体健康放在第一位，进一步压实工作责任、完善工作机制，坚定不移把党中央、属地省市各项决策部署落到实处，全力配合做好疫情防控工作。

二、广泛发动群防群治，形成疫情防控的强大力量。加强与政府相关部门、街道社区的联系协调，配合做好疫情排查、登记、信息汇报等工作；充分引导群众正确认识、科学预防和应对疫情，增强群众自我防病意识和社会信心，提升自我保护能力；广泛动员群众、组织群众、凝聚群众，全面落实联防联控措施，构筑群防群治的严密防线。

三、进一步加强物业管理区域疫情防控措施。做好应急预案和应对准备，严格履行春节期间值班值守制度；加强物业管理区域人员车辆进出管理，严格执行来访登记制度和进出人员体温检测；全面加强卫生管理和消毒工作，落实"废弃口罩专用收集容器"设置，切实保障物业管理区域公共卫生安全。

四、切实加强物业管理从业人员自我防护。向物业管理从业人员培训普及疫情防控知识，配置口罩等防护用品、用具，严格执行戴口罩上岗，勤洗手勤消毒，注重春节期间在岗值守人员的集体用餐安全，关心和保护好一线工作人员。取消大型聚集活动，严防交叉感染风险，做好员工安全防护。

五、发挥党组织的战斗堡垒作用和党员的先锋模范作用。把疫情防控工作作为守初心、担使命的重要考察标准。党员同志要带头担当作为，关键时刻顶在前面、冲在一线，以最严措施、最

严作风、最严纪律做好疫情防控工作。带头维护和谐稳定，增强"四个意识"、坚定"四个自信"、做到"两个维护"，在防控疫情斗争中经受考验、担当作为。

六、切实加强宣传引导工作，传播正能量。 密切关注党中央和政府主管部门发布的相关信息，及时通过企业微信公众号、业主微信群、企业 App、小区宣传栏等渠道，加大疫情防治宣传力度，科学宣传疫情防护知识，疏导群众恐慌心理，引导群众科学防治、不信谣不传谣，对散播谣言造成群众恐慌等行为予以坚决抵制和纠正。各单位在疫情防控过程中如遇到实际困难，或积累了有效经验、涌现了先进事迹，请及时反馈至中国物协秘书处（邮箱：support@ecpmi.org.cn），我们将向有关部门反映，协调解决困难，普及有效经验，开展事迹宣传。希望全体会员单位坚决贯彻习近平总书记重要指示精神，坚决服从各级党委、政府的各项防疫工作部署和安排，全面动员、全面部署、守土有责、守土尽责、团结一致、同舟共济，共同打赢这场疫情防控阻击战！

2020 年 1 月 26 日

中国物业管理协会

中物协函〔2020〕6号

关于紧急向武汉市物业管理行业捐赠新型冠状病毒肺炎疫情防治所需医护物资的倡议书

各会员单位：

新型冠状病毒疫情防控形势严峻，坚守在疫情最中央的武汉市近二千家物业服务企业、十万从业人员，为武汉市几百万被困家中市民的生命安全和身体健康全力守护。目前，武汉全市物业服务企业防护物资极度匮乏，请各会员单位在危难时刻伸出援手，捐赠疫情防治所需医护物资，与武汉市物业管理行业一起打赢这场疫情防控攻坚战。

紧缺医护物资清单：

品种	数量	备注
N95口罩	急需大量不限	符合《医用防护口罩技术要求》GB19083-2010
外科口罩	急需大量不限	符合《医用防护口罩技术要求》YY0469-2011
84消毒液	急需大量不限	
医用酒精	5000箱	医用75%浓度
医用防护服	60000套	符合《医用一次性防护服技术要求》GB19082-2009
隔离衣	20000个	

护目镜/防护眼镜	20000 个	视野开阔,有弹力带佩戴,具有防溅功能
防护面罩	5000 个	
医用一次性乳胶手套	1000 包	一次性使用医用橡胶检查手套 GB10213-2006
一次性乳胶手套	100000 个	
红外枪式体温检测仪	3500 个	
背壶喷雾器	2000 个	
免洗洗手液	20000 个	
喷壶	5000 个	

捐赠接收地址:武汉市江岸区高雄路 88 号 1207 室 武汉市物业管理协会

联系人:吴灏霖　13477093375

2020 年 1 月 26 日

中国物业管理协会

中物协函〔2020〕7号

关于征集物业管理行业抗疫先进人物和模范事迹的通知

各会员单位:

自新型冠状病毒疫情发生以来,物业管理行业迅速投入到疫情防控工作中去,为人民群众的生命安全和身体健康全力守护,发扬"越是艰险越向前"的斗争精神,昼夜奋战在疫情防控第一线,为守护业主生命安全和疫情防控阻击发挥了重要作用。为弘扬抗疫精神,传播正能量,中国物业管理协会决定组织开展"物业管理行业抗疫先进人物和模范事迹"征集活动,运用全媒体手段讲述物业管理从业人员风雨无阻、抗击疫情的感人故事。现将有关事项通知如下:

一、活动形式

(一)主题征文

聚焦抗击疫情的人和事,从小处着眼、用事实说话,阐述物业管理行业抗击疫情的模范事迹,讲述物业管理从业人员风雨无阻、抗击疫情的感人故事。

1. 文体不限，题目自拟，篇幅500字—2000字。

2. 投稿者提供相关配图2-3张（jpg格式，1M以上）。

（二）摄影摄像作品征集

透过镜头，记录物业管理抗疫工作中的典型人物和事迹。

1. 图片：单幅图片或多幅组图（JPG、PNG格式，2M以上），配20字内图片说明。

2. 视频：画面稳定、清晰，内容精炼，时长5分钟内，格式以MOV、AVI或MP4等主流高清通用格式为主，配100字内简要说明。

二、活动时间

即日起至2020年4月30日

三、投稿方式

投稿邮箱：support@ecpmi.org.cn

联系人：段文婧　电话：010-88083321

2020年1月29日

中国物业管理协会

中物协函〔2020〕8号

"社区的力量——抗疫情 保供需"
倡议书

各会员单位：

新型冠状病毒疫情全国蔓延以来，物业管理行业迅速行动起来，汇聚起众志成城、万众一心的强大力量，在防控疫情这场没有硝烟的战争中奋勇拼搏。在疫情防控的同时，响应党中央、国务院打赢脱贫攻坚战的号召，持续深入推进"社区的力量"消费扶贫工作，有力确保扶贫农产品变疫情防控"菜篮子"保供品。中国物业管理协会向全体会员单位发出倡议：

一、全体会员单位要提高政治站位，充分认识疫情防控阻击战和脱贫攻坚战是重大政治任务，认真贯彻落实习近平总书记重要指示精神，切实增强"四个意识"、坚定"四个自信"、做到"两个维护"，一手抓疫情防控，一手抓脱贫攻坚。

二、中国社区扶贫联盟在协会的指导下，与中国社会扶贫网和全国消费扶贫联盟，共同发起"保供·扶贫心连心行动"，保障"菜

三、"社区的力量"承办单位积极联系县域合作社与有保供能力的贫困地区农产品供应商,组织蔬菜鲜果和畜禽蛋奶等生活物资的滞销农产品,精准对接、保质平价,让城市居民亟需的生活物资顺畅的从田间走向餐桌。

四、物业服务企业发挥防疫期间的自身优势,将贫困地区农产品销售和居民"菜篮子"相结合,利用企业线上平台、渠道、资金、信息的优势,为滞销农产品插上希望的翅膀,有效帮助滞销农产品进入城市小区的家庭,实现供需双赢。

五、切实做好滞销农产品采购、物流、销售等过程中的疫情防护工作,确保共同参与消费扶贫的各方主体健康安全。

疫情面前,我们既是命运共同体,也是责任共同体。中国物业管理协会倡议汇聚更多力量,多方参与、协同作战、同心合力,坚决打赢脱贫、抗疫两大战役。众志千帆举,共迎万木春!

2020年2月10日

中国物业管理协会

中物协函〔2020〕25号

关于学习贯彻习近平总书记重要回信精神进一步推动物业管理行业高质量发展的通知

各会员单位：

在"五一"国际劳动节来临之际，习近平总书记给郑州圆方集团全体职工回信中，对他们一直坚守保洁、物业等岗位和主动请战驰援武汉等地抗击疫情的实际行动给予肯定，是对全国物业管理行业的巨大鼓舞。回信温暖人心、内涵丰富、催人奋进，字里行间满载着习近平总书记和党中央对广大一线从业者的深切关怀和殷切期望，传递了崇尚劳动、热爱劳动、尊重劳动的时代强音。为全面深入推进全体会员单位学习贯彻习近平总书记重要回信精神，进一步推动物业管理行业高质量发展，现将有关要求通知如下：

一、提高政治站位，深刻学习贯彻回信精神。

习近平总书记的重要回信是对圆方集团全体职工工作的高度肯定，是对物业管理职业价值地位的高度肯定，是对物业管理行业发展贡献的高度肯定。全体会员单位要进一步提高政治站位，深刻把握"伟大出自平凡，英雄来自人民"的重要内涵，把学习领会习近平总书记

的回信精神，作为当前做好疫情防控工作和物业管理工作的重要指引和基本遵循。各会员单位要第一时间组织集中学习，以上率下，带领管理层、一线员工学懂、学深、学透，把习近平总书记的亲切问候、关心关怀、殷殷嘱托传达到物业管理行业每一个从业者、每一个职业岗位。以党建为统领，凝心聚力、压实责任、强化担当、攻坚克难，以实际行动做好物业管理各项工作。

二、坚持慎终如始，落实疫情常态防控措施。

新冠肺炎疫情发生以来，精准有效的联防联控举措，让全社会更加理解和认识到物业管理行业在疫情防控工作中的重要作用。正如习近平总书记在回信中所指出的，"千千万万劳动群众在各自岗位上埋头苦干、默默奉献，汇聚起了战胜疫情的强大力量。"正是因为每一份不离不弃的坚持，每一份温暖善良的付出，每一份平凡而伟大的努力，才取得全国本土疫情防控阶段性重要成效。但防控疫情要强调再强调、坚持再坚持，要坚决按照中央做好常态化疫情防控的总体部署，落实好住房和城乡建设部《房地产企业复工复产指南》，积极推动企业复工复产，坚持分区分级精准防控，及时妥善处置突发事件，坚决防止发生聚集性传染事件，为经济社会秩序全面恢复提供有力保障。

三、坚定必胜信念，全力促进社会经济发展。

在常态化疫情防控中加快生产生活秩序全面恢复，夺取疫情防控和经济社会发展双胜利，是摆在我们面前的重大任务。全体会员单位要把学习习近平总书记重要回信精神，转化成为坚定必胜的信念，因时因势调整工作着力点和应对措施，不断增强"四个意识"、坚定"四个自信"、坚决做到"两个维护",坚持"房子是用来住的不是用来炒的"定位,深入开展"美好环境与幸福生活共同缔造活动",营造"整洁、舒适、安全、美丽"的业主居住环境,转危为机推动物业管理行业转型升级,积极主动参与做好"六稳""六保"工作,大力发展线上线下社区服务业,引导和拉动业主的强大消费需求。

四、增强行业自信,大力弘扬爱岗敬业精神。

建筑物存量时代的来临,将赋予物业管理行业更艰巨的历史任务。全体会员单位要把习近平总书记的回信精神转化为自信、自立、自强的职业信念,紧密结合物业管理实际工作,大力弘扬劳动精神、奉献精神、奋斗精神,汇聚起物业管理行业高质量发展的强大正能量。弘扬劳动精神,掀起尊重劳动、热爱劳动、投身劳动的热潮,让劳动最光荣、劳动最崇高、劳动最伟大、劳动最美丽在全行业蔚然成风。弘扬奉献精神,干一行、爱一行、钻一行,在物业管理平凡岗位上续写不平凡的业绩。弘扬奋斗精神,持续保持疫情阻击战中锤炼的好作风,克服艰难险阻,用坚定的意志和勤劳的双手谱写物业管理行业更加精彩的篇章。

五、强化使命担当,加强物业管理能力建设。

深刻学习领会习近平总书记重要回信精神的核心要义,担当起为疫情防控和经济社会发展贡献力量的使命。全体会员单位要聚焦行业"能力建设"主题年的发展方向,坚持以供给侧结构性改革为主线,围绕物业管理行业短板领域精准发力,提升政治能力、服务能力、创新能力、人才培育能力、基层治理能力、协同发展能力、风险防范能

力,不断提升物业管理行业适应新时代、展现新作为、取得新成效的能力水平。有效发挥物业管理行业在共建共治共享的社会治理大格局中的重要作用,促进基层社区治理体系和治理能力现代化进程。

六、广泛宣传引导,充分发挥模范带头作用。

全体会员单位要把学习宣传贯彻落实习近平总书记重要回信精神作为当前一个时期重要工作任务,做到政治站位要有高度,思想认识要有深度,舆论宣传要有热度,贯彻落实要有力度,确保习近平总书记重要回信精神在全行业落地生根、结出硕果。要大力宣传在圆方集团党委领导下,坚守本职岗位、积极参与抗疫的先进事迹,深入挖掘全国物业管理行业从业者在疫情防控工作中涌现的突出典型,引导广大从业者以先进典型为榜样,切实干好本职工作、服务奉献社会。充分发挥中国物协网站、杂志、全国物业管理媒体协作网的作用,广泛运用微信、微博、抖音等新媒体手段,策划有深度、有声势的系列宣传,营造全行业抓学习重落实的良好氛围(相关宣传素材请投稿至中国物协秘书处邮箱:support@ecpmi.org.cn)。

2020年5月6日

备注：圆方集团是河南省郑州市一家综合服务型民营物业服务企业，现有员工6万人，其中党员500多名。近日，党的十九大代表、中国物业管理协会监事长、圆方集团党委书记薛荣给习近平总书记写信，代表行业职工汇报了坚守本职岗位、积极参与抗疫的情况，表达了共担责任、共克时艰的决心。

中国物业管理协会

中物协函〔2020〕33号

关于进一步发挥"社区的力量"消费扶贫作用助力湖北省滞销农产品和52个未摘帽县特色农产品销售的通知

各会员单位：

为响应党中央、国务院关于决战决胜脱贫攻坚和常态化疫情防控形势下支持湖北省经济发展的要求，根据民政部社会组织管理局《关于加大消费扶贫力度助力湖北省第二批滞销农产品销售和52个未摘帽县如期脱贫的通知》，经研究，决定进一步发挥好"社区的力量"消费扶贫攻坚战专项行动的作用，动员物业管理行业的力量，以更大决心、更有力地推进脱贫攻坚工作，现将有关事项通知如下：

一、现转发《湖北省第二批滞销农产品及产销对接联系方式》（附件1）《部分未摘帽县和湖北深度贫困县特色农产品采购目录清单》（附件2），请各会员单位根据自身实际情况，通过直接购买和帮助销售等方式，进一步帮助湖北省解决滞销农产品销售和52个未摘帽县如期脱贫。

二、会员单位进一步落实《关于开展"社区的力量"消费扶贫攻坚战专项行动的通知》（中物协函[2019]13号），在社区中倡导"带一斤回家"的理念，让更多业主奉献爱心，积极参与到购买湖北省滞销农产品和52个未摘帽县特色农产品，以及藏区青苗牵手计划的消费扶贫行动中。

三、中国社区扶贫联盟进一步做好服务工作，组织联盟成员单位创新工作方式，采用对口帮扶、重回湖北、建立基地、集中采购、电商平台销售等方式，多措并举，做好湖北省滞销农产品和及未摘帽县、深度贫困县特色农产品的产销对接工作，积极推进脱贫攻坚与实施乡村振兴战略有机衔接。

协会将在年内阶段性统计会员单位直接采购和帮助销售农产品等有关情况和经验做法，对于工作突出的会员单位，协会将加大通报表扬和新闻宣传力度，充分发挥先进典型的模范带动作用。第一阶段请于8月10日前，将《直接采购和帮助销售湖北省第二批滞销农产品及部分未摘帽县、湖北省深度贫困县特色农产品情况统计表》（附件3）报送至中国社区扶贫联盟秘书处。

联系方式：

1.中国物业管理协会秘书处

联系人：刘寅坤　010-88083321

2.中国社区扶贫联盟秘书处

华南地区：谢家润　18578478630

华北&东北：林中鹤　15914014123

华中地区：许嘉悦 13723444667

华东地区：施晓婕 15921902603

西南&西北：庄媛媛 18502819779

电子邮箱：xujiayue@ted-group.cn

附件：

1. 湖北省第二批滞销农产品及产销对接联系方式

2. 部分未摘帽县和湖北深度贫困县特色农产品采购目录清单

3. 直接采购和帮助销售湖北省第二批滞销农产品及部分未摘帽县、湖北省深度贫困县特色农产品情况统计表

2020年7月31日

中国物业管理协会

中物协函〔2020〕41号

关于转发《住房和城乡建设行业企业应对疫情灾情影响深入推进贫困劳动力稳岗就业的倡议书》的通知

各会员单位：

2020年是脱贫攻坚收官之年，突如其来的新冠肺炎疫情和洪涝地质灾害给决战决胜脱贫攻坚增加了难度。当前，还有一些贫困劳动力尚未返岗就业，一些贫困劳动力在外务工不稳定，致贫返贫风险加大。为做好贫困劳动力稳岗就业工作，住房和城乡建设部扶贫办公室联合我协会等9家协会发出《住房和城乡建设行业企业应对疫情灾情影响深入推进贫困劳动力稳岗就业的倡议书》（附件1）。现转发倡议书并请做好以下工作：

一、请各会员单位积极响应号召，深刻领会贫困劳动力稳岗就业的重大意义，充分发挥物业管理行业用工量大的优势，创造更多灵活就业岗位，吸纳贫困劳动力就业，帮助更多贫困人口就业增收。

二、请各地方物业管理行业协会积极转发本通知，共同参与到联合倡议中，号召当地物业服务企业积极参与贫困劳动力稳岗

就业工作。

请各物业服务企业统计本年度实际用工人员情况,扫描二维码在线填写《物业服务企业贫困劳动力稳岗就业情况统计表》(附件2)。并结合本单位工作实际,自愿提交企业在稳岗就业方面的经验,做法,发送至协会邮箱 support@ecpmi.org.cn。填报截止时间为2020年11月6日。

中国物业管理协会秘书处

联系人: 刘寅坤 何全立

电　话: 010-88083321

附件:

1. 住房和城乡建设行业企业应对疫情灾情影响深入推进贫困劳动力稳岗就业的倡议书
2. 物业服务企业贫困劳动力稳岗就业情况统计表

附件 1

住房和城乡建设部司局函

住房和城乡建设行业企业应对疫情灾情影响深入推进贫困劳动力稳岗就业的倡议书

各有关住房和城乡建设行业企业：

今年是脱贫攻坚收官之年，原本就有不少硬仗要打，突如其来的新冠肺炎疫情和洪涝地质灾害又给决战决胜脱贫攻坚增加了难度。当前，还有一些贫困劳动力尚未返岗就业，一些贫困劳动力在外务工不稳定，致贫返贫风险加大。凝聚全社会力量共同做好贫困劳动力稳岗就业工作是助力全面打赢脱贫攻坚战的重要举措。住房和城乡建设行业企业，特别是建筑业、金属结构、建筑节能、装饰安装、物业管理、市政环卫燃气等行业企业，用工量大，是吸纳贫困劳动力就业增收、助力脱贫致富的重要力量。为此，我们向全国住房和城乡建设行业企业郑重倡议：

一、深刻领会做好贫困劳动力稳岗就业的重要意义。 增加就业是最有效最直接的脱贫方式，一人就业，全家脱贫。当前，脱贫攻坚战已到了决战决胜的关键冲刺阶段，广大行业企业要充分认识做好贫困劳动力稳岗就业的重要意义，切实把思想和行动统一到习近平总书记关于扶贫工作的重要论述和党中央、国务院的决策部署上来，把贫困劳动力稳岗就业摆在优先位置，充分用好国家已经出台的就业奖补、减税降费、失业保险稳岗返还、困难企业培训补贴、以工代训等援企稳岗、就业优先政策,切实做好贫困劳动力稳岗就业工作。

二、确保在岗贫困劳动力稳岗稳薪。广大住房和城乡建设行业企业要认真落实稳岗稳薪要求,建立贫困劳动力就业台账,最大限度稳定贫困劳动力就业岗位,确保不无故辞退,确保工资足额及时发放,保证在岗贫困劳动力收入稳定。生产经营遇到困难、确实需要裁员的行业企业,同等条件下优先留用贫困劳动力,努力降低贫困群众致贫返贫风险。

三、逐步强化贫困劳动力技能培训。住房和城乡建设行业企业要积极组织有意愿的贫困劳动力加强技能培训,结合企业用工需求,提高培训的针对性和有效性,增强贫困劳动力就业能力。鼓励与贫困地区建立合作关系,共同建立劳务基地,深入开展贫困劳动力在岗培训、跟班学习,大力推行学徒制,实现培训与就业的有机结合。

四、努力扩大贫困劳动力就业岗位。住房和城乡建设行业企业要深入挖掘潜力,认真梳理分析合理用工规模以及当前用工缺口和工作岗位要求,积极与人力资源和社会保障部门对接,优先吸纳贫困劳动力务工就业。广大行业企业要结合新形势新任务,创造更多灵活就业岗位,努力为贫困劳动力就业提供新的空间。

同志们,朋友们,决战决胜脱贫攻坚战,中华民族千百年来的绝对贫困问题,将在我们这一代人的手里历史性地得到解决。在当前的关键时刻,让我们充分发挥行业优势,在助力贫困劳动力稳岗就业工作中再加把劲、再努把力,帮助更多贫困人口就业增收,为脱贫攻坚全胜收官贡献力量!

住房和城乡建设部
扶贫办公室

中国建筑业协会

中国建筑金属结构协会

中国建筑节能协会

中国建筑装饰协会

中国安装协会

中国物业管理协会

中国市政工程协会

中国城市环境卫生协会

中国城市燃气协会

2020 年 9 月 12 日

附件 2

物业服务企业贫困劳动力稳岗就业情况统计表

企业名称：

名称	企业用工总人数	建档立卡贫困劳动力人数	2020年新增加就业人数	当前用工缺口人数	企业外包用工人数
人员数量					

备注：请扫描下方二维码完成在线填写。

抗疫报道

新华社经济分析报告：强化物业管理构建社区疫情防控"安全线"

中国经济信息社

一、物业管理在社区一线疫情防控中作用凸显

自疫情发生以来，各地高度重视物业管理区域的疫情防控。北京、重庆等地将物业区域疫情防控工作纳入社区防控体系。河南郑州、濮阳印发物业管理区域疫情防控工作规范，指导物业服务企业参照规范重点做好小区出入口管控、共用部位共用设施设备消毒消杀等工作。南京、济南等地还将物业企业在疫情防控中的行为纳入信用管理，如南京要求所有住宅小区物业消杀台账每日一报，并给予物业企业相应"信用加分"。

据不完全统计，为阻断疫情传播，目前已有北京、广州、深圳等20多个省市实施社区小区封闭式管理。物业管理在社区疫情防控中的作用进一步凸显。大量物业从业人员坚守岗位，积极投入疫情防控。据杭州市住房保障和房产管理局相关负责人介绍，杭州市700多家物业服务企业在所管理服务的4000多个小区（大厦）中，全面嵌入社区综合防控体系，直接在一线参与防控的物业人员达五万人以上。万科物业全国在管住宅项目2663个、商写项目639个，疫情一线防控人员5万多名，承担着区域内535万户家庭疫情防线的守护工作。

表1 多地加强物业管理区域疫情防控工作

地区	内容
北京	《关于物业服务企业做好新型冠状病毒感染的肺炎疫情防控工作的通知》提出，物业服务企业需建立疫情防控信息报告制度，收集、汇总物业管理区域内的防控情况，并按照社区统一要求及时报告
南京	《关于进一步加强疫情防控期间小区管理的通告》指出，对有物业管理的小区，小区物业公司必须履行疫情防控主体责任，小区原则上只保留一个进出通道
成都	关于成都市物业管理区域和在建工地新型冠状病毒感染的肺炎疫情防控工作会议要求，加强物管区域人员车辆进出管理，全面加强卫生管理和消毒工作，做好业主的宣传引导工作，落实"废弃口罩专用收集容器"设置等
重庆	《关于进一步做好物业管理区域新型冠状病毒疫情防控工作的紧急通知》，要求将物业区域疫情防控工作纳入社区治理和防控体系，强化物业小区人员和车辆登记管理，加大公共空间和重点部位的清洁杀毒，切实强化电梯使用安全等
广东	《广东省物业管理区域新型冠状病毒感染的肺炎疫情防控工作指引（试行）》要求，对物业管理区域实施封闭管理，限制非本小区业主或使用人及车辆进入物业管理区域（包括但不限于快递员、外卖员等人群及其车辆）

资料来源：中国经济信息社经济智库

从调研情况来看，各地物业管理企业承担了小区封闭管理期间疫情防范的主要工作。以北京为例，该市要求小区进入人员必须佩戴口罩并进行体温检测，严格核实登记车辆人员，抵京人员向居住地社区报告健康状况等。物业管理企业与街道、社区、业委会等紧密配合，做好出入管理、秩序维护、公共部位和设施清洁消杀、人员排查隔离、信息报送等防疫举措，并协助做好隔离人群和困难群众的日常生活保障，成为社区公共卫生供给和应急管理体系的重要补充。

一些物业企业发挥自身专业优势，利用智慧化手段让疫情防控更有效率和温度。以万科物业为例，企业利用信息化手段实时汇集项目运行、客户服务、员工防护等数据信息，建立的疫情信息平台不仅能够提供物业项目"实时疫情地图"，还结合人行、车行、病例、物资使用动态等数据建立模型，通过人工智能和大数据分析等技术，提前做好预判预警，为疫情防控方案制定、物资和人员的协调等提供决策依据。作为万科旗下的城市社区服务平台，万科Ⅴ盟在北方区域推出"健康在线家""阅读马拉松""补给直通车""宅家运动会"等线上活动，丰富社区居民居家生活。在北京，万科Ⅴ盟还与密云农业平台合作，为业主提供线上购买蔬菜等生活必需品等在线便利服务。碧桂园物业在多个小区推出零接触配送、无人机消杀、电梯试安装紫外线感应灯等服务。

在北京朝阳区万科星园小区，仅在春节期间，小区物业就收到40份万科物业总公司制定的疫情防控工作指引，明确了消毒剂、防护服和口罩应用，一线员工安全保障等方面的制度规范，保障物业区域公共卫生安全。针对居家隔离可能造成的生活不便，万科物业还开展了外卖快递短驳、垃圾定时代扔、代购所需生活物品等服务。在防疫宣传方面，物业企业利用APP软件、手机微信群等手段，推送安全防疫知识，增强居民对疫情预防的正确认知。这些科学防疫的创新举措提升了小区居民安全感幸福感，在网络上受到网民点赞。

与物业管理小区严防严控疫情形成对比的是，部分无市场化物管小区的疫情防控工作面临较大挑战。据了解，一些城市部分老旧小区以及零散片区不具备专业市场化物业管理的基础条件。在此次疫情防控中，虽然属地街道、社区投入了大量人力物力参与社区防疫工作，但由于人力限制和基础条件有限，尤其是主城区范围内还存在不少开放式零散片区，疫情防控工作难度很大，且往往此类小区住户以抵抗力较弱的老年人居多，因此在城市社区疫情防控中成为承受压力最大的难点。

二、四方面问题制约物业持续配合社区防疫

整体来看，各地物业企业投入大量人力、物力和财力开展社区疫情防控工作，极大地弥补了街道与社区应急管理力量不足的短板，在阻断疫情扩散、促进社会稳定等方面发挥了不可替代的作用。随着节后返工、返岗等人员增多，社区已经成为疫情防控的关键节点。物业管理小区防控工作强度不断加大，行业面临的防疫物资严重不足、管控手段缺乏等问题日益突出，加大了社区疫情防控工作难度。

（一）防疫物资严重不足，防控措施难以落实到位

"防疫物资短缺是当前物业企业面临的最大问题，企业花钱也买不到。"武汉市物业管理协会会长张毅介绍说，限于街道和社区人手有限，物业企业承担了大量政府和社区委派的通知张贴、人员排查、车辆记录、体温测量、规劝佩戴口罩、疑似病例隔离服务、暂时封闭出入口并实行封闭式管理等防疫工作，但由于目前物资运输不畅，口罩、手套、防护服、消毒液、测温仪等防疫物资都比较紧缺。

物业企业的防疫物资需求缺口巨大。据了解，仅万科物业一家企业，日均消耗口罩18.5万个，医用酒精1.1

万瓶,84 消毒液超过 2 万瓶。南京一项快速统计显示,以 5～7 天用量统计,企业对于一次性医用口罩的平均需求为 1000～3000 只,规模大的企业缺口一般在 5000 只以上,以全市 300 家大中型物业企业、近千家小型物业企业测算总体需求数量庞大。

"请求支援也分配不到,甚至有的员工一只口罩戴三四天。"一家物业集团资产管理事业部总经理认为,在社区防疫过程中,物业工作人员直面众多业主,暴露在人流密集的公共区域,物资匮乏极易引起群体交叉感染。

(二)缺少防控抓手,增加社区防疫难度和隐患

调研发现,部分业主对物业企业执行防疫管控措施不理解不支持。在落实政府小区封闭管理、人员限制进出等强制性措施过程中,物业企业遭遇业主"是否有权合法""限制过多""消毒次数不够"等质疑。河南省住建厅相关负责人表示,由于缺少相应的法律法规支持,很多小区出现了业主对物业企业采取的较为严格的管控措施不理解不配合的情况,尤其对于不听劝阻的行为,物业服务企业约束措施有限。

(三)物业管理尚未列入"复工行业",人力缺口较大

"'一日无物业、细菌百倍增',在当前疫情防控的关键时期,物业企业员工确需返岗复工。"山东明德物业管理集团有限公司党委书记、董事长刘德明介绍说,物业企业员工多数是农村进城务工人员,春节返乡后受诸多地区的封村、客运停运等举措影响难以离村快速返回工作岗位,物业企业普遍面临人手欠缺困难。

张毅表示,武汉物业管理从业人员 10 万人,目前在岗 7 万余人,由于交通不畅,大量员工滞留外地无法返岗,人员压力较大。

黑龙江省物业管理协会副会长孙清凤说,哈尔滨从 2 月 5 日开始实行交通限行,各村屯也严格限制进出,很多物业员工家住郊区或农村,距离单位较远,导致难以出行。"一些员工干脆辞职不干了。"

有物业相关负责人反映,由于人员的缺口,很多员工不得不连轴值班,疲劳影响免疫力,员工的健康也在被透支。

(四)防疫投入增加企业负担,后续运行资金压力大

多位业内人士指出,物业企业当前承担的大量社区防疫工作责任并不在合同约定之内,为配合做好防控工作,自行消化防控物资采购、员工加班费等费用,各方面成本大幅增加。万科物业在全国服务 3000 多个住宅和商办类项目,其中在目前疫情最为严重的武汉,共有员工 3783 人,服务 61 个住宅项目、13 万户居民。企业预计此次抗击疫情增加投入 6000 万至 1 亿元,主要用于社区疫情防控、防疫物资消耗、业主和员工关怀。

万瑞物业管理有限公司董事长李春俐反映,"买口罩多花了不少钱,增加了大量支出,还有防疫期间员工工资照常发,都由企业自己负担。如果持续时间长、支出过大,企业将没有能力承受,影响可持续经营能力。"

三、缓解物业疫情防控压力 引导物业参与基层治理

专家指出,良好的物业管理既是防范疫情扩散的关键,也是社区应急治理的重要一环,应当引起高度重视。各地宜明确将物业管理纳入属地疫情联防联控体系,统筹协调防疫物资、人员和资金,并以疫情应对为契机,加快完善建立长效机制建设。

一是尽快将物业管理纳入属地联防联控体系，强化物业管理在社区疫情防控中的主体责任。

张毅表示，应高度重视疫情防控中物业管理的重要价值和作用，尽快完善组织体系，整合力量，由卫生防疫部门会同民政、住建、公安等部门，联合推动建立街道、社区、居委会、物业企业、业主等组成的社区防疫共同体，更为及时高效地推进社区疫情防控工作。

业内人士建议，推动公共服务与市场化服务深度融合，以政府购买服务的方式，将物业企业纳入社区疫情防控体系，厘清物业服务与公共管理责任边界，明确权责关系。

二是将物业纳入疫情防控物资调度保障序列，妥善解决企业物资、人员、资金问题。

针对当前物业管理区域防疫物资缺口较大的实际，各地应在相关部门指导下尽快摸清社区疫情防控物资的供给和需求情况，调配物资供应，对于门岗、有害垃圾清理等感染风险较大的物业从业人员，以及有确诊病例的小区物业要优先保障物资供应，配备防护、消杀等物资，保障物业人员作业环境，减少疫情扩散风险。

在人员方面，刘德明等业内人士认为，可因地制宜为返程困难的物业从业人员开通绿色通道，并给予稳岗补助，避免物业人员流失影响社区防疫。此外，对于住宅小区实行临时全封闭管理的措施，地方政府也要加强政策宣传解释，提升业主和住户认知，减少物业从业人员开展疫情防控工作的阻力。

对于物业企业在疫情防控期间额外增加的各项成本支出，应加强用于弥补小区疫情防控经费需要的政策研究。目前深圳、杭州已出台政策，对参与疫情防控的物业管理服务企业，按在管面积每平方米0.5元的标准实施两个月财政补助。通过给予财政补贴、增值税减免等政策支持，有助于缓解企业资金压力，防止部分中小物业企业在疫情防控期间因经营压力"弃管"小区。

此外，针对一些安置房小区、老旧小区疫情防控工作人手不足的问题，除了增加社区防控力量外，还应探索发挥"居民自治"的优势，实现群防群治。

三是完善政策机制，引导物业管理参与基层社会治理。

业内人士认为，此次物业管理在社区疫情防控中的作用，凸显了物业管理融入基层社会治理的重要性。部分地方负责人建议，应加快建立政府购买服务、市场有偿服务、居民自我服务、志愿公共服务相结合的防疫工作治理体系，重视物业企业作为基层治理重要参与力量的作用，将物业和社区管理纳入智慧城市管理总体规划部署，总结推广上海、浙江的网格化、数字化管理模式和经验，在小区层面实现政府治理与社会调节、居民自治良性互动，以小区的平安有序促进社会的和谐稳定，提升社会治理现代化水平。（李倩倩、何燕燕、万利）

新冠肺炎疫情对物业管理行业影响调查报告[①]

中国物业管理协会
中国经济信息社

一、概述

在新冠肺炎疫情防控工作中，全国物业服务企业为筑牢疫情联防联控安全防线发挥了重要作用，赢得了社会普遍肯定。为了解掌握新冠肺炎疫情对物业管理行业的影响，中国物业管理协会联合中国经济信息社共同开展"新冠肺炎疫情对物业管理行业影响专项调查"（企业版和业主版）。

共有效收回企业问卷4803份，业主问卷36450份，具有较高的代表性。受访业主覆盖全国各大中小城市。受访企业包括国有企业、民营企业、外资（合资）企业、股份制企业、小微企业等类型，项目遍及内地所有省份及港澳台地区。

调查结果显示，物业服务企业在此次疫情防控中，除了完成小区日常物业服务外，还积极承担了防疫部门、社区、街道、公安、住建等部门委托的相关工作。绝大部分物业服务企业同时开展了诸多便民服务，赢得业主普遍认可。不过，受新冠肺炎疫情影响，大多物业服务企业增值服务等收入以及物业费收缴率大幅下降，人工成本及防疫采购等支出明显增加，部分企业经营面临一定困难，但行业整体运行稳定。

值得关注的是，物业服务企业在参与疫情防控工作中，面临着防控物资紧缺、采购渠道不畅，多头管理、职责不明、承担任务过重，责权不对等、工作合法性遭质疑等困难。物业服务企业呼吁政府主管部门和行业协会，给予更多的政策支持和业务指导，推进物业管理行业健康、高质量发展。

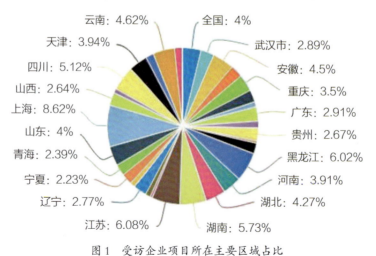

图1 受访企业项目所在主要区域占比

[①] 本报告中数据来源：中国物业管理协会、中国经济信息社调查问卷。

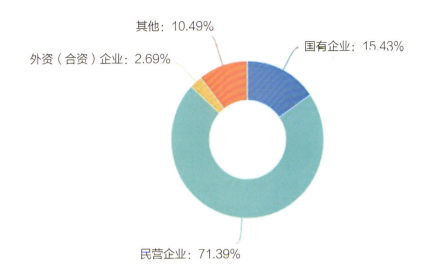

图2 受访企业类型占比

二、物业服务企业积极参与防疫 获得业主普遍认可

作为疫情联防联控第一线，社区是外防输入、内防扩散最有效的防线。物业服务企业直接管理小区服务业主，更贴近公众日常生活，在社区防控中发挥了不可或缺的作用。绝大多数业主一致表示，在众多参与疫情防控的部门中，接触最多的是物业公司员工。

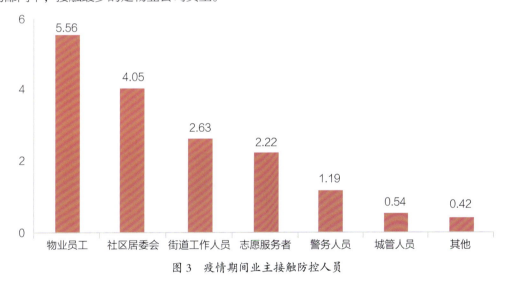

图3 疫情期间业主接触防控人员

调研了解到，在疫情防控期间，82.45%的受访物业服务企业春节假期至今未停工，并协调员工7×24小时值守，增加保洁频次等。

值得关注的是，物业服务企业除了承担小区防疫物资筹集、科普知识宣传、公共区域杀菌消毒等工作外，还主动提供生活物资采买渠道信息整理发布、为业主代采生活物品并送货上门、代充水电气费等便民服务。物业服务企业在疫情防控中的服务和奉献，得到业主普遍认可。

调查数据显示，绝大多数受访业主对小区物业防疫措施表示满意。12902位业主认为小区物业防疫措施得当，21233位业主认为小区物业防疫措施严密，占比分别达到35.4%、58.25%。

选项	小计	比例
春节假期至今未停工	3960	82.45%
春节后已经开工	250	5.21%
2月内开工	382	7.95%
3月以后开工	211	4.39%
本题有效填写人次	4803	

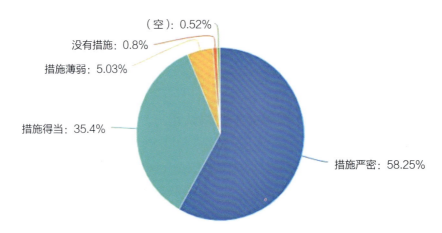

图 4　物业服务企业复工情况

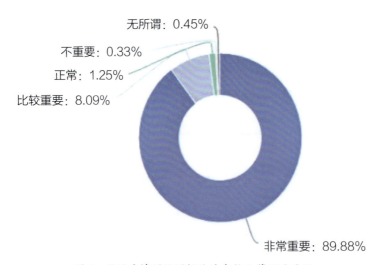

图 5　小区防疫措施业主满意度

89.88% 的受访业主认为物业管理在社区疫情联防联控体系中非常重要，认为比较重要的业主占比为 8.09%。二者合计占总受访业主数的 97.97%，共计 37072 位业主。

图 6　社区疫情联防联控体系中物业管理重要性

经历此次疫情，55.25% 的受访业主表示物业服务品质有非常大的提升，36.12% 的业主认为有所提升，认为没有变化的业主占比为 6.92%，另有 1.72% 的业主感到服务品质有所下降。

值得关注的是，在未来缴纳物业费方面，49.9% 的业主表示会积极缴纳，42.57% 的业主愿意按时缴纳。但仍有部分业主表示缓缴及不想缴纳，二者占比分别为 3.42%、4.12%。

三、支出增收入降　部分物业服务企业经营受影响

参与新冠肺炎疫情防控使得物业服务企业支出明显增加。主要包括防疫人工、购买服务以及防疫物资采购等。

受春节假期和疫情影响，部分员工无法正常返岗，物业服务企业普遍采取延长在岗职工加班时间，给予相应的加班补贴。此外，还存在因岗位人员或专业设施达不到防疫部门要求，临时外聘劳务人员和购买服务的现象。"加班费""劳务费""外包费"等使得短期内人工成本明显增加。

1817 家受访物业服务企业预估将增加人工成本（含服务外包）在 50 万元以上。其中 110 家预估增加费用超过 1000 万元，92 家预估增加费用 500 万～1000 万元，182 家预估增加费用 300 万～500 万元，423 家预估增加费用 100 万～300 万元，1010 家预估增加费用 50 万～100 万元。

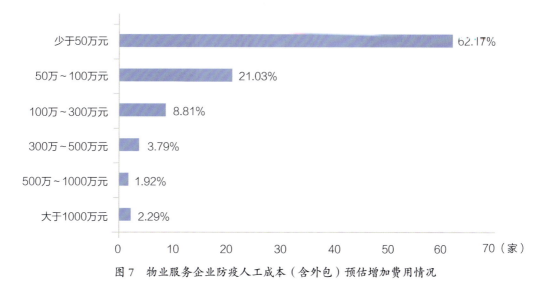

图 7　物业服务企业防疫人工成本（含外包）预估增加费用情况

在防疫物资采购方面，采购费用预估增加超过 20 万元的企业有 2115 家。其中，127 家预估增加费用在 500 万元以上，105 家预估增加费用 300 万～500 万元，244 家预估增加费用 100 万～300 万元，454 家预估增加费用 50 万～100 万元，1185 家预估增加费用 20 万～50 万元。

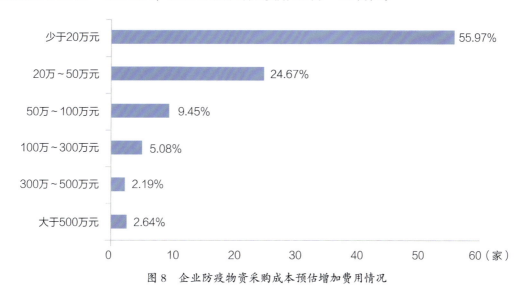

图 8　企业防疫物资采购成本预估增加费用情况

同时，受疫情影响，物业服务企业增值服务等相关经营收入，以及物业费收取率均有所下降。调查数据显示，疫情期间，增值服务、附属设施经营等收入同比下降超过20%的企业达1407家，占受访企业总数的29.29%；同比下降10%～20%的企业为625家，占比13.01%；同比下降5%～10%的企业为688家，占比14.32%。

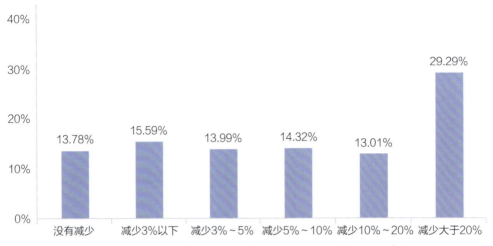

图9　疫情期间物业服务企业增值服务、附属设施经营等收入同比情况

疫情期间大多小区实行封闭管理，企事业单位延迟复工复产或在家办公，对物业服务费收缴工作造成一定程度影响。1889家物业服务企业表示，疫情期间物业费收缴率同比下降超过20%；同比降幅在10%～20%以及5%～10%的企业均超过600家。

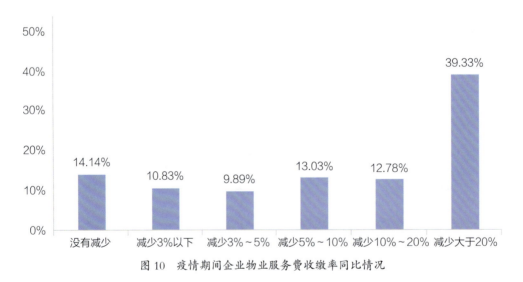

图10　疫情期间企业物业服务费收缴率同比情况

不过，尽管新冠肺炎疫情对物业服务企业经营造成冲击，但行业总体运行稳定。2.35%的企业认为，疫情为企业未来发展带来新机遇；10.68%的企业认为目前未受到影响；42.76%的企业表示，受影响较小，经营总体保持稳定；41.52%的企业经营出现部分困难，但经营可勉强维持。

另有89家企业表示受影响较大，经营处于暂时停顿状态，40家企业表示已无力经营，面临倒闭，二者合计占比2.68%。据了解，这部分企业服务项目多为办公楼、商铺等商业物业，疫情期间物业费、水电费等无法正常收取。

图 11 疫情对企业经营总体影响情况

四、物资紧缺　任务繁重　物业服务企业面临诸多困难

在疫情防控中，物业服务企业遇到不少实际困难。按企业反映的困难程度排序，依次是防控物资紧缺、承担任务过重、员工压力过大、岗位员工缺编、工作界限模糊、现金流紧张资金存缺口、防控合法性遭质疑、业主不配合等。

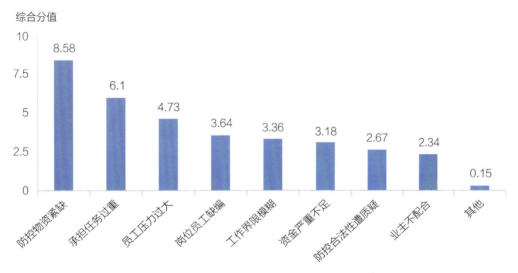

图 12 疫情期间物业服务企业遇到的实际困难情况

数据显示，4405 家企业将"防控物资紧缺"排于所面临困难首位，占受访企业的 91.7%。特别是在疫情防控初期，口罩、消毒液等相关物资供应紧张，缺少采购渠道或采购渠道不通畅。整体来看，物业服务企业防疫物资主要依靠企业自行购买，其余来自政府配发、业主捐赠、协会援助、社会捐赠等。值得一提的是，大多自行采购的防疫物资因无法开具发票，不能享受相关财政补贴补助。

其次，多头管理，物业服务企业承担防疫任务过重，呈现"上面千条线，下面一根针"的局面。据不完全统计，物业服务企业承担了街道办事处、社区居委会、住建部门、公安机关、城市管理部门、卫健部门、防疫指挥部、消防部门、环卫部门等单位委托的工作。具体包括小区封闭管理、疫情防控宣传、报送相关信息数据、人员车辆核查登记、体温测量、协助上门排查、公共区域消毒、隔离人员服务、接待检查督查等数

十项工作内容。其中各类信息报送中，不乏重复劳动。

第三，职责定位不明，工作界限模糊，物业服务企业防控合法性遭质疑。对于物业服务企业在此次疫情防控中，乃至平常物业管理服务中应担负的责任，各相关部门口径不一，给予的定位不明，使得物业服务工作界限模糊。所担负的部分工作并无明确授权，其合法性易于遭疑，面临部分业主不理解不配合的难题。多家受访企业表示，由于不具备相应的权限和协调能力，相关工作难免不到位，疫情期间但凡有业主投诉，物业服务企业即被问责。

此外，与普通业主一样，物业从业人员同样不具备防疫专业知识，且大多未接受专业培训即参与防疫，面临被传染风险，工作压力和精神压力较大。

五、物业服务企业健康发展需要政策支持和行业指导

调查数据显示，物业服务企业期待主管部门、行业协会，未来给予更多政策支持和业务指导，更好地维护物业服务企业合法权益，推动物业管理行业健康发展。

总体来看，"争取行业扶持政策""宣传行业贡献和价值""研究疫情对行业影响""企业/员工表彰鼓励""构建行业风险防控体系"是企业界最为期待的五项工作。其中，行业扶持政策主要指物业费补贴、企业增值税减免、稳岗补贴、企业所得税抵扣、降低社保缴纳基数、纳入社区疫情防控体系等。

选项	平均综合得分	比例
争取行业扶持政策	11.16	
宣传行业贡献和价值	9	
研究疫情对行业影响	6.42	
企业/员工表彰鼓励	5.77	
构建行业风险防控体系	5.68	
建立行业风险防控基金	4.11	
输出防控工作标准	3.68	
开展业内防控经验交流	2.76	
提升设备智能化水平	2.6	
邀请专家指导防控工作	2.48	
提高行业数字化应用水平	2.11	

图 13　物业服务企业期盼未来获得支持情况

具体意见建议来看，聚焦于以下方面：

一是积极纳入属地联防联控体系，明确物业管理在社区疫情防控中的责任。

高度重视疫情防控中物业管理的重要价值和作用，尽快完善联防联控组织体系，整合各方优势力量，由卫生防疫部门会同民政、住建、公安等部门，联合推动建立街道、社区、居委会、物业服务企业、业主等组成的社区防疫共同体，厘清物业服务与公共管理责任边界，明确权责关系，推动公共服务与市场化服务深度融合，将物业服务企业纳入社区疫情防控体系，给予物资保障和资金支持。

二是逐步完善政策机制，引导物业管理参与基层社会治理。

物业管理在社区疫情联防联控中的作用，凸显了物业管理融入基层社会治理的重要性。应加快建立政府购买服务、市场有偿服务、居民自我服务、志愿公共服务相结合的基层工作治理体系，重视物业服务企业作为基层治理重要参与力量的作用，将物业和社区管理纳入智慧城市管理总体规划部署，总结推广上海、浙江的网格化、数字化管理模式和经验。在党建引领下赋予物业服务企业、社区或街道部分"参政议政"权利，实现政府治理与社会调节、居民自治良性互动，以小区的平安有序促进社会的和谐稳定，提升社会治理现代化水平。

三是以正能量宣传为主导，提高物业管理行业社会认同度。

绝大多数业主一致表示，在众多参与社区疫情防控的部门中，接触最多的是物业服务企业的员工，93.65%的受访业主对小区物业防疫措施表示满意，97.97%的受访业主认为物业管理在社区疫情联防联控体系中作用重要。媒体应以正面引导为主，积极宣传物业服务企业在防疫中以及生活服务中的作用和实际贡献，提高地方政府和社会各界对物业管理行业的重视和认同。

四是建议疫情期间物业服务收入享受免征增值税优惠政策。

鉴于物业管理行业属疫情防控和复工复产期间，提供生活必须和安全保障的服务行业。建议比照《关于支持新型冠状病毒感染的肺炎疫情防控有关税收政策的公告》（财政部 税务总局公告2020年第8号），对物业服务企业在疫情防控期间的物业服务收入，免征增值税。

五是以高度负责的态度、务实有效的举措，切实关心关爱企业员工。

自春节疫情以来物业一线员工在联防联控和复工复产期间，承担了门岗执勤、快递传递、垃圾清运、消杀喷药等易感工作，身体和精神承受压力较大。随着疫情进入平稳期和后期，要注重关心关爱企业防疫一线员工，改善工作防护条件，提升自身安全防护能力；及时做好员工心理疏导、情绪支持，保障员工身心健康；在落实好员工现有报酬保障的基础上，给予适当工作补助；挖掘防控工作中表现突出员工的感人事迹，发现、选树和宣传一批物业人先进典型。（李军杰 万利）

加强社区物业管理 完善基层社会治理
——中国物业管理协会提交全国政协第十五次重点关切问题情况通报会的报告

党的十八大以来，以习近平同志为核心的党中央高度重视社会治理创新，对做好新时代、新形势下的社会治理工作提出了一系列富有创见性的新观点、新部署、新要求。党的十九届四中全会对社会治理的工作提到了一个新高度，提出坚持和完善共建共治共享的社会治理制度，"完善党委领导、政府负责、民主协商、社会协同、公众参与、法治保障、科技支撑的社会治理体系，建设人人有责、人人尽责、人人享有的社会治理共同体"，并对构建基层社会治理新格局做了具体部署。

住宅小区不仅是群众生产、生活、活动的基本单元，也是基层社会治理的最基础单元，住宅小区的物业管理具有"扎根基层、贴近业主、覆盖广泛、主体多元"等特点，是加强和创新基层社会治理的切入点之一。近年来，随着城市化进程的加快，越来越多的社会治理工作内容和事项与住宅小区相关主体（包括居民委员会、业主、业主大会和业主委员会、物业服务企业等）形成相互交集和相辅相成的关系。尤其是新冠肺炎疫情中社区联防联控，物业管理在其中的作用和价值得到社会的广泛认可。

一、物业管理参与基层社会治理的共识逐步形成

2017年《中共中央国务院关于加强和完善城乡社区治理的意见》第四部分"着力补齐城乡社区治理短板"中的第五款，专门论述了"改进社区物业服务管理。加强社区党组织、社区居民委员会对业主委员会和物业服务企业的指导和监督，建立健全社区党组织、社区居民委员会、业主委员会和物业服务企业议事协调机制。探索在社区居民委员会下设环境和物业管理委员会，督促业主委员会和物业服务企业履行职责。探索完善业主委员会的职能，依法保护业主的合法权益。探索符合条件的社区居民委员会成员通过法定程序兼任业主委员会成员。探索在无物业管理的老旧小区依托社区居民委员会实行自治管理。有条件的地方应规范农村社区物业管理，研究制定物业管理费管理办法；探索在农村社区选聘物业服务企业，提供社区物业服务。探索建立社区微型消防站或志愿消防队。"以中央文件的形式首次将物业管理纳入社区治理体系并提出薄弱环节和具体工作措施建议。随后，各地各部门在涉及社区治理和物业管理的政策文件中，多次提出通过改进物业管理或提升物业服务水平加强社区治理。

2020年3月1日起施行的《深圳经济特区物业管理条例》第四条提出"市、区人民政府应当将物业管理纳入现代服务业发展规划和社区治理体系，推动物业管理规范化、市场化。5月1日起施行的《北京市物业管理条例》第一条提出"构建党建引领社区治理框架下的物业管理体系"，第三条提出"物业管理纳入社区治理体系，坚持党委领导、政府主导、居民自治、多方参与、协商共建、科技支撑的工作格局。建立健全

社区党组织领导下居民委员会、村民委员会、业主委员会或者物业管理委员会、业主、物业服务人等共同参与的治理架构。"同期施行的《重庆市物业管理条例》第二条提出"市、区县（自治县）人民政府应当将物业管理纳入现代服务业发展规划和社会治理体系，建立与物业管理工作相适应的保障机制，完善政策扶持措施，促进物业管理发展与和谐社区建设。"

今年5月21日召开的全国两会上，部分代表提出相关提案内容。全国人大代表、蓝光控股集团董事局主席杨铿提出"物业服务企业是城镇基层治理体系的重要基础，是行政管理职能下沉基层的有效手段，而发展智慧物业则是提升现代化治理水平的重要抓手。他建议政府加大对智慧物业的公共投入，以此为抓手，构建街道党委、社区居委会、物业服务企业'三位一体'的城镇基层治理新机制。"全国人大代表曾香桂提出"物业服务企业平时接触群众多，也有基础有能力在疫情后担任更长期更广泛的公共宣传、预防、建设职能。她建议将物业企业纳入社区治理体系，会极大程度迅速补足基层治理人手不足、解决居民最后一公里管理服务等核心痛点。"并在5月25日的新闻联播中播出。

二、物业管理参与基层社会治理的路径探索

（一）引导广大业主积极参与基层公共事务

小区活动中，业主对专有部分以外的共有部分享有共有和共同管理的权力，是参与基层公共事务的主体。业主在街道办事处、乡镇人民政府的指导下按照法定程序设立业主大会，并由业主大会选举产生业主委员会。业主大会代表和维护物业管理区域内全体业主在物业管理活动中的合法权益，决定着业主委员会成员任免、物业专项维修资金筹集使用、物业管理区域公共收益管理使用等众多事项。加强社区党组织、社区居民委员会对业主委员会和物业服务企业的指导和监督，建立健全社区党组织、社区居民委员会、业主委员会和物业服务企业议事协调机制，积极引导业主对基层公共事务的参与和决策，建立起公共事务管理与业主利益的内在联系，提升业主的参与度和自愿性，是探索小区居民自我管理、自我服务、自我监督的根本路径。

（二）借力老旧小区改造满足人民美好生活

"三无"院落、老旧小区由于长期缺乏有效的人员出入管理、车辆出入停放管理、公共环境维护等日常管理活动，时常引起小区居民的矛盾纠纷和不满情绪，成为基层社会治理的难题。今年政府工作报告提出"新开工改造城镇老旧小区3.9万个，支持管网改造、加装电梯等，发展居家养老、用餐、保洁等多样社区服务。"将智能化改造、物业服务纳入老旧小区整体改造当中，一揽子解决改造费用、技术方案、技术路线、持续经营等问题，并建立起"政府＋居民＋物业服务企业＋社会单位"等多方协同，具有"造血功能"的管理模式，有效解决长期困扰老旧小区的难题。

（三）推动网格化管理模式的延伸覆盖

随着社会治理的精细化水平提升和基层社会治理的重点下沉，逐步推动网格化管理模式由社区向小区拓展。将物业客服、工程、秩序、环境等岗位的工作进行网格化管理划分，做到人人设区域、人人担责任，如按500户1个网格配置物业管家的管理模式，社区网格员的下沉能够有效地从源头化解邻里矛盾，减少小区居民间纷争，促进邻里关系和谐稳定；及时发现并上报公共区域安全隐患，追踪排查进入小区的可疑人员，保障社区治安和公共安全；通过对特殊人群的走访调查，发挥社会心理服务和危机干预作用；在抗汛抢险、疫情防控的第一线，开展灾情易发点排查，监督落实疫情防控的具体举措，助力小区精准治理。

（四）建设智慧平台有效链接各方资源

创新社会治理离不开智慧平台的有效支撑，推进"智慧物业"成为各地方探索的主要方式之一。有两种模式可以借鉴：

一种是政府与物业服务企业分层建设，政府投资建设行政监管、居民服务的公共信息平台。如深圳罗湖区"罗湖物业管理"数字平台，推出深圳市首个人工智能和大数据技术相结合的"罗湖物业管理"数字平台，涵盖物业服务、监管全链条，搭建起连接业主、物业服务企业以及有关部门的沟通桥梁，重点解决物业管理活动多元主体信息不对称、管理不透明的问题，强化业主委员会、物业服务企业、行政监管部门的信息公开。业主可以通过平台查询到物业服务企业的合同、维修基金的缴纳以及使用、物业服务资金的使用、小区物业管理的其他有关信息。同时，物业监管的基础数据纳入平台统一监管，物业相关信息等公共性事务可以在平台上公示并表决，简化业主参与公共事务的途径，提高了业主表决效率。

另一种是物业服务企业自行开发的信息系统，如碧桂园的"凤凰社"、长城物业的"一应云"平台、中航物业的"π"平台，彩生活的"彩之云"，绿城物业的"绿城生活"等。包括四方面的内容：一是利用智慧科技赋能建筑物和设备设施，实现对项目的远程监控和检查；二是通过服务资源整合，为客户提供居家养老、家政、医疗、旅游、教育等生活服务，并与智慧城市、智慧社区进行系统打通，构建社区服务商圈；三是将成熟的新技术新产品应用到物业服务管理中，可在疫情、管制等特殊时期，提高防疫或应急处置效能；四是借助智慧物业的数据沉淀、分析、抓取、应用，实现对居民的实时在线沟通协作，实现基于对居民数据管理的社区治理机制的构建。"智慧物业"平台在新冠肺炎防疫环节把控、体温检测和人脸识别门禁、信息收集和数据上报、提供"无接触"生活服务等方面都发挥了重要的作用。

（五）拓展城乡公共服务领域推进精细化管理

在推进城乡治理精细化管理的进程中，物业服务企业积极探索拓展业务边界，挑战更加复杂的管理业态，向城市服务、乡村精细化管理方向延展。将城乡公共空间和公共资源整合起来统筹管理服务，包括市政园林、环境卫生、城管巡查、治安巡查、突发状况处理、后勤服务、停车资源运营等众多领域。如保利物业在上海市罗店镇，嘉善县天凝镇、大云镇、陶庄镇等落地的城乡公共服务项目；碧桂园服务在陕西韩城、辽宁开原等地的城市公共服务项目；万科物业在珠海横琴落地的城市空间整合运营服务项目，并将此模式推广到雄安、青岛、广州等地区。2019年，成都高新区管委会引入万科物业的"城市空间整合服务"模式，探索成都"物业城市"治理模式，双方拟在城市新区市政环卫、园林绿化、市容秩序、市政道路及交通设施和城市综合服务等城市管理业务方面共同开展合作，探索创新城市管理模式，提升高新区城市治理水平，建设现代化、智慧化城区。

三、物业管理参与基层社会治理的困境难题

目前，将物业管理纳入社会治理的整体格局已逐渐成为共识，但现阶段仍然属于初步的探索阶段，在实际工作中暴露了很多问题，需要长期不断摸索，寻找切实可行的解决方法。

（一）物业管理在基层社会治理中的定位不明确

物业管理工作是依据物业服务合同约定的，主要内容包括住宅小区共用部分和公用设备设施的维护修养、公共环境的绿化清洁、公共秩序的规范维护等内容。但在实际中，政府相关部门会将物业服务企业视为落实工作的"抓手"，将很多政府管理职责或公共服务义务让企业无条件承担。此外，部分业主基于自身对物业

服务的期许，错误认识物业管理的边界范围，要求企业提供超过职责范围和合同约定的服务事项。

（二）社区治理下的物业管理体系尚不健全

主要表现在党建引领社区治理下的物业管理体系尚处于构建初期，物业管理参与基层治理的机制不健全、矛盾预防化解机制不健全、市场化运作机制不健全、政府协同监管机制不健全等。

（三）住宅小区内部矛盾纠纷复杂多样

住宅小区活动涉及多元主体间的利益诉求各不一致，业主及自治组织内部、业主和物业服务企业之间，以及业主、物业服务企业与开发商之间矛盾纠纷时常发生，已逐渐成为基层社会治理问题多发的领域之一。

（四）多元主体之间协调协同能力不足

住宅小区活动涉及多元主体间的地位和作用不尽相同，在实际中，存在业主组织调动积极性和能力较弱、物业服务企业权责边界不清、社区基层服务和资源链接不足、政府执法部门职能未延伸进小区等方面，存在统筹协调、协同工作能力不足的问题。

四、物业管理参与基层社会治理的意见建议

（一）一条红线：发挥基层党组织领导核心作用

习近平总书记指出："要把加强党的基层建设、巩固党的执政基础作为贯穿社会治理和基层建设的一条红线"。聚焦基层党组织的建设和作用发挥，推动管理和服务力量下沉，建立健全以街道（乡镇）党（工）委为核心，社区党组织为引领，业主党员广泛参与的党建全覆盖，把各方力量团结凝聚在党组织周围，实现多元主体在社会治理中的互联、互补和互动。

具体来说，街道（乡镇）党（工）委在现有城市治理或社区治理办公室下增加物业管理职权，发挥其基层党组织对住宅小区物业管理工作的统一领导、监督考核和协调调度等职能，统筹协调区住建、城管、公安、消防、民政、司法等部门，承担公共安全防范、应急事件处理、政策法规宣传、矛盾纠纷化解、物业监督评议、资源共享配置等监督管理和执法检查等事务性工作；在社区居委会层面设立环境和物业管理委员会，建立日常巡查、会议、培训、约谈、公示等工作机制，发挥桥梁纽带作用，做好物业服务企业、业主和业主委员会之间的协调工作，落实对业主大会、业主委员会组建和正常运行，以及物业服务企业履职履约的指导监督职责；在业主层面，鼓励符合条件的社区居民委员会成员和业主党员，通过法定程序兼任业主委员会成员，参与业主委员会决策并实施监督，引导业主依法、有序、理性、积极地参与到做好公共服务、公共管理、公共安全工作上来，激发基层治理活力。

（二）两大制度：保障基层社会治理事务性工作落地

1. 建立住宅小区内多元主体权利义务清单制度。根据法律法规对住宅小区内多元主体的权力授予、责任落实、运作流程、问责效力等作出规定，并根据社会治理事务的性质和行政权力的类型，明确划分社区治理事务的权责归属，以清单形式明确列示权利和义务事项，向业主公布，接受各方监督。

具体而言，一是要明确党组织和政府始终应作为社会治理的主导者，业主和物业服务企业是社会治理的重要参与者；二是政府部门要形成统分结合的联动模式，明确政府职能的重点在于制度性框架的设计、调控和监督，以及通过政策引导、人力参与、资金帮扶、技术援助等提供支持；三是要强调业主作为建筑物区分所有权人的权利义务，业主组织应当依照法律法规和管理规约，行使小区治理相关权利并履行相关义务；四是要厘清物业管理责任边界，使物业服务企业回归纯粹市场主体身份，通过政府购买服务、业主委托管理等

方式履行社会治理相关义务；五是供水、供电、供气、通信等市政公用服务单位要按照职责清单，细化完善住宅小区内部的工作内容、业务流程、服务规范和具体措施。

2. 建立政府向物业服务企业购买服务制度。政府向社会力量购买公共服务已成为政府创新公共服务提供方式和创新社会治理的重要途径。从物业服务企业角度看，政府购买服务可以解决其仅依靠市场机制无法自觉自愿履行社会治理义务的困境，为企业承接公共事务提供基本、可持续的保障；从政府角度看，以契约的方式规范与物业服务企业之间的责任关系、促使企业履行社会责任，能够有效解决社会事务繁重、公共服务产品短缺、服务质量和效率不高的问题。同时，可以正向促进有社会责任感的企业更深度融入基层社会治理。

因此，建议进一步对政府购买服务内容、购买方式和保障手段等做出明确规定。在服务内容上，建立政府购买社会服务项目清单，对适合采取市场化方式提供、物业服务企业能够承担的公共服务进行梳理，向社会公布购买的服务项目内容、服务标准以及对承接主体的要求和绩效评价等信息。在购买方式上，通过委托、承包、采购等方式，择优选择物业服务企业在内的社会力量承担，以签订合同的方式建立双方关系，在合同中明确所购买服务的范围、标的、数量、质量要求，以及服务期限、资金支付方式、权利义务和违约责任等。在保障手段上，把政府购买服务资金纳入公共财政体系，对政府购买企业服务项目进行集中、统一的归口管理，并对服务过程和结果进行评估和监督；不定期举办社会公共服务资源对接会，探索建立社会公共服务事项承接主体（物业服务企业专业分包公司）推介名录。

（三）三项机制：促进住宅小区多方共建共治共享

逐步形成以社区居民委员会下设物业管理委员会为依托，业主委员会和物业服务企业为基础，社会组织和社区相关单位密切配合，小区业主广泛参与的物业管理区域多方联动，通过协商议事、协同处置、资源共享机制的建立，形成工作合力，打造共建共治共享的物业管理区域治理格局。

1. 建立协商议事机制。通过定期召开联席会议和建立约请制度，将物业管理、环境卫生、公共秩序、社区安全等社区治理难点问题作为议事协商重点；逐步规范协商议事程序、建立相关工作制度、健全协商主体参与方式和完善民意吸纳渠道，提高议事质量和协商效果；视具体事项约请基层党组织、政府相关部门等，宣传解释政策，通报重要事项，及时解决社区治理和物业管理事务中存在的问题等。

2. 建立协同处置机制。在建立多元主体权利义务清单的基础上，设计协作运作流程，明确领导与协调职能，构建以党组织为核心，行政部门、社区居委会、业主及业主委员会、物业服务企业、社会单位等多元合作的社区应急管理体系，在公共应急事件发生时迅速启动响应。

3. 建立资源共享机制。社区应急管理体系内多元主体，应当利用各自的资源优势进行合作，实现权力资源、物资资源、信息资源的有效整合和治理效益最大化，在公共应急事件应对中，各方主体应得到相匹配的物资和资金支持。

（四）四化建设：提升物业管理参与基层治理的能力水平

党的十九大报告提出"提高社会治理社会化、法治化、智能化、专业化水平"，是党中央研判当今时代发展需要，立足新的历史方位，为全面提高社会治理水平指明的前进方向。

1. 社会化要求物业管理行业在党和政府的领导下，有效整合社会资源，以市场需求为导向，顺应居民消费升级趋势，提升物业管理行业对社会经济的促进作用。一是抓住城镇化快速推进，以及城市更新和老旧住宅区改造为契机，拓宽物业服务领域，创新商业模式和服务，增强多层次、多样化、高品质的供给能力，更好实现社会效益和经济效益相统一；二是拓宽物业服务内容，加快社区便民商圈建设。突出物业服务企业生活服务属性，发挥熟悉小区、服务半径短、响应速度快的优势，围绕社区居家养老、托幼、家政、助餐、住房经纪、金融、教育、旅游、新零售等业主多元化需求，以及设施管理、资产管理、绿色管理、城市公共管理等专业服务领域，整合行业内外、社区线上线下的优质资源，赋能企业增值服务内容，形成差异化竞争优势，持续构建具有生活性与生产性双重特征的现代物业服务体系；三是利用资本市场力量，激励优秀企业做大做强，十四五期间推动100家物业服务企业上市，培育一批营收百亿以上、市值千亿级的龙头物业服务企业，发挥品牌企业的示范引领作用，加快推动行业向现代服务业转型升级。

2. 法治化要求物业管理工作在法规政策体系下，合法经营，依法从业。一是《中华人民共和国民法典》的颁布实施，为物业管理活动提供了根本遵循和普适规则，为保证相关法规规章政策与民法典相一致，着手开展与民法典相关法规规章政策的调整和清理工作，适时推进《物业管理条例》的修订工作，改进和重塑物业管理的法律制度体系。二是要以构筑新型的物业管理法律框架为起点，以规范业主大会组织、物业服务人信用和物业服务市场秩序为主线，围绕促进业主自治、企业诚信和政府公正，开展物业管理立法、执法和司法工作，最大限度地优化物业管理法制环境。三是尽快建立以物业管理信用体系为核心的监管制度，搭建全国物业管理信用信息平台，加强事中事后环节的信用监管，规定物业服务企业、业主委员会、业主等相关主体的失信行为和惩戒机制，建立"黑名单"制度，向社会公示。

3. 智能化要求物业管理大力发展"智慧物业"，创新物业服务新技术、新模式，提升科技应用水平。一是利用BIM、大数据、人工智能、5G等信息技术，搭建共享的"智慧物业"信息化平台，以共享理念加快资源整合，充分分享数字化时代科技红利，助力企业数字化转型。二是增强物业服务与"互联网+"融合发展能力，通过技术输出、联合联盟、搭建共享平台等方式，带动中小型物业服务企业共同发展。三是通过物业管理智能化平台建设，加强信息化技术手段应用，与住建、城管、公安、消防等涉及物业管理活动的政府行政部门建立信息数据接口，畅通物业服务企业与街道等属地监督管理方的日常信息交互。

4. 专业化要求物业管理提升服务品质和效率，增强小区业主的安全感、幸福感和获得感。一是做好物业管理行业标准顶层设计规划，建立以行业、国家标准为规范，行业协会团体标准为引导和企业标准为领先，协同推进的行业标准体系和建设格局，推动已颁布标准的落地实施，开展第三方服务认证和评价工作；二是顺应市场对专业化物业服务的需求，建立专业化第三方服务中介机构，受托开展物业承接和查验、物业服务标准和费用测算等工作，推动形成"质价相符、按质论价"的物业服务市场价格机制；三是加强物业管理行业人才队伍培养，提升行业从业人员的职业素质和能力，协助推进高校物业管理基础学科建设，加快开展物业管理行业职业能力水平评价工作；四是探索全生命周期绿色健康的发展路径，让社区环境更优美清洁，为业主提供更加舒适健康的生活工作环境，设施设备运行更可靠安全、运营更高效，实现建筑物本体性能的提升的同时，引导前期建筑项目的设计、开发、施工、承接查验等环节，形成建筑全生命周期的闭环。

专业的力量
——中国物业管理协会发布的《操作指引》反响强烈 彰显专业价值 发挥重要作用

近日,一条微博话题"你的专业可以为抗疫做什么"登上微博热搜,阅读量达到了 1.5 亿次。其中一句话引起强烈共鸣:这次的疫情是全国人民的战场,在疫情面前,每一种专业的力量,都不容小觑。对于坚守在疫情防控一线的千万物业人来说,也是一样。

"全面细致地把此次疫情防控工作的重点、难点、特点、程序和要求说得一目了然,很有实用性和指导性,让我们物业人对战胜疫情的信心更加强大了!""中国物业管理协会真正发挥了专业方面指导的重要作用,组织专家夜以继日地编写了系列操作指引,指导和帮助全国的物业服务企业结合自身的实际编写应对疫情的制度、规定、预案。"……近日,中国物业管理协会发布的《物业管理区域新型冠状病毒肺炎疫情防控工作操作指引(试行)》(简称《操作指引》),在微信平台上吸引了近 50 万人关注,阅读近 60 万次,网友纷纷留言和点赞。

与此同时,先后有陕西、青海等多个省的住房和城乡建设厅发文,要求参照中国物业管理协会发布的《操作指引》制定当地疫情防控指引,或要求当地物业服务企业参照执行中国物业管理协会制定的操作指引;另有各地行业协会和头部企业,纷纷参照中国物业管理协会操作指引编制了地方版和企业版《操作指引》。

那么,这部 60 多万字的系列专业性文件,缘何受到行业的青睐,它对于物业管理行业抗击疫情,具有怎样的价值呢?

《操作指引》开行业标准化防疫工作先河

防控疫情是一场人民战争,更是一场专业与病毒较量的战争。疫情发生后,党中央、国务院高度重视。习近平总书记作出重要指示,强调要把人民群众生命安全和身体健康放在第一位,坚决遏制疫情蔓延势头。李克强总理作出批示,对全力以赴做好疫情防控工作提出明确要求。之后,全国打响了疫情防控的人民战争。

1 月 28 日,农历正月初四,为落实党中央和国务院的指示精神,指导和帮助全国物业服务企业全力做好物业管理区域新型冠状病毒肺炎疫情防控工作,中国物业管理协会迅速组织业内部分资深专家成立编写委员会,编撰了《物业管理区域新型冠状病毒肺炎疫情防控工作操作指引(试行)》。《操作指引》共分为住宅、写字楼、产业园区、高校、医院五类物业业态。自 2 月 1 日以来,相继在中国物业管理协会微信公众号发布。之后,又编撰发布了《物业服务企业在疫情防控中的法律风险防范指引》与《新型冠状病毒肺炎疫情适用法律法规汇编》。同时,为防止因空调通风系统引起的空气流通而导致新型冠状病毒的扩散,中国物业管理协会设施设备技术委员会联合中国建研院建筑环境与能源研究院编制和发布了《疫情期公共建筑空调通风系统运行管理技术指南（试行）》，指导疫情防控期间各类公共建筑空调通风系统的安全运行。该系列操作指引文件共计近60多万字，结合了相关疾控指导和各地及有关物业服务企业实践中积累的有效经验和做法，在已有关于疫情防控相关制度、规范的基础上，结合物业管理行业实际，进一步完善细化，更加突出了实践指导性。

该系列操作指引文件一经推出，立刻得到了全国各地行业主管部门、物业服务企业和从业人员的充分肯定和广泛称赞。2月8日，陕西省住房和城乡建设厅下发《陕西省物业管理区域新型冠状病毒感染的肺炎疫情防控工作指引（试行）》，其中主要内容均参照中国物业管理协会发布的操作指引；2月10日，青海省住房和城乡建设厅发文，要求各物业服务企业参照执行中国物业管理协会制定的《物业管理区域新型冠状病毒肺炎疫情防控工作操作指引（试行）》进行疫情防控。

随后，全国近100家地方行业协会，以及2000余家中国物业管理协会会员单位，纷纷通过中国物业管理协会微信平台关注这方面内容，先后有近60万人次浏览和下载了工作指引。在此基础上，各地政府部门和行业协会纷纷推出地方版工作指引，业内头部企业也及时制定了企业版工作指引。

《操作指引》分为总则、基本保障指引、员工上岗指引、防控操作指引、沟通与配合指引等五大部分，并将新型冠状病毒科普知识、正确使用口罩防护的方法、正确的洗手方法、工作区域个人防护知识、消毒注意事项、常见消毒剂及配制使用等知识，以图文并茂的形式予以附录，不仅开了物业管理行业制定疫情防控工作标准的先河，为奋战在防控疫情一线广大物业人提供了专业的指引。

《操作指引》旨在为行业疫情防控赋能

目前，中国物业管理协会发布的系列《操作指引》《技术指南》《法律风险防范指引》等已经在疫情防控阻击战中发挥了重要作用，受到了行业的广泛好评。作为这一系列标准文件的组织者、制定者、执行者，他们又是如何看待操作指引的呢？

对于组织编撰这一系列标准文件的初衷，中国物业管理协会副会长兼秘书长王鹏表示，《操作指引》旨在为物业管理行业防控疫情赋能，充分运用标准化工具来抗击疫情，为广大奋战在一线的物业管理行业从业人员提供科学、规范、适用的操作指导，从而共同打赢这场疫情防控阻击战。他表示，为贯彻落实习近平总书记关于防控新型冠状病毒感染肺炎疫情的重要指示精神和党中央、国务院决策部署，根据应对新型冠状病毒感染肺炎疫情联防联控工作要求，中国物业管理协会在倡议全体会员单位全力做好物业管理区域疫情防控工作的同时，组织业界专家编写了《物业管理区域新型冠状病毒肺炎疫情防控工作操作指引（试行）》。同时，他希望，在使用《操作指引》过程中，各物业服务企业可结合实际补充完善相关内容，并注意总结有效经验做法，为《操作指引》的进一步更新完善多提宝贵建议。

参与编审工作的中国物业管理协会标准化工作委员会秘书长高文田表示，《操作指引》系列编制文件是中国物业管理协会凝聚行业专业力量，在疫情防控特殊时期指导和帮助物业服务企业抗击疫情的一项重要措施，该操作指引一经发布，各物业服务企业争相转载和学习，得到了全行业的广泛肯定和称赞，一致认为该操作指引发布及时、内容全面、细致严谨、可操作性强，给广大奋战在一线的物业管理行业从业人员提供了科学、规范、适用的操作指导。他表示，本次《操作指引》能够在极短的时间高质量完成，充分体现了中国物业管理协会强大的行业凝聚力，同时也体现了本次专家及编制团队的职业素养和敬业精神。

中国物业管理协会名誉副会长、碧桂园服务执行董事、总裁李长江表示，疫情发生后，行业、社会聚焦社区防护一线，使得物业服务企业在疫情防控方面获得更多的关注与支持。在《操作指引》的指导下，碧桂园服务第一时间成立防疫工作领导小组，在全国 3000 多个各类服务项目开启"战疫"行动，在社区落实防疫十大举措，积极与当地部门联动，严格落实卫健局标准防疫动作，确保物资到位，对小区实行封闭式管理，对作业人员实行全面防护，同时进行多维度的防疫宣传。此外，还形成了 N 项创新特色服务举措，代买代购、与医疗平台合作的线上免费义诊等措施均获得了业主的认可。最新数据显示，碧桂园无一起小区公共区域感染案例，在岗服务员工无一确诊或疑似案例。

中国物业管理协会副会长、明德物业集团董事长刘德明认为，高校业态《操作指引》从基础物业管理的视角，结合高校的运行特征、相关制度及管理现状，从组织、物资、人员、沟通、经费等方面提出了基本保障要求，从环境消杀、通风管理、垃圾管理、出入控制、区域封闭、客户服务等维度科学制定出具有高校特色的疫情防控措施，以促进高校物业管理区域疫情防控的体系化、科学化、精准化和实效化。他表示，该《操作指引》发布后，获得了高校业态物业服务企业及高校后勤管理部门高度关注和不断转载，并应用于各高校在疫情防控期间通过结合本校实际制定本校具体的疫情防控方案，为高校防疫工作提供具有价值的工作指引。

中国物业管理协会副会长、苏宁银河物业总经理许德军表示，在全民战疫的关键期，高校业态《操作指引》通过了疾控专业管控和高校物业防控的双重考验，对"净化"校园环境和师生生活服务保障起到及时且重要的作用，参照《操作指引》，苏宁银河物业还做好了工作人员及留校学生的心理建设问题，受到了高校师生们的一致点赞。

参与编撰写字楼业态《操作指引》的中国物业管理协会副秘书长、河南楷林物业总经理李亚丽介绍，她所在的企业根据《操作指引》，快速制定了疫情防控方案，从疫情防控的总体策划，到项目网格化管理、现场防疫作业，再到应用智能化手段采集客户健康信息，取得了显著的效果，截至目前，楷林物业所有在管项目无疑似或感染案例。其所在公司服务的郑州市政府大楼、长沙市政府大楼、郑州航空港区建设投资公司等客户给予高度评价和认可。

中国物业管理协会副会长、亿达物业服务集团董事长田野认为，产业园区业态《操作指引》为产业园区复工返岗后疫情防控这一特殊时期的物业管理工作提供了有力的理论指导和专业的实操依据，让广大物业服务企业更高效地开展疫情防控工作。亿达物业服务集团自上而下积极地在全国产业园区项目内落地实施《操作指引》，其中，区域封闭管理、通风管理等专业防控操作指引在具体实施时，起到了很好的防控效果，更加科学地阻隔病毒，保护园区人员的健康安全，得到了甲方及业主的一致认可。

参与编撰产业园区业态《操作指引》的成都嘉善商务服务总经理李轶梅介绍，在编撰产业园区业态《操作指引》的过程中，分别从基本保障指引、员工上岗指引、防控操作指引等角度制定了鲜明办法，形成标准操作步骤和要求，具有非常强的实操指导性，为产业园区物业服务企业及业主关于疫情防控操作指引提供科学防治、精准施策的有效供给，同时也是产业园区防疫防控的一次标准探索。《操作指引》在嘉善商务所属项目青羊总部基地率先树立范本，通过了解员工健康状况、测量体温、佩戴口罩、全面消杀、设隔离留观室、开展爱国卫生运动、加强健康教育、强化人文关怀等措施，合规完成对园区疫情防控工作的科学升级，也为疫情期间企业管理体系再造带来新的启示，其实施效果得到行业协会、客户代表、第三方主流媒体及成都市督察组的等多方认可。

中国物业管理协会副会长、上海东湖物业管理有限公司总经理李风表示，疫情发生后，东湖物业第一时间启动了灾情防范预案，组织了由公司品质部牵头的团队，对办公楼防疫情况进行排摸调研评估，分析整合数据，同时，根据东湖物业突发事件应急处置预案和长期积累的应急处理经验，推出《办公楼物业管理区域疫情防控工作指引（东湖物业）》。这份指引不仅及时有效地指导和规范了各项目的办公楼防疫工作，使得各项防疫工作做到了标准性和严密性，得到业主和有关各方的高度评价。期间，认真地学习了中国物业管理协会发布的写字楼业态《操作指引》，对于汇集了全国行业专家的智慧和经验予以了吸收借鉴，使得防控疫情工作更加完备、科学、实用。

参与编审工作的中国物业管理协会副秘书长、北京斯马特物业董事长兼总经理张林华认为，工作在医院防控疫情一线的物业服务人员，特别是在隔离病房、污染区工作的人员，其所做的工作需要更专业严谨科学的标准，因为稍有问题就可能有生命的危险。此次医院物业业态《操作指引》的发布非常有价值，对医院物业服务人员的个人防护进行了专业、规范地指导。斯马特物业根据《操作指引》开展防疫工作后，让医院客户更放心，让公司更省心，也让员工更安心。

中国物业管理协会副秘书长、明喆物业董事长罗延微认为，医院物业业态《操作指引》具有很强的权威性、专业性以及指导性。明喆物业已经组织员工进行深入学习，并结合《操作指引》提出了符合本企业和项目实际的操作规范。他建议，未来随着"战疫"的不断深入，对新冠病毒的认识也会逐步更新。因此，期待中国物业管理协会能够吸取更多专业医护人员的建议，及时更新相关内容，从而保持文件的专业性和指导性。

参与编审工作的中国物业管理协会副会长、设施设备技术委员会主任、广州粤华物业有限公司董事长李健辉表示，面对突如其来的新冠疫情，中国物业管理协会考虑到物业服务企业面对防控阻击疫情缺乏科学指引与有效经验，为了让战斗在防控一线的服务人员做好自我防护同时，确保物业管理区域疫情的有效防控，迅速组建各领域、专业的专家团队，编撰了系列疫情防控工作操作或专业技术指南。疫情期间，空调通风系统是交叉感染的主要危险源之一，中国物业管理协会第一时间联合中国建研院联合发布了《疫情期公共建筑空调通风系统运行管理技术指南（试行）》，并以通俗易懂、生动活泼、图文并茂的微视频展示，极大帮助企业做好空调通风系统的风险控制，得到行业广泛赞同和推广应用。

参与编撰工作的中国物业管理协会名誉副会长、法工委主任委员，河南正美物业服务有限公司董事长李书剑表示，为助力业内企业做好依法、科学防疫及劳动用工、客户服务等法律风险防控，在中国物业管理协会指导下，中国物业管理协会法律政策工作委员会编撰了《物业服务企业在疫情防控中的法律风险防范指引》（简称《指引》），通过中国物业管理协会权威发布、各地物协转载，已在行业全范围内推广实施，且取得明显成效，疫情期与物业相关法律纠纷得到防范。近来，诸多企业负责人反馈，认为《指引》出台快速及时、针对性强，对"面临疫情如何借助政策缓解经营压力""员工担心疫情不愿返岗怎么办""业主不配合隔离要求怎么办"等企业的关注点，都依法给出解释，值得肯定。

带动和凝聚行业疫情防疫的专业力量

目前，《操作指引》系列文件的发布，引起了地方政府主管部门的重视，纷纷发文要求各物业服务企业要积极落实《操作指引》，并结合当地实际情况，制定地方版操作指引。与此同时，有关行业协会和行业头部企业也纷纷参照中国物业管理协会发布的操作指引，编制了地方版和企业版的操作指引。

住房和城乡建设部行业标准评审专家、中国物业管理协会设施设备技术委员会委员、北京国基伟业物业

管理有限公司总经理助理王寿轩,是系列操作指引的主要审定人员之一。他谈及编审工作时说,在国内防控新型冠状病毒肺炎的关键时刻,中国物业管理协会领导及时安排标准化委员会组织编写《防控指引》,并抽调行业六名顶级专家组成评审组,经过数天的日夜奋战,分步完成并由中国物业管理协会发布,为全国物业管理行业有效开展疫情防控提供强了有力的专业支持,也带动和凝聚了全行业的专业力量,为战斗在第一线的千万物业服务员工的人身安全提供有效保障。

青海省物业管理协会会长丁秋花表示,青海省协会在接到中国物业管理协会发布的系列《操作指引》后,第一时间上报给青海省住房和城乡建设厅。青海省住房和城乡建设厅迅速转发到全省各房地产企业和物业服务企业,青海各物业服务企业也根据《操作指引》制定了项目疫情防控工作方案,确保各项疫情防控措施得到全面落实。目前,青海省协会正积极推动各物业服务企业贯彻系列《操作指引》,进一步规范各物业服务企业的防疫工作。

中国物业管理协会副会长、陕西诚悦物业管理有限责任公司总经理宫雅玲表示,自2月1日起迅速发布了多个物业业态防疫工作操作指引,陕西省物业管理协会及时通过公众号进行宣传。2月8日,陕西省住房和城乡建设厅参照中国物业管理协会防疫工作操作指引并结合本省实际情况,编制和印发《陕西省物业管理区域新型冠状病毒感染的肺炎疫情防控工作导则(试行)》(陕建发〔2020〕33号),要求各地物业主管部门和物业服务企业按导则要求精心落实联防联控工作,在信息报送、消毒防护、特殊群体关爱、疫情物资保障等疫情防控方面取得了关键成效。

内蒙古包头市市场监督管理局则参考《操作指引》等文件起草并发布社区新冠肺炎防控地方标准——《新型冠状病毒肺炎疫情防控管理规范(社区)》。包头市物业管理协会会长王卫忠表示,看到中国物业管理协会发布的《操作指引》后,受到鼓舞并萌发了结合包头本地抗击疫情经验出台本市防疫工作规范的想法,这也得到了包头市相关部门领导的肯定与支持。他们细致研究了中国物业管理协会发布的《操作指引》,全面借鉴了它的思路及其中多个模块,吸取其精华并结合疾控指导专业知识制定了《新型冠状病毒肺炎疫情防控管理规范社区》,将包头市防控新型冠状病毒肺炎疫情推动到更加精细化、标准化、专业化的高度。

此外,绿城服务、中航物业、明德物业、东湖物业、雅生活集团等业界头部企业也纷纷以《操作指引》为蓝本,并结合各企业自身特点编制了"企业版"的《操作指引》,有效促进了企业防疫工作的开展。

当前,疫情防控工作正处于关键阶段,物业管理行业的疫情防控工作也显得越发重要,而中国物业管理协会系列《操作指引》以及各地方各企业《操作指引》的出台和实施,无疑将及大地提升物业人疫情防控工作的专业水平。

科学防治、精准施策,才能最有效防控疫情,才能更好地体现物业管理行业的专业价值。(杨萌、谢罗群)

识别下方二维码,下载相关指南文件

物业管理区域新型冠状病毒肺炎疫情防控工作操作指引系列团体标准

新型冠状病毒肺炎疫情防控期间公共建筑空调通风系统运行管理技术指南

物业服务企业在疫情防控中的法律风险防范指引

新型冠状病毒肺炎疫情适用法律法规汇编

复工复产期间物业管理区域新冠肺炎疫情防控要点和政策指南

面对疫情大考 中国物业管理协会做好答卷人

新冠肺炎疫情发生以来，中国物业管理协会（以下简称"协会"）深入学习贯彻习近平总书记重要讲话和一系列重要指示精神，迅速成立应对疫情工作领导小组，并通过一系列工作举措，组织会员单位坚守在防疫一线，一手抓疫情防控，一手保障有序复工，同步做好稳岗就业、精准扶贫等工作，疫情大考下，全力做好答卷人。

一、全面动员，联防联控，坚守防疫战线

按照中央和国家机关行业协会商会党委《关于推动行业协会商会党组织和党员在打赢疫情防控阻击战中充分发挥作用的通知》和民政部社会组织管理局《关于全国性行业协会商会进一步做好新型冠状病毒肺炎防控工作的指导意见》的指示精神，协会党支部把疫情防控作为最紧迫、最重要的政治任务，对各项工作进行了整体安排部署，并把疫情防控工作作为守初心、担使命的重要考察标准。

1月26日，协会发布《关于全力做好物业管理区域新型冠状病毒防疫工作的倡议书》，号召会员单位提高政治站位，充分发挥党组织的战斗堡垒作用和党员的先锋模范作用，加强物业管理区域疫情防控措施，做好应急预案和应对准备，并切实加强从业人员自我防护。倡议书发出后，各会员单位纷纷响应，成立疫情防控小组，迅速组织开展了一系列防控工作。

在全国各地，各会员单位积极融入"联防联控"工作机制，在街道社区党组织的统一领导下，与街道、社区居委会、业委会等紧密配合，做好出入管理、秩序维护、公共部位和设施清洁消杀、人员排查隔离、信息报送等防疫举措，并协助做好隔离人群和困难群众的日常生活保障，牢牢守住疫情防控的第一道防线，成为社区公共卫生供给和应急管理体系的重要补充，得到了居民和社会的理解肯定。据了解，在此次疫情中，全国700多万物业从业人员为住宅小区提供了不间断的服务，武汉市15个市辖区内每天有近10万余名物业从业人员坚守疫情防控一线，北京市有16.1万物业从业人员昼夜坚守岗位，为社区提供健康、干净、安全的生活环境。

在医院战疫一线，全国的3041家集中收治定点医院、23家新建定点医院、2588家集中收治隔离点，协会会员单位医管家、斯马特物业、明喆物业、国天物业、同仁物业等企业坚守岗位，以专业服务为医生救治病患及医院正常运转提供重要保障。特别是武汉市火神山医院、雷神山医院、各定点医院和方舱医院，会员单位武汉同济物业、武汉中楚物业等与全国各地驰援而来的物业志愿者，勇敢逆行，不仅肩负起环境保洁、秩序维护、设备工程运维、停车管理等物业服务工作，还承担起了消毒、废物处理、垃圾转运、病人接送转运、送标本、送药等辅医工作。

除了以上两条战线之外，协会还发动会员单位坚守在产业园区、写字楼、高校、公共交通等防控疫情的岗位上，用勇敢的坚守、专业的精神、优质的服务，守护业主和客户的平安。

二、同舟共济，共克时艰，携手抗击疫情

随着疫情的发展，全国 30 个省、市、自治区相继启动重大突发公共卫生事件一级响应，特别是武汉市封城之后，各类防护物资极度匮乏。1 月 26 日，协会下发《关于紧急向武汉市物业管理行业捐赠新型冠状病毒肺炎疫情防治所需医护物资的倡议书》，号召各地支援武汉。同时，协会紧急联系北京金鱼等企业，召回休假的员工，开足马力生产消毒液、洗手液、消毒湿巾等的防疫物资，并联合中物研协、首开物业等单位，将首批防疫物资通过顺丰空运渠道，在大年初三捐赠发送至武汉。随后，深圳、合肥、成都、黑龙江、山东等地方行业协会，克服重重困难向武汉伸出了援手。据统计，武汉市物业管理协会先后收到近百家来自全国各地方物业管理协会和企业的 140 多批物资捐赠，包括防护服、防护口罩、84 消毒液、医用酒精、乳胶手套、喷壶、洗手液等。这些捐赠物资发放到了武汉市 15 个区域共 846 家物业服务企业近 2000 个项目。

一批批抗疫物资陆续抵达武汉的同时，还有一支支响应协会号召逆行前往的 300 余人的志愿者队伍。在全国瞩目的火神山医院、雷神山医院的建设和服务队伍中，就有来自万科物业、金地物业、珠江管理、武汉东方物业、中建三局、医管家、贵阁物业等协会会员单位的物业从业人员首批进入提供服务。

响应中央和国家机关工委《关于做好党员自愿捐款指导服务工作的通知》的号召，2 月 27 日，协会党支部为支持新冠肺炎疫情防控工作带头捐款，协会党员同志纷纷为抗击疫情献爱心，用实际行动让党徽闪亮。在党员同志的带动下，协会群众也主动参与了捐款。捐款采取线上与线下结合的方式，大家除了捐献爱心外，通过相互加油打气，坚定战"疫"必胜信心。

三、标准支撑，专业指引，科学精准防疫

疫情防控工作离不开科学布防、精准施策、专业操作。为指导和帮助全国物业服务企业专业做好疫情防控工作，1 月 28 日（农历正月初四），协会组织业界专家紧急编写《物业管理区域疫情防控操作指引》，经过各位专家夜以继日的工作，2 月 1 日起，协会陆续发布了《物业管理区域新型冠状病毒肺炎疫情防控工作操作指引（试行）》，涵盖住宅、写字楼、产业园区、高校、医院五类物业业态。之后，协会法律政策工作委员会又编撰发布了《物业服务企业在疫情防控中的法律风险防范指引》与《新型冠状病毒肺炎疫情适用法律法规汇编》；协会设施设备技术委员会联合中国建研院建筑环境与能源研究院编制发布了《疫情期间公共建筑空调通风系统运行管理技术指南（试行）》，并制作配套视频，指导疫情防控期间各类公共建筑空调通风系统的安全运行。

系列指引指南近 60 万字，文件发布后，各会员单位及全国近 100 家地方行业协会，通过微信公众平台、网站等向行业积极转发推广，先后有近 60 万人次浏览和下载。在协会操作指引的基础上，多地政府部门和行业协会纷纷推出地方版操作指引，业内头部企业也及时制定了企业版操作指引。

该系列操作指引文件的发布，得到了全国物业服务企业和从业人员的充分肯定和广泛使用，并纷纷留言表示"操作指引全面细致地把物业管理区域疫情防控工作的重点、难点、特点、程序和要求说得一目了然，具有很强的实用性和指导性。"

四、专业服务，保障复工，助力经济发展

为贯彻落实习近平总书记在统筹推进新冠肺炎疫情防控和经济社会发展工作部署会议上的讲话精神和国务院关于企事业单位复工复产疫情防控工作的要求，近期，住房和城乡建设部印发《房地产企业复工复产指南》，指导房地产企业(含开发、租赁、中介、物业)统筹做好新冠肺炎疫情防控和复工复产工作。协会积极参与了该指南的编写工作。

复工复产也被称为商写物业疫情防控的"大考"。密集人群共处写字楼内密闭空间办公、用餐，无形中增加了防疫难度和风险。为了保障安全复工复产，协会发动各会员单位，积极做好写字楼、商业综合体、公共交通场所等防疫工作，为复工复产保驾护航。

协会法律政策工作委员会还编写发布了《复工复产期间物业管理区域新冠肺炎疫情防控要点和政策指南》，指导和帮助全国物业服务企业应对复工复产疫情防控涉及的法律和政策问题，了解和运用税费减免延交、援企稳岗等优惠支持政策。同时，协会法律政策工作委员会推出了法律援助和政策咨询服务平台，为协会会员单位和各地方物业管理协会提供线上法律援助和政策咨询服务，帮助物业服务企业应对和解决疫情造成的合同履约、物业服务现场管理、劳资关系、财税政策等法律问题；并组织召开"专业护航——物业服务企业能力建设与法律问题研讨会"，邀请行业专家学者、地方行业协会负责人、企业高管围绕物业服务企业当前关注的法律问题进行了研讨解答。

此外，协会及时向会员单位中的科技企业发起倡议，呼吁各企业加快生产和供给智能测温设备、智能机器人等，借助科技为保障复工复产工作助力。响应协会号召，会员单位北京安杰新时代信息科技有限公司，先后向武汉、北京、上海等40多个城市捐赠了红外高精度测温安检门。

五、科技引领，智慧赋能，提升防疫效率

协会发动中国国际物业管理产业博览会的优秀科技企业展商，积极为行业提供科技防疫产品和技术支持，并动员有条件的会员单位通过自行研发或引进科技力量，以技术手段抗击疫情，成效显著。同时，协会组织物业服务企业"智慧抗疫"应用云沙龙、"智慧物业的创新与嬗变"等线上论坛，分享企业先进技术和经验，在行业内进行推广。

协会会员单位绿城服务依托其园区服务体系对服务的1000余个小区启动了"封闭式"管理，通过智慧社区服务平台上线"园区住户行程收集"调查工具，累计收集近两万份问卷反馈，有效助力物业一线服务人员对涉足重要疫情区域的住户进行重点排查，极大地降低了园区业主感染率，也确保了在岗员工零感染。会员单位碧桂园服务借助科技打造智能防护体系，其通过智能监控云平台应用场景，实现人脸识别进入小区，在社区内则使用无人机消毒，在电梯内安装感应紫外线消毒灯开展清洁消毒工作。保利物业、招商局物业、彩生活、长城物业、金科服务、蓝光嘉宝服务、新大正，旭辉永升物业等各会员单位纷纷利用"智慧物业"平台，通过"集控中心"系统、智慧车场、EBA系统等科技手段，线上与线下服务结合，为业主平安健康保驾护航。

六、宣传引导，凝聚力量，《物业英雄》登陆央视

1月28日，协会成立了"疫情防控宣传小组"，由协会宣传信息部、《中国物业管理》杂志社、中物研协、

武汉市物协及有关单位的宣传骨干组成了核心工作队伍，对抗击疫情宣传工作进行了整体安排部署。同时，发动和组织300多家全国物业管理行业媒体协作网成员单位，开展了覆盖全行业的舆论宣传工作。

协会以"一刊一网两微"为主要平台，持续宣传贯彻习近平总书记重要指示批示精神、中央决策部署，大力普及疫情防控知识；广泛征集、宣传报道行业先进人物和模范事迹，讲好行业战疫故事，传递战疫的勇气和力量，营造了万众一心、众志成城的舆论氛围。据统计，截至3月14日，协会微信公众号发布文章近400篇，阅读总次数超过200万；协会网站开设疫情防控专题页面，发布文章约800篇，浏览量约15万；《中国物业管理》杂志社紧急抽调记者、编辑成立"疫情防控宣传采编报道工作组"，深入行业采访报道，讲述行业疫情防控一线故事，2020年第2、3期《中国物业管理》杂志刊发各类防疫宣传文章60多篇，《中国物业管理》杂志微信平台同期发布文章和视频300余篇；各会员单位平台共计发布宣传报道超过30万条，讲述行业抗击疫情故事数以千计。

4月16日晚20：00，由中国物业管理协会指导和支持，乐居财经、中物研协历时两个月累积拍摄150小时纪录片素材，经多方努力沟通协调，由中央电视台精编为《物业英雄》，在《经济半小时》栏目播出。4月17日，国内首部全景记录物业人战疫的纪录片《第一道防线》和反映全国物业管理协会在疫情紧要关头第一时间驰援武汉物协的纪实短片《援汉》在全网播出。系列专题片真实反映物业管理行业在疫情防控工作中的重要作用，记录物业管理从业人员在社区、医院、写字楼、公共交通等疫情防控岗位上的工作历程和感人故事，弘扬抗疫精神，传播正能量，提升了社会各界对行业价值的认知。

疫情期间，协会紧密联系社会媒体，加大对行业防疫工作的宣传。新闻联播、央视新闻（多档节目）、人民日报、新华财经、新华网、人民网、央广中国之声、中国建设报、每日经济新闻、凤凰网、各地方媒体等，广泛报道物业管理行业防疫贡献，各类媒体对物业管理行业的关注报道前所未有。比如，新华社发布经济分析报告《强化物业管理构建社区疫情防控"安全线"》，高度评价物业管理在社区联防联控工作中的作用；人民日报发表评论，向奋战在一线的社区工作者致敬，称物业工作人员是打赢疫情防控阻击战的排头兵。

七、提高政治站位，深刻学习贯彻习近平总书记重要回信精神

在"五一"国际劳动节来临之际，习近平总书记给郑州圆方集团全体职工回信中，对他们一直坚守保洁、物业等岗位和主动请战驰援武汉等地抗击疫情的实际行动给予肯定，是对全国物业管理行业的巨大鼓舞。中国物业管理协会下发《关于学习贯彻习近平总书记重要回信精神　进一步推动物业管理行业高质量发展的通知》，号召各会员单位把学习宣传贯彻落实习近平总书记重要回信精神　作为当前一个时期重要工作任务，做到政治站位有高度，思想认识有深度，舆论宣传有热度，贯彻落实有力度，确保习近平总书记重要回信精神在全行业落地生根、结出硕果。中国物业管理协会网站、微信、《中国物业管理》杂志开设专栏，对全行业学习习近平总书记回信精神的活动和成果进行了全面报道，充分发挥全国物业管理媒体协作网的作用，广泛运用微信、微博、抖音等新媒体手段，策划有深度、有声势的系列宣传，营造全行业抓学习重落实的良好氛围。

八、在线培训，线上研讨，强化能力建设

为了加强疫情期间会员单位的工作交流，特别是总结和分享防疫工作经验，加强对会员单位的工作指导，

协会组织了系列线上培训会和研讨会。

一方面，协会组织国家开放大学物业管理学院及时将线下课程调整为线上远程教学方式，组织教研团队精心策划了《疫情下企业员工自我防护》《疫情下心理建设与职场行动力》《疫情下实现高效能的三把金钥匙》等系列防疫公益直播，帮助物业从业人员和企业提升疫情防控能力、提高企业管理运营效率。协会教育培训基地山东房地产教育培训中心组织《标准化铸造企业品牌战'疫'之师》等线上公益微课，由协会标准化工作委员会专家进行线上授课指导。协会移动互联网实训基地中物教育举办"防疫筹谋 携手共进——物业企业重大突发事件应急能力研讨会""物业企业复工复产系列公益课堂"，通过交流研讨和专业指导，提升物业服务企业应对重大突发事件的能力，并在"危"局中探寻新的发展机遇。

另一方面，协会还指导下属单位《中国物业管理》杂志社、中物研协开展了"物业管理行业的坚守价值及政策建言""智慧物业与科技防疫""疫情下企业管理与经营策略"等线上会议和培训，从多维度加强对会员单位的工作指导。

以上培训和研讨采用线上形式，先后有数万名物业管理从业人员参加了交流学习，在当下疫情防控的特殊形势下，有力地实现了协会对会员单位和业内企业的业务指导和服务工作，也实时进行疫情防控工作的总结交流。

九、调查研究，反映诉求，提供决策参考

在此次疫情防控工作中，全国物业服务企业第一时间投入到疫情防控工作中去，各项防疫成本支出也大幅增加，对物业服务企业的正常经营和稳岗复工带来巨大挑战。为准确掌握疫情对物业管理行业的影响，及时向政府有关部门反映行业诉求，协会联合中国经济信息社共同开展"新冠肺炎疫情对物业管理行业影响专项调查"工作，共有效收回企业问卷4803份、业主问卷36450份。结合调查数据和物业管理行业的舆情和呼声，协会联合中国经济信息社研究撰写发布了《新冠肺炎疫情对物业管理行业影响调查报告》，并向住房和城乡建设部提交了《关于给予疫情期间物业服务企业免征增值税的建议》，向财政部、国家税务总局提交了《关于给予疫情期间物业服务企业税收扶持政策的建议》，反映行业呼声，为政府部门提供决策参考。同时，协会基于调查研究召开了"发挥物业管理行业作用 夯实基层社会治理基石"线上研讨会，引导物业服务企业参与社区治理，夯实基层社会治理"基石"。

协会产业发展研究委员会发布《关于组织开展疫情防控相关研究工作的通知》，发挥专委会的作用，总结、归纳和研究物业管理行业参与疫情防控工作的经验做法、存在问题和意见建议。协会还组织中物研协、克而瑞等单位，成立课题研究小组，撰写了《物业管理行业新型冠状病毒疫情防控研究课题报告》，收录相关文件、文章、报告、照片、视频等文献资料。

十、稳岗就业，对接供需，破解用工难题

贯彻落实习近平总书记在统筹推进新冠肺炎疫情防控和经济社会发展工作部署会议上的讲话精神，切实做好稳岗就业的工作要求，帮助物业服务企业解决疫情造成的用工缺口和压力，拓宽高校毕业生就业渠道，协会充分发挥产学研专业委员会对接高校与物业服务企业的优势，联合各大高校和各大会员单位共同举办高校物业管理人才就业指导及网络双选会，为校企提供精准的供需对接服务。

3月25日,"2020年春季高校物业管理人才网络双选会"在线上召开,共有50余家物业服务企业在会上发布了招聘信息,近300名高校毕业生登记了就业需求,超过1000人在线参加了会议。会上,由协会产学研专业委员会邀请的专家对参会学生作了就业指导。参会企业代表和高校师生在双选会上进行了交流对接,他们认为协会举办网络双选会是"及时雨",希望以后能更多地参与校企交流活动,共同助力行业人才培养和行业发展。未来,协会产学研专业委员会将继续发挥对接高校与物业服务企业的优势,持续开展校企融合双选会,拓宽高校毕业生就业渠道,为更多行业企业、高校学子提供精准的供需对接服务。会员单位首开物业、招商局物业、保利物业、闻达敏斯物业、新大正物业、蓝光嘉宝服务、苏宁银河物业、开元物业、珠海华发物业等纷纷开启招募计划,岗位涵盖物业数字化产品开发、商业运营、市场营销、市场投资等。

十一、对接农户,回馈业主,开展消费扶贫

2月10日,协会下发"社区的力量——抗疫情 保供需"倡议书,并通过协会官网搭建"保供·扶贫 心连心行动"对接平台,倡导会员单位和业内企业在防控疫情的同时,响应党中央、国务院打赢脱贫攻坚战的号召,持续深入推进"社区的力量"消费扶贫工作,大力确保扶贫农产品变疫情防控"菜篮子"保供品。

蓝光嘉宝服务、长城物业、奥园物业等会员单位积极响应协会倡议,防疫、扶贫两不误,出资购买滞销农户产品,开展"菜你所想,蔬送爱心"等专项活动,为业主送上爱心助农蔬菜,让业主在疫情期间也能吃上健康的农产品,建立起农户与社区的"绿色爱心桥梁"。比如,蓝光嘉宝服务向农户购买4000斤莲花白,回馈广大业主;奥园物业累计为将近50000户业主送上了爱心助农蔬菜,购置贫困农户滞销农产品约4.8万斤,助农金额近40万元。

协会按照七部委《关于开展消费扶贫行动的通知》的要求,联合中国扶贫志愿服务促进会、中国社会扶贫网等单位,重点聚焦深度贫困地区,以藏区青稞等认定扶贫产品为重点,开展"社区的力量——藏区青苗牵手计划"专项公益活动,持续做好消费扶贫工作。

山河有恙,人间有情。此次新冠肺炎疫情是一次重大突发公共卫生事件,其防控工作难度之大前所未有。党有召唤,我有行动。面对疫情大考,协会充分发挥党建引领作用,聚合战疫力量,发动和汇聚全国2700多家会员单位,投身于这一场没有硝烟的阻击战、总体战,协会的服务体系和服务能力在淬炼中得以再造和升级。

上下同欲者胜 同舟共济者赢
—— 一封献给疫情防控一线物业人的家书

亲爱的家人们：

见信平安，元宵佳节快乐！突如其来的新型冠状病毒感染的肺炎疫情，令人揪心。在武汉，有近7万名物业员工坚守在自己的岗位上；在全国，物业的客服人员、秩序维护员、保洁人员、工程人员，每天承担着公共区域管理、排查车辆人员、清洁消毒、宣传防疫知识、水电维护、日常生活保障等防疫工作……在这场没有硝烟却有生死的战斗中，物业人挺身而出，发扬"越是艰险越向前"的斗争精神，昼夜奋战在疫情防控第一线，为守护业主生命安全和疫情防控阻击作出了重要贡献。在此，中国物业管理协会向你们及你们的家人致以最亲切的慰问和最崇高的敬意！你们辛苦了！

疫情就是命令。自新型冠状病毒疫情发生以来，物业管理行业迅速把思想和行动统一到习近平总书记关于疫情防控工作的重要指示精神上来。中国物业管理协会下发《关于全力做好物业管理区域新型冠状病毒疫情防控工作的倡议书》，号召全体会员单位把疫情防控作为当前最重要的政治任务，深刻认识疫情防控工作的重要性和紧迫性，积极配合政府构筑群防群治的严密防线。绿城物业、粤华物业、上实物业、明德物业、古北物业等企业党组织纷纷下发倡议书，要求全体党员提高政治站位，充分发挥先锋模范作用，逆行而上奔赴抗击疫情第一线。物业服务企业坚守着各自小区的防控岗位，勇于担当作为，做到守土有责、守土担责、守土尽责，展现了高度的政治自觉和强烈的责任担当。

团结就是力量。哪里疫情重，哪里困难多，哪里就有四面援助、八方支持。在农历新年第二天，武汉市物业管理协会发出《武汉市物业服务企业请求防护物资爱心援助》后，全国各地方物业管理行业协会、企业近60家单位伸出援助之手，16.5万个口罩、66吨消毒液、17.4万双橡胶手套、5箱药品等防疫物资已寄达武汉，累积惠及武汉市846家企业近2000个项目，有效缓解了社区疫情防控的压力。同时，按照武汉市新型冠状病毒防控指挥部的统一部署，中建三局、医管家、珠江、贵阁、惠之美、万科和金地7家物业服务企业，64名物业人第一批入驻火神山医院，还有近300名物业人将共同承担起火神山、雷神山医院隔离区和非隔离区的后勤保障工作。在这场与生命、与时间的极限战役中，疫情让人们在空间上保持距离，却让物业人在心灵上贴得更近。

防控就是责任。一线物业人虽不在联防联控的治疗最前端，但却是直面潜在病患的预防最前线，肩负的压力不小、付出的努力也不小。物业人的身影，不仅值守在住宅小区、医院、写字楼、产业园区等人员密集地方，也坚守在车站、机场、码头和高校等人员流动性大场所，被各级党委政府、广大业主看在眼里、记在心上；物业人的职责，不仅做好了疫情监测、排查、预警、防控等工作，也积极配合政府部门把区域治理、社区治理、单位治理有机结合起来，构筑起了联防联控的防护网络，切实提高疫情防控的科学性和有效性；物业的党员们，不仅发扬了不畏艰险、无私奉献的精神，坚定站在疫情防控第一线当先锋作表率，也积极做好员工和业主的工作，稳定情绪、增强信心，当好了群众的贴心人和主心骨。

疫情防控是当前最重要的工作，是一项系统的工程，必须坚持全国一盘棋，全行业要增强大局意识和全局观念。在面对节后返程、人员不足、物资短缺等重重困难时，我们要自觉把防疫工作放到大局中思考、定位、摆布，做到正确认识大局、自觉服从大局、坚决维护大局，汇聚起抗击疫情的强大合力。在此我们也郑重呼吁：

物业再多一分坚守。在疫情最严峻的时刻，物业服务企业要咬紧牙关，全面执行落实政府联防联控措施，构筑群防群治的严密防线。基层社区是疫情防控的第一道防线，各项防控措施要具体细致，尤其是疫情防控上还存在的一些死角和薄弱环节需要加大工作力度，把防控方案想得更周密些、防控措施落实得更有力点，最大限度地减少物业管理区域的疫情事件和交叉感染人员数量。

业主请多一分理解。打赢这场防疫阻击战需要群防群治，每一个人的行为，都是疫情防控不可或缺的一环。希望广大业主朋友们积极配合政府和物业服务企业的走访排查，主动接受体温测量，按照防控要求做好居家自律，减少外出，谢绝来访，杜绝信谣传谣，主动上报异常情况。多一些理解宽容，少一些不满苛责，以实际行动支持一线物业人的防控工作。

社会请多一分支持。物业管理区域覆盖的人群众多，物业服务企业在疫情防疫工作上投入了大量的人力物力财力，目前普遍存在口罩、乳胶手套、消毒水、酒精等防疫物资严重匮乏的困难，一线物业人面临无防护面对传染的风险。我们呼吁政府部门能够精准施策，将物业管理区域疫情防控纳入公共管理范畴，提供必要的物资保障和财政支持。同时希望社会各界予以广泛的关注，力所能及的捐助一些防疫物资，给物业人更多的爱心和温暖。上下同欲者胜，同舟共济者赢。我们相信，在以习近平同志为核心的党中央坚强领导下，必能筑牢起战"疫"的坚固长城，汇聚起战"疫"的最大合力，伟大的中国人民一定能打赢这场疫情防控阻击战！

中国物业管理协会
2020 年 2 月 8 日

连线武汉市物业管理协会会长张毅
走近坚守"前线"的 7 万多名武汉物业人

一声、两声、三声,电话铃足足响了 7 声,才从电话那边传来武汉市物业管理协会会长张毅那略显疲惫的声音,也让我悬之又悬的心随之放下,张会长是什么工作状态,采访之前也略作了一些了解,从 1 月 31 日前往火神山医院后,一直奋战在一线……不久前在电视新闻上看到张会长的采访再和 2019 年杂志上刊登过的照片一对比,给人的第一感觉是白头发多了不少。

1 月 24 日,武汉市房管局通知开会的那天他留给家人一桌已近烧好的年饭和一个急匆匆的背影就奔赴岗位。

连线的时间虽然只有 1 小时,但却让人对奋战在防疫一线的武汉市物业管理行业的广大物业人有了新的认识,在按下"暂停键"的武汉,广大物业人却为自己摁下"加速键",为了同疫情抢夺生命,为了保护身后千千万万业主家人的健康,为了所热爱的武汉……在这场灾难里面武汉物业人所展现的职业责任感和使命感以及人性中的闪光点,让我们感受到了寒冷黑暗里那一团一团温暖的亮光。

"最害怕面对的是有人牺牲的消息"

记者:作为此次疫情的始发地和重灾区,武汉的疫情最为严重,武汉物业人的防控任务也更为繁重,那么目前武汉市物业管理行业的运行情况如何?物业人员是否出现因畏惧疫情而人员流失的情况?人员缺口是不是很大?

张毅:都是血肉之躯,说不怕那是假话,但我们的背后是无数的家庭和生命,这容不得我们犹豫和害怕,换句听起来可能有点"酸"的话,正是身上的责任给了我们勇气,疫情当前武汉物业服务企业无人退缩。对于武汉市物业管理行业的每个人来说,在这场与时间赛跑的战役中,没有旁观者,每个人都是责任人。武汉市 2000 多家物业服务企业,在岗的 7 万多名物业从业人员不分昼夜,无畏生死,奔走在抗击疫情的第一线。

目前武汉市物业工作人员紧缺的情况的确存在,尤其是基层保洁员、秩序维护员紧缺,这是无法回避的问题(因为武汉市物业从业人员为 10 万人),产生这一现象的原因:

一是很多外地员工回家过年封城后无法回到工作岗位;二是部分基层员工心里恐慌自动离岗;三是疫情防控期间几乎所有物业岗位的工作量都是平时的三四倍,物业人承担着比以往更为严峻的工作;四是部分员工出现了发热症状。

对于这个情况武汉物协也正在向相关部门呼吁反应希望能够尽快出台相关鼓励一线员工复工的相关政策。

就像你提到的武汉物业人的防控工作繁重，在抗"疫"过程中，我们的物业人让人感动的同时更让人心疼。

我知道他们之中的绝大多数都是在工作岗位上度过春节的；市内交通停运了，不少员工就步行上班，有的每天要步行一两个小时；在大量垃圾面前，背着十多斤的药桶在小区里的公共部位进行消杀这也是每个保洁员近日的工作常态，要知道这些保洁人员大多数都是50～60岁的同志，不少人的肩膀都被药筒磨出了血泡；保安员们24小时不缺岗还要承担繁重的排查任务，在这场疫情中他们默默无闻，却承担着保卫社区安全的重任。

面对保洁、保安员人员不足的问题不少物业公司也想了很多的办法和措施，绝大部分管理人员和企业负责人都上了一线顶岗。

身体上的劳累还是其次，物业人还要面对精神上的考验，物业人成为社区业主恐慌、焦虑情绪的宣泄口，一线员工更要面对业主的种种"奇葩"的行为，不配合秩序维护员测温工作张口辱骂的，相信你也一定在网上看到过往电梯里吐口水的视频，还有的老人虽独自生活，但了女就住在附近小区，也要求物业人员代为购物，甚至对商品的牌子有明确要求，需要跑好几个地方才能买到。

除了高强度的工作和心理上的挑战，物业人与医护人员一样也面对着牺牲生命和健康的危险，据我所知已经有物业人员在防控疫情的工作中被病毒感染，其中也不乏一些危重情况的。我最不愿面对的但未来却有可能不得不面对的就是有人殉职的消息。尽管如此，7万多名守职尽责、发扬蹈厉的武汉物业人都正在用自己的血肉之躯在这场战疫中努力的发光发热。

"不管是火神山、雷神山，能为战胜疫情做出贡献就是刀山也要上"

记者： 火神山、雷神山这两所医院是过去社会关注的焦点，目前这两家医院的相关物业服务工作的进展情况如何？

张毅： 按照武汉市防疫指挥部的协调安排，我1月31日前往火神山与市房管局防控指挥部一同工作，1月24日下午武汉市物协就组织了10家武汉市的大型骨干企业召开了疫情防控的紧急会议，同时成立了火神山医院前线指挥小组，由房产局分管领导担任组长，我主要负责的是火神山和雷神山支援人员、物资调配、协调两个医院的物业后勤保障工作。

指挥小组以武汉市物业管理行业党委为依托召集服务火神山、雷神山物业志愿者，号召仅两天，就有不下千名志愿者报名，最后我们筛选出了500多人组成了服务两家医院的基本物业人员班底。由于去往火神山、雷神山两个医院的物业服务人员在防护、消毒隔离、工作流程执行等方面的要求比一般的综合性医院更高，因此在确定人选时除了身体健康还要满足三个条件：

一是具有一定的医疗物业的专业知识；二是年龄不超过45岁，因为一线工作体力消耗相当大；三是党员优先。

人员准备好后，小组还制定了医院物业管理方案同时向社会募集相关物资。特别要感谢的是，在中国物业管理协会沈建忠会长、王鹏副会长兼秘书长等各位领导的号召和帮助下，全国各地物业协会和企业在短时间内为武汉支援了大批物资，为我们首批进入医院现场工作打下了坚实的基础。上述这些工作都是武汉物协从零开始、在8天时间里筹集齐的。同时我们从外地调集了21名具有丰富医院服务经验的物业专家，先期开展培训工作。

来自中建三局、医管家、珠江、万科、惠之美、贵阁和金地和重庆东原物业8家物业企业率先派员上火线第一批64人的物业管理服务队伍在2月1日赴火神山医院现场，2月2日凌晨4点，100多人的保洁队伍，火神山医院一病区病房开始，对医院内部进行开荒保洁。经过12个多小时的通宵奋战，火神山医院从办公区、生活区及部分具备条件的新建病房区成功完成了首次大规模保洁清理工作。为火神山医院的医护人员及患者提供了干净、舒适、整洁的环境。

目前火神山医院的隔离区的物业服务工作主要由珠江管理牵头负责，未来隔离区的物业服务人员将达到45人左右。从2月5日开始雷神山医院由医管家的12位专业人员作为骨干，指导其他公司的物业服务负责人员，由于雷神山较火神山开业时间较晚，因此有相对长的时间可以进行全方位的人员培训。这两家企业在医院物业管理方面都具有非常丰富的经验。

与普通物业管理的清洁不同，火神山、雷神山医院的物业管理要承担所有病区的消毒消杀工作以及隔离病区的消毒消杀，物业人员基本要从早上6点多工作到晚11点多，工作强度是非常高的。此外还需要做好其他后勤保障工作，确保医院在高负荷运作的情况下，用水用电和其他设施设备的安全运作。还要做好秩序维护，来院病人都是确诊的，物业工作人员除了工作压力，也要承受巨大的心理压力。

目前最大的难点也是和医护人员一样，面临基本的防护物资的匮乏。不过好在经过武汉物协的多方呼吁以及政府相关部门积极协调，目前进入隔离区的物业服务人员的个人防护用品由相关部门提供，而非隔离区的要企业自己解决，由武汉物协协助采购，目前口罩依然很难采购到，但即使困难再多，我们也要努力克服，这个时候不管是火神山、雷神山，只要是国家需要，只要是能为战胜疫情做出贡献，就是刀山我们也要上。

"输送来的不止是物资也是必胜的信心"

记者： 1月24日我们看到武汉物协发布《武汉市物业服务企业请求防护物资爱心援助》的公开信，目前这些物资的募集情况怎么？物资短缺的情况有没有得到解决，武汉物协针对疫情防控工作开展了哪些工作？

张毅： 应该看到物业管理人员与医护工作者都是一线人员，都共同面临着医疗防护设备与物资的紧缺，不同的在于，物业人员的窘境，可能并没有引起太多的关注。物业管理人员直面众多医院患者和社区业主，缺少经验，人员紧缺、封城，没有物资，在疫情发生后，武汉市物业行业面临着"缺兵少粮"的尴尬境地。1月24日武汉物协发布了《武汉市物业服务企业请求防护物资爱心援助》的公开信，向全行业紧急求助，与此同时，协会陆续联络供应商，寻找紧缺物资购货渠道和信息，组建物资团购群，为企业提供采购渠道。

公开信发出后得到了中国物业管理协会的高度重视，1月26日中国物协的公众号就进行了转载，同时广泛动员全国各地的物业服务企业开展爱心援助，很快得到了全国各地物业管理协会、企业和社会各界纷纷伸出援助之手，为武汉的物业同仁们送上口罩、消毒液、喷壶、药品等防疫物质，每天都有新的防疫物资，从全国各地源源不断地发往武汉，有的物资甚至是从国外邮寄来的。

截至2020年2月5日，武汉市物业管理协会收到了25个地区、16个物业协会，共超53个单位的防疫捐赠物资。包括：消毒水、消毒片、普通口罩、N95口罩、橡胶手套、喷壶、护目镜、防护服、洗手液等防疫工具、红外测温仪、药品等物资。

在武汉市乃至全国范围内防疫物资都紧缺的情况下，此时来自外界的物资支援无疑是雪中送炭，为我们防疫工作的正常开展打下了扎实的基础，在这里我想借助《中国物业管理》杂志社的这个具有广泛影响力的平台，对全国物业管理行业的同行说一声"感谢"，感谢你们在自身都困难的情况下仍然伸出援手，优先将资源捐赠给疫情最为严重的武汉。你们，都是抗疫英雄。你们送来的不仅是防疫物资更是我们战胜疫情的必胜信心。

正是由于得到了全国物业管理行业的鼎力相助，在一定程度上缓解了武汉物业服务企业物资短缺的情况。然而当前的消耗也是巨大的，据不完全统计仅仅是从1月22日至2月2日，武汉市509家物业服务企业就累积消耗自购及受援物资110.468吨消毒水、10719瓶医用酒精、41621个N95口罩、834900个普通口罩、81880个防护面罩及手套，2091套消杀工具、2641个体温测量仪、2985个废弃口罩投放容器等物资。而令人担忧的是从目前的情况看疫情还未出现拐点，武汉的疫情防控形势也依然严峻。

对于当前武汉物协秘书处的工作来说，在疫情发生后，武汉物协除了3个人因为家乡封路没有能够回来，其他人员一直在岗和一线广大物业服务企业一起在岗位上奋斗着，我们成立武汉防疫宣传小组、物资采购小组和综合协调小组来支撑当前的各种工作，当捐助物资到武汉后，武汉市物业管理协会的工作人员连夜加班加点将抗疫物资分发至一线，确保所有的物资能第一时间用到抗疫工作中去。

"迫切的需要相关政策扶持"

记者： 医学专家指出疫情的拐点还没有来临，就目前来说武汉市物业管理行业还有哪些期望或诉求吗？

张毅： 这次战"疫"对于物业管理行业来说确实是一个严峻的挑战，全国各地的物业服务企业的日子都不好过，首先物业作为防控一线的主战场，涉及面广，人员、物资、经营的困难，带来的压力非常巨大！据我所知，就武汉来说现阶段基本上物业费的收取已经处在停滞阶段，而员工工资不仅需要正常开，还要支付这段时间的加班费，有些企业的用工成本上涨了200%都不止。

另一方面2月6日，财政部、税务总局两部门发布的支持新型冠状病毒感染的肺炎疫情防控有关税收政策中表示"对纳税人提供公共交通运输服务、生活服务，以及为居民提供必需生活物资快递收派服务取得的收入，免征增值税"。

对物业服务企业来说，在抗击疫情过程中，联动社区和街道有效阻击疫情传播，承担着为居民提供生活服务的责任，已经成为保障群众生活必需的行业。然而，根据2016年国家税务总局关于增值税分类方法，物业服务属于商务辅助服务业下的企业管理服务子税目。并不在"生活服务"范围之内，不能享受"生活服务"免征增值税的税收优惠。

这对付出了巨大牺牲和代价的物业服务企业来说是不公平的，呼吁政府关注实际情况，调整相关政策。作为武汉市物业管理协会来说也正在在这方面努力呼吁，希望国家为广大奋战在疫情防控一线的物业服务企业提供必要的税收减免政策，以及财政扶持，协助广大中小企业渡过这一难关。

其次相应的社会保障体系也应该向物业管理人员尤其是一线人员倾斜，特别是对感染病毒的物业服务人员或者说未来出现殉职的物业服务人员在政府补偿方面是否也可以与医护工作者享受同等的待遇，毕竟就工作内容来说物业管理行业的工作内容和医护人员的工作不分伯仲，同时也希望政府能针对物业管理行业出台一些鼓励一线物业人员抗疫期间的相关政策。

最后还有就是希望政府能够提给广大物业服务企业采购防疫物资的相关渠道，因为就武汉来说，我们不

能让正奋战在一线的广大物业员工因个人防护用品采购不畅而导致他们处于暴露在病毒中的风险。

挂上电话之前我和张毅会长说，若是疫情过去希望能和您见面聊一聊，我们不约在办公室，就约在武汉街头，吃一碗热干面，看看武大的樱花，感受一下"黄鹤楼中吹玉笛，江城五月落梅花"的武汉，所以在那之前，请您和团队千万珍重……那句话说完，或许是对未来美好的憧憬打动了他，我第一次在近一个小时的采访中听见张会长开朗的笑声，他回答我说，好的，相信这一天一定不会很远……（耿春芳）

致敬每一个坚持 共迎春暖花开
——访湖北省物业服务和管理协会副会长兼秘书长郑新汉

"乙亥年末，庚子年春，荆楚大地疫，染者数万计，众人皆恐，足不出户，时，天下震动，然，九州一心，能者皆竭力，月余疫尽去，华灯初上，万国称赞，此为大幸。"这是网上近日热传的一段文字。第一次看到这段文字，内心就有一种热血沸腾的感觉。鲁迅先生有一段名言，我们自古以来就有埋头苦干的人，有拼命硬干的人，有为民请命的人，这就是中国的脊梁。在这场无声的战疫中，湖北物业人为荆楚大地的抗疫工作做出了巨大的贡献，春回荆楚应该是不远了，胜利就在眼前。在即将迎接战疫胜利之际，本刊采访了湖北省物业服务和管理协会（简称"湖北省物协"）副会长兼秘书长郑新汉。

背水一战

本刊记者：我们已经看到目前全国的确认病例已经变为个位数，但作为此次疫情的重灾区，湖北省依然没有放松防控，湖北省物业管理行业目前整体的工作状态如何？

郑新汉：疫情发生后，全省物业服务企业根据习近平总书记的重要讲话精神，党中央、国务院及省政府、住建厅的要求，全省物业服务企业严格按照规定实行了物业区域的封闭隔离。全省物业管理从业人员超过了25万人，管理了7亿多平方米，服务了近2000多万人口，在这场与时间赛跑的战役中，全省物业服务企业的从业人员不分昼夜，无畏生死，全力战斗在抗击疫情的第一线。

在抗击新冠肺炎疫情的关键时刻，中共中央总书记、国家主席、中央军委主席习近平3月10日专门赴湖北省武汉市考察疫情防控工作。他强调，湖北和武汉是这次疫情防控斗争的重中之重和决胜之地。经过艰苦努力，湖北和武汉疫情防控形势积极向好变化，取得阶段性重要成果，但疫情防控任务依然艰巨繁重。习近平主席还指出要坚持不懈做好疫情防控工作关键靠社区。要充分发挥社区在疫情防控中的重要作用，充分发挥基层党组织战斗堡垒作用和党员先锋模范作用，防控力量要向社区下沉，加强社区防控措施的落实，使所有社区成为疫情防控的坚强堡垒。

习近平总书记的话极大地提振了湖北和武汉物业人的精神和信心，由于疫情来势汹汹，物业管理行业普遍缺乏防控物资，市面上的医用口罩、测温仪、消毒水、防护服及护目镜等很快抢售一空。其中以武汉市疫情、防控物资短缺最为严重。武汉是全省乃至全国疫情防控最大压力的城市。自1月23日武汉宣布封城以来，武汉物业服务企业已经在阻击新冠病毒肺炎战场上苦战了两个月，大部分小微物业服务企业面临防疫用品缺乏甚至上班没有口罩的局面。大中型物业服务企业相对状况略好一点，当然实力较强的企业无论是在资金周转能力、购货渠道、企业社会责任担当等方面，都比小微企业要好一些，更加具备抗击疫情的能力。

疫情防控进入了攻坚的紧要关头，对于住宅小区，经湖北省物协对部分物业项目初步调查后发现，因新冠病毒肺炎防控导致物业服务企业增加的成本较去年同期大幅增加，经测算增加成本达到了 0.70 ～ 1.00 元/（平方米·月）。同时在火神山、雷神山医院及各方舱医院建好后，武汉物协积极号召和组织具备服务医院的专家和团队，大量的物业服务企业人员请缨一线，为一线阻击疫情作出了重大贡献。这是一场时间的竞赛，也是一场不计个人得失的付出，广大物业人特别是基层物业人的无私无畏，勇敢逆行的精神让我们深受感动，也让我们更有信心、更有底气、也更有力量战胜疫情。

我们也欣喜地看到目前湖北省疫情防控工作已经在向好的形势发展，然而作为全国疫情的重灾区，物业管理防控工作仍十分严峻、不能放松，各项工作正在紧张开展中。

党员当先锋

本刊记者： 湖北省物业管理行业开展了哪些工作？作为湖北省物协开展了哪些具体的工作，目前工作的进展程度如何？在具体工作中采取了哪些创新性的工作，效果如何？

郑新汉： 疫情面前，从来不是一个人的战斗。在居民们宅在家里的特殊时期，许许多多社区基层干群、志愿者，各级下沉干部以及物业工作人员为了守护社区平安坚守岗位。作为湖北省物协来说，本次疫情中湖北省物协也和广大物业服务企业一同奋斗在抗疫的第一线。一是要求物业疫情期间扎实做好日常物业服务工作，尤其是加强小区环境清洁卫生管理，做好四害消杀；二是宣传引导企业配合社区、街道开展联防联控，协助做好小区出入口道的封闭隔离、业主住户测体温工作；三是鼓励物业服务企业结合自身和小区实际情况，满足业主住户生活需求，开展生活用品、食品代购、团购送货上门等服务；四是号召物业服务企业履行社会责任，关注、关照小区孤寡、病残等弱势群体，提供帮扶服务，并统计小区弱势群体情况报告社区及街道办。

1月28日，湖北省物协党支部向全省各地、市、州物协及物业服务企业党组织发出"众志成城抗疫情 物业党员当先锋"的倡议书；1月29日，发出《关于加强全省住宅小区预防新型冠状病毒肺炎的通知》。倡议书和通知发出后，在各级党员们的带领下，行业涌现出来了很多先进企业和个人，有的单位所有领导都在一线帮助抗疫，有的单位举全司之力筹集资金和物资，有的员工跨市返岗上班，有的员工舍小家为大家吃住在临时宿舍。他们在疫情防控的关键时刻，恪尽职守，在平凡的岗位上默默奉献。例如武汉贵阁物业、武汉东方物业、同济物业、珠江物业等企业的负责人，在最危险、最关键的时刻，带领公司的共产党员、管理人员和保洁消杀人员等冲锋在前，勇挑重担，连续在火神山，雷神山，方仓医院等，每天现场工作10小时以上，带头在一线开展前期准备和开院后的开荒保洁等工作，贵阁物业还向火神山医院捐赠约3万元的后勤保障物资。

湖北中楚物业的秩序维护员陈新元家住武汉市江夏市郊，距离工作地点50多公里，公共交通暂停运营后，家人劝他请假。但倔强的陈师傅一口回绝。他每次骑5个多小时的共享单车准时到达工作岗位接班，诠释了一名物业人的担当。

他们在疫情防控的关键时刻，恪尽职守，在平凡的岗位上默默奉献。为弘扬行业正能量，湖北省物协专门成立了疫情防控物业服务宣传小组，面向全行业征集一线预防新冠病毒肺炎的典型人物和事件，加强住宅小区物业服务在疫情防控工作中的宣传，让全社会重新审视物业服务业，认可物业服务在社会综合治理、疫情防控中作出的贡献。

此外，湖北省物协还参与了湖北省住建厅《湖北省住宅小区、办公建筑新型冠状病毒肺炎疫情防控工作指南》编制工作，同时联合省物协高校学术专家委员会专家对全省物业服务企业各项防控疫情成本支出以及企业正常经营和稳岗复工等诸多问题进行调研统计,为全省行业扶持政策的制定提供重要参考数据。并与省经贸工会沟通,争取 10 万元慰问金,全额拨给全省 17 个各地、市、州物业一线抗疫人员。

专业护航防疫

本刊记者: 您刚才提到了《湖北省住宅小区、办公建筑新型冠状病毒肺炎疫情防控工作指南》(简称工作指南),能否简要介绍一下指南的相关编制工作以及主要内容?

郑新汉: 1 月 28 日,农历正月初四,我们注意到中国物协编撰了《物业管理区域新型冠状病毒肺炎疫情防控工作操作指引(试行)》,给行业抗疫工作提供了重要参考。为了更好地根据我省的实际情况,指导湖北省住宅小区、办公建筑物业服务企业、有关单位和所有权人、使用人等各相关方面共同做好疫情防控工作,2 月 10 日,湖北省住房和城乡建设厅组织省建筑设计院、省物业服务和管理协会、中信建筑设计研究总院、中南建筑设计院等单位和专家,也研究编制了《湖北省住宅小区、办公建筑新型冠状病毒肺炎疫情防控工作指南》。

针对全省住宅小区物业服务企业,《工作指南》要求,物业服务企业一要制定疫情防控应急预案。预案内容主要包括:疫情防控部门、成员、职责及分工;防控物资、经费保障方案及机制;消毒方案(包括消毒药品、消毒液浓度、消毒方法、配置方法、消毒频次等);疑似患者隔离处置方案;疫情期间火灾、消毒剂中毒、住户群体事件等处置预案等。二要加强员工内部管理。全面培训物业服务员工,落实规范安全作业要求,演练防疫应急预案。员工上岗前应按要求做好防护,对高频次接触人流、消毒杀菌和垃圾清运等岗位员工要提高防护标准。建立员工每日健康检查制度,一旦发现人员有发热、咳嗽等疑似症状,应立即停岗隔离并及时就医。加强员工宿舍和餐厅防控管理,防止交叉感染。三要加强防护物资储备。做好防护用品、消杀药剂、消杀器材等物资的采购储备,加强防护物资的安全储存管理。物资紧缺的应及时向属地街道、社区、住建(房管)部门反馈寻求协助,可积极向小区业主住户请求帮助,拓展物资筹集渠道。

针对办公建筑内的疫情防控工作,工作指南也提出了具体要求。办公建筑复工前应组织全面卫生清理和消毒。办公建筑原则上只开启一个出入口,所有进入人员须凭证进入并佩戴口罩。办公室工作人员每日要开门开窗通风不少于 3 次。尽量减少集中会议等聚集性活动,提倡取餐后分散到办公室进餐。物业服务企业定期向业主及使用人公布办公区域消毒措施、疫情最新动态。

工作指南发布后得到了广大物业服务企业的积极响应,物业服务企业反映该操作指引在疫情期间为物业服务企业防疫工作提供了重要的专业性指导,给一线员工提供了简单直接的操作标准,也提升了全省物业管理在防疫、抗疫方面的专业水平。

惟愿国泰民安

本刊记者: 湖北省的这场战疫很可能还将持续较长时间,湖北省物业管理行业是否已经做好了打持久战的准备?

郑新汉: 自疫情发生后,湖北省住建厅领导十分重视这场疫情,除厅领导下到一线视察,慰问一线员工外,还积极进言,促成和发布了惠及行业的系列文件,使企业得到优惠的同时,得到社会的认可。另外我们收到了来自湖南省物业管理行业协会、江西省物业管理行业协会等兄弟协会捐赠的大量消毒水、部分口罩等

防护物资，还收到河南三门峡果业公司定向捐赠的 3000 件苹果及 10 万元湖北省总工会慰问金，碧桂园集团捐赠的五万多份生活物资，湖北物协已将上述物资全部分发给全省各市州协会及物业服务企业。

虽然全国疫情已经基本得到控制，但对于湖北省来说，防控形势依然很严峻，正如习近平总书记考察时所说，越是在这个时候，越是要保持头脑清醒，越是要慎终如始，越是要再接再厉、善作善成，继续把疫情防控作为当前头等大事和最重要的工作，不麻痹、不厌战、不松劲，毫不放松抓紧抓实抓细各项防控工作，坚决打赢湖北保卫战。为此我们做好了打持久战的物资准备、人员准备和心理准备。在物资方面，我们多方筹集，同时争取相关部门的支持；在人员方面，我们动员在汉员工克服困难，坚守岗位，我们协调外地员工顺利返汉尽早复工；在心理方面，我们积极宣传防疫知识，引导员工科学防治，正确面对，我们坚信在党中央和各级政府的领导下，在我省各级市、州物协的共同努力下，我们只要坚持不懈地战斗在防控一线，打赢这一场消灭新冠病毒的战争，我们充满信心。

在此次新冠疫情防控阻击战中，全省物业管理协会的各级领导和物业从业者，他们舍小家顾大家、克服种种困难，冒着感染的风险，义不容辞投入到疫情阻击战中，坚定地站在疫情防控第一线，用坚守诠释着初心和使命，他们是守护人民群众安全的真正战士。艾青先生的两句诗写得好，正好能反映我们物业人的心声：为什么我的眼里常含泪水，因为我对这片土地爱的深沉。惟愿此后九州大地，人声鼎沸，国泰民安。

（耿春芳、严文珍）

抗疫大考，北京物业管理行业协会交出合格答卷

"全力做好北京疫情防控工作。首都安全稳定直接关系党和国家工作大局。"2月23日，在统筹推进新冠肺炎疫情防控和经济社会发展工作部署会议上，习近平总书记对北京疫情防控工作作出明确要求。此前的2月10日，习近平总书记在北京调研指导新型冠状病毒肺炎疫情防控工作，他强调："北京作为首都，做好疫情防控工作责任重大，决不能有丝毫松懈。"

"这是一份沉甸甸的责任。首都的物业人不敢有丝毫懈怠——3000多家物业服务企业的几十万物业人坚守在防控疫情的岗位上，在疫情大考之下，我们交出了一份合格答卷。"近日，我们连线专访了北京物业管理行业协会副会长兼秘书长宋宝程，请他分享北京物业管理行业协会这两个月来战疫的工作心得和思考。

51期"抗疫之声"见证协会工作点滴

记者：物业管理行业承担着防控疫情的重要职责，疫情发生后，北京物业管理行业协会是如何动员企业迅速投入抗疫工作的？

宋宝程：1月26日，《北京市人民政府关于进一步明确责任加强新型冠状病毒感染的肺炎预防控制工作的通知》发布，其中提出"物业服务企业应当配合做好防控工作。"协会立即着手准备成立行业疫情防控工作组，由会长担任组长，副会长为副组长，秘书处全员参加。小组成立后，一方面，转发北京市住建委和中国物协关于物业服务企业做好疫情防控工作的通知，要求各会员企业以高度政治责任感和行业敏感性，结合本企业实际，认真落实好各项防控人力和物资准备工作，迅速投入疫情防控阻击战；另一方面，多方获取防控物资信息并组织捐赠工作，积极驰援武汉地区抗疫工作。1月30日，会员单位首开物业首批10万元防护物资发往武汉，把北京物业人的一份心意送给了武汉物业管理行业同仁。

自1月29日起，北京物业管理行业协会微信公众号首期防控疫情宣传专刊上线，开启线上有序引导行业抗疫的序幕。2月2日，协会向全体会员单位发出做好疫情防控工作倡议书；2月3日，公众号调整为"抗疫之声"专题系列，首期发出《致全市物业人慰问信》的同时，向各企业发出征集专题材料的通知，专题分为政策推送、众志成城、经验分享、会员之声、防控知识5个栏目；2月14日起，又增加了反映一线员工个人事迹的"最美逆行者"栏目。截至2月20日，"抗疫之声"已推送了51期，不仅有效交流了协会防控疫情的各项工作，也见证了这两个月来首都物业人经历过的难忘抗疫历程。

截至3月26日，北京物业管理行业协会秘书处全体工作人员与一线物业员工一起放弃休息日，不间断地推送中央及各级政府部门发布的政策90余项、各级业务主管部门及中国物协专业技术指引78项、总结47家企业61条典型经验作法、刊登企业抗疫工作宣传稿282篇，此外，"最美逆行者"栏目还推送了172

名员工事迹。根据统计，协会公众号单日最高点击量达 14298 次，起到了很好的宣传作用。这些工作促进了行业战疫工作经验交流，通过宣传正面典型、树立战疫标杆等方式，引导并动员各物业服务企业迅速投入疫情防控工作。

230 份问卷是来自行业的呼声

记者：此次疫情防控中，物业服务企业普遍遇到了防疫物资短缺、人手紧张等困难，北京物业管理行业协会是如何帮助企业克服困难抗击疫情的？

宋宝程：和全国大多数地区的物业服务企业一样，北京物业服务企业也在疫情防控工作中遇到了一些困难。为推动全行业能以更好的状态和能力在城市公共治理中发挥更大作用，北京物业管理行业协会以此为契机，通过"会员之声"收集企业在防控一线遇到的困难问题，先后向市委研究室、市政府办公厅、市住建委和市人大城建环保委提交了《关于疫情防控期间物业服务企业存在困难的报告》《部分物业服务企业防疫必需品需求统计汇总》《关于疫情防控期间商务楼宇存在问题及建议》《高度重视物业行业的重要价值和作用，建立社区防疫共同体》《关于物业行业抗击疫情期间税收优惠的申请》等多份建议和报告，并参加中物研协主办的全国物业管理行业电话研讨会，提交了《通过疫情思考物业行业的价值定位及相关政策建议》一文。

2 月 15 日，北京物业管理行业协会发出《关于统计疫情期间物业服务企业各项支出等情况的通知》，对会员企业的管理面积和防疫物资投入、企业员工到岗情况等进行统计。截至 2 月 20 日，收到 230 家企业的有效反馈。数据显示，这些企业服务住宅面积达到 3.5 亿平方米，写字楼及其他业态面积 1.47 亿平方米。下一步，北京物业管理行业协会将继续追踪和完善相关数字并形成完整的调研报告，上交政府主管部门，为行业争取更多的支持。

六大举措关爱抗疫一线物业人

记者：奋战在抗疫一线的物业服务人员，面临着被感染的风险，承担着巨大的心理压力，北京物业管理行业协会在关爱抗疫一线人员方面有哪些做法？

宋宝程：疫情发生以来，社区成为疫情防控的坚强堡垒，奋战在抗疫一线的物业服务人员就成为战胜疫情的关键力量，同时，超负荷的工作和被感染的风险也使他们承受了巨大的压力。为此，北京物业管理行业协会高度重视对物业管理行业战斗在抗疫一线人员的保护、关心、爱护。具体而言，我们采取了六个方面的举措：

一是联合业内专家和专业律所，针对疫情期间可能出现的各类管理风险，编写《疫情防控期间北京物业管理法律指南》的文字版，随后还推出视频版。同时，借助北京日报客户端这一更大受众平台向企业和业主进行宣传，引导物业服务企业依法处理疫情防控期间的各类矛盾纠纷及相关问题，规避法律风险。

二是配合北京市商务委员会等有关部门的通知，鼓励企业参与物美集团多点社区服务站的建立，提示企业主动展现"防控冲在前，服务更贴心"的行业形象。

三是携手华夏人寿保险公司为北京物业管理行业从业者及家属免费赠送 20 万元保额的新冠肺炎防疫保险，截止到 2 月底，已经有 18000 人参保。

四是为企业 HR 推送疫情期间人力资源政策及总工会、律协相关解读近 200 条，发送疫情期间人力资源操作手册一套。

五是对疾控中心等单位下发的专业指南进行收集汇总，形成完整指导汇编发送给全体会员。

六是推送针对业主及物业服务企业、企业员工专项人群的心理疏导原创文章2篇，并开通企业员工心理援助热线。

及时调整引导行业战疫工作方向

记者：疫情防控形势不断变化，北京物业管理行业协会在指导行业战疫工作方向方面开展了哪些工作？

宋宝程：从1月到现在，疫情形势不断变化，中央防控疫情的政策方针也在不断调整，为指导各物业服务企业地打好疫情防控阻击战，北京物业管理行业协会结合疫情形势，通过发布倡议书、召开线上视频会议等方式，及时引导、调整行业战疫工作方向，指导各物业服务企业打好疫情防控阻击战。

1月下旬，疫情初起，我们发布倡议书，倡议各物业服务企业迅速投入抗击疫情的工作，各物业服务企业积极响应倡议，坚守岗位，奋战抗疫一线。2月23日，习近平总书记发表"不获全胜决不轻言成功"的重要讲话之后，北京物业管理行业协会立即发出"疫情拐点尚未到来，防控形势依然严峻——再致北京物业人的倡议书"，鼓励物业服务企业继续发扬连续作战的精神，注意克服麻痹侥幸思想，并就认真配合各级政府部门做好复工复产工作提出具体建议。

2月25日，北京物业管理行业协会组织22家住宅和楼宇管理企业召开线上工作座谈会，分析面对下一阶段北京市防控工作整体特点和区域、业态的差异化，物业服务企业如何科学、精准、依法、有序地防范和应对压力风险。会后，北京物业管理行业协会汇总企业意见，形成问题分析和应对建议，分别报送政府部门、下发会员企业，及时调整引导行业战疫工作方向。

防控疫情改善行业的社会评价

记者：您认为此次疫情防控为行业带来了哪些正面影响？

宋宝程：疫情发生以来，物业人在物资不足、人员不足、防疫知识不足的情况下，勇于担当，舍小家为大家，积极配合政府部门开展各项疫情防控工作。得到了社会各界的积极肯定。

例如：新闻媒体对物业管理行业的关注力度加大，并给予积极肯定。从中央电视台的《新闻联播》，到北京电视台的《北京新闻》及诸多栏目，都报道了很多物业人坚守在社区防疫一线的感人事迹，很多自媒体也自发地记录、介绍着他们身边物业人义无反顾地参与抗疫工作的先进事迹。从媒体的报道中，大家也可以清楚到看到，党委和政府对物业人在防疫中的作用和表现高度认可。

此外，我们还可以亲身感受到物业人与业主的距离拉近了，大家有了更多的沟通和理解。更多业主开始更关心物业服务工作了，特别是年轻业主以前工作忙，没有时间关注物业服务工作，现在居家时间久了，开始关心起小区环境、卫生、防疫工作，他们切实感受到了物业人的辛勤付出，同时，还给物业服务企业提了许多合理化建议。很多曾经对物业服务业工作不满，经常投诉物业服务企业的业主，也被物业服务人员的无私奉献精神所打动，很多业主给物业服务人员送来防控物资、防护用品、食品饮料等，还有业主作为志愿者参与到物业服务企业的疫情防控工作中，帮助物业服务企业缓解人员不足带来的压力。还有一些小区的业主号召大家用及时交纳物业费的方式，支持物业服务企业的防疫工作。

我们认为，疫情防控期间社会各界对物业管理行业的评价比以前有明显提高，对物业管理行业的作用也越来越重视。

对物业管理行业价值的再认识

记者：物业服务企业在此次疫情防控中发挥了重要作用，许多业界人士认为应重新定义物业管理行业价值，您如何看待这一观点？

宋宝程：本次疫情防控工作，确实使各界对物业管理行业的价值有了新的认识。

首先，在立法层面，近日颁布的《北京市物业管理条例》（将于5月1日实施）明确："构建党建引领社区治理框架下的物业管理体系；本市物业管理纳入社区治理体系，建立健全社区党建引领，居（村）民委员会、业主委员会或者物业管理委员会、物业管理人、业主等共同参与的治理架构。""本市建立应急物业服务机制。物业管理区域突发失管状态时，街道办事处、乡镇人民政府应当组织有关单位确定应急物业管理人，提供供水、垃圾清运、电梯运行等维持业主基本生活服务事项的应急服务。"

可以说，立法部门已经从立法层面注意到物业管理行业在疫情防控、突发事件处置中的作用和价值。这实际上已经是对传统物业管理价值的认识有了全新的发展。

其次，物业管理在社区治理中的作用和价值得到实战检验，结果令人满意。同时，物业服务企业与属地政府、社区的联系进一进步加强，沟通配合更加顺畅。

再次，物业服务企业社区生态圈的构建获得了实践机遇。疫情防控期间，水、牛奶、大米、油、蔬菜等是生活刚需品，小区实施封闭管理，业主不方便购买，有的物业服务企业联系团购渠道，为业主提供比市场价便宜的生活必需品和防疫用品，并送货到家，这对于构建社区生态服务圈，扩展物业服务企业的服务领域具有积极意义。

不过，我一直认为，这次疫情只是使各界对物业管理行业有了新的认识，但是还谈不上对物业管理价值的重新定义，相反，物业管理的价值还需要溯本求源的认识。

疫情防控充分体现了物业人的觉悟和担当，但是我不赞同把防疫期间物业管理行业的表现作为物业管理行业价值确定的全部依据。谈物业管理的价值，不能抛开物业管理的市场定位。物业服务企业归根到底是企业，是市场主体之一，依据与业主签订的物业服务合同提供物业管理服务，收取劳动报酬。

社会治理也好，突发事件的处置也好，是以行政权为主导的政府行为，物业管理如何纳入社区治理，其在社区治理中的责、权、利到底有哪些？都是需要继续探讨的问题。

我认为，物业服务企业要坚决接受党的领导，要继续严格履行物业管理合同，为业主提供质价相符的物业服务，加强与业主和全社会的沟通理解，创建和谐的物业管理区域。同时，属地政府、社区党委要尊重物业服务企业的市场地位，将物业服务企业纳入多方参与的社区治理构架，共同为社区治理贡献力量。

（杨萌、谢罗群）

上海市物业管理行业新冠肺炎疫情防控和复工工作纪实

上海这座超大城市，有着 1.3 万个住宅小区和诸多非居住物业项目，物业管理行业涉及的点多面广量大，与百姓生活息息相关，关系到人民群众的切身利益。3000 多家物业服务企业、90 万物业人员协同属地和社区多元主体积极参与疫情防控阻击战。自今年疫情发生以来，上海物业人舍小家为人家，勇敢奋战在社区、商务楼宇等基层防控第一线，用他们的无畏付出、勇敢逆行，筑牢了 1.3 万个小区疫情防控的"社区屏障"和 1798 个非居住物业项目（计 5058 幢大厦）疫情"防火墙"。

协会急牵头，吹响行业防疫"集结号"

上海市物业管理行业认真贯彻习近平总书记重要指示精神，根据中央和市委决策部署，以及市建设交通工作党委、市住房城乡建设委、市房管局的有关要求，在上海市物业管理行业协会（以下简称"上海物业管理行业协会"）的牵头下，第一时间吹响了全市物业管理行业防控疫情的"集结号"。

1 月 22 日，上海物业管理行业协会紧急下发《关于本市物业行业做好新型冠状病毒感染肺炎疫情应对工作的紧急通知》，要求各会员单位坚守小区防疫第一道防线，扎牢"第一道篱笆"，保障社区居民的身体健康和生命安全；积极做好应对，加强病毒预防措施；关心员工，做好防护和保障措施。紧接着，又陆续向全行业发布了感谢信和倡议书，在对全体物业从业人员的努力付出进行慰问的同时，鼓励大家同舟共济，众志成城，坚决打赢这场疫情防控的关键战役。在疫情防控的关键时期，上海物业管理行业协会召开各区工作委员会主任视频会议，部署行业面上防控工作。

上海物业管理行业协会负责人还陪同市房管局领导走访、慰问、检查、调研不同类别小区的防疫情况，并全力以赴为行业迎战疫情做好指导和保障。第一时间研究并发布防疫相关政策和操作指引。组织专家编写并发布各领域疫情防控的工作指南，收集整理并转发了国家及本市有关部门推出的近 20 个防疫相关通知和规范指引。积极调配物资，支援武汉，帮助企业解决困难。期间，共垫资 80 万元用于采购物资周转资金；联合明华物业、海牛网，向武汉物业协会捐赠 50 箱消毒液、洗手液等防疫物资；协助市房管局进行物资分配，并通过海牛网平台解决行业防疫物资。通过相关会员单位互帮互助，捐赠了 5000 多个口罩，通过协会普通住宅专委会发放给相关房地集团老旧小区的物业一线从业人员。不断加大行业宣传力度。联系电视台、电台和报社等沪上主流媒体，深入一线进行现场采访。同时，通过协会微信公众号，第一时间向社会报道和反映本市物业管理行业抗击疫情的有关情况，并及时将各企业的先进人物和典型案例上报市级有关部门，努力宣传弘扬上海物业人的先进事迹。更好地服务会员单位。发挥上海市物业管理行业协会的组织优势，联合平安保险为本市物业服务企业提供了 364175 份员工防疫保险，缓解一线物业员工抗疫的后顾之忧；携手上海网购商会生鲜电商专委会为本市 3316 个社区提供快递置物货架，解决快递包裹交接"最后一米"的难题；为本市 23 家物业服务企业提供了 7698 人次的在线培训补贴申请共计 533 万元。精心策划并推出了全新品牌"物学网直播课堂"，发布疫情期间系列公益直播课程，邀请专家对党建、商场／写字楼／住宅等物业管理区域操作指引、疫情防控工作等重点内容进行专业解读。

　　自疫情发生以来，上海物业管理行业协会各区工作委员会积极行动，对辖区各物业服务企业疫情防控工作提出要求，并及时回应各企业诉求和关切。第一（宝山）工委紧急成立防疫防控工作小组，工委负责同志带头向宝山区物业服务企业发起倡议"科学防控，坚守小区，物业人在行动"，带领本区物业服务企业投入到防控一线。工委领会编写了易于操作的《非居物业新型冠状病毒防控工作指南（试行）》。专委会积极筹措防疫物资，援助湖北 6 家医院。设施设备专委会邀请成员单位瑞生电梯有限公司在疫情防控初期编写了《关于应对新型冠状病毒疫情的电梯消毒、乘用指引》，为本市物业服务企业做好危险高发源电梯桥箱内的消毒和乘用防范工作提供了有效指导。专家委员会组织行业各领域专家，研讨关于复工后大楼中央空调系统能否正常开启的系列技术问题，为政府决策提供有效建议；邀请税务专家就财政部、税务总局文件对于物业服务企业享受优惠政策及相关影响进行专题讨论，撰写专报上报政府有关部门；调研、测算和撰写了物业服务企业为疫情防控而增加投入的物资、人力成本的相关报告，代表本市物业行业向政府财政申请专项补助。

企业齐响应，严守防线为百姓

　　在"集结号"的激励下，上海众多的物业服务企业义无反顾地参与到疫情防控阻击战中。他们利用微信群等各种渠道，以最快速度进行全员动员部署；在住宅小区的公告栏等处张贴宣传告示；落实人员每日对小区公共区域楼道、电梯轿厢、电梯按钮、门禁按钮和把手等部位消毒；门岗做好对外来人员的询问、登记；排摸小区住户动态，重点跟踪武汉、湖北往返人员，发现问题及时上报；商务楼宇则推出多项举措，加强复工后的疫情防控应对工作。

　　上实发展物业板块紧急召开视频会议，传达习近平总书记对新型冠状病毒感染的肺炎疫情作出的重要指示精神，要求全体员工积极做好各项预防措施的宣传，并做好自身防护。对在管项目要做好公共区域的消毒工作，配合相关政府部门和居委会、业委会做好相关工作。复瑞物业联合街道房办和属地居委会对进出小区的可疑车辆和近期返沪人员进行排查走访，在具备条件的小区入口附近为体温异常的进出人员设置了临时观察室，为自行居家隔离人员提供上门收集生活垃圾代买蔬菜等服务，解决居民的后顾之忧。东湖物业从广泛宣传、科学防控、进出管控、针对性培训和实施疫情日报制度等五个方面严格落实各项防控举措。西部集团管理的住宅小区多为售后公房，面对辖区内 14 个非封闭式的松散管理小区，集团本部及下属单位组成徐虎志愿者队伍进行支援，80 多名志愿者冒着严寒、顶着风雨，在小区门口拉起"警戒线"、织牢"防护网"。益中亘泰"医管家"为支援武汉火神山医院的医疗后勤，第一时间从全国 140 多个项目中抽调精兵强将，组建"医管家驰援武汉先锋队"。第一批 12 人的先锋队于 28 日清晨抵达武汉火神山医院，全面投入抗疫主战场的战斗。地铁物业的工作人员在每辆地铁列车结束运营后，拿着拖把、毛刷、喷壶等工具进入车厢进行保洁，每天都会对上海铁路运行线路网内所有列车进行整车消毒，全力以赴维护城市交通稳定运行，保障市民群众出行安全。

党员做表率，践行"我是党员，我先上"承诺

在上海市物业行业党建工作指导委员会的积极引导下，全行业1000余家企业党组织、共产党员，在各自区域、岗位上发挥战斗堡垒作用和先锋模范作用。

古北物业党支部迅速成立由公司党政领导任组长、党员干部任组员的防控领导小组，并向全体党员发出"动员令"，全体项目经理带头坚守一线，用"红色力量"筑起"防疫大堤"。高地物业广大党员针对疫情返回居家隔离人员及空巢老人，统计业主需求，提供果蔬代采服务，快递配送服务，持续提供无微不至的关怀。为了让"宅家"的业主多点乐，他们物业特别推出"抵御疫情、快乐'宅'家"的线上社区系列活动。吉晨卫生党支部组成了13人的党员先锋队分为3个小组，分别定点支援了上海疾控中心、仁济东院、第十人民医院，从各方面给予驻点支援服务。上海万科物业迅速制定疫情防控应急机制，每日举行工作例会部署防控工作，确保社区一线防疫工作稳步推进。物业员工积极加入到环境消杀、出入管控、防疫宣传的活动中。公司依托党建引领，推动社区防控工作，党员同志们充分发挥主观能动性，主动联动街道和政府，奔走于各个社区，协助志愿者们为来往业主测量体温。德律风置业动员和号召全体党员开展抗击疫情承诺。公司下属15个党支部共180名在职党员积极响应，全体党员第一时间在微信群内坚定表态："坚决服从组织工作安排，充分发挥党组织战斗堡垒作用和党员先锋模范作用，坚决打赢疫情防控阻击战。疫情面前，我是党员我先上！"

同时，广大党员在防疫一线发挥了"一名党员一面旗"的作用。百联物业派驻武汉奥莱项目经理沈世伟是老党员，面对项目上200多名员工中弥漫的恐慌情绪，他挨个地耐心疏导，晓之以理，动之以情，并送去新年红包慰问员工鼓励共渡难关。同时，他还主动在项目中发起募捐活动，并个人带头捐款5000元。新长宁集团大楼物业的85后项目经理高炜是一名退伍军人，他主动加入从事防疫高危工作的志愿者行列，负责把新型冠状病毒的密切接触者从医院转移到指定隔离酒店的重要工作。

"特殊居民"，助力本小区疫情治理

上海市房管局组织600多名"特殊居民"，助力小区疫情防控治理。2月9日零时，家住静安一小区的龚先生准时下楼，先后检查了小区电梯、收放外卖快递点、进出口……同一时间，上海有600多人参与检查，共有455个住宅小区"受检"，以进一步完善非常时期小区物业管理。

和大多数业主不同，这600多人是市房管局机关和事业单位党员干部和职工。他们既是业主，又是房管系统的工作人员，具备相应的专业知识，在这次各自居住小区统一零点行动中，围绕"守好门""消好毒""管好人"提出了很多金点子。里弄小区发挥居民自治力量，动用家具、铁丝等物件，在弄堂口设立健康检测点。公租房小区华虹苑采用智能手段，在出入小区、楼道进行人脸识别，加强外来租客管理，确保其渡过居家隔离期。从2月8日起，市房管局工作人员开始对各自居住的小区防疫管理进行检查，特别关注凌晨这一管理薄弱时段。基于市民建议、排摸暗访情况，以问题为导向，确保防疫措施不留死角、不留盲区。防控力度升级后，一些管理细节引发争议：外卖人员、快递人员、中介是否可以进小区；如果导致居民生活不方便怎么办……在突击检查、走访调研455个小区后，市房管局发现，绝大多数居民支持对外来人员进行管控。为了满足居民需求，一些小区物业还提供"定制化服务"提高生活品质。比如购置保温箱存放外卖，联动商家进行蔬菜食品配送服务。

多措并举,有序推进企业复工

保利物业为确保上海证券大厦、保利广场等项目中沪上部分重点企业2月3日提前顺利复工,公司积极发挥党组织战斗堡垒作用,全力防输入,重视防扩散。广大党员同志不分昼夜,连续奋战,尽最大努力确保各在管楼宇正常运营,保障广大业户的安全健康。中企物业在高和大厦成立楼宇临时党支部,向楼宇企业、党员发出疫情防控倡议,并成立党员志愿者队伍,对接大厦内每一个企业,形成排摸排查复工动态、人员情况全覆盖。2月10日复工第一天,中企物业在之前沟通排摸的基础上对复工企业发放出入证,对访客进行登记控制,实施现场管控流程以及消毒防疫措施。

上海广大物业人员奋战一线,同舟共济,为守护人民群众的生命安全和身体健康作出了积极贡献。当前,疫情防控已进入常态化,新时代"最美物业人"形象将继续在防疫一线更显美丽风采!

深圳市物业管理行业协会
着力抗疫强化行业担当

1月23日,广东省启动重大突发公共卫生事件一级响应。同一天,深圳市住房和建设局、深圳市物业管理行业协会(以下简称协会)先后向深圳物业管理行业发出了《关于做好物业管理区域新型冠状病毒感染肺炎疫情防控工作的紧急通知》,全面拉开了深圳物业管理行业疫情防控工作的序幕。

1月26日,协会秘书处工作在网络上全面启动,1月28日,随着政府对公务员返岗的召唤,协会秘书处也全员到岗。在这两个多月的抗"疫"工作中,协会始终紧密围绕疫情形势和会员企业需求,审时度势、因时而变、因势而导,共发出各类文件20余份,其中针对武汉物协求助发出驰援倡议3份,针对会员企业物资紧缺问题向市政府、住建局、市防控办、民政局等政府有关部门发出报告共4份,向社会各界及全体业主发出公开信1份,针对物业行业防控工作发出指引性文件3份,其他相关文件9份。《致全市各界人士和全体业主的公开信》在社会上引起强烈反响,不到一周时间阅读量就突破40万,为行业争取政策及物资支持起到了重要作用。

疫情发生两个多月来,深圳1500多家物业服务企业克服人手严重不足、防疫物资紧缺、岗位易感风险和企业成本陡增的困难,坚守在全市在管的4000多个住宅小区、3000多个其他类型的物业项目,配合属地街道、社区开展群防群控,为控制疫情发展发挥了巨大作用。

这两个多月来,协会理事会领导班子和秘书处全体成员在曹阳会长的带领下,积极贯彻落实市政府、市住建局等政府及有关部门对疫情防控工作的相关部署,迎难而上,同时间赛跑、与病魔较量,为物业管理行业打赢疫情防控阻击战贡献着协会的力量。

下面,我们通过发出的文件和一些重要事件,再来对协会在疫情防控中所做的工作进行梳理,一起去看看协会这些天都做了啥——

三份援汉倡议,彰显行业担当

1月26日,武汉疫情形势愈发严峻,数十万武汉物业人正坚守在防疫一线,各类防护物资极度匮乏,急需得到社会各界的帮助。而当时深圳物业服务企业的防疫物资紧缺问题也逐渐凸显,经过讨论之后,大家最终决定,一方面通过协调各方资源向武汉物协伸出援助之手,以解兄弟协会燃眉之急;另一方面及时收集企业诉求,以报告形式向政府相关部门反映。当天,深圳市物业管理行业党委和协会在武汉物协发出求助信之前,联合发出了援助武汉的一号倡议:《倡议书——有困难我们一起扛,驰援武汉,让我们行动起来》,号召深圳物业企业积极捐助,帮助武汉共渡难关。在曹阳会长看来,武汉作为疫区,疫情形势比深圳要严重得多,在那里坚守的一线物业人员正经历着一场比深圳更加严峻的前所未有的挑战;此外,深圳在武汉的物

业服务企业有几十家，从业人员近万人，服务着数百项目，他们既是支援者也是本地抗击者，深圳物业管理行业更要义不容辞。

1月28日，随着疫情形势的严峻，武汉火神山等医院也开始启动建设，深圳的确诊人数也在持续增长，考虑到无论是武汉还是深圳，如果未来建设应急医院后，都急需大量后勤保障人员，而物业服务企业在这方面又有一定的优势，于是本着"宁可备而不用、不可用而不备"的原则，协会紧急发布援助武汉二号倡议《关于组建援助武汉抗击疫情志愿服务预备队的倡议（第二号）》，号召广大物业服务企业积极发动人员加入志愿服务预备队，展现行业在关键时刻的担当。同时，在了解到很多深圳物业服务企业由于无法筹集到援助物资，但又想通过捐款向武汉物业同行表达爱心的情况后，协会同一天又发出了《关于开展抗击新型肺炎疫情捐助活动的倡议（第三号）》，呼吁深圳企业向武汉同行伸出援助之手，提供力所能及的帮助。

三份倡议发出后，不到一个月时间，共筹集到款项23.5万元和八批防疫物资，包括一吨消毒泡腾片、10000双手套、1220个护目镜、4100只口罩、300条消毒灯、20包消毒粉、10个喷壶、2台测温门、300条石英紫外线低压汞消毒灯等。这些物资中，除了有协会通过各种途径购买的外，还有嘉力达科技、国民物业、安杰信息科技、皓璟照明等爱心企业捐助的。勤诚达物业除了企业捐助1万外，还发动员工捐款2.7万余元，累计募集款项3.7万多元，另有多家物业服务企业捐款超过1万元。

此外，先后有近50家物业服务企业的2000余人主动"请战"，申请加入志愿服务预备队。其中，中海物业申请参战员工达到1008名，宏发物业达213名。最终，各企业在保证自身工作的前提下，根据优中选优的原则，共挑选出400余人报至协会，作为志愿服务预备队成员，随时接受政府相关部门和协会的安排。值得一提的是，万科、金地、招商、彩生活等深圳驻武汉企业积极响应当地政府和协会号召，组建援助志愿服务队，全力协助火神山、雷神山及方舱医院做好后勤保障服务工作。

心系会员忧难，共渡疫情难关

随着疫情形势的愈发严峻，物业管理行业防疫物资紧缺问题也越来越严重，很多企业的口罩等防护用品已到了捉襟见肘的地步，深圳数十万物业人更是顶着"缺衣少粮"的挑战和易感风险，奋战在社区一线，全力守护着业主家园，作为会员企业的娘家，协会领导看在眼里，急在心里。

1月28日，深圳市物业管理行业党委和协会联合发出《致奋战在防控新型肺炎疫情一线物业人的一封信》，向奋战在防控新型冠状病毒肺炎疫情一线的物业人致以新春的问候和崇高的敬意！对广大物业人在疫情关键时刻勇于担当的精神给予肯定。

1月29日，协会又紧急向市政府、市住建局、市民政局、市疫情防控指挥部等政府及有关单位发出《关于保障物业管理小区一线防控物资供应的请示》，请求市人民政府等有关单位建立防护物资重点供应机制，保障物业服务企业防护物资的供应，充分发挥好物业服务企业和一线员工的屏障作用，做好小区疫情防控工作。

为了引起政府及社会各界更广泛的关注，2月2日，协会发出《致全市各界人士和全体业主的公开信》，呼吁全社会关注小区疫情防控，将小区防控纳入公共管理，由财政保障；也希望慈善捐助的范围能关注到小区物业这片区域，希望广大业主能献出爱心，与物业员工携手共克时艰。该公开信先后被深圳特区报、深圳晚报、南方日报等媒体关注，相关新闻同时被"学习强国"平台收录、"广东省住房和城乡建设厅"网站转载，在全国物业管理行业内引起强烈反响。

行业面临的问题也迅速引起了相关部门和社会的关注。截至 2 月底，市住建局、市社管局、市慈善会通过各方协调及爱心单位捐助，共为物业管理行业调配 8 批防疫物资，包括 2.6 万只口罩、1 万副隔离面罩，以及一批酒精和消毒用品，由协会发放给近千家物业服务企业，解决行业燃眉之急。同时，防控指挥部物资组通过市、区主管部门还为物业一线人员发放十万多只口罩、消毒液等防疫物资。此外，协会秘书处也通过各种渠道寻找供货商，并安排专人跟进对接。据不完全统计，物业服务企业通过协会推荐的渠道共购买了 75% 酒精（20 升）10 桶、防护服 65 套、体温枪 384 把、护目镜 782 副、84 消毒液（20 千克）1150 桶、医用手套 10500 副、KN90 口罩 7600 只、口罩 18 万只（其中中旅联合物业为行业垫资购买了 12 万只）。

协会的建议也得到了市住建局副巡视员朱文芳、物业监管处处长张雁等领导的高度重视，他们在调研相关企业疫情防控工作后，针对企业疫情期间面临的成本压力，向发改委提交申请，呼吁对深圳每家物业服务企业按在管建筑面积给予适当的财政补贴。2 月 7 日，深圳市委、市政府出台了《深圳市应对新型冠状病毒感染的肺炎疫情支持企业共渡难关的若干措施》，对辖区物业服务企业的疫情防控服务，按在管面积每平方米 0.5 元的标准实施两个月财政补助，成为全国第一个出台政策支持物业服务企业参与疫情防控服务的城市。广大物业人纷纷在朋友圈转发该文件，感谢深圳市人民政府对物业管理行业的关注和支持，对市住建局、协会等部门在疫情发生后的关键时刻，挺身而出、勇于作为的表现给予高度评价。深圳的这一做法也得到了国内多个城市的效仿，多地也纷纷出台对物业管理行业的扶持政策。

公开信发出并通过媒体报道后，引起了广大业主的关注，他们对物业人的辛勤付出也表现出"投我以木桃，报之以琼瑶"，自发地捐款捐物，自发地到一线慰问物业人员，与物业人共克时艰。其中多个小区筹集捐款超过十万元，业主们通过各种渠道帮助物业筹集防护用品，甚至将家中仅存不多的口罩、消毒液分出一部分，送给物业人员；他们悄悄把亲手做的包子、水饺、饭菜送到物业岗位上；甚至有业主提出涨两个月物业费，作为疫情期间物业人的奖励；他们还为物业人送来感谢信、锦旗……这些举动不仅让广大物业人倍受鼓舞，更体现出了危难时刻业主与物业人之间的鱼水情深。据我们了解到的数据，172 家企业在管小区业主捐助款项已达 1090 万元，捐助的各类物资折合人民币近 1600 万元。

发挥智库作用，引导科学防控

作为疫情防控第一线的小区，居住着成千上万的人民群众。而服务这些业户、守护这些小区防线的物业人员大多并不具备专业的防传染病学知识，对如何做好小区废弃物的回收管理、做好自身的防护并不专业。而这些物业人员每天接触到的不仅有快递、外卖人员，还有广大业户，他们双向多方接触各方人群，如果发生交叉感染，后果不堪设想。如何守护好小区的安全防线、保护好自身的安全，避免病毒在小区内造成交叉感染，是协会在疫情开始就一直思考的问题。

根据疫情发展的态势及企业在防控中面临的问题，协会及时反应，第一时间针对物业区域内的废弃防护物回收管理、医院物业管理、易感（四岗位）人员防护等方面发出三份指引，为物业服务企业和广大从业人员科学做好疫情防控工作提供参考。

1 月 29 日，疫情形势愈发严峻，协会的第一份指引性文件《关于在物业管理区域做好废弃口罩、手套等污染物回收管理的指引》正式发布，该指引旨在引导物业服务企业做好污染物回收管理工作，防止物业小区废弃口罩、手套等废弃防护物造成小区二次污染。

医院是治疗感染肺炎病人的重点区域，避免交叉感染也是医院的核心工作之一，医院项目的物业服务人员将在其中发挥重要的作用，1月30日，协会根据绿色、智能与机电专委会专家提供的意见整理汇总，制定了《医院物业管理人员在工作中如何避免交叉感染》的文件。该文件从"个人做好预防交叉感染的防护""特别注意拖把抹布与医用垃圾的处理""对空调的运行管理与消毒"等方面对医院物业人员在工作中如何避免交叉感染提供指引。

2月12日，协会结合深圳市物业管理区域疫情防控的现状和技术漏洞等基本情况，制定了《深圳市物业管理区域易感（四岗位）人员防护指引》，用于指导物业服务企业员工在防疫工作中做好自我防护，避免因污染的防护物而产生交叉感染，筑牢社区小区疫情防控严密防线。该指引结合行业实际，从易感岗位分类及个人防护、穿脱防护用品程序及注意事项、易感岗位人员的其他防护三大方面对相关情况进行细化，为物业人员做好防护提供参考。

3月2日，该文件被深圳市新型冠状病毒肺炎疫情防控指挥部办公室疫情防控组修订后正式向全市发布。

倾情传递温暖，同心共战疫情

在疫情防控过程中，协会不仅在竭尽全力为会员企业排忧解难，更通过为会员企业免费送保险、送功能饮品、爱心物资、延迟收缴会费等实际行动，让会员企业感受到"娘家人"的温暖和关怀。

2月10日，随着复工复产人数的增多，各物业服务企业在管的写字楼、产业园区和商业楼宇的防控任务逐渐加大，小区的疫情防控压力和一线物业人员的心理波动也越来越大。深圳市物业管理行业党委及时下发了《关于复工复产期间加强党员思想政治工作的通知》，要求各党组织要高度重视目前状态下一线员工的思想动态和心理变化，着力加强组织和党员的力量，织密小区疫情防控防线。

在考虑到广大物业服务企业一线人员为了保障小区住户的健康安全和特殊时期的物业服务需求，而自身的安全却不能完全得到保障这一现实情况后，协会领导与平安产险积极进行了沟通，并于2月15日发出通知，为全市物业服务企业从业人员提供一份免费的专属"疾病守护金"保险，让物业从业人员在疫情防控期间增添一份防护保障，数万名物业从业人员领取了保障。3月2日至4日，协会再将爱心企业深圳福山生物科技有限公司、深圳市环球物业管理有限公司联合捐赠的爱心物资20万罐宝锐力"西兰花植物饮品"发放至会员企业，慰问坚守在疫情防控一线的物业人员。

除了通过各种方式为从业人员表达关爱，协会还积极关注会员企业的需求。在了解到龙城物业市民中心项目内办公的政府公务员提前被召回，走上防控指挥管理岗位，而该项目人流量也非常大，给物业防控工作带来很大压力，联合广场作为福田区标志性超高层商写大厦，随着逐渐复工复产，进出人流量非常大等情况之后，2月15日和21日，协会还将爱心企业深圳安杰信息科技有限公司捐赠的两台测温门分别转赠给龙城物业和中旅联合物业两家会员企业，由两家企业分别安装在市民中心和联合广场两个项目，用于协助两家公司科学快捷做好测温工作及疫情防控工作，缓解一线人员的防控压力。

每年第一季度为会费收缴时间，考虑到会员企业在抗疫期间大量费用超常支出，政府补贴尚未完全到位，也给企业第一季度的经营运作带来压力，2月28日，协会发布文件，将2020年度会费由原来的年初缴交延期到下半年交纳。让企业集中精力打好防控攻坚战，缓解工作压力，全力投入到抗疫战役中。

期间，协会还根据有关政策法规和相关部门要求，发布了关于规范管理物业项目所收防控物资和小额零散捐助资金的通知，对物业服务企业使用热心业主和社会各界的爱心捐赠行为进行了规范。

强化舆论宣传，凝聚精神力量

在此次疫情防控中，协会积极贯彻落实习近平总书记关于疫情防控和新闻舆论工作的重要指示批示精神，将舆论宣传与疫情防控进行了有机结合，为行业抗击疫情凝聚起强大的精神力量。

截至3月底，协会利用微信公众号推出350余篇疫情防控有关的文章，对近200家物业服务企业疫情防控和复工复产方面的先进经验，以及200多名以党员、退役军人、先进分子等为代表的一线物业人员立足岗位、不惧艰险、迎难而上的抗疫正能量事迹进行宣传报道。协会微信公众号累计阅读量143万次，阅读人数89.28万人，分享次数8.31万次，分享人数5.28万人，累计净增关注人数近5000人；协会的工作也得到了深圳特区报、深圳晚报、南方日报等社会公开媒体的关注，各大媒体累计发出各类稿件10余篇，对广大物业服务企业和数十万深圳物业人疫情期间的坚守与担当进行正面宣传，对行业防护物资紧缺、防疫成本压力等问题进行呼吁，得到了社会各界的广泛关注和政府相关部门的重视，起到了良好的效果。其中，深圳特区报刊发的《1500多家物管企业坚守社区疫情防控一线》不仅被"学习强国"平台收录，也同时被"广东省住房和城乡建设厅"网站转载，《深圳60万物业人　守好社区防疫关口》登上了深圳特区报头版。在协会微信公众号推出的28期《防控肺炎疫情——深圳物业人在行动》的推文中，很多留言数量都达上百条。

成都市物业管理协会
新冠肺炎疫情防控阶段性专题报告

新冠肺炎疫情发生以来，成都市物业管理协会第一时间响应中央、四川省、成都市部署要求，充分发挥协会党组织战斗堡垒和党员先锋模范作用，充分利用协会扎根行业贴近企业的优势和物业管理行业的基层防疫优势，主动作为、克服困难，有力服务了疫情防控和经济社会发展工作大局。全市物业管理行业积极按照市委市政府"一手抓疫情防控，一手抓城市健康运行"的总体要求，努力克服岗位暴露风险和物资紧缺困难，在保证物业服务"不间断、不打折"的前提下，严防死守物管区域防疫一线，为城市正常生产生活秩序加快恢复服好务。疫情发生以来，主要做了以下工作：

迅速反应，吹响疫情防控"集结号"

1月21日，成都市确诊首例新冠病毒感染的肺炎病例。次日，协会向全市物业管理行业发出《关于全力做好物业管理区域新型冠状病毒感染的肺炎疫情防控工作的紧急通知》，号召全市物业服务企业积极有序开展疫情防控工作；秘书处也赓即成立会员联络、宣传支援、物资协调三个临时应急小组，开展行业疫情防控相关工作。

1月26日，协会紧急召开会长办公会，研判疫情形势部署防疫工作，并于1月27日再次对行业疫情防控提出8项专业指引意见，对物业服务企业协助逐户排查、测温登记、垃圾处理、隔离管控服务、员工防护等重点环节进行指引。

为积极保障有序复产复工，协会于1月30日印发《关于做好春节后回蓉复工高峰期物管区域疫情防控工作的通知》，对返程复工高峰期疫情防控工作提出六项要求。

科学指引，加强疫情防控分类指导

积极协助市住建局针对住宅、写字楼、医院等业态和返程回蓉、复工复产、封闭式管理等关键节点制定了防疫手册和工作指引。

参与编写了中国物业管理协会《物业管理区域新型冠状病毒肺炎疫情防控工作操作指引（产业园区）》，为全国产业园区物业服务企业全力做好疫情防控工作提供标准指引。

近期，为切实防范物管区域和企业内部输入性、流动性、聚集性风险，及时向行业发布了《关于物业服务行业疫情防控防松懈防输入风险预警提示》，引导行业持续绷紧疫情防控这根弦，进一步抓实抓细"外防输入"的各项措施。

党旗飘扬,织密物管区域红色防控网

2月2日,协会党支部发出倡议,号召全市物管区域的党员物业人员和党员业主要坚持以身作则、率先垂范,自觉坚守岗位,主动承担任务,用模范行动展现共产党人的担当和风采,让党旗在物管区域战"疫"一线高高飘扬。在协会党支部的号召下,全市物业管理行业广大党员职工带头担当、守土尽责,主动担负起疫情期间居民生活保障服务,积极为复工复产企业排忧解难,并积极组织发动物管区域内的各方力量,积极倡导"业主不出门、物管守住门",共同汇集成物管区域疫情防控群防群治的强大力量,牢牢筑起家的第一道屏障、城市的最后防线。

同舟共济,保障疫情防控"粮草供应"

针对物业管理行业防疫物资紧缺的情况,多途径筹措防疫物资,通过行业集中采购、困难企业帮扶、项目走访慰问等形式,累计为行业筹集口罩35余万个,酒精、消毒液等5.7吨;

累计向会员免费发放口罩5000个、酒精440瓶、84消毒液350瓶、次氯酸钠原液2.5吨;向服务政务窗口的会员转赠一台价值7.5万元的红外测温设备;联合平安产险向物业从业人员推出近10万份10万保额的新冠肺炎公益救助保险;联合成都物联网产业发展联盟等单位共同举办了两场疫情防控物联网创新技术产品资源线上供需对接活动。为支援武汉物业管理同行防疫工作,协会在第一时间向武汉市物业管理协会及行业同仁捐赠84消毒液1020瓶、KN95口罩600个,价值共计1.24万元。

建言献策,积极为行业呼吁发声

为全面掌握成都市物管行业防疫情况,跟踪了解疫情对本行业、本领域所带来的冲击和影响,协会通过线上问卷调查、电话访谈等多种方式开展调研,并通过一系列报告建议反映行业困难与诉求,推动行业扶持政策落地。

一是通过政协委员向市政协和政府相关部门提交了《关于大力扶持物业服务企业筑牢新冠肺炎疫情基层防线的建议》,提出杜绝提倡减免物业费、统筹物业一线员工防疫物资、建立专项扶持政策等建议;

二是协助市住房和城乡建设局、市委社治委起草并向市政府呈报了《关于我市物管行业疫情防控有关情况的报告》,对成都市物管行业在此次疫情中做出的积极贡献,当前面临困难和问题进行了全面系统汇报,并向市政府提出了借鉴其他城市做法给予物业服务企业专项财政补助的政策建议;

三是开展"成都20条"等政策措施梳理和跟踪落实,主动对接发改、财政部门,争取将规模以上物业服务企业纳入防疫物资财政补贴范围,并及时向会员发布补助申报指引;

四是向税务部门提交了《关于将物业服务纳入生活服务执行相应税收政策措施的建议报告》,积极呼吁物业服务纳入生活服务,切实享受到疫情期间免征增值税等系列助企政策,以及长期的增值税加计抵减等生活性服务业相关税收政策。

立体发声,鼓舞行业士气树立行业形象

充分利用协会微信公众号、社会媒体和联络员队伍等力量,加大疫情防控宣传,内强士气、外树形象。

一是及时收集先进典型和感人事迹,先后在协会微信公众号上发布《向疫情宣战 成都物管行业在行动》《致敬!奋战在疫情防控第一线的物业人》等阅读量上万的原创文章,充分展现行业勇于担当、同舟共济、共克时艰的良好精神风貌,受到了媒体的广泛关注。1月26日以来,《成都日报》、封面新闻、网易和腾讯等10余家媒体分别以《成都物业人为市民守好家》《他们,应该被城市铭记》等为题,对行业疫情防控工作及典型事迹进行了报道;

二是引导业主主动参与群防群控,联合封面新闻在全市发起"业主防疫九个主动"呼吁,超过110万业主通过网络接力承诺"做蓉城好业主,与物业共战疫"。通过微信九宫格这种醒目、易传播的形式,向全市业主发布了《请理解配合物管工作》《物管防疫要诀》《好好宅在家平安才有团圆》等系列宣传海报,呼吁广大业主配合支持物管防疫工作;

三是针对社会认识误区,及时发表评论文章《减免疫情防控期间的物业费不可取,让物业人的劳动获得应有的回报和尊重!》,向广大业主发出依约缴纳物业费、鼓励提前预付物业费等呼吁,引导社会公众正向认识物业服务行业价值。

合肥市物业管理协会疫情防控工作纪实

武汉疫情，全国防控，物业在行动……在这个特别的春节假期，成立"新型冠状病毒疫情防控小组"，启动一级备战状态，严守防疫第一线，合肥物业人没有置身事外，全员动员、全面停休、24小时坚守在工作岗位上，用自己的方式守护着广大业主。合肥市物业管理协会主动响应动员和引导社会力量参与疫情防控工作，动员全市物业服务企业和物业人继续发挥不畏艰险、勇挑重担的精神，为打赢疫情防控阻击战不断作出新的贡献。

大力倡导 高度重视疫情防控工作

为切实落实全省突发公共卫生事件一级响应，加大新型冠状病毒感染的肺炎疫情的防控力度，合肥市物业管理协会深刻认识到当前疫情防控形势的严峻性、复杂性和疫情防控工作的重要性、紧迫性，贯彻落实党中央、国务院以及合肥市委、市政府的决策部署。于1月23日下发《关于全力做好物业管理区域新型冠状病毒感染的肺炎疫情防控工作的紧急通知》，组织我市物业服务企业迅速启动疫情防控应急预案，将此次疫情防控作为当前的重要任务和首要工作。作为防控第一线，各物业服务企业纷纷积极响应，迅速加入到疫情防控行动中，切实加强与政府有关部门和社区协调配合，按照防控工作要求，采取实际有效行动守护业主安全，履行社会责任。

倡议募捐 驰援武汉

为了帮助武汉物管行业应对疫情防控工作，在面临我市防护物资（耗材）极度匮乏的情况下，1月25日大年初一，合肥市物业管理协会冒着风雪紧急行动，筹集物资，在快递公司全面停运，顺丰运力又不足的情况下，联系到百世快递，在百世快递的爱心支持下，安排专车昼夜抢运，救援物资在1月27日年初三就抵达武汉市物业管理协会，这也是全国除湖北外，第一批到达武汉物协的救援物资，为武汉同仁紧缺的防护物资提供支持，为协力抗击疫情尽一份绵薄之力，体现了守望相助，天下物业是一家的情怀。

为行业发声 呼吁社会各界和政府关注

疫情期间，物业服务企业全力投入防疫战，在疫情防控中发挥的作用至关重要，同时也面临着巨大的成本压力和防疫物资缺乏的困境。合肥市物业管理协会积极为物业管理行业发声，2月3日和4日，分别向市主管部门和市政府上报《关于请求物业服务企业防疫相关问题的报告》和《给凌云市长的一封信》，积极反映我市物业管理行业在此次防疫战中的突出表现，呼吁政府为物业管理行业逆行者站位，让更多人员义无反

顾地投入到疫情防护第一线，全力捍卫人民健康，保障公共卫生安全。2月7日，在《合肥市物业管理协会致业主的公开信》中，呼吁社会理解物业管理行业、支持物业工作，发动业主联防联控，切实做好物业管理区域疫情防控工作。2月18日，再次上报《关于请求新型冠状病毒疫情防控期间向物业服务企业提供支持的报告》，代表合肥市11万物业人建议将物业服务企业纳入社区疫情防控体系；给予物业服务企业财政补贴；免征物业服务企业增值税；对物业服务企业疫情防控工作进行考核奖励；将物业管理行业从业人员因疫情防控工作及其风险需要纳入相关劳动保障及保险救济支持范围。同时拟定《关于新型冠状病毒疫情防控期间向物业服务企业提供支持的建议》模板并号召合肥物协会员单位的区人大（政协）代表积极呼吁，以期引发社会各界和政府有关部门能够给予物业管理行业关注和支持。

支援防疫物资 助力一线疫情防控

疫情面前，时间就是生命。眼下各地防疫物资短缺、购买渠道有限。测温仪不全，口罩只够用一两天，甚至保洁消杀工作已经开始了低配置运行！合肥市物业管理协会在了解到企业实际困难后，立即行动，多渠道想办法。一方面统计各企业紧缺的物资数据，上报市房产局、市防疫指挥部和市政府争取政策支持；另一方面，协会除合肥市防疫指挥部提供的采购渠道外，还多方联系供应商，发动全员千方百计联系防疫资源，建立专门的疫情防控物资协调群，寻找紧缺物资购货渠道和信息，为企业提供采购渠道，经历过物资被拦、临时涨价、转卖他人等种种挫折。截至2月底，通过协会组织的采购渠道，为会员单位征集到350000个口罩物资支持，2月8日开始将争取到的第一批共45000只口罩向14家物业服务企业进行发放，2月18日将第二批共51000口罩发放到39个物业服务企业手里，第三批共54000只口罩于2月24日发放，第四批200000万口罩预计一周内发放结束。除此之外，还通过协会交流群的资源渠道，为会员单位征集到了大批量的消毒液、酒精、防护服等物资，有效缓解了部分物业防疫一线的燃眉之急。

宣传引导，在全省行业内形成思想合力

连日来，合肥市千余家物业服务企业及时向协会反馈防控工作进展。面对严峻疫情，全市11万余名物业人与社区工作者携手同行，联防联控，夜以继日地坚守岗位，积极制定应急预案，在社区开展定点排查、居家隔离、严格出入管控、高频消杀作业、体温测量等严密的网格式防控措施，并同时积极开展防疫宣传培训，肩负着全市物业管理区域的消毒消杀、甄别外来人员、垃圾清运工作、24小时安保和巡逻等工作，在经历了高强度的严密值守，物业人与社区工作者的联动筑牢了社区防控的第一道堤坝，为阻断疫情扩散付出了大量心血和汗水，对控制疫情蔓延，促进社会和谐稳定，维护人民健康发挥了不可替代的作用。为此，协会下发《关于举办"合肥物业人·美丽逆行者"主题征文的通知》，面向全行业征集物业服务企业在抗击疫情工作中的示范案例、典型人物、感人事迹等优秀作品，同时将杰出的人物和事迹报送至市房产局《物业日志》进行全市宣传。截至2月24日，协会通过微信公众号推送了近200家物业服务企业在防疫工作中好的经验和做法。

编者按

疫情防控纪念画册

"五一"国际劳动节前夕,全国1000多万物业人收到一份特别的节日礼物——4月30日,习近平总书记给中国物业管理协会监事长单位、郑州圆方集团全体职工回信,向他们并向全国各族劳动群众致以节日的问候。

"伟大出自平凡,英雄来自人民。"平凡劳动者是社会的基石,也是孕育英雄的土壤。一场新冠肺炎疫情,物业人对"平凡劳动者"作出了全新的诠释——全国物业人筑起一道道牢固的防线,用不屈不挠的精神、热情专业的服务、无私忘我的奉献获得了业主和社会的认可。正如习近平总书记在回信中所指出"千千万万劳动群众在各自岗位上埋头苦干、默默奉献,汇聚起了战胜疫情的强大力量。"

每一份不离不弃的坚持,每一份温暖善良的付出,每一份平凡而伟大的努力,都令时代感动,都必将被历史所珍藏。中国物业管理协会和《中国物业管理》杂志社编撰《物业管理行业疫情防控纪念画册》,希望通过影像的展示,全方位呈现物业管理行业和一线物业人在突发公共安全事件面前的价值与担当。限于版面、时间等因素,难免有不足之处,敬请读者和业内朋友批评指正。

▶ 4月30日，CCTV1《新闻联播》播出了习近平总书记给郑州圆方集团职工的回信，习近平总书记勉励广大劳动群众，弘扬劳动精神，克服艰难险阻，在平凡岗位上续写不平凡的故事，同时向全国各族劳动群众致以节日的问候。

▶ 3月10日上午10时，国务院联防联控机制举行新闻发布会，住房城乡建设部党组成员、副部长倪虹在发言中介绍了物业管理行业在疫情防控工作中的贡献："全国700多万物业服务人员为住宅小区提供了不间断的日常服务，在社区党组织统一领导下，积极参与社区联防联控，牢牢守住疫情防控的第一道防线，得到了居民的理解和肯定。"

▶《物业英雄》：4月16日晚8点，《物业英雄》正式登陆央视CCTV2《经济半小时》栏目，这是国内首部记录物业管理行业抗击新冠肺炎疫情的电视专题片，记录了中国物业人在抗疫期间坚守岗位的点滴，包括在医院最前线、在社区、在交通枢纽与商业写字楼等场所的重点防疫，透过多个典型人物和群像的镜头，真实记录了物业人平凡而又非凡的一面。

▶《第一道防线》：该纪录片是一部反映中国物业管理行业抗击新冠肺炎疫情的纪实片，真实地展示了物业人平凡而又非凡的一面，其内容主要分四部分：一是请战，记录物业人主动请战去医院等豪情；二是上前线，记录物业人在医院守护白衣天使；三是防控，记录物业人在社区的防控点滴；四是坚守，记录复工复产后交通与写字楼防疫。

▶《援汉》：该片以对话战疫当事人的纪实方式，部分还原了2020年1月底武汉物业管理协会在接到支持火神山、雷神山医院物业管理重任后，向中国物业管理协会及地方物业管理协会寻求人员和物资支持，获得及时响应的经过。

新冠肺炎疫情防控期间，物业人主动请"战"，为雷神山医院、火神山医院、方舱医院等医院提供区域消杀、垃圾清运、转运确诊病人等服务。物业服务企业的党员先锋队更是率先垂范、深入一线，积极投身到防疫帮扶最前线，发出"疫情不退，我们不退"的铮铮誓言。

金鼓齐鸣万众吼，不破黄龙誓不休

▶ 2月12日,圆方集团党委薛荣书记带领"党员突击队"以及消毒液等防护物资,支援湖北省十堰市人民医院。4月30日,习近平总书记给圆方集团全体职工回信,对他们一直坚守保洁、物业等岗位和主动请战驰援武汉等地抗击疫情的实际行动给予肯定

——河南圆方物业管理有限公司

▶ 450余名物业员工奔赴雷神山医院,深入医院隔离区,全面负责医院清洁、秩序维护、消防及公共区域设施设备巡查、维护、保养、零修等工作

——武汉地产集团东方物业管理有限公司

▶ 火神山志愿者为彼此擦去辛勤的汗水

——万科物业发展股份有限公司

▶ 物业人王应霞放弃假期坚守岗位

——中土物业管理集团有限公司

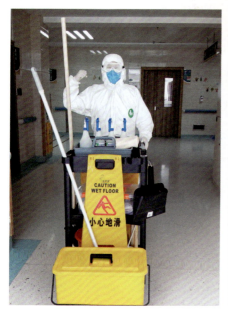
▶ 深入医院隔离区，坚决打赢抗疫攻坚战
——上海益中亘泰（集团）股份有限公司

▶ 深入医院隔离区的物业人
——武汉同济物业管理有限公司

▶ 同仁医院南院区辅医员互述工作要点
——北京同仁物业管理有限公司

▶ 一线物业人用特殊的方式向妻子表白
——广州珠江物业管理有限公司

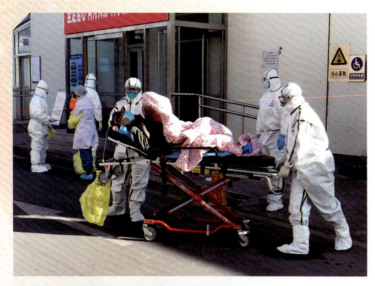

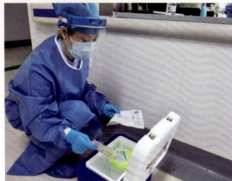

1. 物业人协助医院转运确诊病人
　　　　　　——北京国天物业管理发展有限公司
2. 认真清洁，不放过任何一个细节
　　　　　　——上海嘉隆物业管理有限公司
3. 科学配置消毒剂
　　　　　　——中航物业管理有限公司
4. 医院物业人紧张地清洗布草
　　　　　　——勤好(北京)物业管理有限公司

▶ 1. 苏州市立医院护本部女护理员剪掉秀发，准备出征
　　　　　——苏州市会议中心物业管理股份有限公司

▶ 2. 滑翔项目生活服务部员工们为自己加油
　　　　　——深圳市明喆物业管理有限公司

▶ 3. 匆匆背影
　　　　　——北京斯玛特物业管理有限公司

▶ 4. 做好武装
　　　　　——浙江开元物业管理股份有限公司

1	2
3	4

面对突如其来的新冠肺炎疫情,物业人积极参与疫情防控,坚守在工作岗位,用自己的辛勤劳动为疫情防控贡献了重要力量。岗位平凡,但其价值不凡。

伟大出自平凡,英雄来自人民

▶ 向党旗宣誓

——河南美盛物业管理有限公司

▶ 坚守抗疫一线，践行初心使命

——安徽诚和物业服务有限公司

▶ 战疫党员先锋队工作在一线

——江苏通信置业管理有限公司

▶ 物业党支部成员战疫誓师大会

——兰州城关物业服务集团有限公司

▶ 党徽闪耀在物业各个岗位上

——重庆助友创美物业管理有限公司

▶ 刚做完消杀工作的物业人

——重庆两江新区物业管理有限公司

▶ 全方位消杀，构筑安全防线

——厦门住总物业管理有限公司

▶ 测量体温,核实人员信息

——江苏银河物业管理有限公司

▶ 物业人利用自制的防疫神器进行消杀

——成都嘉善商务服务管理有限公司

▶ 默默无闻的"维修战士"

——中海物业管理有限公司

▶ 方便面是工作间隙的美味

——华侨城物业(集团)有限公司

▶ 穿着防护服的物业人
——幸福基业物业

▶ 清理机舱垃圾，准备开展消杀
——河北裕康物业服务有限公司

▶ "疫"往无前
——金鹏祥和物业管理有限公司

▶ 园区消杀作业
——优居美家物业服务有限公司

▶ 与华南海鲜市场仅一墙之隔的武汉万科汉口传奇唐樾小区，物业人员身穿防护服为小区进行消毒
——万科物业服务有限公司

▶ 战风雪·抗疫情
——安徽省长城物业管理有限公司

▶ 消杀也有"意境"

——北京达尔文国际酒店物业管理有限公司

▶ 每日消杀,为业主守家

——武汉贵阁物业管理有限责任公司

▶ 物业人在体温监测点为业主测温

——河北金和物业服务有限公司

▶ 消杀病毒的物业人

——广东华信服务集团有限公司

▶ 为武汉加油,为中国加油

——雅居乐物业管理服务有限公司

▶ 美女物业人工作在一线

——深圳市保利物业管理集团有限公司

▶ 口罩后的微笑,是物业人最美好的初心

——北京首开亿方物业服务有限公司

▶ 整装待发,助力抗疫

——上海漕河泾开发区物业管理有限公司

▶ 地铁车厢内,工作人员仔细消杀

——河南万晟物业管理有限公司

▶ 坚守社区防控一线

——河南正弘物业管理有限公司

▶ 发放防护物资

——柳州市泓福物业服务有限责任公司

2020中国物业管理行业年鉴·疫情防控

▶ 物业工作人员对地下车库展开消杀
——重庆新东原物业管理有限公司

▶ 垃圾桶每日消杀，除污不留死角
——富力物业服务集团

▶ 张贴防疫宣传资料，宣传防疫知识
——广州市宁骏物业管理有限公司

▶ 为出入人员登记信息，测量体温
——华润物业有限公司

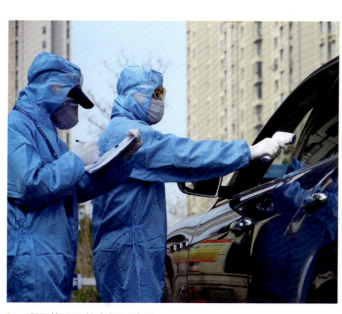
▶ 测量体温不能有任何疏漏
——北京燕侨物业管理有限公司

▶ 城市"暂停"，清运垃圾不停
——杭州市物业管理协会

385

▶ 社区工作人员张贴隔离通知
——新城悦服务集团有限公司

▶ 清洁服务人员为隔离业主清运垃圾
——永升生活服务集团有限公司

▶ 工程人员抢修社区电力设备
——上海万科物业管理有限公司常州分公司

▶ 两位女清洁员开展社区消杀
——黑龙江欣汇龙物业管理有限公司

▶ 疫情期间，也不忘向进出业主敬礼
——彩生活服务集团有限公司

▶ 雨中执勤
——中海物业管理有限公司

▶ 疫情期间，维修人员整装待发
——中冶置业集团有限公司

▶ 公共区域认真消杀
——上海上坤物业管理有限公司

▶ 防疫公约，呼吁业主共同遵守
——时代邻里控股有限公司

▶ 你若安好，便是晴天
——大庆高新物业管理有限公司

▶ 雪中坚守
——哈尔滨菱建物业管理有限公司

▶ 风雪无阻
——四川艾明物业管理有限公司

复工复产也被称为物业疫情防控的"大考"。在写字楼、产业园区等业态服务的物业人，积极展开区域消杀工作，认真为来往人员测温、检查健康码，丝毫不懈怠，有力保障了复工复产。

旭日照原野，万物皆欣荣

▶ 办公楼内部区域消杀服务

——永旺永乐（江苏）物业服务有限公司

▶ 为客户答疑解惑

——高地城市服务产业集团长沙公司

▶ 工业园出入口体温测量

——石家庄高新技术产业开发区物业管理中心

▶ 检验健康码

——河南楷林物业管理有限公司

▶ 开展消杀工作
——厦门建发集团有限公司

▶ 风雪中的坚守
——北京国信苑物业管理有限公司

▶ 写字楼前台工作人员认真核对工作信息
——国贸物业酒店管理有限公司

▶ 提供免洗洗手液
——浙江南都房地产服务有限公司

▶ 办公区客服工作之余为疫情祈福
——北京天鸿宝地物业管理经营有限公司

▶ 实时为刷卡机消毒
——蓝光嘉宝物业管理有限公司

▶ 95后物业人,冲锋在前,巾帼不让须眉

——广州广电城市服务集团股份有限公司

智

百废俱兴无弃利,多方科技展新知

抗疫过程中,智慧物业价值凸显,帮助物业管理行业降本提效,节省了大量人力、物力,引起广泛关注。智慧物业发展按下"快进键"。

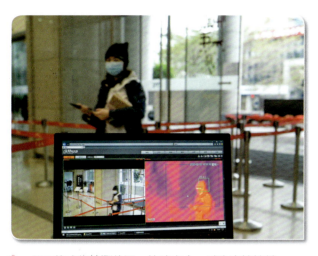
▶ 利用热成像检测体温，快速安全，减少直接接触
——长城物业集团股份有限公司

▶ 热成像仪体温检测
——福建省中庚物业管理有限公司

▶ 杭州西溪湿地洪园项目佩戴VR智能测温眼镜执勤的保安
——绿城物业服务集团有限公司

▶ 办公楼宇出入口"红外热成像测温"，无感式筛查助力疫情防控
——重庆新大正物业集团股份有限公司

▶ 科技为复工复产搭建红外防护墙
——河北恒辉物业服务集团

▶ AR 智能眼镜助力复工复产与疫情防控
——联发集团有限公司

▶ 巡逻机器人在园区内进行移动红外测温
——广州广电城市服务集团股份有限公司

▶ 纳米光触媒杀菌涂层有效降解空气中有毒有害气体
——国贸物业酒店管理有限公司

▶ 人脸识别测温仪器，科技助力防疫
——许昌市腾飞物业服务有限公司

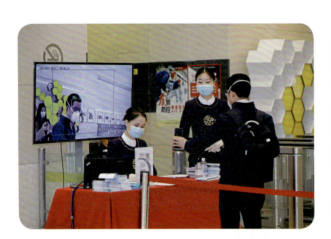
▶ 自动测温筛检系统，精准测温，降低接触风险
——北京天健物业管理有限责任公司

▶ 做好公共场所防疫消杀，保证写字楼开工安全
——上海东湖物业管理有限公司

山河有恙，人间有爱。新冠肺炎疫情防控期间，物业管理行业积极捐款，捐赠口罩、消毒液等防护物资，彰显爱心与担当。临危受命的物业人，不但坚守在工作岗位，还主动承担起业主生活物资采买、班发，甚至打印等工作，保障了业主的正常生活。

区区仁爱心，殆可质苍昊

▶ 1. 5000吨蔬菜运输车队驰援武汉
　　　　　　——恒大集团金碧物业有限公司
▶ 2. 大剧院管理处与业主一同制作口罩
　　　　　　——上海明华物业管理有限公司
▶ 3. 捐赠消毒液等物资,助力武汉抗疫
　　　　　　——成都市物业管理协会

▶ 4. 防护物资分批捐赠至武汉抗疫第一线
　　　　　　——黑龙江省物业管理协会
▶ 5. 向安徽高校后勤协会物专会捐赠防疫物资
　　　　　　——山东明德物业管理集团有限公司
▶ 6. 捐赠物资,助力一线疫情防控
　　　　　　——南京市建邺区物业管理行业协会

▶ 捐赠物资援助武汉,为武汉加油

——鑫苑科技服务集团有限公司

▶ 中欧国际工商学院校友总会济南分会捐赠物资,援助山东省省立医院援鄂医疗队

——山东省诚信行物业管理有限公司

▶ 捐赠第二批防疫物资2吨84消毒液驰援武汉,与武汉行业同仁一起加油、共克时艰

——河南正美物业服务有限公司

▶ 业主代表为物业服务企业捐赠防疫物资

——深圳市莱蒙物业服务有限公司

▶ 为业主精心挑选蔬菜

——碧桂园服务控股有限公司

▶ 送蔬菜，送真情
——武汉高地投资管理有限责任公司

▶ 有爱，就有了力量
——成都嘉诚新悦物业管理集团有限公司

▶ 采购慰问物资，向抗疫工作者致敬
——辽宁格林豪森服务集团

▶ 为逆行的物业人加油
——贵阳市物业管理协会

▶ 为业主采购板蓝根等药品

——海伦堡中国控股有限公司

▶ 送菜小分队，送爱到家门

——北京金辉锦江物业服务有限公司

▶ 为业主集中购买生活物资

——阳光城物业服务有限公司苏州分公司

▶ 客服员为业主选购新鲜蔬菜

——广东龙光集团物业管理有限公司

▶ 向业主赠送防疫礼包，为业主送去关爱

——上海启胜物业管理服务有限公司

▶ 物业服务人员为业主爱心理发

——成都金房物业集团有限责任公司

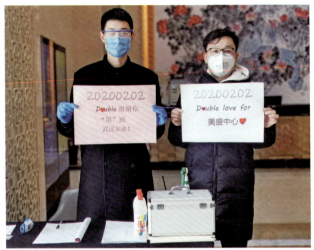

▶ 1. 协助政府发放爱心鱼
——武汉惠之美物业服务有限公司
▶ 2. 疫情期间"爱你"依然继续
——河南美盛物业管理有限公司
▶ 3. 助力复学，开学有礼
——合能生活服务集团
▶ 4. 邀请专业"Tony 老师"为业主免费理发
——龙湖智慧服务

1	2
3	
4	

▶ 1. 社区送菜小分队开启送菜之旅
———河南建业新生活服务有限公司
▶ 2. 党旗汇聚力量，捐赠物资驰援一线疫情防控
———陕西诚悦物业管理有限责任公司
▶ 3. 同心战疫，锦旗显真心
———广东鼎龙物业服务有限公司

1	2
3	

▶ 4. 最美物业人筹集物资，支援一线疫情防控
———成都嘉诚新悦物业管理集团有限公司
▶ 5. 抗击疫情，向物业一线人员致敬
———银丰物业管理有限公司
▶ 6. 捐赠物资，支援一线疫情防控
———河北恒辉物业服务集团有限公司

4	5
6	

鸣谢 援汉名单

火神山医院物业服务支援单位名录
（名单由武汉市物业管理协会提供）
- 武汉中建三局物业管理有限责任公司
- 广州珠江物业酒店管理有限公司
- 武汉市万科物业服务有限公司
- 武汉惠之美物业服务有限公司
- 上海益中亘泰（集团）股份有限公司
- 武汉长江现代物业有限公司
- 成都金房物业集团有限责任公司
- 金科物业服务集团有限公司
- 深圳市金地物业管理有限公司武汉分公司
- 武汉贵阁物业管理有限责任公司
- 重庆新东原物业管理有限公司武汉分公司
- 武汉高科物业管理有限公司
- 武汉赛夫保安服务有限公司

雷神山医院物业服务支援单位名录
（名单由武汉市物业管理协会提供）
- 武汉地产集团东方物业管理有限公司
- 上海益中亘泰（集团）股份有限公司

援汉防护物资捐赠名录（名单由武汉市物业管理协会提供）
- 中国物业管理协会

北京市
- 北京中物研协信息科技有限公司
- 北京首开鸿城实业有限公司
- 易居乐农集团
- 科利凯恩国际环境清洁（北京）有限公司
- 科利凯恩国际清洁用品（北京）有限公司
- 北京安杰新时代信息科技有限公司
- 北大物业校友

天津市
- 天津市红十字会
- 天津市物业管理协会

上海市
- 上海市物业管理协会
- 上海明华物业管理有限公司
- 海牛（上海）电子商务有限公司

重庆市
- 重庆天骄爱生活股份有限公司
- 重庆科普瑞特物业管理有限公司
- 隆建川（个人）

河北省
- 石家庄市物业管理协会
- 恒辉物业服务集团有限公司
- 卓达物业服务股份有限公司

内蒙古自治区
- 呼和浩特市物业管理协会
- 呼和浩特市富华物业管理有限公司

辽宁省
- 沈阳市物业管理协会
- 亿达物业服务集团有限公司
- 北镇市暖春热力集团有限公司
- 辽宁泓达物业服务有限公司

黑龙江省
- 黑龙江省物业管理协会
- 哈尔滨市物业管理协会

浙江省
- 陈伟霆解解群官博

江苏省
- 南京市物业管理行业协会
- 常州市物业管理协会
- 苏州市物业管理协会
- 昆山市物业管理协会
- 南京市建邺区物业管理行业协会
- 南京诺伊特机电设备有限公司
- 中国共产党常州市物业服务行业委员会
- 西藏新城悦物业服务股份有限公司常州分公司
- 常州江南中鑫物业服务有限公司
- 江苏高正健康产业集团有限公司
- 江苏欣祥物业有限公司
- 江苏高ել物业管理有限公司
- 常州中房物业有限公司
- 江苏路劲物业服务有限公司
- 常州德恒行物业服务有限公司
- 江苏帅煜物业服务有限公司
- 常州嘉丰物业服务有限公司
- 苏州亚康物业管理有限公司
- 泰兴市福昌环保科技有限公司
- 江苏省南通盛和物业管理有限公司

安徽省
- 合肥市物业管理协会
- 安徽省物业管理协会
- 蚌埠市物业管理协会

福建省
- 福建省物业管理协会
- 福建省闽龙物业服务有限公司

山东省
- 山东省物业管理协会
- 威海市住房保障服务中心党委
- 威海市物业管理行业协会
- 山东省诚信行物业管理有限公司
- 山东明德物业管理集团有限公司
- 银丰物业管理有限公司
- 山东多邦物业管理有限公司

河南省
- 郑州市物业管理协会
- 鑫苑科技服务集团有限公司
- 河南建业物业管理有限公司
- 河南正美物业服务有限公司
- 河南正弘物业管理有限公司
- 三门峡二仙坡绿色果业有限公司
- 河南省宇信物业服务有限公司

湖北省
- 湖北省物业服务和管理协会
- 武汉福元鑫地企业管理有限公司
- 腾讯海纳武汉运营中心
- 武汉鸿福众创房地产经纪有限公司
- 交通银行香港路支行
- 怡置物业服务（武汉）有限公司
- 吴倩工作室

广东省
- 深圳市物业管理行业协会
- 广州市物业管理行业协会
- 珠海市物业管理行业协会
- 广州粤华物业有限公司
- 万科物业服务有限公司
- 中海物业管理广州有限公司
- 广州广电城市服务集团股份有限公司
- 广州市新蓝德物业管理有限公司
- 广东碧桂园集团
- 广东省国强公益基金会
- 广东华信服务集团有限公司
- 雅居乐雅生活服务股份有限公司
- 深圳嘉力达节能科技有限公司
- 深圳国民物业开发管理有限公司
- 深圳市皓璟照明科技有限公司
- 珠海市东启物业管理有限公司
- 珠海华发物业管理服务有限公司
- 珠海中珠物业管理服务有限公司

广西壮族自治区
- 桂林市物业管理协会

四川省
- 成都市物业管理协会
- 都江堰市物业管理协会
- 桑珠孜区德琴3900庄园有限公司
- 成都洁华物业管理有限公司
- 南充市佳裕物业管理有限公司

贵州省
- 贵州省物业管理协会

云南省
- 云南省物业管理行业协会
- 云南俊发物业服务有限公司

陕西省
- 陕西诚悦物业管理有限责任公司

新疆维吾尔自治区
- 新疆维吾尔自治区房地产业协会

香港特别行政区
- 英国特许房屋经理学会亚太分会

日本
- 上海同泰学子

视频

用镜头定格价值，用画面记录平凡

在抗击新冠肺炎疫情中，保洁员、秩序维护员、设备维修工人等物业人一遍遍地做好消毒、执勤、外来人员车辆排查、登记、量体温等繁琐工作，他们平凡却无价、可敬。物业管理行业通过多部优秀视频作品，记录他们的平凡与伟大。让我们一起透过镜头来铭记历史。

更多视频请关注中国物业管理协会、《中国物业管理》杂志社微信公众号

新型冠状病毒肺炎（Corona Virus Disease 2019，COVID-19），简称"新冠肺炎"，世界卫生组织命名为"2019冠状病毒病"，是指2019新型冠状病毒感染导致的肺炎。

2020年1月20日，国家卫健委发布1号公告，将新型冠状病毒感染的肺炎纳入《中华人民共和国传染病防治法》规定的乙类传染病，并采取甲类传染病的预防、控制措施。30个省、市、自治区启动重大突发公共卫生事件一级响应，涵盖总人口超过13.4亿。

疫情期间，全国700多万物业从业人员为住宅小区提供了不间断的服务，武汉市15个市辖区内每天有近10万余名物业从业人员坚守疫情防控一线，北京市有16.1万物业人员昼夜坚守岗位，为社区提供健康、干净、安全的生活环境。

纪录片《新冠肺炎：与魔鬼的战斗》

CGTN 纪录片《武汉战疫纪》

新冠肺炎防疫公益广告《向医护人员致敬》

央视公益广告《中国速度》

央视新冠肺炎防疫公益广告《礼物篇》

人民日报新媒体纪录片《生死金银潭》

扫一扫观看视频 保利物业《武汉伢》

扫一扫观看视频 蓝光嘉宝服务《春风不远 花开有期》

扫一扫观看视频 中海物业《坚信爱会赢》

扫一扫观看视频 万达物业《众志成城 抗击疫情》

扫一扫观看视频 彩生活《抗击疫情 物业人在行动》

扫一扫观看视频　　亿达服务《抗疫90天的物业人》

扫一扫观看视频　　世茂服务《一声诺言 春风十里》

扫一扫观看视频　　建业物业《来自员工家属的心声》

扫一扫观看视频　　金碧物业《他们，是城市最美的逆行者》

扫一扫观看视频　　华瑞物业《逆行之爱》

大事记

行业发展大事记
2020年1月—2020年12月

序号	时间	内容
1	1月26日	中国物业管理协会发布《关于紧急向武汉市物业管理行业捐赠新型冠状病毒肺炎疫情防治所需医护物资的倡议书》，号召各地支援武汉。
2	1月28日	中国物业管理协会发布《关于全力做好物业管理区域新型冠状病毒肺炎疫情防控工作的倡议书》。
3	2月1日	中国物业管理协会发布《物业管理区域新型冠状病毒肺炎疫情防控工作操作指引》，包含住宅、写字楼、产业园区、高校、医院五类物业业态。
4	2月3日	中国物业管理协会和中国建筑科学研究院联合发布《疫情期公共建筑空调通风系统运行管理技术指南（试行）》。
5	2月4日	中国物业管理协会发布《物业服务企业在疫情防控中的法律风险防范指引》。
6	2月8日	中国物业管理协会发布《上下同欲者胜 同舟共济者赢——一封献给疫情防控一线物业人的家书》。
7	2月10日	中国物业管理协会发布《新型冠状病毒肺炎疫情防治适用法律法规汇编》，汇编了法律、司法解释、部门规定等全国性规定及地方性规定。
8	2月19日	新华社经济信息社发布经济分析报告《强化物业管理构建社区疫情防控"安全线"》。
9	2月28日	国家发展改革委、中宣部、财政部、商务部等二十三个部门联合印发《关于促进消费扩容提质加快形成强大国内市场的实施意见》。
10	2月	央视《新闻联播》《新闻30分》《新闻直播间》等节目点赞物业管理行业疫情防控工作。
11	2月	中国物业管理协会发布《2020年度物业管理课题研究计划》，确定21项课题立项，其中重点研究课题5项。
12	2月-3月	山东省、河南省、陕西省、甘肃省、湖北省、海南省、深圳市、重庆市、成都市、合肥市、株洲市等地陆续出台支持物业服务企业发展优惠政策，明确加大对物业服务企业扶持力度。
13	3月4日	中国物业管理协会法律政策工作委员会组织编写发布《复工复产期间物业管理区域新冠肺炎疫情防控要点和政策指南》，上线复工复产期间物业服务企业法律援助和政策咨询平台。
14	3月10日	住房和城乡建设部党组成员、副部长倪虹在国务院联防联控机制新闻发布会上介绍了物业管理行业在疫情防控工作中的贡献："全国700多万物业服务人员为住宅小区提供了不间断的日常服务，在社区党组织统一领导下，积极参与社区联防联控，牢牢守住疫情防控的第一道防线，得到了居民的理解和肯定。"
15	3月20日	中国物业管理协会与中国经济信息社联合发布《新冠肺炎疫情对物业管理行业影响调查报告》。《报告》显示，36450名受访业主中，91%认为疫情中物业服务品质明显提升，94%认为小区物业防疫措施得当，98%认为物业在社区联防联控体系中很重要。

续表

序号	时间	内容
16	3月25日	中国物业管理协会产学研专业委员会联合各大高校及各大物业服务企业共同举办2020年春季高校物业管理人才就业指导及网络双选会，为校企提供精准的供需对接服务。
17	3月30日	中国物业管理协会发布《关于开展"社区的力量——藏区青苗牵手计划"专项扶贫行动的通知》，重点对"三区三州"的藏区扶贫产品青稞开展"藏区青苗牵手计划"专项扶贫行动。
18	3月	中国物业管理协会组织编撰的《2019中国物业管理行业年鉴》正式出版，全国发行。
19	4月9日	国家发展改革委印发《2020年新型城镇化建设和城乡融合发展重点任务》，指出要通过加快推进城市更新，提升城市综合承载能力。
20	4月16日	首部记录物业管理行业抗击新冠肺炎疫情的专题片《物业英雄》在央视CCTV2《经济半小时》栏目播出。
21	4月16日	民政部、国家卫生健康委编制印发《新冠肺炎疫情社区防控与服务工作精准化精细化指导方案》。
22	4月17日	全景记录物业从业人员战疫的纪录片《第一道防线》和反映全国物业管理协会在疫情紧要关头第一时间驰援武汉物协的纪录片《援汉》在全网播出。
23	4月20日	财政部印发《住宅专项维修资金会计核算办法》，2021年1月1日起施行。
24	4月28日	全国政协社会和法制委员会召开"加强社区物业管理完善基层社会治理"网络视频调研会议，探索建立以政府为主导，社区、业主及物业服务企业等相关方参与的社区物业协同共治机制。
25	4月30日	中共中央总书记、国家主席、中央军委主席习近平给中国物业管理协会监事长单位、郑州圆方集团全体职工回信，对他们一直坚守保洁、物业等岗位和主动请战驰援武汉等地抗击疫情的实际行动给予肯定。
26	5月1日	《北京市物业管理条例》《重庆市物业管理条例》施行。
27	5月6日	中国物业管理协会发布《关于学习贯彻习近平总书记重要回信精神 进一步推动物业管理行业高质量发展的通知》，全面深入推进全体会员单位学习贯彻习近平总书记重要回信精神。
28	5月15日	建业新生活（09983.HK）正式在香港联合交易所主板挂牌上市，发行定价6.85港元。
29	5月28日	十三届全国人大三次会议表决通过了《中华人民共和国民法典》，自2021年1月1日起正式施行。
30	5月29日	中国物业管理协会发布《关于应对新冠肺炎疫情减免2020年度会费的通知》。
31	6月30日	甘肃省物业管理行业协会第二次会员代表大会发布《甘肃省物业管理行业协会发展规划（2020—2024）》兰州城关物业服务集团有限公司董事长杨民召当选新一届理事会会长。
32	7月6日	金融街物业（01502.HK）正式在香港联合交易所主板挂牌上市，发行定价7.36港元。
33	7月7日	弘阳服务（01971.HK）正式在香港联合交易所主板挂牌上市，发行定价4.15港元。
34	7月10日	正荣服务（06958.HK）正式在香港联合交易所主板挂牌上市，发行定价4.86港元。
35	7月10日	国务院办公厅印发《关于全面推进城镇老旧小区改造工作的指导意见》，提出到2022年基本形成城镇老旧小区改造制度框架、政策体系和工作机制。
36	7月12日	北京市印发《关于加强北京市物业管理工作提升物业服务水平三年行动计划（2020—2022年）》。
37	7月13日—7月24日	中国物业管理协会举办主题为"民法典视野下的物业管理"公益讲堂。
38	7月20日	人力资源社会保障部办公厅印发《关于做好水平评价类技能人员职业资格退出目录有关工作的通知》，物业管理服务人员－中央空调系统运行操作员等职业资格退出目录。

续表

序号	时间	内　容
39	7月25日	国家开放大学现代物业服务与不动产管理学院在深圳举办了2020年秋季首批学习中心签约授牌仪式暨培训会议，来自全国12个省的13家职业院校及教育培训机构成功通过了国家开放大学审批，成为行业学院的首批学习中心。
40	7月28日	全国政协第十五次重点关切问题情况通报会在全国政协常委会议厅举行，主题是"加强社区物业管理完善基层社会治理"。中国物业管理协会应邀参加会议并提交《加强社区物业管理 完善基层社会治理》报告。
41	7月28日	国务院办公厅印发《关于支持多渠道灵活就业的意见》。
42	7月30日	住房和城乡建设部等6部门联合印发《绿色社区创建行动方案》。
43	7月31日	国家发展改革委、住房城乡建设部、生态环境部联合印发《城镇生活垃圾分类和处理设施补短板强弱项实施方案》。
44	8月10日	中国物业管理协会发布团体标准《物业管理员（师）职业能力评价规范》（T/CPMI 010—2020），自2020年8月10日起实施。
45	8月18日	住房和城乡建设部等13部门联合印发《关于开展城市居住社区建设补短板行动的意见》。
46	8月28日	中国物业管理协会在辽宁省沈阳市召开"良法善治与行业发展"第二届物业管理法治论坛暨法律政策工作委员会全体会议。
47	8月28日	山东省住房城乡建设厅联合省文明办等18部门联合印发《关于落实常态化疫情防控举措支持物业服务行业健康发展的通知》。
48	9月1日	中央全面深化改革委员会第十五次会议，审议通过《关于进一步推进生活垃圾分类工作的若干意见》。
49	9月4日	中国物业管理协会与青海省大通县人民政府签订战略合作协议，双方约定共同开展物业服务企业岗前就业培训、物业服务企业用工招聘试点工作，共同探索建立物业服务企业与贫困地区劳务输出的精准对接和可持续机制。
50	9月8日	全国抗击新冠肺炎疫情表彰大会在北京人民大会堂隆重举行，物业管理行业代表光荣接受表彰：郑州圆方集团党委、武汉地产集团东方物业管理有限公司、北京国联同利物业管理中心荣获"全国抗击新冠肺炎疫情先进集体"；郑州圆方集团党委荣获"全国先进基层党组织"；宜昌市佳维物业有限公司党支部书记、总经理周敬，重庆金科物业开州分公司职工高勇，西安联诚行物业管理有限公司项目经理白杨荣获"全国抗击新冠肺炎疫情先进个人"。
51	9月16日	国务院办公厅印发《关于以新业态新模式引领新型消费加快发展的意见》。
52	9月28日	第六届全国物业管理行业媒体工作交流会在郑州市召开，会议发布《2020物业管理媒体影响力报告》《2019—2020物业管理行业舆情监测报告》。
53	9月29日	由住房和城乡建设部房地产市场监管司、中共河南省委宣传部指导的"伟大出自平凡 英雄来自人民——全国物业管理行业抗疫先进事迹报告会"在郑州举行。
54	9月29日	2020物业管理行业发展指数报告发布会在郑州召开，会议发布《2020中国物业管理行业发展指数报告》。
55	9月30日	工业和信息化部、公安部、住房和城乡建设部、国务院国有资产监督管理委员会、国家市场监督管理总局五部门发布《关于开展商务楼宇宽带接入市场联合整治行动的通告》。
56	10月10日	中国物业管理协会发布《关于转发〈住房和城乡建设行业企业应对疫情灾情影响深入推进贫困劳动力稳岗就业的倡议书〉的通知》。
57	10月10日	国家开放大学现代物业服务与不动产管理学院举办2020年秋季开学典礼，喜迎首批莘莘学子。

续表

序号	时间	内容
58	10月14日	中国物业管理协会发布《关于举办2020年全国行业职业技能竞赛"保利物业杯"全国物业管理行业职业技能竞赛的通知》，竞赛项目分别为物业管理员职业技能竞赛、电工职业技能竞赛、白蚁防治工职业技能竞赛。
59	10月14日	国家发展改革委联合住房和城乡建设部等13部门印发《近期扩内需促消费的工作方案》，明确推动物业服务线上线下融合发展。
60	10月15日	"高屋建瓴·云端论道——中国物业管理协会设施设备技术委员会年度工作会议暨超高层建筑运营管理论坛"在京举办。
61	10月19日	卓越商企服务（06989.HK）正式在香港联合交易所主板挂牌上市，发行定价10.68港元。
62	10月22日	第一服务控股（02107.HK）正式在香港联合交易所主板挂牌上市，发行定价2.4港元。
63	10月22日	深圳市人民政府审核通过《深圳市物业专项维修资金管理规定》，自2020年11月1日起施行。
64	10月23日	《人民日报》刊发住房和城乡建设部党组书记、部长王蒙徽署名文章《住房和城乡建设事业发展成就显著》。
65	10月26-29日	中国共产党第十九届中央委员会第五次全体会议在京举办，审议通过了《中共中央关于制定国民经济和社会发展第十四个五年规划和二〇三五年远景目标的建议》。
66	10月26日	中国物业管理协会发布团体标准《设施设备绿色运行管理服务规范》（T/CPMI 011—2020），自2020年10月26日起实施。
67	10月26日	《物业管理术语》《物业服务客户满意度测评》两项国家标准通过审查，两项国家标准发布后将会实现物业管理行业国家标准零的突破。
68	10月30日	世茂服务（00873.HK）正式在香港联合交易所主板挂牌上市，发行定价16.6港元。
69	10月30日	合景悠活（03913.HK）正式在香港联合交易所主板挂牌上市，发行定价7.89港元。
70	10月31日	万科物业发展股份有限公司更名为"万物云空间科技服务股份有限公司"（简称万物云），包含Space、Tech和Grow三大模块。
71	11月3日	《中共中央关于制定国民经济和社会发展第十四个五年规划和二〇三五年远景目标的建议》发布，明确提出推动生活性服务业向高品质和多样化升级，加快发展物业等服务业，加强公益性、基础性服务业供给，推进服务业标准化、品牌化建设。
72	11月9日	国务院扶贫办重点案例调研组对"社区的力量"消费扶贫攻坚战专项行动进行调研并给予高度评价。
73	11月17日	金科服务（09666.HK）在港交所主板正式挂牌上市，发行定价46.05港元。
74	11月19日	融创服务（01516.HK）在港交所主板正式挂牌，开盘定价11.6港元。
75	11月20日	中国物业管理协会社区生活服务委员会在北京成立，中国物协名誉副会长、黑龙江万瑞物业管理有限公司董事长李春俐当选为委员会主任委员。
76	11月24日	全国劳动模范和先进工作者表彰大会在北京人民大会堂隆重举行，物业管理行业三名优秀劳动者获国家表彰。中国物业管理协会监事会监事长、河南圆方物业管理有限公司党委书记、总裁薛荣，中国物业管理协会副会长、广州粤华物业有限公司董事长李健辉，新疆乌鲁木齐西城物业服务有限公司抽水机泵房副班长秦玉福荣获"全国劳动模范"。
77	11月24日	住房和城乡建设部、国家发改委等六部门发布《关于推动物业服务企业发展居家社区养老服务的意见》，推行"物业服务＋养老服务"居家社区养老模式。
78	11月26日	碧桂园服务召开品牌焕新发布会，正式提出"新物业"，围绕新科技、新服务、新生态、新价值，致力成为国际领先的新物业服务集团。

续表

序号	时间	内　容
79	11月27日	住房和城乡建设部等12部门联合印发《关于进一步推进生活垃圾分类工作的若干意见》。
80	12月1日	全国首部以"社区发展治理"为主题的地方性法规《成都市社区发展治理促进条例》正式生效实施。
81	12月1日	"物业管理与城市运营"暨第二届中国物业管理产业发展趋势论坛在深圳召开。
82	12月2日	恒大物业（06666.HK）正式在香港联合交易所主板挂牌上市，发行定价8.8港元。
83	12月4日	住房和城乡建设部等部门发布《关于推动物业服务企业加快发展线上线下生活服务的意见》。
84	12月4日	"良法善治与行业发展"第三届物业管理法治论坛暨法律政策工作委员会2020年度工作会议在福建省福州市召开。
85	12月7日	国务院办公厅印发《国务院办公厅关于进一步完善失信约束制度构建诚信建设长效机制的指导意见》。
86	12月8日	中国物业管理协会发布《关于中国物业管理协会会员单位认真学习贯彻党的十九届五中全会精神的通知》。
87	12月9日	华润万象生活（01209.HK）正式登陆港交所，发行定价22.30港元。
88	12月9日	佳源服务（01153.HK）正式在香港联合交易所主板挂牌上市，发行定价3.86港元。
89	12月17日	中国物业管理协会第五届常务理事会第四次全体会议在万宁市召开，定义2021年为行业的"品牌建设年"。
90	12月17日	远洋服务（06677.HK）正式在香港联合交易所主板挂牌上市，发行定价5.88港元。
91	12月21日	全国住房和城乡建设工作会议在京召开，总结2020年和"十三五"住房和城乡建设工作，分析面临的形势和问题，提出2021年工作总体要求和重点任务。
92	12月21日	国务院办公厅印发了《关于建立健全养老服务综合监管制度促进养老服务高质量发展的意见》。
93	12月22日	市场监管总局联合商务部组织召开规范社区团购秩序行政指导会，严格规范互联网平台企业社区团购经营行为，提出"九个不得"。
94	12月21日	住房和城乡建设部印发《城市市容市貌干净整洁有序安全标准（试行）》。
95	12月21日	特发服务（300917.SZ）正式登陆深交所创业板，发行定价为18.78元，成为创业板物业第一股。
96	12月25日	住房和城乡建设部等十部门联合印发《关于加强和改进住宅物业管理工作的通知》。
97	12月25日	住房和城乡建设部召开全国住房和城乡建设系统抗击新冠肺炎疫情表彰大会，隆重表彰全系统在新冠肺炎疫情防控斗争中涌现出的先进个人和先进集体。
98	12月27日	中国物业管理协会人力资源发展委员会第二届第一次全体委员工作会议暨换届大会在济南市召开，同期举办物业管理人力资源创新发展高峰论坛。
99	12月31日	建发物业（02156.HK）以介绍方式在港交所主板上市，发行定价为3.14港元。
100	1月-12月	北京市、天津市、深圳市、武汉市、南京市等46各城市相继实施《生活垃圾管理条例》。